UNE VIRÉE DANS LE SUD

Du même auteur
dans la collection 10/18

LE RETOUR D'EVA PERÓN, n° 2005.
L'ILLUSION DES TÉNÈBRES, n° 2006.
L'INDE BRISÉE, n° 2014.

V. S. NAIPAUL

UNE VIRÉE DANS LE SUD

Traduit de l'anglais
par Béatrice VIERNE

CHRISTIAN BOURGOIS ÉDITEUR

Titre original :
A Turn in the South

ISBN 2.267.00660-X

Il y a dans la vie de tous les hommes une histoire
Où figurent les natures des temps défunts.

SEEPERSAD NAIPAUL
14 avril 1906
3 octobre 1953
en hommage toujours renouvelé

PROLOGUE

CHEZ NOUS : PAYSAGE DE PETITES RUINES

Jimmy exerçait le métier de maquettiste et dessinateur à New York. Howard était son assistant. Un jour, Jimmy, qui sombrait parfois dans la dépression, dit à Howard :

— Howard, si je devais déclarer forfait et que tu n'arrivais pas à trouver un autre boulot, qu'est-ce que tu ferais ?

Howard, qui était originaire du Sud, répondit :

— Je rentrerais chez nous, chez ma maman.

Jimmy fut aussi saisi que je le fus moi-même quand il me raconta la chose : saisi de constater que Howard possédait quelque chose que nous n'avions ni Jimmy, ni moi, un morceau de la planète qu'il considérait comme « chez nous », absolument sien. Et c'était là, me sembla-t-il — plusieurs mois après avoir entendu cette histoire —, que devait commencer ce livre sur le Sud : chez Howard.

Ce dernier organisa la visite. Jimmy décida de nous accompagner. Nous partîmes durant le week-end pascal, mais ce fut tout à fait par hasard.

Il pleuvait ; à New York, la pluie tombait depuis deux jours.

A l'aéroport de La Guardia, Howard déclara :

— Quand j'étais gamin, je détestais le patelin, à cause de la continuité.

Je crus qu'il voulait parler de la continuité historique, de la survivance du passé. Mais, en entendant ce qu'il ajouta, j'eus le sentiment qu'il voulait simplement dire que c'était un petit trou de province où peu de choses changeaient, où il ne se passait quasiment rien. J'avais quelquefois de ces difficultés avec les termes qu'employait Howard ; j'étais trop prêt à leur donner un sens qu'il n'avait pas l'intention d'y mettre.

Howard était un grand garçon d'un mètre quatre-vingts, mais svelte et léger dans ses mouvements. Il avait un peu moins, un peu plus de trente ans. Il était très indépendant. Il vivait seul et préférait ne pas habiter Harlem. C'était un lecteur assidu de journaux et de magazines, avec un intérêt particulier pour les affaires étrangères. Il aimait faire la cuisine et il entretenait sa forme physique en jouant au ballon le week-end. Il était facile à vivre, pas du tout ombrageux et j'attribuai ce fait en partie à ce « chez nous » dont il était si sûr et encore si proche.

Howard dit :

— Tu vois déjà comment le Sud commence. Il y a plus de Noirs ici, dans l'avion.

La plupart des passagers étaient noirs, mais ils n'avaient rien d'une foule africaine ou antillaise. Ils semblaient presque déprimés de quitter la grande ville pour retourner passer les fêtes de Pâques chez eux.

Nous nous posâmes à Greensboro, un aéroport de belle taille ; pourtant, à quelques minutes de là seulement — preuve qu'on faisait les choses en grand par ici — se trouvait un autre aéroport, tout aussi important. Ce fut là que nous descendîmes. Il y avait des militaires dans les salles d'attente. Il faisait plus chaud qu'à New York ; j'enfilai un veston plus léger.

Bientôt, nous roulions sur la nationale.

Howard dit :

— Regardez, les cornouillers et les pins. On en voit beaucoup dans le Sud.

Les cornouillers, arbres de petite taille, étaient justement en fleur et couverts de petites corolles blanches à pétale unique. Rien à voir avec le cornouiller d'Angleterre, ce buisson ou arbuste à tige rouge, aimant l'eau, qui venait égayer l'automne et l'hiver. Il y avait aussi — Howard les identifia pour moi — des chênes et des érables, dans toute l'éclatante fraîcheur d'un vert printanier.

Le terrain était plat comme les pampas d'Argentine ou les *llanos* du Venezuela. Mais des arbres bordaient les champs et ramenaient l'ensemble à l'échelle humaine. Nous passâmes devant des hangars à tabac ; il s'agissait de constructions en tôle ondulée, plutôt grandes, carrées, où l'on faisait jadis sécher le tabac. Elles tombaient en décrépitude, la tôle rouillée était d'un rouge sombre, le bois d'un gris patiné. Contre la verdure ces tons de rouille étaient superbes ; ils ajoutaient à la beauté du pays.

La route ressemblait à toutes les nationales des Etats-Unis : bordée de panneaux annonçant des motels, des restaurants, des stations-service.

On cultivait encore le tabac. Nous vîmes des gens occupés à repiquer mécaniquement les jeunes plants : un Noir au volant du tracteur, deux hommes derrière sur un chariot, déposant les plants prêts à repiquer avec un plantoir à long manche. Tout cela se faisait jadis à la main, nous expliqua Howard. Il avait participé à la cueillette du tabac durant les vacances scolaires. La résine qui coulait des feuilles vertes lui constellait les mains de taches noires très difficiles à enlever. Je ne savais pas que les feuilles vertes laissaient échapper cette résine noire, mais l'évidence s'imposait. C'était pour cette résine, ce goudron, que les gens fumaient la feuille séchée.

Nous avions roulé si vite sur la nationale que nous arrivâmes près de chez Howard presque avant que je n'y fusse prêt. Il y avait un petit centre-ville, un petit quartier blanc riche rattaché à ce centre, et puis tout autour la zone noire. Les différences étaient visibles. Mais Howard, en arrivant chez lui, semblait disposé à revendiquer aussi bien la zone blanche que la noire.

Toute la matinée, il avait eu du mal à tenir en place ; à présent, il était survolté. Soudain, en traversant une énième petite ville, nous vîmes les endroits qu'il avait connus petit garçon. Il avait tondu l'herbe, nettoyé la piscine et balayé la véranda de cette maison-là, celle des Bowen, la maison des gens qui étaient encore plus ou moins propriétaires de la petite ville qui portait leur nom. Et il en avait fait autant pour les gens de cette autre demeure.

Juste au bord de la nationale, cette petite bicoque verte en bois, à présent fermée, avait été la maison de sa mère. Il y avait grandi. Aujourd'hui sa mère vivait ailleurs : « chez nous », c'était désormais une autre maison, plus grande, plus neuve. Nous la vîmes de la voiture : une bâtisse en béton, à une certaine distance de la route, derrière d'autres maisons : rien à voir avec la vieille demeure nichée au milieu des arbres que j'avais imaginée. Nous ne nous arrêtâmes pas ; nous devions d'abord passer au motel qui se trouvait à l'écart de la ville.

Le bâtiment principal du motel était une cabane en rondins. Dans la cour tapissée de sable, sous des arbres et derrière des buissons, s'alignaient des rangées de petites chambres aux allures de baraquements. Un jeune Noir était en train de nettoyer au jet le sol de la véranda de la cabane en rondins. Il paraissait timoré — pour la première fois ce matin-là, j'eus le sentiment d'une contrainte raciale — et nous dit que la réception se trouvait à l'intérieur.

Dedans, il n'y avait rien qui ressemblât à un bureau. C'était une pièce vide, basse de plafond avec deux ou trois rangées, très serrées, de petites tables aux nappes à carreaux rouges ou bleus. On avait arrêté depuis longtemps le système d'aération et l'air ambiant, figé, sentait le renfermé.

Howard appela et au bout de quelques instants un jeune Blanc en short, portant un tablier en plastique jaune et tenant un grand couteau de cuisine, arriva du fond, par une porte à double battant. Il avait le teint brouillé, la bouche ouverte et ses mouvements n'étaient pas coordonnés. Peu après, une grosse Blanche âgée, au visage tordu, fit son entrée par la même porte. J'eus l'impression que nous avions eu tort de les déranger, cette vieille femme et ce jeune homme, qui n'était en fait qu'un gamin.

Deux chambres ? Désirions-nous deux chambres doubles ou deux chambres simples ?

Je ne comprenais pas les questions de la vieille. Mais alors, posant son couteau, le garçon en short et tablier de plastique jaune nous adressa un vague signe et nous le suivîmes — il avançait gauchement, en tapant des pieds — hors de la salle à manger dans la cour tapissée de sable, sous les pins, et jusqu'à un bâtiment bas qui bordait la cour. Le sol était humide et les petites chambres que le garçon nous ouvrit, l'une après l'autre, souffraient de la même humidité : vieille odeur de moisi et moquette bon marché maculée de taches.

Heureusement, quelqu'un gardait les idées claires et, alors même que Jimmy et moi inspections les chambres avec le garçon silencieux en tablier jaune, Howard — qui ne nous avait pas suivis — avait appris d'un des habitants du motel (peut-être la vieille au visage tordu) qu'il existait un autre établissement plus moderne à Peters, la ville voisine. (Bowen, Peters : les villes américaines, grandes et petites, portent souvent des noms de personnes ; et la banalité de ces noms fait qu'on a l'impression, en lisant certains itinéraires, de lire la feuille d'appel d'une escouade ou la composition d'une équipe sportive.)

En route pour Peters, donc, à travers un paysage routier. Le motel de Peters était à tous points de vue un établissement plus important, avec un certain nombre de bâtiments en brique rouge, à un étage. Il annonçait même une piscine (malheureusement, il y avait eu des problèmes de filtre et le bassin était couvert d'algues vertes).

Howard, gravissant les marches devant nous et pénétrant dans le bureau par la porte à double battant, se retourna pour me confier mystérieusement, avec un zeste d'humour :

— C'est un endroit pour vous.

Ce qu'il voulait dire par là, c'était que la dame qui tenait le motel était indienne, sans erreur possible, indienne de l'Inde, même si elle ne portait pas de sari et si l'on discernait dans sa voix et ses manières une assurance qui n'avait rien d'indien. Sa façon de parler était américaine — à mes oreilles, en tout cas. Elle n'y manqua qu'une seule fois, lorsqu'elle annonça, de ce ton alerte et dépourvu de déférence, que le café et tout ce genre de choses n'étaient pas disponibles sur place, une place qu'elle désigna par la formule : *On the premises,* diphtonguant le *i* du dernier mot, le prononçant « aï ». Ça, c'était indien ; c'était bien la saveur de l'Inde.

J'appris ensuite de la bouche de Howard que dans le Sud, au cours des six dernières années environ, des Indiens venus de l'Inde avaient racheté de nombreux motels à des Blancs. (Ce qui expliquait peut-être une grande enseigne au néon, PROPRIÉTAIRE AMÉRICAIN, que je vis quelque temps plus tard, sur un motel du nord-ouest de la Géorgie.)

Nous avions donc ici, où Howard était chez lui, des Blancs qu'on aurait dit sortis d'un roman ; et, à deux pas, des gens venus de l'autre bout du monde, qui déjà se métamorphosaient en Américains, selon l'idée bien particulière qu'ils devaient se faire du terme.

Le mari de la dame indienne entra dans le bureau. Il portait une chemisette à manches courtes, en éponge velours ocre, et parlait avec un accent texan — ou qui me parut tel. Sa femme nous avait dit (et il le confirma) qu'il avait travaillé dans le pétrole, à Houston ; il était ingénieur. Il avait abandonné six ans auparavant et il estimait (comme l'avait déjà précisé sa femme, tout en reconnaissant que Peters, Caroline du Nord, était un endroit très calme) avoir pris une sage décision.

La maison de Hetty, le nouveau « chez nous » de Howard, avait été construite en partie par Hetty elle-même, de ses propres mains. Elle s'élevait à l'écart de la route, derrière d'autres maisons de l'agglomération et on y accédait par une allée qui partait directement de la nationale. Le site avait été bien choisi. Le devant de la maison s'ornait d'un portique, avec des marches de chaque côté, et au bout de l'allée se dressait un garage ouvert. Derrière la maison, il y avait un petit bois.

La salle de séjour douillette, avec sa moquette et ses meubles capitonnés, était accueillante. On y avait installé un coin-cuisine, avec un comptoir qui pouvait faire office de table ou de desserte. Les chambres et les pièces communes se trouvaient de part et d'autre d'un couloir central qui partait du séjour.

Hetty était une femme plantureuse, mais bien faite. A soixante ans, elle avait gardé une peau superbe. Elle portait des lunettes. Elle reçut Jimmy, qu'elle connaissait déjà, avec force démonstrations d'amitié et Howard remplit à ravir le rôle du fils prodigue revenant chez lui. Il s'assit sur un haut tabouret, devant le comptoir de la cuisine, détendu, les membres disposés avec élégance, une jambe pliée, l'autre tendue : ici, il était le fils de la maison et, par-dessus le marché, à présent, à moitié notre hôte. Accrochées au mur, à côté de la porte qui menait au garage ouvert, il y avait des photos de famille, dont une de Howard dans sa tenue de diplômé universitaire.

Nous déjeunâmes : poisson frit, légumes verts et patates douces couleur de carottes bouillies. Nous étions assis tous les quatre à la table familiale dans la partie salle à manger de la salle de séjour.

Pendant le repas — je tournais le dos à la porte qui ouvrait sur le portique avec les marches de chaque côté — nous entendîmes de grands cris. Un groupe venait d'arriver : la sœur de Hetty, Dee-ana (à ce que je crus entendre), qui habitait Augusta, accompagnée de son mari et de son fils. Dee-ana ne ressemblait pas à Hetty. Elle était beaucoup plus forte et débordait même de partout ; elle était aussi plus noire de peau (Hetty était café-au-lait). Elle était en outre plus enjouée — un enjouement un peu forcé pour cadrer avec son physique — mais elle avait des yeux plus inquisiteurs. Elle ne dégageait pas la même sérénité qu'Hetty.

Au premier regard, le fils de Dee-ana me parut bien débraillé, mais je m'aperçus ensuite que sa tenue avait été composée avec soin et entièrement pour la galerie : un veston bleu ardoise dans le style informe du moment, une chemise blanche brillante, un pantalon étroit du bas, avec des pièces et des étiquettes apparentes, et des chaussures neuves (on le voyait à l'aspect presque blanc de la semelle, à la cambrure). Pour cette visite pascale, il avait mis son costume du dimanche.

Ils parlèrent un moment d'un grand combat de boxe qui venait d'avoir lieu. Ils avaient tous un faible pour le vainqueur. Howard déclara qu'il était le type du Noir moderne, élégant et policé ; l'autre boxeur était grand et fort, mais plus fruste.

Le jeune homme à la dernière mode me demanda ce que je faisais en Caroline du Nord.

Quand je le lui eus dit, il demanda :

— Quel genre de livre ? Historique ?

Et lorsque nous eûmes expliqué, Howard et moi, Dee-ana déclara, en fronçant les sourcils :

— J'espère que vous n'allez pas nous flanquer le cafard.

Son fils — dont le sérieux paraissait à présent tout à fait distinct de son costume — ajouta :

— Le passé, nous en avons trop eu.

Le passé ne les intéressait pas ; pour eux, seul le présent comptait.

Il ne m'était pas venu à l'idée de demander si Hetty avait un emploi. Howard ne m'en avait pas parlé et ce ne fut qu'après notre arrivée chez elle que je crus comprendre qu'elle travaillait à mi-temps à la cafétéria du libre-service qui appartenait à l'actuel chef de la famille Bowen. Elle nous emmena, Jimmy et moi, faire sa connaissance après le déjeuner. Elle déclara que c'était un brave homme.

Le libre-service n'était que l'une des affaires de Mr. Bowen. Nous allâmes lui rendre visite dans son usine de meubles. Il nous expliqua qu'il n'était pas un vrai Bowen. Il n'était qu'une pièce rapportée, par son mariage avec une Bowen, mais les gens le traitaient comme un Bowen à part entière et il en était venu à accepter le nom. La première trace des Bowen dans les registres municipaux remontait à quelques années avant la déclaration d'Indépendance ; à cette époque, toutefois, la ville s'appelait Lawrence (ce qui laissait imaginer que quelqu'un avait été dépossédé durant ou après la guerre d'Indépendance).

Ce n'était pas d'histoire, cependant, que Mr. Bowen souhaitait nous parler. C'était un homme d'à peine plus de soixante ans et il était désireux de nous faire voir les meubles qu'il fabriquait ; il voulait nous parler des milieux d'affaires de l'endroit ; il tenait à nous faire savoir que la petite bourgade allait résolument de l'avant et que, même si elle ne comptait que quelques milliers d'habitants, il y avait plusieurs millions de dollars dans les coffres des banques locales. Il était citoyen de Bowen jusqu'au bout des ongles ; et pendant qu'il nous fournissait tous les chiffres, en nous faisant faire, à Jimmy et à moi, le tour de sa fabrique et en nous montrant tout ce que lui-même ou ses machines fabriquaient avec des placages, Hetty se tenait à l'écart, dans son ample jupe en jean, avec, dans son attitude, une élégance qui rappelait celle de son fils.

Bowen — jamais je n'avais entendu parler de cet endroit, avant que Howard ne le mentionnât. Et pourtant, ici, le nom était partout, associé à toutes les entreprises locales, équipement et fournitures agricoles, bazar, location de vidéo, poste d'essence, mobilier, libre-service.

C'était un brave homme, nous redit Hetty, une fois que nous eûmes quitté Mr. Bowen et sa fabrique de meubles. Elle était allée le trouver, lorsqu'elle avait eu besoin de cinq mille dollars pour sa maison. Le jour même, il en avait touché un mot à quelqu'un de la banque et un prêt avait été arrangé, avec, pour seule garantie, la voiture de Hetty et quelques autres petites choses. En outre, Mr. Bowen était un homme religieux, ajouta Hetty. Il avait donné un terrain pour le cimetière noir. Elle y avait les tombes de sa famille, avec des dalles gravées.

Nous traversâmes un faubourg boisé pour gagner le cimetière. La voiture nous amena presque devant les tombes. Hetty voulait nous les montrer, mais elle ne tenait pas à descendre de voiture. Nous restâmes donc assis là, quelques instants, pour regarder. C'était un petit cimetière, que n'isolait pas la moindre clôture, ni la moindre haie. A cette époque de l'année, avec toute la végétation printanière, on avait l'impression qu'il faisait partie du bois.

L'une des pierres était celle du père de Hetty. Lorsque

nous fûmes de retour chez elle, elle nous parla un peu de lui. C'était un homme intelligent ; grâce à lui, il y avait toujours eu amplement de quoi manger chez eux. Il exploitait une ferme pour le compte d'un Blanc — et je commençais à comprendre combien il était nécessaire pour Hetty de définir les gens comme elle le faisait. Le Blanc n'avait pas le moindre intérêt pour sa ferme. C'était le père de Hetty qui se chargeait de tout à sa place, de vendre les produits, tout le reste. A présent, l'exploitation — où le père de Hetty avait vécu et était mort — se trouvait dans un triste état. Elle appartenait toujours à la famille blanche, mais ils ne voulaient pas vendre ; ils préféraient la garder, en souvenir.

D'où était-il venu, ce père de Hetty ? Il était mort en 1961. Peut-être était-il né vers 1900 ? « 1894 », répondit Howard. C'était l'année qui figurait sur la pierre tombale dans le cimetière noir, sur le terrain donné par Mr. Bowen. L'histoire du père restait dans le vague. Il avait été orphelin de bonne heure ; s'était enfui de chez un oncle difficile et avait trouvé du travail aux chemins de fer ; et puis il avait échoué ici, métayer de Mr. Smith, le propriétaire blanc, et avait pour finir bien réussi ; il avait même été l'un des tout premiers Noirs de la région à posséder une automobile. Il n'était pas possible d'obtenir plus de détails concernant ce père, de remonter plus loin dans le passé. Au-delà, c'était ce flou cafardeux dont la sœur de Hetty et son fils et peut-être tous les Noirs avaient eu plus que leur compte.

Plus tard, après une sieste, que Jimmy fit dans une des chambres de la maison de Hetty et moi dans une autre, suivie d'un bon thé, nous sortîmes pour un tour en voiture. Hetty connaissait bien les environs ; elle savait qui était propriétaire de quoi. C'était comme une espèce de psalmodie qui ponctuait notre trajet.

— Des Noirs ici, des Noirs ici, des Blancs là. Des Noirs, des Noirs, des Blancs, des Noirs. De ce côté-ci, tous des Noirs ; de celui-là, tous des Blancs. Des Blancs, des Blancs, des Noirs, des Blancs.

Parfois, elle disait :

— Dans le temps, ce terrain-ci appartenait à des Noirs.

Et ça ne lui plaisait pas — de savoir que des Noirs avaient perdu un terrain par pure négligence ou à cause de querelles intestines. Mais, par ici, Noirs et Blancs semblaient vivre très proches les uns des autres et Hetty n'avait personnellement pas à se plaindre du racisme. Les Blancs avaient été bons pour elle, nous dit-elle. Elle ajouta quand même que c'était peut-être seulement parce qu'elle aimait les gens.

C'était un paysage de petites ruines. Les maisons, les fermes, les hangars à tabac avaient été tout bonnement abandonnés. Le délabrement de chacun était individualisé et ils étaient tous beaux, dans la lumière de l'après-midi. Certaines fermes avaient de très larges gouttières, qui descendaient très bas ; à présent, cette tôle ondulée, qui avait naguère servi d'abri, paraissait un poids trop lourd, les plaques étaient défoncées, se déployant par endroits en éventail.

Nous allâmes voir la maison, désormais déserte, où avait vécu le père de Hetty lorsqu'il avait été métayer de Mr. Smith. Des fourrés poussaient jusqu'au pied des murs de la maison béante. Les pacaniers, presque nus encore, avec juste quelques feuilles, se dressaient haut au-dessus de la maison et des hangars à tabac. La palette mélangeait les gris (des troncs d'arbre et des charpentes patinées), le rouge (de la tôle rouillée) et les verts, avec par petites touches le jaune d'or des roseaux. Debout devant la maison, nous écoutâmes Hetty nous raconter la mort de son père à l'intérieur ; l'événement était encore très vivace dans sa mémoire.

Il y avait une autre maison, encore plus belle, où Hetty et son mari avaient vécu dix ans. C'était une ferme avec un grand champ vert, l'horizon partout borné par des forêts d'arbres.

Pour Howard, « chez nous », ce n'était pas seulement la maison de sa mère, la petite maison verte, à présent fermée, ou la nouvelle bâtisse en béton où elle était allée s'installer. « Chez nous », c'était tout ce que nous venions de voir. Et nous n'en avions vu qu'une partie : à chaque détour de ces chemins de campagne, à plusieurs kilomètres à la ronde, se trouvaient des maisons et des champs associés à divers membres de la famille de Howard. C'était un passé plus riche, plus compliqué que je ne l'avais imaginé ; et beaucoup plus beau, plastiquement. Les maisons où l'on m'emmena étaient plus vastes que celles où auraient pu vivre bien des habitants de Trinidad ou d'Angleterre.

Mais pourtant, il y avait dans le passé ce point où tombait l'obscurité, la nuit historique, même ici, où se trouvait « chez nous ».

Nous allâmes dîner au *Seafood Bar-B-Q*. C'était vraiment

le seul endroit possible. Le restaurant était au bord de la route ; une grande salle mal éclairée, avec un juke-box silencieux et quelques familles blanches endimanchées. On n'avait pas le droit d'y servir de bière et nous prîmes donc du thé glacé, qui était une boisson typique du Sud, nous dit Howard. Il était sirupeux, sans doute au goût des serveuses, lesquelles étaient blanches, jeunes et accueillantes. L'une d'elles n'était qu'une fillette, douze ans peut-être, manifestement enchantée de porter une tenue de serveuse et d'aider, durant le week-end pascal, sa sœur ou sa mère à transporter des friandises.

Je demandai à Hetty ce qu'elle souhaitait pour elle-même et sa famille. Sa réponse fut étrange et émouvante. Pour sa famille, dit-elle, elle souhaiterait qu'un de ses fils eût été guéri de l'alcoolisme. Et ça, c'était étrange, car c'était un regard en arrière : le fils dont elle parlait était mort.

Pour elle-même, poursuivit-elle, elle souhaiterait, si c'était possible, se remarier. Elle n'en avait pas envie pour le simple plaisir d'être mariée. Elle était âgée, elle le savait bien ; mais c'était justement pour cela qu'elle aimerait bien se marier. Elle passait trop de temps toute seule ; elle avait besoin de compagnie. Howard comprenait. Mais, tout comme Hetty, il pensait qu'elle aurait du mal à trouver quelqu'un.

Hetty expliqua :

— Les hommes sont rares ici. Il y a très peu d'hommes. Allez à l'église et comptez les hommes. Les gars bien sont partis. Et ceux qui sont restés ne valent rien. Il y en a peut-être un ou deux de valables, sans en avoir l'air, mais...

Et le passé, alors ? Avait-elle eu une vie acceptable ? Elle me dit qu'elle ne regrettait absolument pas le passé. Est-ce que les choses ne s'étaient pas arrangées pour elle ? Est-ce que tout n'avait pas commencé à aller mieux dans les années 1950 ?

Elle déclara :

— Je ne pense presque jamais à mon passé.

Et Howard ajouta :

— Je me rappelle à peine le passé.

Ces paroles faisaient écho à celles qu'avait prononcées la sœur de Hetty au déjeuner.

Mais alors Hetty continua :

— Je n'aimais pas le tabac. Au bout d'une rangée, j'en avais la nausée, à cause de l'odeur et tout. Quand je me suis mariée, on se levait tôt le matin, à l'heure où les feuilles de tabac étaient encore couvertes de rosée, parce qu'alors ça ne sentait rien. Encore maintenant, le tabac me soulève le cœur. Quand j'étais jeune, au bout de deux heures dans un champ, je me mettais à pleurer. Ça, c'était quand je travaillais avec mon père.

Et plus loin encore, il y avait ce passé que l'on devait taire.

Le samedi, Hetty avait parlé avec l'animation particulière aux jours de fête du service religieux qui avait lieu dès l'aube, à cinq heures du matin, le dimanche de Pâques. Elle nous avait dit qu'elle irait peut-être. Mais lorsque Jimmy et moi quittâmes le motel indien de Peters, le dimanche matin, pour aller prendre le petit déjeuner chez nos amis, nous y trouvâmes Hetty. Nos promenades en voiture du samedi après-midi l'avaient fatiguée ; elle n'avait pas pu se lever à temps pour le service de l'aube. Elle avait donc l'intention d'aller à celui de onze heures.

Jimmy et moi décidâmes de l'y rejoindre vers onze heures trente, afin d'entendre les chants et au moins le début du sermon qui commencerait, nous précisa Hetty, à midi, mais les vêtements de Jimmy soulevaient un problème. A New York, Howard avait déclaré que Bowen était un endroit très rustique où les vêtements sport et les chaussures de tennis nous suffiraient pour tout ce que nous pourrions avoir à faire. La seule tenue un peu légère que Jimmy avait apportée était un costume de safari digne d'un général d'opérette. Hetty lui assura que cela irait, mais qu'à un certain moment, elle devrait se lever et demander à la congrégation de bien vouloir excuser la tenue de son invité.

Sur l'écran du téléviseur, dans le séjour de Hetty, se succédaient des manifestations de ferveur religieuse, avec des services retransmis depuis des églises noires et des églises blanches ; le pasteur et le chœur étaient toujours vêtus avec élégance, chaque église possédant sa propre couleur en matière de tenues vestimentaires, presque sa propre casaque.

Un prédicateur, d'un abord grave et autoritaire, interrompit le fil de son discours pour lancer un nouveau livre sur la Bible et la vie après la mort. Ce livre, expliqua-t-il, répondait aux questions que posaient les gens. « Serons-nous joyeux au ciel ? » Et avant d'avoir pu pleinement savourer ce « joyeux » — ça va être joyeux, joyeux Noël, c'est un joyeux luron — j'entendis énoncer l'autre question à laquelle répondait le livre : « Le progrès continuera-t-il au ciel ? » Ce paradis américain était de toute évidence une réplique de l'Amérique terrestre, avec des Noirs et des Blancs, un Nord et un Sud, des républicains et des démocrates.

Hetty, en jupe de jean, partit dans sa chambre et en ressortit habillée pour aller à l'église, dans une robe d'un rose éclatant, qui vous coupait le souffle ; après quoi, elle se coiffa de son chapeau plat bleu foncé qui, avec ses lunettes, lui donnait l'air d'une femme d'affaires.

Elle partit en voiture. Howard avait négligé de faire prolonger son permis de conduire, si bien qu'il lui était impossible d'emmener sa mère et de revenir nous chercher. Nous allâmes à l'église à pied. Elle était à environ un kilomètre et demi. Jimmy portait son ensemble safari. Howard était en tenue sport et chaussures de tennis, car il ne comptait pas assister à l'office. Il nous dit qu'il n'aimait pas l'église ; il avait été obligé d'y aller trop souvent quand il était petit.

La route était large. Les voitures nous dépassaient une par une, ou deux par deux. L'herbe était constellée de fleurs violettes et, de temps en temps, à l'improviste, on apercevait un marécage tout noir (il faisait penser au paysage primitif, avant l'arrivée des premiers immigrants, et à la désolation que ces derniers avaient dû parfois éprouver).

Nous passâmes devant la maison de Mr. Alexander. C'était un vieux Noir, en costume du dimanche, veston, cravate et chapeau, qui s'entraînait à putter sur un bout de terrain nu, à côté de sa maison ; du moins tenait-il un club de golf. Le jardin devant sa petite maison croulait littéralement sous les statues ornementales et tout ce qu'on peut mettre dans un jardin pour le décorer. Il nous dit que c'était son grand-père qui avait commencé la collection, puis, avec son propre et fulgurant sens du temps, il ajouta :

— Deux cents ans.

Certaines des pièces venaient de la Jamaïque, aux Antilles.

Howard dit, tandis que nous poursuivions notre chemin :

— On voit bien que c'est un original. Pas seulement à cause du club de golf. Mais parce qu'il n'est pas à l'église.

Une voiture s'arrêta à notre hauteur. Dedans, il y avait trois Blancs — à présent, ce que l'on remarquait chez les gens, c'étaient leur race et leur couleur. Ils voulaient savoir où se trouvait le golf du country-club. Howard répondit qu'il ne pouvait pas les renseigner, n'étant pas du coin. Ils repartirent.

L'église était petite et coquette, en brique rouge, avec une flèche blanche ; le fronton blanc de son portique reposait sur de fines colonnes de bois. Il y avait de nombreuses voitures dans la cour, sur le côté de l'édifice. Je fis remarquer qu'elles donnaient à la ville un aspect cossu. Howard répondit que tout le monde avait une voiture ; ça ne signifiait rien.

Tandis que nous gravissions les marches qui menaient au portique, Howard dit :

— Ils chantent.

Il n'entra pas avec nous. Il annonça — très juvénile tout d'un coup, l'enfant gâté à qui l'on passe tout — qu'il nous attendrait dehors.

Une mince jeune femme au teint café-au-lait nous accueillit, Jimmy et moi, à la porte et nous tendit un feuillet indiquant la célébration de l'office. Nous nous assîmes dans le fond. Et je me rappelai ce qu'avait dit Hetty : « Allez à l'église. Comptez les hommes. » Ils étaient moins nombreux que les femmes. Dans le fond, il y avait des enfants, avec leur mère. Et tout le monde — comme l'avait laissé entendre Hetty — portait son costume du dimanche.

A l'intérieur, l'église était aussi sobre et coquette qu'à l'extérieur. Les bancs étaient en bois dur blond, relativement neuf, et le sol était recouvert d'une moquette beige. A l'autre bout de la salle, sur une estrade, se tenait le chœur, avec un pianiste de chaque côté. Les hommes du chœur, à l'arrière, étaient en complet-veston ; les femmes et les jeunes filles, qui formaient les trois rangées de devant, portaient de longues robes dorées. C'était donc une version locale et plus modeste de ce que nous avions vu à la télévision dans le séjour de Hetty.

Derrière le chœur, derrière les filles en doré et les hommes en complets sombres, il y avait un grand tableau, d'une singulière transparence, représentant le baptême du Christ : l'eau était bleue, les rives du fleuve vertes. La blancheur du Christ et de Jean-Baptiste surprenait. (Tout comme m'avait surpris, la veille au soir, chez le vieux maître d'école noir à la retraite, l'image de Jésus-Christ : un personnage barbu qui ressemblait au général Custer dans le film *Little Big Man*). Mais peut-être l'aspect surprenant ou incongru n'existait-il qu'à mes propres yeux, la blancheur de Jésus étant un élément iconographique au même titre que la couleur bleue des dieux du panthéon indien, ou le physique indien du premier missionnaire bouddhiste, Daruma, dans l'art japonais.

Les chants prirent fin. Il était temps de passer aux « rapports, annonces et présentation des visiteurs ». Le petit homme noir en costume sombre qui nous précisa la chose — ce n'était pas le pasteur — prononça ce dernier mot d'une façon extraordinaire, séparant distinctement les syllabes et s'attardant avec insistance sur la dernière, comme pour en extraire la dernière goutte de suc : *vii-siii*-TEURRRS.

Ayant parlé, il attendit les déclarations. Un homme se leva et annonça qu'il arrivait de Philadelphie ; il était revenu voir certains membres de sa famille. Ensuite ce fut le tour de Hetty, avec son chapeau bleu tout plat et sa robe rose. Elle nous regarda, puis s'adressa à l'homme en complet sombre. Nous étions, dit-elle, des amis de son fils qui se trouvait dehors, quelque part. Elle expliqua pourquoi Jimmy n'avait ni cravate ni veston et pria l'assistance de l'en excuser.

Nous nous levâmes, moi d'abord, Jimmy ensuite, et nous présentâmes comme l'avait fait l'homme de Philadelphie. Une femme au teint pâle, assise dans les premiers rangs, se retourna et nous dit qu'elle aussi était de New York ; elle nous salua en tant que concitoyens. C'était comme un lien entre nous, me dis-je. Et lorsque ensuite l'homme au complet sombre parla de frères et de sœurs, ces mots me parurent aller plus loin que des termes de pure forme.

On fit circuler de rangée en rangée un plat en laiton pour la quête. (La somme recueillie la semaine précédente, un peu plus de trois cent cinquante dollars, était mentionnée dans le bulletin paroissial.) Le pasteur, un jeune homme à la voix claire et cultivée, nous demanda de méditer sur le miracle de Pâques. Pour nous aider, il fit appel au chœur.

Le chef du chœur, une grande et forte femme, ajusta le micro. Et après ce petit geste délicat, il y eut un déchaînement de passion. Le cantique était : « *What about me ?* » Le chœur se mit à frapper dans ses mains et à se balancer. Un membre de la congrégation — il portait un costume marron — se leva pour battre des mains et chanter. Une femme en blanc, avec un chapeau blanc, se leva et chanta à son tour. Et je commençai ainsi à goûter aux plaisirs de cette assemblée religieuse ; aux plaisirs de la fraternité, de l'union, du cérémonial, du rituel, des costumes, de la musique, qui se combinaient tous pour créer une possibilité d'extase.

Ce fut le cérémonial — dérivé par ces Noirs de tant de sources différentes — qui me surprit ; et aussi l'idée de communauté.

Un autre homme en complet se leva et s'adressa à la congrégation, après le Noir en complet sombre.

— Ce jour est un grand jour, déclara-t-il. C'est le jour où le Seigneur est *ressuscité*. Il est ressuscité pour tout le monde.

Des « Amen ! » assourdis s'élevaient constamment de l'assistance. L'homme reprit :

— Beaucoup de gens plus riches que nous n'ont pas eu ce privilège.

Pour finir, le jeune pasteur cultivé, avec son élégante chasuble ornée de deux croix rouges, reprit la parole.

— Jésus dut prier. *Nous* devons prier. Jésus dut pleurer. *Nous* devons pleurer... Dieu a été si bon pour nous. Il nous a accordé une seconde chance.

Torture et larmes, chance et chagrin : tels étaient les motifs de cette religion, ce lien, cette union consolatrice — l'union étant pour moi l'idée inattendue, touchante. Et, comme dans les pays musulmans, je compris le pouvoir que pouvait avoir un prédicateur.

Comme le dit Howard, par la suite, tandis que nous rentrions tous les trois chez lui :

— *Tout* arrive à l'église.

Nous entrevîmes un autre original du cru, pour reprendre le mot qu'avait utilisé Howard à l'aller : celui-ci était l'ivrogne de la communauté noire. Nous étions encore à quelque distance de sa maison, lorsque Howard le remarqua qui regardait par une fenêtre. Et il nous dit :

— Baissez les yeux. Ne lui parlez pas. Ne le voyez pas.

C'était un des moyens qu'avait trouvés Howard, aussi bien ici qu'à New York, pour se soustraire aux complications : éviter « le contact oculaire » qui, à l'en croire, provoquait l'agresseur, le mendiant, le raciste fanatique, le fou, l'alcoolique.

L'ivrogne, encadré dans le chambranle, nous observait tandis que nous avancions vers sa demeure. En passant devant, je lui coulai un regard du coin de l'œil. Debout à sa fenêtre, en tricot de corps, isolé à l'intérieur de sa maison, il avait les yeux rougis, il était spirituellement et mentalement très loin.

Je confiai à Howard que l'idée que j'avais eue ce matin d'une communauté noire pourvue de son propre code très strict me surprenait.

Il dit :

— Cette communauté, ou ce que vous en voyez, aura disparu d'ici vingt ou vingt-cinq ans.

La ségrégation avait préservé la communauté noire. Mais à présent, Noirs et Blancs, surtout les membres de la nouvelle génération, faisaient davantage de choses ensemble. Ces mots éclairaient ce qu'avait dit la veille Hetty (qui pleurait un fils), à propos des jeunes Noirs et Blancs qui maintenant « buvaient ensemble ». Et je n'étais pas sûr que Howard ou elle fussent pleinement favorables à cette nouvelle habitude de se mélanger et à ce qu'elle annonçait. Il me semblait impossible que Hetty pût rester aussi sereine, sans sa communauté.

Au déjeuner, lorsque Hetty fut rentrée de l'église, nous parlâmes quelque temps de la situation des Noirs. C'était un sujet que nous n'avions pas abordé la veille.

Les Noirs avaient traversé les temps difficiles. A présent que les choses auraient dû être plus aisées pour eux, il y avait dans le pays de nouveaux éléments raciaux : les Mexicains, les Cubains et les autres étrangers. Les Mexicains n'allaient pas tarder à devenir une puissance politique. Et les Asiatiques ne se contentaient pas d'acheter des motels ; ils se lançaient aussi dans d'autres genres d'affaires ; et ils n'étaient là que depuis quelques années. Dans un hôpital qui n'était pas bien loin, dit Hetty, il n'y avait que deux médecins *américains*.

Bientôt, Howard et Hetty commencèrent à se rappeler mutuellement la façon dont les choses changeaient. Autrefois, des camions venaient ramasser les Noirs pour la cueillette des fruits. A présent, les camions ne venaient plus ; c'étaient les Mexicains qui cueillaient les fruits. Et Howard dit que les Noirs s'étaient petit à petit fermé les portes de Miami. Ils n'avaient plus voulu travailler dans les hôtels, trouvant ces emplois avilissants. Alors, les Cubains s'en étaient chargés et les Noirs n'étaient pas près de récupérer leurs places. C'était ainsi que les Noirs avaient permis aux Cubains de prendre le contrôle de la ville. Désormais, à Miami, on parlait l'espagnol.

Plus tard, en regagnant l'aéroport, nous aperçûmes une congrégation blanche sortir de l'autre église baptiste de Bowen. Elle n'était pas loin de l'église noire où nous étions allés. Et ce ne fut qu'à ce moment-là que je me rendis compte que ce que je venais de voir était une petite ville où l'on vivait sous le régime de la ségrégation raciale, avec les vieilles institutions bien séparées.

Cela renforçait le sens des paroles de Hetty, sa psalmodie, durant notre promenade en voiture : « De ce côté-ci, tous des Blancs, de celui-là, tous des Noirs. Noirs, Noirs, Blancs, Noirs. Noirs, Blancs. »

Elle décrivait le paysage familier à sa façon — alors que je n'y voyais que les couleurs du printemps, les fleurs violettes au bord de la route, l'odeur aigre du tabac, les pins et les cornouillers, les chênes et les érables, et les tons gris et rouge sombre des fermes et des hangars à tabac à l'abandon. A présent que nous étions en route pour l'aéroport, je voyais le passé un peu plus clairement. Je discernais un peu plus nettement ce que j'avais vu la veille.

Et je commençai à comprendre comment Howard, ayant quitté son foyer pour New York, pouvait se tenir à l'écart aussi bien du passé que de la rage de Harlem.

Je lui demandai pourquoi il n'habitait pas Harlem.

— Mon rythme n'est pas le même. Et ils ressentent cette différence. Le rythme ? C'est comme qui dirait votre niveau d'énergie. Comment vous expliquer ? Je ne suis pas en colère. La plupart des habitants d'Harlem le sont.

Et, voulant mieux me faire comprendre ce qu'il ressentait, il continua :

— Je suis différent. Au lycée, déjà, je me sentais différent. C'est ce que vous pensez, ce que vous ressentez, qui vous rend différent. Je me suis toujours senti différent. Ce qui m'amène à croire que je suis né là où il ne fallait pas. Comme tant d'autres.

Deux jours plus tard, à New York (et juste avant de m'embarquer pour mon véritable voyage dans le Sud), j'eus un nouvel entretien avec Howard, pour m'assurer que j'avais bien compris certaines choses.

A propos de la présence des Asiatiques, des Cubains et des Mexicains, il dit :

— Je deviens très pro-américain quand j'y pense.

Et cette attitude pro-américaine s'étendait aux affaires étrangères, auxquelles il s'intéressait tout spécialement. Ainsi, issu de la petite communauté sudiste noire de Bowen, Howard était devenu un conservateur. Il déclara :

— Je crois que quand on vient d'un milieu baptiste du sud des Etats-Unis, on possède déjà en soi un fonds qui prédispose à l'être.

Je le questionnai sur ce qu'il avait dit de la communauté noire lorsque nous étions revenus chez lui après le service religieux. Il avait déclaré que d'ici vingt à vingt-cinq ans la communauté aurait disparu ; et il m'avait paru s'exprimer sur un ton assez neutre. L'était-il vraiment ?

Il ne voulut pas s'engager. Il me dit que la communauté serait moins unie, mais que ce changement pouvait être bénéfique. Accédant d'un bond au niveau mystique, il ajouta :

— Le changement, c'est comme la mort. Il peut en sortir de bonnes choses. C'est comme la guerre de Sécession, quand tout un mode de vie a pris fin.

Ainsi, au bout du compte, il s'avéra que sa première remarque, concernant cette continuité qui caractérisait sa ville natale, avait un rapport avec l'histoire, comme je l'avais cru tout d'abord. J'avais changé d'avis, parce que le mot m'avait ensuite paru contenir une idée d'uniformité et d'ennui : les mêmes bâtiments, les ruines toujours debout dans les champs, l'insipidité de l'existence dans une petite ville de province. Il avait certes voulu parler de cela ; mais aussi de la survivance du passé. C'était un peu comme si, pour me parler, à moi, un inconnu, il avait dû trouver un moyen de mentionner ce passé qu'il fallait taire.

1

ATLANTA

LA MISE À L'ÉCOUTE

Mon voyage, je l'avais préparé à New York. Quelqu'un m'avait suggéré de me rendre à Tuskegee, en Alabama, pour y visiter l'institut des arts et métiers — devenu aujourd'hui une université — fondé il y a plus d'un siècle par Booker T. Washington, pour la population noire qui sortait alors tout juste de l'esclavage.

Tuskegee : je connaissais ce nom. Pour moi, il était à demi mythique, emprunté aux souvenirs que m'avait laissés le livre de Booker T. Washington, *Up from Slavery,* que l'on m'avait mis entre les mains alors que je n'étais qu'un enfant, à Trinidad. C'était si loin : j'avais du mal à me persuader que cet endroit au nom étrange existait toujours, au vu et au su de tous.

On me donna le nom d'un homme qui avait fait ses études à Tuskegee, Al Murray. C'était un écrivain, un protégé de Ralph Ellison, qui habitait New York. Au téléphone, il se montra amical, intéressé par mon projet et tout disposé à discourir. Il souhaitait me recevoir chez lui. Son appartement était au cœur de Harlem, me dit-il, et il lui semblait que je devais voir ce quartier. Il contribuerait à me préparer au voyage.

Habitant la 132e Rue, il me conseilla de prendre tout simplement l'autobus depuis Madison Avenue. A l'entendre, il eût été lamentable de faire autre chose et j'avais la ferme intention de suivre son conseil, mais, au dernier moment, je me dégonflai et hélai un taxi. En un rien de temps, nous fûmes à Harlem. Très vite, fonçant au milieu des feux de signalisation synchronisés, nous nous retrouvâmes dans un cadre qui ressemblait à la caricature de la ville que nous venions de quitter.

C'était comme un bond dans le futur, comme de tourner une page : les fenêtres des étages supérieurs, éclatées et noircies dans des murs de chaud grès brun ou de vieille brique rouge, les maisons, livrées à des occupants qui ne faisaient qu'y camper ; mais dans la maçonnerie survivaient encore le savoir-faire et l'élégance d'antan (comme dans certains sites pillés de la Rome antique), les murs de certaines demeures ne ceignant parfois que de la terre, attendant d'éventuelles fouilles ; aucun rapport apparent entre les gens et l'endroit, la population mélangée du centre-ville modifiée, l'agitation des trottoirs disparue, les gens tous noirs à présent, peu de femmes en vue et les hommes arborant souvent des poses d'oisifs, assis sur les marches ou debout au coin des rues. Cela, sous le même ciel qu'un quart d'heure plus tôt, par le même temps, dans ce qui était encore la Cinquième Avenue.

Ce spectacle aurait dû prendre fin à la longue, mais il persista. A un feu rouge, un jeune garçon maigre et inexpressif s'approcha en courant de notre véhicule et dit quelque chose au chauffeur. Ce dernier, un Noir grassouillet, ne répondit pas. Le feu passa au vert ; le garçon aux jambes maigres repartit en courant parmi les voitures, sans ajouter un mot. Qu'est-ce qu'il voulait ? Le chauffeur, que son accent désignait comme un Antillais en provenance d'une des petites îles, m'expliqua : « Il voulait nettoyer mon pare-brise. » Et avec un rire nerveux, maintenant seulement, il remonta sa vitre.

Non loin de là se dressait l'immeuble où vivait Al Murray. Il faisait partie d'un ensemble de trois ou quatre bâtiments de haute taille, que l'on avait dû construire sur l'emplacement d'anciennes rangées de maisons individuelles. Dans l'immeuble d'Al — en retrait par rapport au trottoir, une allée en demi-cercle donnant accès aux portes de verre de l'entrée — se tenait contre toute attente un portier en uniforme, tandis qu'un écriteau stipulait que les visiteurs devaient se faire annoncer.

L'appartement d'Al était situé tout au bout d'un couloir central, sans fenêtres. Vers l'extrémité du couloir, l'air était plus chaud ; les lumières électriques étaient allumées. Lorsque Al ouvrit la porte, il fit de nouveau jour et, par la grande baie au fond de sa salle de séjour, j'eus un aperçu du ciel new-yorkais. C'était un homme brun de peau et plus âgé que je ne le pensais. Je m'étais attendu à un homme jeune ou en milieu de carrière ; au téléphone, sa voix m'avait semblé juvénile. Mais il venait tout juste d'avoir soixante-dix ans.

Le séjour était bourré de livres et de disques. Un bref examen me suffit pour constater que les livres constituaient une collection sérieuse d'écrits américains du XXe siècle, dans la première ou une des premières éditions : cela faisait plus de quarante ans qu'Al achetait, collectionnait ces ouvrages. Ses disques de jazz (posés debout dans leurs jaquettes défraîchies et remplissant de nombreuses étagères) avaient tout autant de valeur. Le jazz était une de ses passions. Parmi les premières choses qu'il me montra figuraient des photographies personnelles de Louis Armstrong — dont le petit gabarit, taille Picasso, me surprit, de même que l'élégance vestimentaire ; tout ce qui concernait le grand homme était digne d'attention, presque un aspect de son talent, et aux yeux d'Al, passionnant.

Prompt à s'enthousiasmer, lui-même se montrait de bonne compagnie et plaisant à écouter. Sa vie paraissait n'avoir été qu'une suite d'heureuses découvertes. Tuskegee — où il avait fait ses études cinquante ans auparavant — avait été l'une d'entre elles. Il avait beaucoup d'amour pour son ancienne école et d'admiration pour son fondateur.

Il me montra des photographies de l'endroit : des bâtiments en brique dans le style géorgien, construits par les étudiants eux-mêmes il y avait quatre-vingts ou quatre-vingt-dix ans. C'étaient les premières photographies que je voyais de Tuskegee et elles me donnèrent envie d'y aller. Et lorsque Al me parla de Booker T. Washington, le personnage devint pour moi un peu plus réel. Il était né esclave en 1856, cinq ans seulement avant la guerre de Sécession ; donc (quels que fussent ses souvenirs), il n'avait pas été esclave très longtemps. Et il avait dû grandir durant la période extraordinaire qui avait succédé à la guerre, lorsque les esclaves affranchis avaient affirmé leurs droits, ici et là, et que certains des plus doués avaient bien réussi. Il avait dû grandir avec des idées américaines, les grandes idées de la fin du XIXe siècle. Booker Washington, m'expliqua Al, devait être considéré comme un Américain type de cette époque, à cause de son énergie et de sa compréhension de la façon dont fonctionnait l'Amérique capitaliste. Il s'était certainement senti à l'unisson des hommes très riches et très puissants qu'il avait su solliciter avec tant de succès.

Al Murray descendit des rayonnages les deux volumes de la biographie écrite par Louis R. Harlan, pour me montrer les photographies. Elles étaient émouvantes : ces poses qu'il fallait tenir un long moment, Booker T. Washington avec sa famille, avec son dandy de secrétaire, tous les costumes symbolisant la respectabilité au tournant du siècle — et les yeux du grand homme, toujours las. Il y avait aussi les étudiants de Tuskegee, hommes et femmes, qui remplissaient en tant qu'étudiants les tâches encore si récemment exécutées par les esclaves, ratissant le foin, construisant des murs de brique, seulement, ces travaux ils les accomplissaient désormais correctement vêtus, les hommes parfois en complets — car les habits comptaient beaucoup pour des gens qui, en leur qualité d'esclaves, n'en avaient pratiquement pas.

Tuskegee occupait le site d'une ancienne plantation, me dit Al Murray. Pendant de nombreuses années, la vaste maison d'habitation était restée en dehors du complexe universitaire ; mais il avait entendu dire que les autorités de Tuskegee venaient récemment de l'acquérir et qu'elle était désormais la résidence du président. Changement à l'américaine. On aurait pu dire d'ailleurs qu'Al Murray, avec ses livres et ses disques, était en soi la vivante incarnation de ce changement. Il était né en Alabama, au plus profond du Sud ; avait fréquenté Tuskegee ; servi dans l'armée de l'air et pris sa retraite avec le grade de commandant ; après quoi, il avait poursuivi une seconde carrière d'universitaire et d'écrivain.

C'était à la fin de son service dans l'aviation qu'il était venu à New York, s'installant dans ce même appartement. Ses voisins ici étaient-ils des Noirs des classes moyennes, exerçant des professions libérales ? Non, ils formaient un groupe hétéroclite. Un de ses voisins, par exemple, était portier du club dont Al était membre, en ville. « Là-bas, il est portier. Ici, c'est mon voisin. » Cela plaisait à Al. Et il aimait aussi son appartement tel qu'il était.

Pourtant, il y avait l'entourage. Lorsqu'il m'emmena sur son petit balcon qui donnait le vertige, pour me montrer la vue et l'élégance voulue par les premiers lotisseurs de Harlem, je vis de très haut les rues qui, au niveau du sol, m'avaient tant démoralisé. Je vis aussi, vers le sud, les ruines de la rangée de maisons en brique rouge. Il y avait eu un incendie six ans auparavant, me précisa Al ; depuis, on avait tout simplement laissé debout ces carcasses en brique. Un grand arbre (arborant son feuillage printanier) avait poussé à l'intérieur d'une d'entre elles, sans endommager les murs. Le spectacle n'était pas sans faire penser à ces ruines du temps de guerre préservées dans certaines parties de Berlin-Est, en guise de monument commémoratif ; d'ailleurs, quelques-unes des artères ravagées de Harlem évoquaient incontestablement la guerre.

Al, toutefois, cohabitait depuis longtemps avec les maisons calcinées du pâté de maisons voisin. On aurait dit qu'il avait presque cessé de les remarquer ; il voyait le panorama dans son ensemble. Au sud, Manhattan tout entier s'étendait à nos pieds. Si ce gratte-ciel, à quelques pâtés de maisons, n'avait pas fait écran, m'assura-t-il, nous aurions pu apercevoir de là où nous étions l'Empire State Building. A l'ouest, on distinguait une rangée multicolore de bâtiments qu'un célèbre artiste noir, ami d'Al, avait représentée dans un de ses tableaux. Et lorsque Al baissait les yeux vers la rue, au-dessous, il voyait les deux ou trois églises du quartier et la maison du député au Congrès : des édifices qui représentaient d'importants aspects de la vie locale.

Ainsi, avec l'aide d'Al, mon œil changea. Là où je n'avais vu, au début, que Harlem et un spectacle déprimant, je commençai du haut de ce balcon à discerner l'ordre relatif de la zone où vivait mon hôte. Ainsi que la splendeur du plan originel d'Harlem : plus grandiose, dans l'idée de ceux qui l'avaient conçu, que tout ce qui se trouvait plus au sud.

Seulement, ces premiers lotisseurs du quartier avaient trop bâti. Dans les années 1890, il n'y avait pas eu assez de gens pour peupler les nouvelles maisons de Harlem. Alors, des hommes d'affaires s'étaient mis à les acheter, dans le but de les louer aux Noirs venus du Sud. Ils firent passer des annonces, s'efforcèrent d'obtenir l'approbation et la participation de Booker T. Washington, qui était à l'époque le Noir le plus célèbre des Etats-Unis. L'idée ne lui avait pas plu ; il la trouvait trop commerciale. En revanche, son secrétaire, Emmett Scott, l'un des trois « grands » de Tuskegee (les vastes demeures de Washington, de son trésorier et de son secrétaire se dressent toujours côte à côte, à Tuskegee), avait pris part à cette entreprise. C'était ainsi que le quartier de Harlem avait commencé comme il devait continuer, dans le besoin et l'exploitation. Et il y avait, même s'il était infime, un lien avec Tuskegee.

Al Murray m'emmena me balader dans le quartier. Il me fit remarquer les trottoirs très larges : cela faisait à l'origine partie intégrante de l'élégance du plan de Harlem. Il m'entraîna dans une librairie spécialisée dans les ouvrages sur la cause noire, où l'on trouvait aussi des affiches et des fascicules concernant les événements locaux. J'achetai, en édition de poche, *The Souls of Black Folk,* de Du Bois, contemporain et critique de Washington (j'en avais vu une des toutes premières éditions sur les étagères d'Al) ; et nous échangeâmes des civilités avec la dame passionnée par son métier et cultivée qui tenait la boutique. Al me parla de l'hôpital de Harlem — l'édifice le plus important du quartier —, m'expliquant que son niveau était hautement professionnel et ne cessait de s'améliorer. Puis, ma vision « de démêlage » s'aiguisant, nous nous rendîmes au Schomburg Center, un superbe bâtiment neuf consacré aux études noires, pourvu d'un personnel enthousiaste, noir et blanc.

Ce centre appointait des chercheurs pour travailler dans sa bibliothèque. La spécialiste ainsi rétribuée dont je fis la connaissance était une belle femme café-au-lait, qui avait beaucoup voyagé et qui faisait des recherches sur les liens entre le Brésil et l'Afrique occidentale. Elle parlait de son travail avec toute la fougue d'un explorateur. Pour elle, la cause noire, ou cette extension de la cause, était comme un territoire à découvrir.

Je ne repartis pas en taxi. Il n'y en avait pas dans les rues. Al attendit quelques instants avec moi l'arrivée d'un autobus, en m'entretenant de Ralph Ellison. Et puis, à contrecœur, je revis, plus lentement cette fois, arrêt par arrêt, ce que j'avais vu en venant : un secteur entier d'une grande ville en décomposition.

C'était à Dallas, en 1984, à la convention républicaine, que m'était venue l'idée d'un voyage dans le sud, ou plutôt le sud-est, des Etats-Unis. Je n'y étais encore jamais allé ; et bien que Dallas ne fît pas partie de la zone que je décidai ensuite de sillonner, j'y éprouvai un sentiment suffisamment fort d'avoir affaire à une région tout à fait distincte de New York et de la Nouvelle-Angleterre, auxquelles se limitait essentiellement ma connaissance des Etats-Unis.

J'aimais les nouveaux édifices, les formes, l'aspect luxueux, la fantaisie architecturale, et la richesse que tout cela impliquait. L'architecture m'attirait en tant que plaisir — c'était intéressant de la voir s'élever hors de la grisaille de la ville ancienne et de son style « entrepôt ».

Nous étions à la mi-août et il faisait très chaud. J'aimais le contraste que formaient dans les rues du centre-ville les lumières éclatantes et les ombres noires des hauts édifices, ainsi que l'étrange sensation d'un autre climat, plus tempéré, qu'inspiraient ces ombres. On jouait constamment avec de tels contrastes. Les vitres teintées de ma chambre d'hôtel adoucissaient l'éclat aveuglant du ciel torride : la véritable couleur du ciel, dehors, vous prenait toujours par surprise. La climatisation dans les hôtels, les voitures et le palais où se tenait la convention rendait la chaleur, à chaque fois que l'on s'y replongeait, stimulante.

Cette chaleur était une révélation. Elle faisait penser au temps jadis. S'ajoutant aux énormes distances, elle donnait une autre idée de la vie des premiers immigrants. A présent, cependant, il n'y avait pas jusqu'à ce climat du Sud qu'on ne fît fonctionner à l'envers. La chaleur qui aurait dû être accablante avait été transformée en source de plaisir, en excitation des sens, en attraction : on pouvait organiser un congrès politique à Dallas en plein mois d'août.

Sur le mur, derrière l'estrade du palais des Congrès, les drapeaux des différents Etats étaient tendus à plat, par ordre alphabétique. Les drapeaux des Etats les plus anciens se reconnaissaient facilement ; ils me faisaient penser aux drapeaux des colonies britanniques (et à la devise coloniale en latin, tirée de Virgile et donnée par les Britanniques) que j'avais connus enfant à Trinidad. Et pour la première fois, l'idée me vint que Trinidad, ancienne colonie britannique (à partir de 1797) et colonie agricole esclavagiste (jusqu'en 1833, date à laquelle l'esclavage avait été aboli dans tout l'Empire britannique), avait dû avoir davantage en commun avec les anciens Etats esclavagistes du Sud-Est qu'avec la Nouvelle-Angleterre ou les Etats plus récents du Nord, peuplés d'immigrants européens. Cette évidence aurait dû me frapper bien avant, mais il n'en avait rien été. Ce que j'avais entendu raconter, dans mon enfance, sur le comportement racial du Sud avait été trop scandaleux. La honte en avait rejailli sur les Etats-Unis et m'avait fermé l'esprit aux Etats du Sud.

Tout cela, cependant, était désormais bien loin : comme en témoignaient les acclamations ponctuées de coups de pied par lesquelles la convention saluait l'arrivée sur l'estrade d'un célèbre joueur de football noir.

Le palais des Congrès était immense. Le regard ne pouvait l'embrasser d'un seul coup d'œil. Dans cet espace démesuré, les silhouettes sur l'estrade paraissaient minuscules. Elles auraient même risqué de se perdre, si un grand écran au-dessus d'elles n'avait pas magnifié leur image, tandis que des douzaines d'écrans plus petits répercutaient cette vision vivante et filmée à travers tout le palais. C'était hypnotique, ce même visage ou ce même geste en gros plan, qui vous arrivait de toutes parts. Peut-être s'agissait-il simplement de communiquer et de clarifier, mais il aurait été impossible de faire une déclaration plus grandiose sur la primauté des hommes ; rien n'aurait pu mieux tenter de faire durer ainsi au maximum la gloire du moment éphémère. Et pourtant, presque comme si cela faisait partie de sa vertu politique, la convention à laquelle nous assistions se préoccupait avant tout de piété, d'humilité, du ciel, et s'avilissait tous les jours devant Dieu.

Un célèbre pasteur baptiste de la région prononça la bénédiction finale. Son église bénéficiait d'une organisation prodigieuse ; les journaux assuraient qu'elle possédait, dans le centre de Dallas, des propriétés dont la valeur se montait à plusieurs millions de dollars. Le dimanche qui suivit la convention, il célébra devant une congrégation record un office, retransmis par ailleurs à la télévision ; il s'agissait d'un grand spectacle en costumes, avec musique et chants. Néanmoins, le sermon, brûlant des feux de l'enfer, aurait pu provenir d'une époque plus simple, plus rude, quand pendant cinq ou six mois de l'année peut-être il n'y avait aucun moyen d'échapper à la chaleur, quand les voyages étaient pénibles, quand les gens vivaient étroitement dans les communautés où ils étaient nés et que seules les certitudes religieuses absolues donnaient un sens à la vie.

Je commençai à envisager d'écrire sur le Sud. Ma première chronique d'un voyage — entreprise à l'instigation d'Eric Williams, le premier Noir devenu Premier ministre de Trinidad — avait porté sur certaines des anciennes colonies esclavagistes des Caraïbes et d'Amérique du Sud. J'avais alors vingt-huit ans. Il me semblait approprié que ma dernière chronique — voyage autour d'un thème — concernât les anciens Etats esclavagistes du Sud-Est américain.

Mes pensées — à Dallas, puis à New York, lorsque je préparais mon voyage — s'attardaient sur la question raciale. Je ne savais pas encore que cette question se résoudrait rapidement durant le voyage et que mon sujet deviendrait cet autre Sud — celui de l'ordre et de la foi, de la musique et de la mélancolie — dont j'ignorais tout, mais dont j'avais eu un pressentiment à Dallas.

De New York, je me rendis à Atlanta. On m'avait dit qu'il existait dans cette ville une vieille élite noire, une espèce d'aristocratie des Noirs américains ; qu'il y avait de nombreux hommes d'affaires noirs bien établis et une certaine quantité de milliardaires noirs ; pour tout dire que les Noirs régnaient sur la ville. Je pris mon billet d'avion ; une fois à Atlanta, je fis la queue à l'aéroport pour louer une voiture, puis je gagnai mon hôtel, à travers l'impressionnant réseau routier du centre-ville. J'étais donc arrivé, légèrement étonné de constater que ce voyage, si long à mettre sur pied, avait commencé de façon si terre à terre.

D'ailleurs, comme pour répondre à mon inquiétude, tous les petits arrangements prévus depuis New York tombèrent à l'eau, l'un après l'autre, très rapidement. Un journaliste avait quitté la ville pour les besoins d'un reportage ; un homme d'affaires noir me dit au téléphone qu'il n'était plus dans le coup, car cela faisait vingt ans qu'il n'habitait plus Atlanta. Et le Noir dont le nom m'avait été communiqué par un cinéaste me déclara que presque tout ce que j'avais entendu dire sur Atlanta était faux.

Les histoires d'aristocratie noire étaient exagérées, m'assura-t-il. Selon les critères de la richesse américaine, les Noirs d'Atlanta n'étaient pas fortunés ; sur la liste des citoyens les plus riches d'Atlanta, le premier Noir arriverait peut-être en deux cent unième position. Et le pouvoir politique ?

— Le pouvoir politique sans l'autre sorte de pouvoir n'a aucun sens.

Mon informateur sirotait son vin ; et ne semblait pas mécontent du tout de m'avoir cloué le bec.

Je le crus sur parole. J'avais eu le sentiment que les splendides bâtiments neufs d'Atlanta, si souvent reproduits en photo, avaient aussi peu à voir avec les Noirs que les bâtiments de Nairobi, disons, avaient à voir avec les talents financiers ou architecturaux des Kenyens. J'avais aussi eu l'impression que les histoires de puissance et d'aristocratie noires venaient un peu trop à propos et soudainement.

Cependant je voulais m'en assurer par moi-même, et j'espérais que l'on me mettrait en rapport avec des gens. Mais le Noir que j'avais en face de moi ne fit aucune allusion à un service de ce genre. Je pourrais peut-être voir Andrew Young, le maire de la ville, me dit-il ; mais Andrew Young avait probablement quelque deux cents interviews en attente. (Ce qui ferait de moi le deux cent unième postulant — le chiffre à la mode.) A vrai dire, j'eus le sentiment, face à ce Noir qui sirotait son vin en me dévisageant par-dessus le bord de son verre, qui se délectait de ma déconfiture, qui attendait mes questions pour mieux les écraser comme des mouches, j'eus le sentiment qu'il était en proie à un esprit de contradiction et de non-coopération croissant et qu'il était sur le point de perdre les pédales : qu'il n'allait pas tarder à me prétendre non seulement qu'il n'y avait à Atlanta aucun Noir fortuné, mais qu'il n'y avait jamais rien eu en Géorgie, ni plantations ni coton, maïs ou pommes de terre, rien d'autre que lui dans le vaste vaisseau de l'univers noir d'Atlanta.

Depuis ma chambre, au *Ritz-Carlton*, la vue que j'avais la nuit sur les fenêtres du grand bâtiment du Georgia Pacific ressemblait à une reproduction de pop-art. Les fenêtres, toutes de la même taille, étaient toutes éclairées. Chaque étage était comme une bande de pellicule ou comme une des rangées d'une feuille de contacts représentant des clichés quasiment identiques. Depuis ma chambre, la vue changeait d'un étage à l'autre. Aux étages inférieurs, je pouvais voir le dessus des tables et le sol des bureaux. Aux étages qui se trouvaient à ma hauteur, je voyais les tables se profiler contre le mur. Puis, étage par étage, les tables disparaissaient. Aux étages supérieurs, je ne voyais que les plafonds éclairés ; et tout en haut, il n'y avait que de la lumière, une lueur à la fenêtre. Les bureaux étaient tous vides ; les hommes qu'ils abritaient durant la journée se trouvaient quelque part en banlieue. Les tableaux qui ornaient les murs des bureaux de la direction semblaient être des symboles arbitraires du rang, à cette distance ce n'étaient que des rectangles, tout à fait indistincts et même incolores

— tout comme les grandes villes, quand on les voit de très haut, ressemblent à des taches au-dessous des circonvolutions de la planète.

Une société organisée, des vies privées, une vision formelle : il fallait être introduit dans chacune de ces pièces et le visiteur ne savait pas à quelle porte frapper. Où les événements se produisaient-ils ? Ne s'agissait-il que d'une émission, à la télévision ?

Mais sur ces entrefaites, je lus dans le journal un article sur l'affaire du comté de Forsyth. Ce dernier était à une soixantaine de kilomètres au nord d'Atlanta et c'était là qu'en 1912, une jeune fille blanche avait été violée et rossée si brutalement qu'elle en était morte quelques jours plus tard. Un certain nombre de Noirs étaient impliqués dans l'affaire. L'un d'eux fut lynché ; deux autres jugés et pendus. Tous les Noirs de Forsyth furent chassés du comté et depuis (disait-on) pas un seul Noir n'avait eu le droit d'habiter la région.

Ce dernier point, le fait que les Noirs fussent interdits de séjour dans le comté de Forsyth, avait donné lieu à un débat public quelque temps auparavant, lorsque quelqu'un avait organisé à Forsyth, au mois de janvier, un « défilé fraternel », afin de marquer le double anniversaire de l'assassinat du Mahatma Gandhi et de la naissance de Martin Luther King. Cette manifestation fut attaquée par des gens du cru et des groupes affiliés au Ku Klux Klan ; on en parla dans la presse. Un second défilé, une semaine plus tard — après toute la publicité faite à l'affaire — donna lieu à un beaucoup plus vaste déploiement. Vingt mille personnes allèrent défiler à Forsyth et on envoya environ trois mille hommes de la Garde nationale, ainsi que des policiers de l'Etat et du comté, pour maintenir l'ordre. Il y eut néanmoins des protestations et cinquante-six personnes, dont aucune ne participait au défilé, furent arrêtées.

L'homme qui avait mis sur pied ces manifestations, ou donné à l'affaire les dimensions qu'elle avait prises, était un conseiller municipal d'Atlanta, un Noir du nom de Hosea Williams. Il avait soixante et un ans et avait été un des collaborateurs de Martin Luther King dans le mouvement en faveur des droits civils. Depuis, Hosea avait intenté un procès à certains des groupes affiliés au Klan pour violation des droits civils de ceux qui avaient participé au premier défilé ; il avait aussi émis l'idée que l'on pourrait réclamer des dommages et intérêts au comté de Forsyth, au nom des Noirs qui avaient perdu des terres quand on les avait chassés de l'endroit en 1912.

Tom Teepen, journaliste de l'*Atlanta Constitution,* avec qui je pris un jour le petit déjeuner, me parla presque avec affection de Hosea Williams :

— C'est une force primaire, un agitateur, dans la tradition des barricades parisiennes, et malin avec ça.

Toutefois, je ne pouvais le voir cette semaine-là.

Tom m'expliqua :

— Il est en prison.

— En prison !

— Pas de panique ! Il y va souvent pour toutes sortes de vétilles. Il sortira dans quelques jours.

Lorsque j'examinai le dossier publicitaire compilé par Hosea Williams en personne, et notamment le pamphlet *Qui est Hosea Williams ?,* je m'aperçus que son casier judiciaire avait de l'importance pour lui. Il y avait un cliché de lui dans une cellule. « Le révérend Hosea détient le record d'arrestations pour la cause des droits civils... Il a été incarcéré environ à peu près aussi souvent depuis la mort du docteur King que de son vivant (pour un total de cent cinq arrestations). »

Il était né en 1926, si bien que pendant de nombreuses années, ses protestations et batailles contre le racisme avaient dû être des luttes désespérées. Hosea, cependant, avait gagné sa guerre et (bien qu'il fût toujours un brave : le premier défilé à Forsyth avait exigé un grand courage) j'avais le sentiment qu'il était désormais un manifestant patenté, une star, un habitué de l'actualité, quelqu'un qui existait dans une espèce particulière de réalité ou d'irréalité audiovisuelle. En outre, sa vie politique l'obligeait à se faire sa propre réclame, Dans *la Stature de l'homme — le docteur Hosea Williams — Chronologie,* accompagné d'une photographie de Hosea en robe d'universitaire, recevant, semblait-il, un diplôme honoraire des mains d'un autre Noir, on pouvait lire ceci : « Aujourd'hui, il ne se contente pas d'assister aux événements : IL LES PROVOQUE. »

La banlieue nord d'Atlanta jouxtait presque le comté de Forsyth. Les autoroutes, qui donnaient à la Géorgie un faux air du Connecticut, permettaient aux gens de travailler dans le centre d'Atlanta, où il y avait des Noirs plein les rues, puis de faire sans forcer trente ou quarante kilomètres (dans leurs voitures climatisées) pour regagner leurs maisons en banlieue où il n'y avait guère de Noirs — cette partie de la Géorgie avait été une zone de plantations. Les magasins célèbres avaient des succursales dans les luxueuses galeries marchandes de ces banlieues blanches, lesquelles pouvaient parfaitement se passer du centre-ville où les Noirs faisaient la loi.

Un jour, je lus dans le journal que certaines de ces banlieues ne voulaient pas être reliées à l'infrastructure routière d'Atlanta, parce qu'elles ne voulaient pas courir le risque de voir des Noirs s'infiltrer. Point de vociférations façon Forsyth, ni de drapeaux sudistes, ni de robes et cagoules blanches — ce n'était pas le style de ces nouvelles banlieues. Un fonctionnaire des ponts et chaussées me déclara :

— C'est une question tellement subliminaire qu'elle est extrêmement difficile à régler.

Un avocat dont je fis la connaissance me dit que, pour comprendre, il fallait se rappeler qu'environ cent vingt années auparavant, l'esclavage existait encore. Pour les Blancs pauvres, la race représentait l'identité. Une personne aisée pouvait se permettre d'éluder la question, pouvait trouver une autre cause d'amour-propre, mais ce n'était pas si facile pour celui qui n'avait que peu d'argent et d'instruction. Sans sa race, il risquait de ne plus savoir qui il était.

Je lui parlai de mon week-end chez Howard et Hetty. Cette dernière avait des idées très arrêtées sur sa propre identité raciale et celle de sa famille et pourtant, elle avait aussi la plus grande estime pour Mr. Bowen qu'elle considérait comme un homme de bien. Cela avait-il la moindre signification ? L'avocat pensait que non. Les Blancs du Sud étaient prêts à se mettre en quatre pour les familles noires avec qui ils avaient des liens, mais cette attitude s'arrêtait là ; elle ne s'étendait pas aux Noirs en général.

Nous déjeunions, l'avocat et moi, dans un grand club du centre-ville d'Atlanta. Il avait été fondé à l'époque où il y avait eu un exode général hors de la ville et où la communauté des affaires avait éprouvé le besoin d'avoir un endroit où l'on pourrait se retrouver en milieu de journée. Le club faisait partie de la bulle dans laquelle vivaient les Blancs de la ville exerçant une profession libérale : la maison, la voiture climatisée, le bureau (peut-être dans le genre de ceux de l'immeuble du Georgia Pacific) et le déjeuner au club.

Je demandai à mon interlocuteur s'il se sentait personnellement menacé. Il me dit qu'il avait parfois cette impression lorsqu'il se trouvait dans la rue. Il voulait parler de la peur de la violence, mais aussi de la peur plus générale d'un monde déstabilisé : plus la bulle dans laquelle on vit est protectrice, plus incertaine est la connaissance de ce qu'il y a à l'extérieur.

C'était pour cette raison que l'avocat pensait que ce serait une bonne chose si la classe moyenne noire pouvait s'accroître, si les Noirs parvenaient à devenir plus actifs sur le plan commercial. Mais — et comme tous ceux qui parlaient désormais des Noirs, il cherchait des mots à la fois neutres et vrais — les Noirs (quelles que fussent leurs aspirations) n'avaient pas le sens des affaires, la vocation des affaires. Dans une société où primait le secteur économique, ils étaient dépourvus de vigueur économique. Or, à présent, il y avait aux Etats-Unis de nouvelles sortes d'immigrants — des gens d'Amérique latine, des Asiatiques. L'avocat croyait que lorsque les Noirs comprendraient mieux ce que signifiait pour eux la présence de ces nouveaux venus, leurs sentiments raciaux pourraient se modifier.

Elle était donc bien là, au fond de tout, comme me l'avait assuré Tom Teepen, même si l'on n'en parlait jamais : la pensée de la race, la petite névrose, le legs de l'esclavage.

Le sujet revint sur le tapis lorsque j'allai voir Anne Rivers Siddons, la romancière. Elle vivait dans le nord d'Atlanta : zone de collines boisées de grands pins, de cornouillers, d'azalées. Le printemps que j'avais vu démarrer chez Howard était ici à son apogée et les maisons qui longeaient les courbes des rues de banlieue avaient l'air nichées au milieu des fleurs.

Anne Siddons venait juste de publier un roman, *Homeplace*, et elle s'occupait de sa promotion, ce qui n'était pas sans lui coûter d'ailleurs, car elle avait commencé un nouveau livre. Elle était un peu distante, repliée sur elle-même, accrochée à l'œuvre naissante. Elle vivait à présent dans un cadre d'une grande beauté, mais — comme je le vis en parcourant son livre précédent, *Fox's Earth* — ses pensées (comme celles de nombre d'habitants du Sud) remontaient sans peine à une époque plus pauvre.

Elle me dit que l'on devait à Margaret Meade une observation importante concernant le Sud : les rapports du maître blanc et de la servante noire, l'homme et sa maîtresse soumise, avaient laissé la femme blanche et l'homme noir asexués. Les hommes de race noire, dit Anne Siddons, étaient les plus sevrés d'affection.

Quant aux journaux — la *Constitution* et son confrère le *Journal* (« Il couvre le Sud comme la rosée » annonçait le slogan en page éditoriale et sur les camionnettes de livraison) —, ils regorgeaient d'entrefilets à thème racial, s'imbriquant dans les feuilletons en cours : l'affaire du comté de Forsyth et l'histoire aux nombreuses ramifications de la vie privée d'un politicien noir accusé de faire usage de la cocaïne.

Un jour, je lus la nouvelle suivante. La firme IBM avait envoyé un cadre noir à Columbia, Caroline du Sud, mais il n'y avait pas de place pour cet homme au country-club, ses enfants n'étaient invités nulle part. Le lendemain, c'était autre chose : une Noire de trente et un ans, mère de deux enfants âgés de cinq et deux ans, avait emporté un revolver à son travail et s'était donné la mort dans son bureau de la compagnie Georgia Power. Elle avait le sentiment de faire l'objet de discriminations de la part de ses employeurs et d'être systématiquement écartée lorsqu'il devait y avoir de l'avancement. Elle expliquait dans le billet qu'elle avait laissé qu'elle voulait donner matière à réfléchir à toute la haute direction de sa firme.

Le désespoir donc, mais il y avait aussi l'espèce de fantaisie qu'attire une cause politique une fois qu'elle est devenue sans danger. Il était question d'un festival d'art noir. Question aussi d'une gigantesque sculpture exécutée pour la ville d'Atlanta par un sculpteur new-yorkais : « Nelson Mandela doit être libre pour mener son peuple et l'Afrique du Sud vers la paix et la prospérité. » L'œuvre en pierre massive pesait sept tonnes et s'était avérée trop lourde pour le premier site choisi, qui ne pouvait supporter plus de cent cinquante kilos par mètre cube. Par conséquent, on allait la transporter dans Woodruff Park, au centre d'Atlanta. (Woodruff, l'ancien grand manitou de Coca-Cola, avait dirigé la firme pendant soixante ans ; Coca-Cola et *Autant en emporte le vent* étant bien sûr les deux fabuleuses réussites d'Atlanta depuis la guerre de Sécession.) Une clôture en fer de quatre mètres, munie d'une grille en état de marche, devait être soudée dans le roc. La grille fermerait à clef et la clef serait remise à la ville d'Atlanta, de façon que l'on pût ouvrir la grille lorsque Mandela serait libéré — à supposer que la clef n'eût pas été égarée.

Selon la chronique de Tom Teepen dans la *Constitution :* l'agglomération d'Atlanta, dite « Metro Atlanta », est une grande ville de 2 200 000 âmes ; Atlanta intra-muros est une ville moyenne de 450 000 habitants ; l'Atlanta noire est une petite ville de 300 000 habitants. « Le cercle des dirigeants noirs est une petite ville. » Un bon journaliste sait trouver d'excellentes façons de formuler clairement les choses. Tom Teepen déclarait aussi ceci : aux Etats-Unis la population blanche n'a pas de « leaders », de « chefs de file » ; seuls les Noirs en ont. Et j'avais le sentiment qu'il s'était exprimé ainsi parce que (à en croire certains autres chroniqueurs de son journal) les scandales du moment autour de politiciens noirs dans un certain nombre d'Etats étaient mis à profit pour dénigrer les Noirs dans leur ensemble.

Cette remarque sur les leaders me plaisait. Il me semblait qu'on pouvait l'appliquer à de nombreux pays noirs, arriérés, révolutionnaires, où le leader est tout et où les journalistes et d'autres personnes du dehors, adoptant inconsciemment l'attitude de l'explorateur (« menez-moi auprès de votre chef »), ne parent que lui seul de la dignité que, dans un autre type de contrée, ils accorderaient plus largement à tout le pays et à toute la population. Mais alors, je commençai à me demander si, du fait que la vie politique noire aux Etats-Unis était encore raciale, rédemptrice et simple, il n'était pas, somme toute, possible de dire que les Noirs américains avaient des leaders, des gens qu'ils suivaient tout simplement. Et je me demandai si, dans ces conditions, il était possible aux Noirs américains de se tenir à l'écart de leurs leaders, pas plus qu'il n'était possible aux peuples des Caraïbes et d'Afrique de se dissocier des chefs de race ou de tribu qu'ils avaient créés.

J'entendis parler plus longuement d'identité.

Tom Teepen — abandonnant le complet et la cravate de rigueur au journal, m'assura-t-il, pour se présenter devant moi vêtu d'un gilet sans manche aux innombrables poches —

m'emmena un samedi matin visiter un ancien village appalachien dans l'est d'Atlanta : une vaste vieille filature de coton en brique rouge, des maisons en bois blanc, un cimetière à flanc de colline derrière une route très fréquentée. Au début, le salaire des employés de la filature avait été très bas, cinq *cents* de l'heure, disait-on ; mais pour les habitants des montagnes, cette somme qui tombait régulièrement avait représenté une sorte de sécurité et la communauté qui s'était établie autour de la filature avait survécu, même si bon nombre de ses membres en étaient partis à différentes périodes et si la filature elle-même avait désormais fermé ses portes.

Nous nous rendîmes dans un centre communautaire et artisanal qui faisait partie de l'ancien village. Il était dirigé par une femme portant le nom superbe d'Esther Lefever. Elle était arrivée en ces lieux bien des années auparavant, du temps où elle était chanteuse de musique *folk* — une photographie parue dans l'*Atlanta Constitution* dix ans plus tôt représentait une jolie femme avec une guitare. Toutefois, émue par les réactions qu'avaient suscitées ses chansons — une vieille femme s'était levée pour exécuter une danse spéciale et d'autres personnes avaient pleuré — elle s'était plus profondément impliquée dans la vie de la communauté appalachienne et elle avait même fini par devenir conseillère municipale.

Elle était petite et menue, encore séduisante, avec une voix cristalline. Sans être elle-même originaire d'une communauté des Appalaches, elle comprenait les rapports très étroits qui unissaient leurs membres. Elle était en effet une mennonite de Pennsylvanie, huitième enfant d'un prédicateur. Elle nous parla de ce qu'elle avait éprouvé en quittant la vie très stricte qu'elle menait dans son milieu mennonite. Elle s'était sentie esseulée, dit-elle. Que voulait-elle dire par « esseulée » ? Elle expliqua qu'elle avait eu l'impression d'être le dernier arbre sur une colline, quand tous les autres ont été coupés. Elle avait eu beaucoup de mal à renoncer à son chapeau à brides ; toute sa vie on lui avait appris à le porter par respect pour Dieu et pour les hommes. A vingt ans passés, elle avait peur de se risquer dans les rues de Chicago. Ce n'était pas tant les Noirs qu'elle redoutait que les Blancs qui (à ce qu'on lui avait dit) buvaient de l'alcool et se montraient grossiers.

Ensuite, elle avait découvert la cruauté du monde extérieur, la cruauté de l'Amérique. Comment l'avait-elle découverte ? Elle nous raconta une histoire. Une femme appalachienne était venue la trouver un jour pour lui dire qu'elle avait besoin d'un travail, « des ménages à faire ». Esther Lefever l'emmena donc voir quelqu'un, une femme avec une opulente chevelure blonde coiffée en arrière, une femme (précisa Esther Lefever) qui, dans la hiérarchie sociale, n'était qu'un cran ou deux au-dessus de la femme qui cherchait du travail. Et elle avait demandé : « Pourquoi veut-elle faire des ménages ? C'est bon pour les gens de couleur. »

C'était un incident tout bête, me dis-je ; auquel elle n'aurait pas dû prêter attention. La blonde elle-même (selon l'histoire) était une victime au même titre que les autres. Il y avait néanmoins plusieurs niveaux de signification et Esther Lefever s'était sentie contrariée et humiliée. Elle déclara : « Ils veulent vous maintenir dans les niches qu'ils ont conçues pour vous. » Qui ça « ils » ? Elle réfléchit, puis répondit que c'étaient les gens qui avaient inventé le système et qui voulaient maintenir chacun à sa place.

Je lui demandai de quelle façon l'identité était importante, si elle vous aidait parfois sur le plan pratique. Elle répondit que si l'on allait s'installer dans un nouvel endroit ou si l'on prenait un nouveau travail et que les gens ne se montraient pas très amicaux, cela pouvait vous soutenir de savoir qui vous étiez ; cela vous permettait de supporter l'hostilité tant qu'elle durait. En revanche, si vous ne saviez pas qui vous étiez — si (et là, c'est moi qui extrapole) vous dépendiez d'autrui pour vous faire une idée de votre propre valeur — alors, vous étiez mal parti.

Elle rapportait l'opinion de ceux qui voient la société par le bas, le point de vue des êtres pauvres dont elle s'occupait. A l'entendre, j'eus l'impression que ces gens avaient des sensibilités exacerbées et vivaient sur les nerfs. Cela me parut difficile à imaginer.

(Pourtant, à un autre niveau et avec une autre partie de moi-même à demi enfouie, je comprenais. Peut-être, dans une société qui englobe de nombreux groupes ou races, tout le monde, à moins de jouir d'une sécurité absolue, vit-il avec une forme particulière de stress. Pour avoir grandi dans l'univers multiracial de Trinidad, où j'appartenais à la communauté indienne, descendue de gens que l'on avait fait venir à la fin du XIXe siècle et au début du XXe pour travailler la terre, j'ai toujours su combien il était important de ne pas sombrer dans l'anonymat. Je me rappelle encore le choc éprouvé en 1961, lors de mes déplacements parmi les îles des Caraïbes pour ma première chronique de voyageur, mon sentiment de souillure et d'annihilation spirituelle en rencontrant des Indiens de la Martinique et en prenant lentement conscience du fait qu'ils avaient été engloutis par leur pays d'adoption ; je n'avais plus aucun moyen de partager la vision du monde de ces gens dont l'histoire avait été, à un moment donné, la mienne, mais qui, à présent, sur le plan racial et sur bien d'autres, étaient devenus différents. Et huit ans plus tard, environ, au Belize, en Amérique centrale, un sentiment de vide analogue avait percé à travers mes autres préoccupations, en voyant la petite communauté à demi indienne, tout à fait perdue, de cette lamentable colonie britannique, zone côtière boisée, subtilisée à ce qui avait été jadis l'Empire espagnol, peuplée d'esclaves et de serviteurs, avant d'être plus ou moins abandonnée à son sort : les débris du Nouveau Monde.)

J'entendis parler plus longuement des différentes formes que prend l'identité dans le Sud par un spécialiste de la religion. Parmi ceux qu'il instruisait, il y avait des hommes et des femmes qui faisaient des études pour devenir ministre du culte. J'aurais cru que des personnes souhaitant s'engager dans une telle voie y auraient été incitées par une quelconque expérience religieuse, mais cette attitude était le reflet de mon tempérament et du milieu dont j'étais issu, de ma propre absence de foi religieuse, et des trente-cinq années, et plus, que j'avais passées en Angleterre où la religion formelle était quasiment morte.

Aux Etats-Unis, et particulièrement dans le Sud, la foi religieuse était presque universelle et une vocation religieuse n'était pas plus inattendue qu'une autre. C'était une carrière vers laquelle on pouvait s'orienter pour toutes sortes de raisons et ce que m'apprit mon spécialiste, c'était que certaines des personnes avec qui il était en contact (il me parlait de Blancs) s'étaient tournées vers la vie religieuse afin d'être confirmées dans leur identité : des gens issus de familles pauvres, qui se sentaient menacés, sur le plan racial, par la récente évolution de la situation dans le Sud, des gens qui, dans ce nouveau Sud, en pleine expansion, s'étaient lancés dans les affaires et s'étaient alors sentis dériver si loin de l'univers sudiste qu'ils avaient connu qu'ils avaient tout abandonné pour revenir à Dieu et au mode de vie dans lequel ils se sentaient plus à l'aise.

Ces propos sur la religion et l'identité, je les entendis loin d'Atlanta, à l'occasion d'une réception en plein air dans une propriété du nord-ouest de la Géorgie : collines, bois, panoramas infinis, longue succession de faibles hauteurs, bleu sur bleu.

La réception avait lieu dans un champ d'herbes hautes, au sol inégal, au milieu des bois, devant une cahute en bois grise, rafistolée, montée sur des pilotis peu élevés. Ce bâtiment avait la réputation d'être très vieux. Il se dressait presque au pied d'un coteau et quand on regardait par la porte et la fenêtre de derrière, lesquelles donnaient directement sur les pentes verdoyantes qui s'élevaient à l'ombre des pins, il se dégageait du site le sentiment d'une solitude ancienne et protectrice, tout à fait différente de celle que l'on pourrait de nos jours aménager pour soi-même.

(Quittant Atlanta au volant de ma voiture de location pour m'enfoncer au milieu des collines, conscient du nombre réduit de Noirs dans les petites villes que je traversais, j'avais eu l'impression de m'enfoncer dans le désert. Quelques mois plus tard, arrivé presque au terme de mon voyage, je devais aborder Atlanta par l'autre côté, en provenance de Nashville et Chattanooga, et cette partie de la Géorgie devait me paraître plus épuisée, comme si le sol avait été foulé par plus de gens.)

La réception était sur des thèmes « sudistes ». Un drapeau confédéré oscillait au soleil dans le champ de hautes herbes, au milieu des bois. Une carcasse de cochon, dans la position d'un coureur de haies, avait rôti toute la journée, maintenue sur des piquets, légèrement sur le côté d'un tas de bûches en bois dur, qui se consumaient lentement. (Sur une table étaient disposés des aliments tout prêts, des sauces et des friandises dans du papier sulfurisé, plus contemporains.) Un petit orchestre jouait de la musique Blue Grass depuis la cahute en bois. Le drapeau, le cochon, la musique : autant de vestiges du passé. Les instruments musicaux étaient de grande taille, les airs simples et répétitifs. On me dit que c'étaient les paroles des chansons qui comptaient. Les accents me posaient quelques problèmes, mais l'effet général de cette musique et de ces chants non sonorisés, dans ce cadre de verdure bien clos, était plaisant, surtout d'une certaine distance.

Notre hôtesse me confia :

— Il se peut que des Indiens aient vécu ici.

L'idée de me trouver ainsi dans l'Amérique sauvage me donna le frisson, car je pensais à eux sur ces terres verdoyantes, avec leurs pentes protectrices, leurs ombres, leurs rivières. J'appris par la suite que le sol regorgeait de pointes de flèche en silex.

Ce fut dans ce décor, au son de la musique Blue Grass qui nous arrivait de la cahute en bois, que l'on m'entretint de la foi religieuse et de l'identité de ceux qui avaient succédé aux Indiens. Et j'eus le sentiment que l'histoire existait ici en couches superposées. Les Indiens, disparaissant après des siècles ; les Blancs pauvres ; les Noirs ; la guerre et tout ce qui s'était ensuivi ; et à présent ce besoin qu'éprouvait tout le monde, Noirs et Blancs, pauvres et moins pauvres, chacun à sa façon, de sauver son âme.

Les musiciens étaient jeunes et amicaux ; il y avait une fille parmi eux. Quand ils eurent fini, ils chargèrent leurs volumineux instruments dans une camionnette et s'en allèrent. Une fois le soleil couché, le vent tomba ; le drapeau se mit à pendre. Très vite, il fit froid ; on était encore au printemps.

Le dossier de l'*Atlanta Constitution* sur les incidents du comté de Forsyth ne se présentait pas sous la forme d'un ensemble de coupures de presse, chacune dûment datée, mais sous celle de listings d'ordinateur. L'histoire des événements de 1912, selon les recherches auxquelles s'était livré un des rédacteurs du journal, était épouvantable à tous points de vue.

La Blanche que l'on avait traînée dans les bois, violée et rouée de coups — et qui était morte deux ou trois jours plus tard — était une jeune fille de dix-neuf ans, fille d'un fermier bien connu. Un petit miroir trouvé près du lieu de l'agression avait conduit la police à un Noir de dix-huit ans, difforme. Il passa aux aveux et révéla que d'autres Noirs étaient mêlés à l'affaire. En définitive, onze Noirs furent arrêtés comme suspects. Deux jours après la mort de la jeune femme, une foule prit d'assaut la prison du comté de Forsyth, tua à coups de revolver un des suspects, tabassa le cadavre avec des barres de fer et le pendit à un poteau télégraphique. Trois semaines plus tard, le jeune Noir difforme et un autre Noir furent jugés pour le viol et le meurtre et reconnus coupables. La sœur du second inculpé témoigna contre lui. Les deux hommes furent pendus sur la place publique un mois après le procès, devant une foule de dix mille personnes. Les quelques centaines de Noirs qui habitaient Forsyth furent chassés de la région.

La jeune femme martyrisée, le Noir difforme, le lynchage à la prison et le corps mutilé pendu au poteau, la femme noire déposant contre son propre frère, les pendaisons en public (qui avaient rassemblé dix mille personnes dans un comté où cinquante ans plus tard, avant l'expansion d'Atlanta, la population était inférieure à vingt mille habitants), toute cette histoire est insupportable dans chacun de ses détails. Pourtant, ce qui à Forsyth paraissait avoir survécu, par-dessus toute autre chose, c'était de savoir, et d'aucuns s'en enorgueillissaient, que plus un Noir n'habitait l'endroit.

L'homme qui avait voulu se dresser contre cet orgueil était un Californien blanc, professeur de karaté, qui vivait à Forsyth depuis cinq ans. Il lança l'idée d'un défilé pour marquer le double anniversaire de la mort de Gandhi et de la naissance de Martin Luther King. Après avoir été insulté et menacé au téléphone, il changea d'avis, mais l'idée du défilé avait été reprise par un autre professeur de karaté, blanc lui aussi, qui habitait le comté voisin. C'était à ce projet — auquel devait participer une cinquantaine de personnes — qu'avait adhéré Hosea Williams. La manifestation avait été attaquée par des groupes affiliés au Ku Klux Klan et par d'autres, ce qui avait donné naissance, une semaine plus tard, au grand défilé de vingt mille personnes, sous la protection de trois mille hommes de la garde nationale et des forces de police de l'Etat et du comté. Si bien qu'en l'espace d'une seule semaine, de courageuse et isolée, la cause avait été transformée par Hosea et quelques autres en cause sûre ; et elle était devenue de plus en plus sûre.

On était allé faire une émission de radio à Forsyth. Puis il en avait été de même pour un très célèbre magazine télévisé de l'après-midi, dont une spirituelle présentatrice noire menait les débats et dont un numéro avait été enregistré dans un restaurant de Forsyth. Hosea, mettant autant de passion dans cette cause jouissant d'une sécurité officielle qu'il en avait mis dans sa courageuse initiative, avait organisé un piquet de grève lors du tournage, car seuls les résidents de Forsyth avaient été interrogés et ils étaient, évidemment, tous blancs.

Hosea était parvenu à se faire arrêter, afin d'améliorer son record — cent cinq arrestations à l'époque de la publication de son pamphlet, *Qui est Hosea L. Williams ?* Selon l'*Atlanta Journal,* Hosea avait crié au moment où on l'embarquait dans le panier à salade : « Nous sommes dans le comté de Forsyth ! Voici ce qu'on y voit ! » Et sa fille, une femme mariée, qui se trouvait avec lui, avait hurlé : « Mon papa ! Je veux aller avec lui ! » Alors, on l'avait embarquée elle aussi.

La première fois où il m'avait parlé de lui, Tom Teepen n'avait pas réussi à m'organiser une rencontre avec Hosea parce qu'à ce moment-là, celui-ci se trouvait en prison pour quelques jours. Et lorsqu'il en était sorti, Tom n'avait pu le joindre. Puis, un jour, en fin de matinée, il me téléphona pour m'annoncer que si je filais d'urgence jusqu'à tel endroit, j'y verrais peut-être Hosea. A 11 h 30, on devait l'inculper d'un autre délit devant une cour fédérale. Il était déjà presque l'heure, mais Tom m'assura que ce genre d'affaire était généralement un peu en retard.

Je pris un taxi. Il était conduit par un Africain, originaire du Ghana. Pour lui, c'était une petite course ; en un rien de temps, il m'avait déposé devant le bâtiment en question. Le grand édifice était construit en retrait, derrière une cour pavée ouverte ; entrée surveillée ; ascenseur jusqu'au seizième étage. Des portes en bois dur, un plafond bas, un couloir à moquette brune, des plaques annonçant clairement les noms : un lieu officiel, dédramatisé, sécurisant, voire douillet. L'audience avait déjà pris fin, cependant. Dans une pièce qui ressemblait à une modeste salle de conférences ou à une salle de classe, je vis un petit groupe dans un coin. Pareil à ces attroupements discrets qui s'attardent parfois après un examen scolaire pour discuter les questions.

Dans ce groupe, je reconnus Dick Gregory, barbe grise et costume blanc, un courageux vieux guerrier dont l'aspect était désormais celui d'un véritable saint. Et puis, j'avisai un autre type plus trapu, avec une barbe encore plus fournie, qui ne pouvait être qu'Hosea en personne. Même en ces instants de calme, dans une salle d'audience, ses yeux suggéraient un grand remue-ménage, un homme ayant des tas de choses à faire et bien peu de loisirs. Il avait une brosse à dents dans sa poche de poitrine — il était prêt pour la prison.

Il avait aussi avec lui une attachée de presse, une mince femme à peau brune. Elle tenait un communiqué « pour publication immédiate ». Et à l'en croire, mes chances de faire la connaissance de Hosea et d'avoir avec lui un entretien à cœur ouvert n'étaient pas fameuses. Hosea et Dick Gregory devaient prendre l'avion pour Washington cet après-midi même pour manifester devant l'immeuble de la CIA. Après quoi, ils partaient directement pour l'Europe, à destination de Londres et du Vatican, dans le cadre de leur campagne contre l'apartheid. Le communiqué qu'elle tenait concernait la drogue : Hosea déclarait que l'on profitait de certains incidents récents « pour calomnier les dirigeants noirs » et que la mafia et la CIA étaient les deux organisations les plus largement mêlées au commerce de la drogue qui « détruit nos enfants et l'avenir de notre nation ». C'était d'ailleurs pour cela que Hosea et Dick Gregory allaient manifester devant l'immeuble.

Tout à coup, avant que je n'eusse pleinement enregistré les yeux, la barbe, la brosse à dents de Hosea, le petit groupe avait disparu.

Quatre ou cinq minutes s'étaient écoulées depuis mon arrivée, pas davantage. Et pour renforcer le côté aléatoire de cette audience devant la Cour N° 1, je fis la connaissance de quelqu'un qui, lorsque le petit groupe s'était volatilisé, était comme moi resté à la traîne. C'était un tout jeune reporter. Lui aussi était arrivé trop tard pour l'inculpation. Lui aussi était nouveau venu à Atlanta et ne connaissait pas grand-chose aux affaires municipales. Dans l'enceinte du tribunal, le couloir à moquette brune et l'ascenseur, nous parlâmes de son séjour en Angleterre. Il était allé y étudier les anciens murs romains, le mur d'Hadrien et celui, plus tardif, d'Antonin. Je ne les ai jamais vus et je fus intéressé par ce qu'il avait à dire.

Nous nous séparâmes au rez-de-chaussée. En sortant du bâtiment par la porte de devant, j'aperçus un groupe de gens entourant un homme barbu. Le tableau ressemblait tant à celui que j'avais vu au seizième étage que je crus qu'il s'agissait de Hosea en train de donner une interview improvisée. Ce ne fut qu'en arrivant presque à la hauteur du groupe que je vis que le barbu n'était pas Hosea ; il était plus noir, habillé autrement, sans brosse à dents et n'avait en commun avec lui qu'une grande barbe hirsute.

L'organisation de congrès était pour Atlanta une activité qui comptait et il y avait dans le centre-ville de nombreux grands hôtels très proches les uns des autres. On avait peine à s'imaginer qu'ils pussent tous être pleins en même temps, mais pourtant cela arrivait parfois. Un jour, une jeune serveuse du *Ritz-Carlton* m'annonça qu'un congrès très important se tenait en ville. Un congrès de quoi ? De teinturiers. Et ces gens étaient importants parce qu'ils étaient tellement nombreux — ce qui n'avait rien que de très naturel, si l'on réfléchissait au nombre de teinturiers en exercice à travers tous les Etats-Unis — qu'ils avaient rempli tous les hôtels d'Atlanta.

Pour créer une atmosphère de congrès ou de vacances organisées par la firme, nul hôtel ne pouvait rivaliser avec le *Marriott Marquis*. Y pénétrer était comme d'entrer dans un gigantesque cône tordu et creux. Sa cour intérieure était haute de quarante-sept étages : des galeries en ellipse, les unes au-dessus des autres, suivaient la courbure du cône, de forme inattendue ; de grandes oriflammes rouges, qu'on aurait dites sorties d'une fête chinoise, pendaient au milieu. D'immenses ascenseurs aux parois de verre, dont l'ossature était soulignée de lumières, glissaient inlassablement le long des murs de cet atrium.

Toutefois, le Noir qui travaillait pour le *Hilton* (là aussi une gigantesque cour intérieure avec des galeries, mais moins sensationnelle quand même), avec qui j'eus une conversation un soir sur les hôtels d'Atlanta, estimait que j'avais bien fait d'aller au *Ritz*.

— C'est là que descend l'élite, me dit-il.

Et comme pour confirmer ces propos, j'appris un jour (était-ce vrai, je n'en sais rien) que Gloria Vanderbilt était descendue au *Ritz* et qu'on l'avait vue dans un des ascenseurs.

Elle était venue à Atlanta dans le cadre d'une opération publicitaire. Environ deux semaines auparavant, à New York, j'étais tombé sur elle dans une émission de télévision. Elle parlait de sa vie et de la façon dont une femme est définie par les hommes qu'elle aime. Apprenant qu'elle se trouvait en ville, je me dis qu'elle était sans doute venue faire la promotion de son livre, mais en fait l'affaire était beaucoup plus complexe. « L'Enchantement... l'Héritage... le Prestige... les magasins *Macy's* sont fiers de vous présenter *Glorious* de Gloria Vanderbilt... Seul un parfum vraiment sublime a le don de remuer nos émotions. *Glorious* de Gloria Vanderbilt... Gloria Vanderbilt dédicacera des photographies gracieusement offertes pour tout achat de *Glorious.* »

Et cela se passait chez *Macy's,* juste en face du *Ritz,* le matin où Anne Siddons était venue à l'hôtel me parler de son enfance et de sa jeunesse dans le Sud. C'était une femme passionnée et intelligente, comme je m'y étais attendu. Quoiqu'un peu distante (à cause de ce livre qu'elle écrivait) et quoique l'opération de promotion qu'elle faisait pour son éditeur (mais pas sur la même échelle que Gloria Vanderbilt) l'obligeât à puiser aussi dans ses ressources, elle me parla du fond du cœur, m'offrant un peu de l'expérience qui représentait son capital d'écrivain.

Elle était originaire du Sud, de Géorgie et même presque d'Atlanta. Elle était née à Fairburn, à trente kilomètres au sud de la ville. C'était un petit bourg agricole et ferroviaire. Son père était avocat ; ils n'étaient pas bien riches, mais néanmoins à l'aise. Son père avait été le premier membre de la famille à faire des études universitaires.

— Nous sommes venus de Virginie vers 1820. Notre branche de la famille exploitait le même domaine depuis sept générations. Cela me donne un merveilleux sentiment d'enracinement. En même temps, pourtant, j'ai l'impression que cela peut peser comme un joug. Il me semble que nous autres, Sudistes, pouvons être trop profondément et étroitement braqués sur notre terre.

Je lui racontai mon voyage chez Howard et ce que j'avais vu à Bowen parmi les familles d'agriculteurs noirs.

Elle dit :

— C'est une des choses que les Blancs et les Noirs du Sud ont partagé. Depuis l'abolition de l'esclavage, nous sommes tous des propriétaires terriens.

Et elle me tint des propos que j'avais déjà entendus dans la bouche de Howard et de sa mère : la terre avait été donnée ou léguée aux Noirs par les Blancs pour qui ils travaillaient.

— Plusieurs décennies auparavant, poursuivit-elle, une étude de l'histoire orale avait révélé que ces donations de terres avaient été considérées par les Noirs et les Blancs comme un aspect bienveillant des rapports maître-esclave.

— De quelle façon la terre peut-elle peser comme un joug ? lui demandai-je.

— Nous avons tendance à ne pas élever nos regards pour percevoir une vision plus vaste.

Les gens se décidaient trop facilement à rester sur leurs terres. Ils avaient tendance à dire ou à penser :

— Les gens comme nous ne vont pas à l'université. Nous sommes des fermiers.

Anne Siddons déclara :

— J'étais fille unique, douée pour les études dans un lycée dominé par les enfants des fermes avoisinantes. Et j'avais honte de tout ce que j'étais naturellement. J'ai passé douze années à essayer de cacher le fait que j'étais douée. L'intellect n'a pas sa place ici. Les gens qui venaient nous guider possédaient, bien évidemment, des qualités intellectuelles, mais ils en avaient d'autres pour nous faire accepter plus facilement celles-là. Beaucoup de charme, par exemple.

La première fois où nous nous étions vus, elle m'avait dit :

— Nous sommes un peuple colonial.

Elle reprit cette idée.

— Les Sudistes, me dit-elle, n'étaient pas sûrs d'eux. Je parle des Blancs. Durant mon enfance et mon adolescence, le Blanc du Sud — le Sud rural des petites villes — se sentait menacé par les Noirs. On ne hait pas ce qui n'est pas une menace. Tant que quelqu'un vous était inférieur, vous saviez que vous déteniez un certain pouvoir. Au fond, tout était une question de pouvoir. Nous étions un peuple conquis et occupé, le seul peuple des Etats-Unis à avoir subi un tel sort. Et c'était... notre attitude envers les Noirs était notre seul et unique moyen d'éprouver ou d'exercer notre pouvoir sur les Noirs. Nous étions une communauté agricole pauvre et nous étions imprégnés jusqu'à la moelle des os de souvenirs de conquête, d'occupation et d'humiliation absolue.

» Nous n'avions jamais voyagé, la majorité d'entre nous n'était pas instruite. Le seul moyen à notre disposition pour faire face au changement, c'était de feindre qu'il n'existait pas. Quand le mouvement en faveur des droits civils a commencé, nous arrivions à faire semblant de ne pas nous en apercevoir, alors que c'était à deux pas d'ici en Alabama. Et quand le changement est bel et bien arrivé, il nous a été apporté jusque sur le seuil de nos portes par ces mains noires que nous haïssions et redoutions plus que tout au monde. Ces sentiments sont toujours là. Quel est le Sudiste un tant soit peu réfléchi qui pourrait ignorer qu'ils existent toujours ? Cela devrait servir de toile de fond à une vaste somme de réflexion.

— Vous ne trouvez pas ça lassant, d'avoir toujours en tête cette idée de race ?

— Beaucoup d'entre nous finissent par trouver cela presque irrespirable. C'est pourquoi de nombreux intellectuels du Sud ont quitté la région.

Je la questionnai sur la contestation raciale. N'était-elle pas devenue formelle, presque ritualisée ? Il y avait l'affaire des défilés à Forsyth. De toute évidence, il ressortait de la lecture des journaux que seuls les tout premiers participants avaient risqué quoi que ce fût. Ensuite, le climat et le ton de la contestation avaient changé. C'était devenu la cause populaire, la cause protégée ; certains commentateurs semblaient gonflés par leur bonne conscience.

— Bien sûr, répondit-elle, il faut régler cette idiotie là-bas à Forsyth, mais la réaction peut devenir banale — et c'est bien ce qui s'est passé.

Elle avait été choquée, aux premières nouvelles en provenance de Forsyth. Mais ensuite, elle avait dû reconnaître ses limites personnelles, en tant qu'adulte ayant franchi le cap de la cinquantaine, capable désormais de se réveiller le matin en sachant que la mort allait venir.

— La révolution active, les jeunes trouvent ça romantique, poursuivit-elle. Le problème, c'est de savoir quoi faire de la passion à l'âge mûr, où l'on doit plutôt la thésauriser. Il ne peut pas y avoir de solution à ce problème, en tout cas pas de solution claire et nette. En dehors de la médiatisation et des défilés, je ne sais pas comment l'aborder. La forme de la contestation doit forcément relever du cliché — Dieu sait que les Américains sont prêts à contester n'importe quoi.

Cependant, la race en tant que question fondamentale — on ne pouvait pas l'éviter.

— Je traite la race sous une forme quelconque dans chacun des livres que j'ai écrits, m'expliqua-t-elle. C'est ma grande guerre, je suppose. J'écris pour découvrir où j'en suis à présent, ce que je pense, pour mettre de l'ordre et de la simplicité dans mon univers. C'est une tâche impossible. On ne peut pas la simplifier. Tout au plus peut-on en clarifier des fragments.

Je parlai de l'étrange phénomène qu'était l'esclavage dans le Nouveau Monde, des deux races si éloignées l'une de l'autre qu'il avait mises en contact, l'africaine et l'européenne. A présent, il y avait une langue et même une religion communes.

— J'ai tendance à penser qu'ils nous ont davantage enrichis que nous ne les avons enrichis, eux, me répondit-elle. Peut-être nous rendons-nous compte à un niveau profond de l'extrême similitude qui existe entre nous.

Elle dit, un peu plus tard :

— J'éprouve un fort sentiment de culpabilité au sujet du mouvement en faveur des droits civils. Je n'ai pas défilé, à l'époque où cela aurait été quelque chose de passionné, de vrai, de spontané. J'étais une jeune femme, nouvelle venue à Atlanta et encore puissamment emberlificotée dans la toile d'araignée de ce qui se fait et ce qui ne se fait pas.

Où situait-elle l'époque vraie et passionnée ?

— Il me semble que les grandes manifestations de Selma ont eu lieu vers 1954, dit-elle. Notez que je me suis quand même fait taper sur les doigts à cause d'une chronique que j'avais écrite pour notre journal estudiantin. Je fréquentais une petite université. C'était au moment où Autherine Lucy a fait son entrée à l'université d'Alabama. Et il y a eu des cavalcades des quatre coins de l'Etat pour aller harceler ces deux pauvres Noirs, les harceler et même pire. Pas un membre de mon université n'y est allé. En fait, c'était simplement parce qu'ils étaient trop apathiques. J'ai écrit un article à la gloire de notre neutralité et j'ai fait quelques-unes de ces déclarations simplistes de jeune bas-bleu sur la race et tout le bataclan.

— Tout le bataclan ?

— J'ai dit qu'il fallait rester calme et que c'était forcément une bonne chose. Or, j'ai été convoquée séance tenante chez le doyen de l'université, qui m'a priée de reconsidérer mes propos et de ne pas soumettre mon texte à des fins de publication. J'ai refusé.

Comment, issue d'un milieu tel que le sien, en était-elle arrivée à cette position, m'étonnai-je.

— Je me rappelle au lycée un petit épisode. Nous participions à quelque chose qui avait trait aux Noirs et aux Blancs. C'était un cours d'histoire américaine. Je ne vois vraiment pas ce que ça pouvait être. En tout cas, je me souviens d'avoir pensé avec beaucoup de force : c'est *mal.* Jamais une telle pensée ne m'était venue et j'ai lancé tout de go : « Ce n'est pas bien. » Et un de ces grands garçons dégingandés de la campagne, qui devait bien avoir vingt ans à l'époque, s'est levé et m'a traitée d'amie des nègres. C'était une expression que j'avais entendue toute ma vie, bien sûr, mais jamais je n'en avais été la cible. Je me rappelle simplement à quel point j'ai été profondément secouée.

» Ma conscience s'en est trouvée un peu éveillée, mais pas totalement. J'étais encore attirée par les cercles d'étudiants et les bals. Voyez-vous, le but de notre éducation était de faire de nous des jeunes filles à marier.

» Nous savions toutes — personne ne nous l'avait jamais dit, mais nous le savions avec une sagesse plus profonde que les mots — que le summun de nos aspirations était d'attraper un mari qui serait alors chargé de pourvoir à nos besoins. Nous en étions persuadées. A quatorze ans, j'étais perpétuellement amoureuse. Nos mères et nos grand-mères étaient convaincues qu'elles ne pouvaient rien nous offrir de mieux que la protection d'un homme. J'ai échafaudé une théorie selon laquelle les asiles de fous du Sud sont remplis de femmes de talent dont les aspirations ont été étouffées dans l'œuf.

— Une société pastorale ou rurale survivant dans un monde industriel ? hasardai-je.

— Oui, je crois. (Mais je l'avais interrompue. Elle continua.) Au lycée, je faisais tout ce qui me paraissait convenable. J'ai été reine du grand retour.

— C'est-à-dire ?

— C'est pour les grands matchs de football. Quand tous les anciens élèves reviennent, il y a une reine et sa cour ; et à la mi-temps, on lui offre des roses et on la présente à sa cour. Et j'ai aussi été chef des supporters et toutes ces choses que l'on est censée être. J'étais une étudiante populaire. Et je croyais que notre rôle se bornait à cela, à dénicher l'homme idéal et à mener la belle vie.

» La plupart d'entre nous étaient d'ailleurs capables d'apprendre à le faire. Mais quant à l'autre facette de notre personnalité, celle qui désirait *s'instruire* — nous en avions toujours honte. Jamais nous n'étions fières de notre intellect. De notre individualité. Si l'on avait de bonnes notes, tant mieux. Cela faisait partie intégrante de notre devoir de petites filles modèles. Mais être une grande penseuse, avoir un grand talent et le cultiver, cela risquait de vous couper définitivement du troupeau. Et ça, c'était la chose dont nous avions le plus peur, car ça risquait de vous obliger à cheminer seule. Et dans certains cas, c'est presque littéralement vrai.

» J'ai connu, à l'université, une fille qui était merveilleusement douée pour la peinture — elle était vraiment excellente — et elle passait toutes ses heures d'études dans le laboratoire du département des beaux-arts, à peindre. C'était la seule femme de l'université autorisée à avoir une chambre pour elle toute seule. Elle est devenue un objet de cruel opprobre.

J'aurais souhaité qu'elle s'étendît sur le fait d'être « coupée du troupeau ». Je me rappelai ce qu'avait dit Esther Lefever au sujet de son départ de la communauté mennonite et de son impression d'être « esseulée » : elle s'était sentie comme le dernier arbre sur la colline, quand tous les autres ont été coupés.

Anne Siddons précisa :

— L'impression que l'on a, c'est d'être totalement exposée au danger, totalement vulnérable au *chaos*.

» Il me semble que tout cela a trait à la sécurité. Je crois pouvoir vous dire pourquoi les femmes du Sud apprennent cela à leurs filles, ou leur apprennent qu'elles doivent avoir un homme pour les protéger. Après la guerre de Sécession, ces femmes avaient vu disparaître leur univers tout entier. Leurs maisons étaient brûlées, leurs esclaves (si elles en avaient eus) dispersés, leurs hommes avaient été tués peut-être. Et je crois qu'elles se rendaient compte que tout cela était arrivé à cause de la pure sottise et de l'immaturité des hommes du Sud. C'était une guerre *idiote*, une guerre de don Quichottes, romantique à l'extrême. D'une folle témérité. Nous avons livré une guerre ridicule, alors qu'avec deux sous de réflexion, nous aurions dû savoir que nous ne pouvions pas la gagner.

» Or, ces femmes qui avaient tout perdu ont voulu s'assurer que ni leurs filles ni leurs petites-filles ne remettraient jamais leur pouvoir entre les mains d'hommes prêts à le gaspiller avec une telle légèreté. Jamais plus elles ne laisseraient leurs hommes sacrifier ainsi leurs existences mêmes. Alors, elles ont résolu de contrôler ces hommes par la ruse, le charme et les artifices féminins, parce que c'étaient les seules armes dont elles disposaient.

» Si nous avions vécu dans l'Est — l'est des Etats-Unis — peut-être nous serions-nous servies de notre intellect. Dans l'Ouest, de l'initiative physique et du courage. Mais nous étions ici et beaucoup d'entre nous y étaient coincées par des raisons économiques. D'ailleurs, on ne saurait aspirer à ce qu'on ne peut pas imaginer. Donc, pour survivre, nous étions contraintes au mariage. Aujourd'hui encore, ma mère serait beaucoup plus heureuse si j'avais un diplôme d'enseignante et si j'étais mariée à un avocat. « Tu devrais tenter d'obtenir un diplôme d'enseignante, comme ça tu pourras toujours te débrouiller », me répète-t-elle.

D'ailleurs, Anne Siddons gardait encore quelques vestiges de sa peur du chaos :

— Ce que je redoute le plus, c'est une vulnérabilité tout à fait réelle à des forces que je suis incapable de contrôler. Ce besoin de contrôler est très important chez moi.

Elle ajouta quelques mots sur les conventions qui avaient régi son adolescence :

— Ce qui justement aurait pu nous enrichir et nous distinguer, c'était, nous l'apprenions par omission, ce qui était mal. Nous avons grandi sans attacher de prix à ce qui était vrai. Le Sud est affreusement dur pour ses femmes, le Sud et ce que nous lui permettons de faire de nous. Je suppose que c'est aussi vrai pour d'autres régions, mais je crois que ça l'est encore plus du Sud. Il serait intéressant de savoir *pourquoi* nous éprouvons une telle méfiance envers l'excentricité.

— Tout cela a-t-il affecté votre vie émotionnelle ?

— Je commence à peine à me rendre compte à quel point. Cela m'a empêché de me remettre en question. L'idée me terrifiait. Par conséquent, je me suis remise en question vingt ans plus tard que beaucoup d'autres. Ce que je regrette amèrement, c'est le pouvoir qu'un tel examen aurait pu libérer plus tôt. Dans mes écrits et dans ma vie.

» Je regrette les années perdues. Je m'efforce de maîtriser ma colère contre mes parents pour m'avoir élevée comme ils l'ont fait — même si cette colère est issue de la conscience profonde qu'ils ont agi ainsi poussés par le plus grand amour qu'ils avaient en eux.

» Je suis contente que cela me soit arrivé. J'aurais pu devenir une de ces belles et tragiques alcooliques du Sud, sur la terrasse d'un country-club, quelque part. Il y a beaucoup de femmes qui boivent dans le Sud.

Il y avait cependant le réconfort de cette terre que la famille exploitait depuis sept ou huit générations, depuis qu'elle était arrivée de Virginie, en 1820.

— Je suis heureuse d'avoir de tels liens, convint-elle. Le sentiment d'être libre de toute entrave me fait peur. Je retourne chez nous presque tous les week-ends. Je vais dîner avec mes parents.

Vint alors l'explication de cette « thésaurisation » des passions dont elle avait parlé plus tôt : le besoin de conserver des émotions pour la vie privée, les liens privés, de détourner ne fût-ce qu'une partie de ses passions des questions publiques.

— J'en ai parlé avec deux ou trois de mes amies, me confia-t-elle. Et nous nous apercevons que nous sommes à présent en proie à une colère irrationnelle contre nos parents. Or, je crois que c'est parce que nous sentons que le contrat originel — le contrat entre parent et enfant, le contrat qui dit : « Je prendrai toujours soin de toi » et qui est un engagement impossible — n'est pas loin d'être rompu, car ils ne vont pas tarder à mourir. C'est cela que je veux dire quand je dis que nos passions doivent être concentrées sur quelque chose.

Quoi qu'il en fût, quelles pensées y avait-il à présent, de son côté, concernant les Noirs, des gens tout aussi obsédés ?

— Si nous, les femmes du Sud, nous sentons critiquées, répondit-elle, je me demande ce que les Noirs du Sud, qui ont dû endurer tant de reproches beaucoup plus directs, peuvent bien éprouver à ce sujet. Encore que je me soupçonne d'avoir grandement enjolivé leurs sentiments, quels qu'ils soient — c'est une chose que j'ai tendance à faire.

— Pensez-vous que la contestation devient tellement conventionnelle que les Noirs eux-mêmes commencent à perdre le contact avec ce qu'ils ressentent et disent souvent ce qu'ils pensent qu'on attend d'eux ?

— Je crois que les formules toutes faites et la rhétorique ont remplacé l'indignation outragée. La première chose qu'on a pu voir, après le choc très réel causé par cette histoire du comté de Forsyth — le choc de constater qu'*elle,* la violence sudiste, n'était pas morte —, ce qu'on a vu alors se mettre en route, c'était le défilé *parfait.* Et nous savions très exactement comment l'organiser. On aurait dit qu'un président des défilés, là-haut dans le cosmos, avait appuyé sur les boutons voulus — et, crac ! en l'espace d'une semaine nous avions le défilé parfait.

» Il y avait la dose correcte de souci de la sécurité publique, la dose correcte d'intérêt médiatique. La composition de la foule était parfaite, un excellent mélange de jeunes Noirs et de vieux lions couverts des cicatrices de leurs anciennes batailles ; et il y avait la dose correcte de Blancs libéraux. On n'aurait pas vu un ancien président participer au premier défilé en faveur des droits civils. L'organisation, voyez-vous ! Des cars sont arrivés, comme par miracle. Ça, c'est Hosea. Dites, vous avez vu un peu comment il sait mettre en scène la désobéissance civile à présent ?

— Mais n'était-ce pas une bonne chose que l'on soit en mesure de ritualiser ainsi la contestation aux Etats-Unis ? m'inquiétai-je.

— Je ne veux pas paraître péjorative. Que pourrais-je bien vouloir d'autre ? Je suis tellement soulagée qu'il n'y ait pas eu de morts dans le comté de Forsyth, qu'il n'y ait pas eu de mal. Ce qui me manque, cependant, c'est la sincérité des hurlements scandalisés qui ont salué l'assassinat de trois militants en faveur des droits civils dans le Mississippi. Dans les années 1950. Cela dit, c'était le sang versé qui avait scandalisé. Et le sang ne doit plus couler.

Il y avait un hic, toutefois, concernant cette formalisation de la contestation. Il y avait une orthodoxie de la pensée sur la race et les droits civils. Peut-être qu'un jour, les gens en viendraient à s'autocensurer pour avoir l'air de tenir les propos qu'il convenait.

— Il me semble que c'est une chose qui arrive dans toutes les révolutions, remarqua Anne Siddons. Elles ne prennent pas fin. Simplement, au fil du temps, elles finissent par se caricaturer et, de ce fait, elles perdent leur crédibilité. Le mouvement en faveur des droits civils perdra son énergie et finira par s'éteindre à l'issue d'une succession de petites escarmouches sporadiques, à mesure que d'autres choses surgiront. Le mouvement en faveur des droits civils a commencé à mourir lorsque le mouvement pacifiste et le mouvement féministe ont pris vie dans les années 1960. Comme je vous l'ai dit, les Américains contestent n'importe quoi. Nous sommes des contestataires. Mais la contestation a bâti notre pays. C'est une chose que nous savons faire.

Nous parlions depuis deux heures. Et de l'autre côté de la rue, au rez-de-chaussée de chez *Macy's*, de souriants jeunes gens des deux sexes en uniforme, sorte de garde d'honneur conçue par un désigner pour Gloria Vanderbilt, arpentaient avec légèreté — une légèreté de danseurs — un promenoir entre deux cordons rouges, tandis qu'un petit orchestre jouait et que Gloria Vanderbilt soi-même — impossible d'imaginer qu'une personne en chair et en os portait ce nom et se trouvait bel et bien au cœur de la célébrité, des produits, du livre, de l'émission de télévision — Gloria Vanderbilt soi-même, deux yeux sombres dans un visage d'une pâleur rayonnante, sous la lumière fluorescente du grand magasin, la lumière qui complétait l'air conditionné et parachevait cet univers de petite bulle, Gloria Vanderbilt, assise à une table, signait des choses pour des gens qui faisaient la queue.

Tom Teepen m'accompagna à pied jusqu'au Capitole coiffé d'un dôme doré. Dans le grand hall central, orné de portraits des personnalités fameuses de la vie politique de Géorgie, étaient exposés des drapeaux datant de la guerre de Sécession.

— Ce n'est pas l'histoire qui manque ici, me dit Tom Teepen.

Le gouverneur adjoint, Zell Miller, se trouvait dans son bureau lambrissé. Il était originaire du nord-est de l'Etat, qui avait été, nous apprit-il, territoire indien, cherokee pour être précis, jusque vers 1830, date à laquelle on avait expédié les Cherokees dans l'Oklahoma, par « la piste des larmes ». Etait-ce ainsi qu'on l'appelait à l'époque ? Peut-être que non ; aujourd'hui, il était pénible et douloureux d'y penser. Les immigrants qui s'étaient approprié les terres des Indiens étaient écossais et irlandais, avec quelques Allemands ; ils étaient descendus de Caroline et de Virginie. Et le nord-est de l'Etat était resté isolé — l'histoire américaine s'était déroulée dans d'autres régions, bondissant ou sautillant par-dessus les hauteurs des Appalaches et les communautés qui habitaient les « cuvettes » ou les « creux » — jusque vers les années 1930 et 1940. Il n'y avait que peu de Noirs ; la région n'était pas une « société raciste ». Mais à présent, avec les nouveaux venus en provenance d'autres endroits, principalement de Floride, nous dit-il, il y avait des préjugés parmi les gens du coin.

Tel était le milieu dans lequel avait grandi le gouverneur adjoint. Sa mère était venue à Atlanta en 1942, alors qu'il avait dix ans, et elle avait travaillé deux ans à l'usine Lockheed. Elle avait fait des économies et emmené un jour ses enfants déjeuner à l'hôtel *Biltmore*. Ils restèrent deux ans à Atlanta, avant de regagner les montagnes. Désormais, le gouverneur adjoint occupait le bureau lambrissé.

Plus tard, ce soir-là, dans le bar également lambrissé du *Ritz-Carlton*, je vis arriver le président du conseil municipal d'Atlanta, Marvin Arrington, tout aussi préoccupé par son propre passé que pouvait l'être le gouverneur adjoint.

Marvin Arrington, cependant, était noir. C'était un homme massif et puissant, malgré ses jambes nettement arquées. Il avait quarante-six ans et il était avocat de son métier. Ses propos, francs et assurés, d'où émanait encore une grande fraîcheur, en dépit du fait qu'il avait dû prononcer ces mots des centaines de fois, portaient sur la différence entre aujourd'hui et hier, entre aujourd'hui, où les honneurs étaient siens, et hier, où Atlanta était en proie à une telle ségrégation raciale que le seul endroit où les Noirs étaient autorisés à utiliser les toilettes publiques était la gare routière. En sorte que sa mère, lorsqu'elle venait en ville avec ses enfants, les pressait tous vivement de prendre leurs précautions en arrivant s'ils ne voulaient pas être obligés par la suite de refaire des kilomètres en sens inverse.

Les serveuses du bar, toutes noires, étaient contentes de voir Arrington. Le sourire leur venait aux lèvres, bien qu'il n'eût rien d'un séducteur, avec son visage long et lourd. Il portait un complet marron clair et semblait assis très bas sur son siège. Il confia à Tom Teepen qu'il avait perdu dix kilos. Toutefois sa longue journée de travail — il était arrivé fort tard à notre rendez-vous — l'avait épuisé et s'il ne but qu'un jus d'airelle, il plongea à plusieurs reprises sa grande main dans le bol de noix assorties et en consomma des poignées entières.

Nous parlâmes des Noirs riches d'Atlanta — existaient-ils vraiment ? Il déclara (comme dans la reproduction d'un article de l'*Atlanta Constitution*, que j'avais lu) que son propre salaire annuel se chiffrait à plus de cent mille dollars, mais il ne pensait pas qu'il y eût tant de riches que ça parmi les Noirs d'Atlanta ; et les chiffres qu'il nous cita, concernant les salaires et les frais professionnels, étaient effectivement plutôt modestes.

Il ajouta qu'il était désolé de ne pouvoir prolonger notre entretien, mais il était désireux de me revoir et m'accorda un rendez-vous de deux heures à son cabinet d'avocat à quelques jours de là.

« Etre coupée du troupeau. » Anne Siddons avait utilisé ces mots pour décrire l'une des angoisses de son éducation de Sudiste. Or, j'entendis presque les mêmes dans la bouche d'une femme élève d'une école de théologie, où je me rendis pour tenter de creuser l'idée qu'on m'avait donnée dans le nord-ouest de la Géorgie sur la religion et l'identité.

La femme qui me tint ces propos : « Je ne voulais pas être à l'écart du troupeau. C'était de lui que me venait mon identité », appartenait, comme Anne Siddons, à une famille établie depuis longtemps non pas en Géorgie, mais dans le Mississippi. Cet Etat, me dit-elle, possédait une histoire vieille de deux siècles et demi ; et cela faisait presque deux cents ans que sa famille vivait dans la même maison.

— Mon identité a été formée par ma famille et par notre position sociale à Jackson, dans le Mississippi, m'expliqua-t-elle. Dans l'église presbytérienne, nous possédions notre propre banc réservé. Notre identité, c'était cela. Un jour ma tante a été scandalisée à son entrée dans l'église en découvrant, assis à son banc, un inconnu.

L'idée de piété et de correction ne comportait-elle pas la notion de service ?

— Non, répondit-elle ; cette idée ne concernait pas ma famille. D'autres avaient la notion de service ; l'idée valait pour eux.

Pourtant, elle-même avait passé beaucoup de temps à Atlanta au service de la communauté noire.

— Il y avait une sorte de « noblesse oblige », qui vous séparait des autres, mais qui imposait aussi un devoir, poursuivit-elle. Seulement, il n'y avait pas de rapport de personne à personne. Et je crois que la raison pour laquelle j'ai passé tant de temps dans la communauté noire d'Atlanta, c'est que j'avais *soif*.

— Soif de quoi ?

— Soif de... (elle avait du mal à trouver ses mots) de contacts. Avec des gens qui menaient des existences plus réelles que ne l'était la mienne. Nous étions des gens vraiment froids.

Elle voulait parler des convenances, de la raideur, des bonnes manières de sa famille. Lorsqu'elle était partie de son côté, elle avait accueilli avec joie jusqu'à l'idée de verser des larmes. A présent, dans la notion de service et dans son rêve de devenir ministre du culte, elle avait trouvé une nouvelle idée de communauté.

— Rappelez-vous, cependant, me dit-elle, à propos de l'identité qui avait été sienne et qui l'était probablement encore, qu'il s'agit d'un troupeau très spécialisé : des grands bourgeois blancs du Mississippi.

Or, tandis qu'elle s'efforçait d'accéder à une nouvelle communauté, l'ancien ordre des choses qu'elle avait connu était en train de changer. Sa famille était à présent éparpillée à travers tous les Etats-Unis et la vieille demeure de famille, la « plantation », allait probablement « voler en éclats ».

— Et ma mère est plus bouleversée que je ne l'ai jamais vue, me confia-t-elle. Parce qu'elle risque de voir disparaître une grande partie de son identité. Cette maison a été un centre de réunion ; on peut y loger très nombreux. Pour ma mère, elle représente sa source et ses racines... Cette maison, ces arbres, cette poussière... Mes tantes parlaient de la guerre de Sécession comme si c'était hier. Et les gens là-bas font visiter les vieilles demeures, vous savez. Cela fait partie de l'économie locale. Ils mettent des costumes d'époque et font admirer leurs demeures.

— Une espèce de mascarade, dis-je.

Elle répondit, forte de la sécurité puisée dans sa nouvelle idée de communauté :

— C'est plutôt comme une religion.

L'identité devenue religion, la religion devenue identité : c'était justement le thème d'un autre étudiant en théologie, un jeune homme issu d'un milieu fort différent, une communauté de montagnards dans le nord de la Géorgie.

— Quand je repense à mon adolescence, me dit-il, ces deux choses n'en font pratiquement qu'une — la famille et l'Eglise. Cette dernière était une petite Eglise, d'environ quarante-cinq membres, tous apparentés. Il y a sept ou huit générations le premier membre de notre famille est arrivé dans la région et a acheté deux cents hectares et c'est encore là-dessus que nous vivons. Ce n'est pas une plantation. Peut-être y a-t-il eu des esclaves, tout au début, mais cela n'a guère duré. Nous étions une famille de petits agriculteurs. Mon grand-père avait quinze ou seize frères et leurs descendants vivent tous à moins de cinq kilomètres les uns des autres. Il est très rare que quelqu'un parte s'installer ailleurs. Quand vous retournez là-bas, vous connaissez les gens et vous les connaissez en tant que parents.

» En même temps, il vous est très facile de perdre votre propre identité. Mais depuis, j'ai appris à apprécier ce que cela peut avoir de merveilleux : une famille chaleureuse, affectueuse, ouverte, pas seulement papa et maman, les frères et les sœurs, mais aussi les cousins, les tantes et les oncles.

» L'Eglise, c'est très semblable. Elle réunit des membres d'une même famille. L'Eglise de la Sainteté est une religion fort chargée d'émotions et ce qui m'a frappé tout jeune, c'était à quel point les gens se montraient différents à l'église de ce qu'ils étaient à la maison. L'émotion qu'ils exprimaient à l'église était tout autre. On y criait beaucoup. Le prédicateur essayait de leur faire mettre le doigt sur la nature pécheresse de l'homme. Il y avait des moments, au cours de l'office, où les gens se levaient et parlaient des langues inconnues et les autres essayaient d'interpréter ce qui se disait. Et à d'autres instants, les gens étaient sauvés.

— Cette religion n'était pas une ouverture sur le monde.

— Non, elle cherchait au contraire à vous détourner du monde et à l'exclure. Je patauge encore pour tâcher de découvrir quels sont mes rapports avec tout cela. Ma première année à l'université, je l'ai passée seul dans ma chambre. J'avais peur d'en sortir. Et puis je me suis rebiffé contre certains aspects de la foi qui proposait une vision aussi rigide du monde.

A présent, cependant (comme la plantation du Mississippi et pour les mêmes raisons économiques), l'univers montagnard changeait.

— Beaucoup de gens sont obligés de partir pour trouver du travail, m'apprit-il.

Ils revenaient, certes ; jamais ils ne perdaient le contact. Mais : « Le XXe siècle déferlait sur la montagne. »

Famille de la montagne, vieille famille de planteurs : les anciennes idées de communauté ne fonctionnaient plus et les descendants de ces familles trouvaient une nouvelle communauté dans le sacerdoce. Toutefois, cela ne s'était pas passé exactement ainsi pour Frank. Il avait grandi dans une zone urbaine blanche peuplée d'ouvriers. Il n'y avait donc pas de caractère « ethnique », ni de sens communautaire. On était certes dans le Sud, mais l'histoire, le passé de ce Sud, dont le fils des montagnes et la fille de planteurs étaient imprégnés jusqu'à la moelle depuis leur naissance, le garçon de la ville avait dû l'apprendre, l'étudier. Né dans une foule, ses premières ambitions avaient été différentes.

— Je voulais être un individu, un non-conformiste, une personne possédant ses propres droits, ses propres opinions, me raconta-t-il. En même temps, cependant, je voulais aussi une identité. Et cela, je l'ai trouvé dans le parti démocrate. Tout a commencé au lycée. J'ai adhéré au groupe démocrate et je suis rapidement devenu un des chefs des moins de vingt ans du parti. C'est devenu ma religion, car j'évaluais tout selon la réussite ou l'échec des Démocrates. A la fin de mes études secondaires, je suis entré directement dans l'appareil administratif du parti. Il est devenu ma communauté. Seulement, ce n'était pas une vraie communauté. Elle n'avait pas la charité que devrait avoir une communauté chrétienne. Dans la marine, j'ai eu le sentiment de faire la connaissance du Christ en lisant les Ecritures saintes et cela m'a touché. Mais c'est resté un sentiment isolé jusqu'à ce que je vienne ici, où l'on rend réels sur la terre ces rapports avec Dieu. J'ai trouvé la vraie communauté ici, à l'école de théologie.

La politique municipale d'Atlanta était principalement du ressort des Noirs et Michael Lomax était l'une des gloires montantes de ce milieu. Il n'avait que trente-huit ans, mais on disait qu'il postulerait le titre de maire dès 1989. Il n'était pas d'Atlanta, mais de Los Angeles et il avait beaucoup de classe. Il était grand, mince, élégant, instruit, parlait d'une voix douce. Il n'était pas très foncé de peau. Il n'avait pas la réputation d'un Noir homme-du-peuple et — d'après ce que j'avais lu — semblait légèrement enclin à se conformer à cette réputation. Toutefois, servir la cause noire était de tradition dans sa famille ; sa connaissance de la littérature noire était considérable ; il avait pour héros l'un des tout premiers radicaux noirs, William Du Bois, l'adversaire de Booker Washington. Enfin, c'était un politicien passionné par son métier.

Tout ce qui le concernait était mûrement réfléchi. Il possédait cette conscience de soi suraiguë propre aux hommes politiques, comme je m'en rendis compte après notre entretien, lorsque nous repartîmes ensemble à pied dans le centre-ville, le long de Peachtree Street, côté *Macy's* : la réaction du public comptait beaucoup pour lui.

Nous nous étions rencontrés à la bibliothèque dont il était responsable, en tant que président de la Commission du comté de Fulton. Les gens salués avec tant d'affabilité dans la cour de devant étaient des architectes. Il me dit, grand seigneur, mais avec un sourire : « J'aime construire des choses. » Et dans la salle du conseil de la bibliothèque, au premier étage, un thé nous attendait : service à thé en argent et tasses blanches en Wedgwood, avec un choix de petites pâtisseries, le tout préparé à notre intention par un membre de la Commission, un homme blanc, jeune, souriant, heureux de rendre service à son élégant président.

— Les Noirs doivent regarder vers l'intérieur, m'expliqua Michael Lomax. A présent, ce n'est plus tellement de défilés qu'on a besoin, mais d'une révolution interne.

» Le mouvement en faveur des droits civils déformait notre conception des rapports humains. Il les ravalait complètement au niveau des antagonismes. Or, dans des rapports antagonistes, il y a un bon et un méchant, une victime et un bourreau. Nous étions les bons, les victimes. Aucun des actuels leaders noirs ne parle de la responsabilité noire, ajouta-t-il.

Et pourtant, pour lui, malgré tout ce qu'il avait déjà accompli, tout son avenir, sa race était encore un handicap. Il m'en parla comme suit (et peut-être étaient-ce des mots qu'il avait souvent employés) :

— Il n'y a pas un jour, pas un instant de ma vie où je ne suis pas obligé de penser à la couleur de ma peau. Et le fait d'être noir ne concerne pas uniquement ce que je vois. Il concerne aussi ce que je ressens à propos de moi-même. C'est tout autant intérieur qu'extérieur.

» Quelquefois, je me dis qu'il va bien arriver pour nous tous un moment d'exorcisme, où l'on se délivrera de tous ces mauvais démons de la race. Ils sont toujours au-dedans de nous, à s'entrebattre.

» Il y a dix ans, je suis allé au Brésil et j'ai visité dans le nord du pays un endroit qui s'appelle Salvador, où la population est très métissée et où il n'y avait rien d'inhabituel à avoir une peau de la couleur de la mienne. J'ai ressenti un extraordinaire sentiment de soulagement et de liberté. Mais aussi une sensation de perte en constatant que les gens ne me traitaient pas de façon négative à cause de ma peau. C'était cela la liberté, mais j'avais à l'intérieur de moi tant de choses auxquelles je m'attendais, en tant que personne de couleur, que je ne pouvais pas supporter de voir ignorer cette personne — c'était une autre espèce d'invisibilité.

» Il faut affronter ses propres démons. Pour moi, il s'agit de faire face au fait que je suis un Noir et qu'à chaque fois qu'un Blanc me voit, pour lui c'est peut-être la même chose que de voir un ivrogne dans la rue. Et cela colore ma propre façon de me voir. Le fait d'être noir m'a mis en colère, m'a rendu triste. Or, je ne peux pas affronter un Blanc ni un Noir, tant que je ne suis pas capable de regarder dans une glace et d'accepter l'homme que j'y vois.

L'on s'accordait généralement à dire que le comportement irréprochable du shérif du comté de Forsyth avait beaucoup fait pour désenvenimer la situation dès le début. Quand je m'entretins avec lui par téléphone, je le trouvais d'un abord facile et précis : beaucoup de gens étaient venus le voir. Il m'expliqua comment arriver jusqu'à son bureau. Il se trouvait dans la prison du comté de Forsyth, m'expliqua-t-il. Ce qui me fit penser à d'innombrables westerns.

C'était à environ une heure d'Atlanta. On avait de la peine à associer ce décor idyllique, ses bois, ses routes bien entretenues et l'énorme lac artificiel créé par le génie de l'armée américaine, avec les tensions sanglantes de 1912 : le lynchage d'un homme dans la prison, la pendaison publique de deux autres, la foule en dérive signifiant aux Noirs de partir. Le chef-lieu du comté, au milieu de ces forêts printanières, était très américain : restaurants spécialisés dans le *fast-food,* banques aux faux airs d'églises, panneaux publicitaires, rien que de très ordinaire.

Une femme sortit sur le pas de la porte de son épicerie pour m'indiquer le bureau du shérif. De l'autre côté de la rue principale, il fallait longer le cimetière et puis un bâtiment bas en brique. Et c'était là, dans cette petite ville en brique rouge, fourmillante d'activité que se dressait un nouvel édifice, pas celui de 1912, mais toujours aussi plat et d'aspect aussi rudimentaire qu'un bureau de shérif dans un western ; il portait un écriteau sans réplique (encore comme dans un film) : PRISON DU COMTÉ DE FORSYTH, mais était pourvu sur le devant d'une vaste cour remplie de voitures en stationnement. La prison et le bureau du shérif, de même que les restaurants de *fast-food,* servaient une communauté motorisée. Le drapeau des Etats-Unis et celui de l'Etat de Géorgie pendaient côte à côte en haut de leurs mâts.

On accédait par deux séries de portes en verre à la zone de réception où deux Blancs d'un certain âge étaient assis sur des sièges bas. Une secrétaire était installée à son bureau couvert de papiers. Derrière elle, sur le mur de béton, était fixée une plaque portant les armes de la Géorgie, il s'agissait de motifs civiques, grossièrement reproduits, datant de 1776 : une arche, sur deux colonnes classiques, un parchemin suspendu dans le vide entre les deux colonnes, portant la devise géorgienne : SAGESSE, JUSTICE, MODÉRATION.

Le shérif était en réunion, me dit la secrétaire. Un homme en blue-jean se présenta à propos d'une contravention pour stationnement illicite ou quelque chose d'analogue — me donnant ainsi une idée de la routine quotidienne dans le bureau d'un shérif. Au bout d'un moment le shérif parut en personne, en bras de chemise, avec une cravate à impressions cachemire sur sa chemise blanche. Il me lança :

— Je suis à vous dans un instant.

Et très vite, en effet, je fus invité à me rendre dans son bureau où, tout en haut d'un portemanteau à l'ancienne, j'aperçus un chapeau de cow-boy noir, avec un insigne de shérif. Mon interlocuteur ne l'avait porté qu'une seule fois, le jour du grand défilé à Forsyth. Sur le même portemanteau se trouvait le veston bleu pâle du shérif, impeccablement propre.

Il avait entre quarante et cinquante ans et me dit que cela faisait vingt ans qu'il habitait le comté. Il avait été « maître d'école » pendant un temps et il était shérif depuis onze ans.

— Bien des années auparavant, m'apprit-il, le comté de Forsyth avait été isolé et ses habitants formaient un clan très fermé. On pouvait en dire autant de « tout le nord de la Géorgie ». Vint l'ère de la fabrication des boissons alcoolisés et certaines personnes par ici s'étaient mises à distiller illicitement de l'alcool, parce que c'était un coin très isolé. Et que c'était le seul moyen de gagner de l'argent.

» Ensuite, poursuivit-il, il y eut les usines Lockheed et celles de la General Motors ; et aussi l'élevage intensif de la volaille. L'industrie de la volaille a sorti notre communauté de sa situation socio-économique médiocre. On a commencé à voir de meilleures routes, une grande affluence. Au même moment survint le boom d'Atlanta et à présent, nous attirons énormément de gens. Le prix des terrains a triplé. En 1970, il y avait seize mille habitants ; en 1986, il devait y en avoir environ quarante mille. Nous sommes en passe de devenir un comté-banlieue riche d'Atlanta. Nous sommes donc en situation de croissance et d'expansion.

Par conséquent, même si « des gens avaient jeté des pierres » contre le premier défilé, la cause des jeteurs de pierre ne pouvait pas triompher dans le nouveau Forsyth. Le second défilé, celui des vingt mille personnes, n'était pas une manifestation raciale, me déclara le shérif. Les participants étaient tout autant blancs que noirs et ils faisaient clairement comprendre qu'ils ne voulaient pas de violence.

— Le public américain ne tolérera pas la violence, m'affirma-t-il.

» En ce qui concerne les questions raciales en tant que telles, me dit-il, il n'y a rien à faire. Le vrai problème est social et économique.. On n'y peut rien, parce que les gens émigrent vers les lieux où ils se sentent à leur aise. Ils émigrent vers leur situation socio-économique.

Selon lui, un médecin noir désireux de s'installer dans le comté de Forsyth avait des chances de s'adapter, mais il n'en irait pas de même pour un Noir des classes inférieures. Les gens avaient besoin de se sentir à l'aise au milieu des autres.

— Si vous avez deux paumés noirs et deux paumés blancs, ils vont se bagarrer parce qu'ils ne peuvent pas s'entendre, conclut-il.

Quant au grand défilé, il s'était toujours agi d'un événement médiatique, me dit le shérif. Beaucoup de gens y avaient pris part, parce que c'était la première manifestation depuis vingt ans. Tous ceux qui avaient raté les défilés du mouvement en faveur des droits civils, dans le temps, souhaitaient à présent participer à un défilé.

— Pour beaucoup, ç'a été une bonne occasion de prendre part à quelque chose qu'ils croyaient voué à devenir historique.

Il y avait donc eu deux groupes « explosifs » — les manifestants et les gens qui s'opposaient à eux. Qui étaient ces gens qui s'opposaient ?

— En grande partie ceux à qui j'ai affaire le samedi. Le maintien de l'ordre concerne dix pour cent de la population quatre-vingt-dix pour cent du temps.

Ainsi parla le shérif : il était tout aussi sociologue (et ancien enseignant) que fonctionnaire des forces de l'ordre. Il donnait l'impression que les affaires du comté de Forsyth étaient beaucoup plus faciles à contrôler.

Et, sans qu'il le précisât explicitement, l'idée de deux groupes de gens cherchant à attirer l'attention ressortait de ses propos. Les groupes en faveur des droits civils, dont les grandes batailles, voire la guerre tout entière, avaient été gagnées longtemps auparavant et qui à présent se chamaillaient en quête de nouvelles causes ; et les partisans de la suprématie blanche en quête, presque de la même façon, de publicité et de protection. Le grand défilé de Forsyth, comme l'appelait le shérif, était une sorte de conflit rituel, livré devant les caméras et les appareils de photo, selon certaines règles. A cause de cette formalisation, la question était périmée. Il me sembla aussi que la surexposition était un aspect très américain de cette formalisation. Tout le monde avait été interviewé et réinterviewé ; tout le monde, y compris le shérif, était devenu une personnalité ; à présent tout le monde avait épuisé l'intérêt du public.

Donc, comme le disait le shérif :

— Le problème n'existe plus.

Et il fit valoir un autre point. Les manifestants l'avaient emporté, mais dans les trois mois qui s'étaient écoulés depuis le défilé, aucun Noir n'était venu s'installer à Forsyth. Le comté restait entièrement blanc, prouvant ainsi la vérité de sa première affirmation : à présent la question n'était pas raciale, mais sociale et économique.

Il forçait la conviction, le shérif Walraven. C'était un fonctionnaire élu et il estimait représenter la volonté du peuple américain — qui s'était détourné de la violence. Et bien qu'il ne fût pas disposé à mettre en vedette cet aspect de la question, il accomplissait aussi son devoir de chrétien, le christianisme étant une religion qui enseignait l'amour et la paix. (A une certaine époque, dans cette région, le christianisme avait représenté tout autre chose ; il fallait encore tenir compte du christianisme du Ku Klux Klan. Le shérif, cependant, considérait les événements de 1912 comme historiques, vieux de trois quarts de siècle. Lui-même représentait la volonté actuelle du peuple américain. Il ne devait pas y avoir de violence ; son devoir était de veiller à ce qu'il n'y en eût point.)

Envisageait-il une situation dans laquelle cet état de choses pourrait changer ?

Il réfléchit un instant et dit :

— Si le système s'écroule.

Mais ce fut pour ajouter presque aussitôt :

— Le système ne peut pas s'écrouler, mais cela pourrait arriver à des individus.

Rencontrer cet homme instruit, qui se faisait une idée presque philosophique de ses devoirs, c'était constater à quel point les groupes affiliés au Ku Klux Klan dans le comté de Forsyth étaient éloignés du centre. La chose avait d'ailleurs été notée et signalée par le maire noir d'Atlanta, Andrew Young.

— Je ne tiens pas les activités du Klan pour simplement racistes, aurait-il déclaré, selon le *Journal,* trois jours après le grand défilé. Il s'agit d'actes accomplis en désespoir de cause par des gens qui s'aperçoivent que l'histoire les a laissés derrière elle. Au fond, ce dont nous avons besoin, c'est de ces programmes de formation professionnelle qui aident les gens à s'insérer dans la vie active. Ce à quoi nous devons faire face actuellement en Géorgie, c'est à un problème de sous-prolétariat, noir et blanc. Le prolétariat noir sombre dans la drogue et la criminalité. Le blanc dans la drogue, la criminalité et le Klan. Vous pourrez toujours défiler jusqu'à ce que les pieds vous en tombent, ce n'est pas ainsi que vous changerez les choses.

Ce point ne fut pas relevé, ni répété. Il se perdit dans la bonne cause, inoffensive.

Une sorte de victoire avait été remportée, mais bien peu de choses avaient changé. Le message du comté de Forsyth était aussi celui de l'Atlanta noire. C'était de cette frustration spéciale que Marvin Arrington, président du conseil municipal de la ville, parlait ou semblait parler.

Notre entretien ne fut pas réussi. J'avais téléphoné à son cabinet d'avocat juste avant de m'y présenter et il m'avait demandé de venir immédiatement. A mon arrivée, cependant, j'appris qu'il s'était absenté. Sa secrétaire m'expliqua — en m'offrant un Coca-Cola — qu'il était sorti brièvement, mais il ne revint qu'au bout d'une demi-heure. Les bureaux de sa firme en jetaient plein la vue. Ils étaient installés dans un vieux bâtiment fort agréablement restauré du centre-ville ;

un article de la *Constitution* assurait que l'immeuble avait coûté un million de dollars.

A son retour, il m'entraîna dans son bureau particulier. C'était une pièce ensoleillée, donnant sur la rue, où il faisait plus chaud que dans les pièces sur cour. Les murs étaient ornés d'une quantité de diplômes et de photos de famille et sur les rebords des fenêtres, je remarquai des statues africaines et des curiosités pour touristes.

Ce fut en partie par ma propre faute que notre entrevue se passa mal. En effet, lorsque Arrington enleva son veston et me pressa, de but en blanc, de commencer, je ne trouvai pas grand-chose à dire. J'avais espéré que nous bavarderions d'abord quelques instants, ce qui m'aurait permis de repérer quelques idées ou thèmes que j'aurais pu ensuite creuser. Mais cette façon abrupte de me prier d'en venir au fait ne me mit en tête que les sujets les plus éculés. Et le fait que mon interlocuteur ne tenait pas en place ne contribua pas à arranger les choses. A tout moment, il se levait et se mettait à arpenter la pièce. Tantôt, il parlait à sa secrétaire par une porte ouverte, tantôt, il consultait les papiers sur son bureau. Il me dit qu'il faisait quarante choses à la fois.

Ce qui sortit de cette rencontre peu satisfaisante, n'importe qui aurait pu le récolter en consultant les archives de la *Constitution* ou du *Journal*, ainsi que le propre dossier de presse de mon interlocuteur : un homme originaire du cœur de la ville, qui avait grandi à une époque où la ségrégation battait son plein, père camionneur, les enfants tenant en grande partie leur ambition de leur mère. « J'ai sauté le pas », aurait-il pu dire. Une bourse d'athlétisme l'avait aidé à s'affranchir ; il pensait à tous ceux qui n'étaient pas en mesure d'obtenir de tels soutiens. Peu de choses avaient changé. Le pouvoir politique qu'avaient acquis les Noirs ne s'était guère accompagné de pouvoir économique ; même Auburn Avenue, le quartier des affaires de la communauté noire, était à présent négligé. Les Noirs avaient besoin d'ouvertures et seul le système pouvait leur en fournir. Si bien qu'il paraissait toujours faire porter la responsabilité à d'autres. Pas question ici de cette révolution interne dont m'avait parlé Michael Lomax. Toujours cette rage.

Quand je fis remarquer qu'il y avait eu des mouvements en faveur des Noirs, il dit :

— Allons-nous attendre encore trois cent cinquante ans ?

Il fumait un gros cigare qu'il écrasa, libérant un nuage

de fumée au puissant arôme tout près de mon siège. Il me pria de l'en excuser ; contrastant avec sa brusquerie, il y avait toujours ces brefs instants de sollicitude envers le visiteur que j'étais. Un de ses collègues entra dans le bureau et se montra plus intéressé à mon égard que ne l'avait été Arrington. Puis le fils de ce dernier se joignit à nous et Arrington s'adoucit momentanément en voyant le grand garçon plein d'assurance qui me dit qu'il avait été en Angleterre où il avait passé deux semaines et demie. Au bout de quelque temps, le jeune homme repartit. Arrington fit allusion à lui un peu plus tard. Le monde serait différent pour les gens comme son fils, me dit-il. Ce fut cependant l'unique petite touche de douceur et d'optimisme dans sa hargne générale.

Une hargne qui concernait la race, qui visait aussi le journal d'Atlanta coupable, selon lui, d'avoir essayé de le couler. Il m'emmena dans une pièce attenante pour me montrer l'attaque décochée contre lui dans l'*Atlanta Constitution :* il l'avait fait encadrer, ainsi qu'une protestation imprimée, signée entre autres par le père de Martin Luther King, s'élevant contre l'attitude de la presse envers les fonctionnaires noirs. Il y avait, par-dessus tout, une hargne contre Michael Lomax, le contraire de lui sur tant de points : Arrington était grand, lourd, fort, d'un brun presque noir, autodidacte ; Lomax mince, le teint clair, issu d'une famille instruite et conscient de son charme.

Arrington avait triomphé de Lomax dans l'élection à la présidence du conseil municipal d'Atlanta, quelque six années auparavant. Et l'on disait que si Lomax postulait les fonctions de maire de la ville en 1989, Arrington avait l'intention de se présenter contre lui. Il tenait à me faire lire un portrait de Lomax composé pour un journal d'Atlanta. Un peu plus tard, il s'entretint par téléphone avec un de ses employés pour réclamer un exemplaire de son propre pamphlet publicitaire : *A quoi s'engage Arrington.* Huit pages, seize photographies ; un travail de professionnels.

Il passa d'autres coups de téléphone. Et une fois, tandis que je lisais quelque chose sur le mur — le passé étalé sous forme de diplômes, photographies et articles de presse — je l'entendis répondre avec fermeté à quelqu'un, peut-être au sujet de l'affaire qui l'avait éloigné de son bureau juste après qu'il m'eut convoqué. Il semblait avoir trouvé, ce jour-là, beaucoup de raisons de s'irriter.

Il me reparla de son fils. Cette douceur l'amena à penser à Londres, où son fils avait séjourné.

— Il y avait quand même des émeutes, me dit-il.

Et quand lui-même y était allé, il me confia qu'il ne se sentait pas à l'aise à Londres. Et il ajouta :

— Je suis allé au théâtre shakespearien. Je n'ai rien compris, mais j'y suis allé pour la culture.

J'aurais aimé en savoir plus, mais ce fut l'un des nombreux sujets qu'il abandonna pour se lever, pour arpenter le bureau, chercher des documents, fumer, m'assaillir de ses petits accès de courtoisie. Ce voyage en Angleterre — il aurait été intéressant de voir le pays par les yeux d'Arrington — fut un sujet sur lequel nous ne revînmes pas.

J'eus bientôt le sentiment qu'il ne me restait plus rien de nouveau à demander ; que tous les points que je pourrais soulever iraient s'échouer sur la question des handicaps de la population noire.

C'était un problème qui m'avait tracassé : je craignais que ces personnalités d'Atlanta, à force d'avoir été trop souvent interviewées, pussent, tout en paraissant neuves à quelqu'un qui n'était pas de la ville, avoir en réalité été réduites à un certain nombre de poses et d'attitudes, être devenues leur propre interview. Il en allait de même pour certains écrivains — Borges, pour prendre un exemple illustre, lequel avait accordé tant d'interviews à des journalistes et autres qui, à la façon des interviewers, avaient absolument exigé l'entretien type, celui du dossier, avaient voulu y inclure tout l'apport des autres entretiens, si bien que Borges pour finir n'était plus rien que son interview, quelques anecdotes, quelques opinions, une autobiographie condensée, une personnalité de poche. C'était ainsi, à ce qu'on m'avait dit, que les médias créaient deux ou trois slogans pour un politicien et le réduisaient à ces quelques mots facilement prononcés. Ce phénomène m'avait inquiété, je redoutais de ne pouvoir percer l'écran de la publicité ; et avec Arrington mes craintes s'étaient avérées fondées. Je n'avais pu aller au-delà du dossier tout prêt.

Au mur était suspendu un cadre contenant une phrase d'Abraham Lincoln : le temps et les conseils d'un avocat font partie de son stock professionnel.

Je me levai pour prendre congé. Mon hôte se montra courtois et en guise de cadeau d'adieu, me fit faire un petit tour des bureaux de sa firme. Les gens que j'y rencontrai étaient amicaux et sympathiques ; le chef de bureau était blanc. La qualité et l'humeur des membres d'une firme ou de n'importe quelle organisation vous renseignent immédiatement sur l'employeur ou la direction. Il devait donc y avoir chez Arrington un côté beaucoup plus plaisant que celui qu'il m'avait montré cet après-midi-là.

En redescendant dans la rue, où les gens étaient noirs, ce qui distinguait Atlanta des endroits que j'avais vus jusque-là, la foule évoquait ici celle des Caraïbes ou d'Amérique latine ; la ressemblance s'étendait même au décor, car le centre-ville d'Atlanta n'est pas une succession ininterrompue de gratte-ciel, mais plutôt une alternance de hauts bâtiments et d'espaces vides, de parkings, si bien qu'il paraît vite semi-abandonné — en redescendant dans la rue, donc, je fus assailli par un très ancien sentiment de constriction et de morosité.

Il me rappela certains des sentiments de mon enfance à Trinidad. Là-bas, bien que la plupart de mes maîtres d'école fussent des « nègres » (bruns plutôt que noirs), bien que l'enfant que j'étais éprouvât envers ces personnes (ainsi qu'envers les policiers, eux aussi bruns de peau) la plus grande crainte et le plus grand respect, et bien qu'à mes yeux des gens comme les maîtres d'école ne fussent point définis par leur race, mais par leur seule profession, dès l'instant où je me retrouvais vis-à-vis d'eux dans une situation extrascolaire, j'avais conscience (en tant que fils d'une famille indienne, envahie par des rites et des attitudes qu'il fallait quitter et reprendre, jour après jour, à chaque fois que l'on passait de la maison à l'école et vice versa), j'avais conscience, disais-je, de la qualité physique des « nègres », ainsi que de la différence et même, en ce qui me concernait, de l'irréalité de leur vie domestique.

Quelque chose d'analogue s'était produit dans le bureau d'Arrington. Sa hargne, son insistance sur la race et la ville intra-muros (« la ville intra-muros, c'est mon terrain de jeu ») et la force qu'il tirait des pauvres parmi les Noirs avaient dressé cette ancienne barrière tout autour de lui.

La hargne était compréhensible, tout comme la rage. Mais j'avais aussi le sentiment que la rage et la hargne étaient susceptibles de faire peser sur autrui des exigences qu'il serait toujours impossible de satisfaire. Il avait dit : « J'aimerais être libre. Je ne peux pas voler comme un oiseau. » Beaucoup de gens pouvaient tenir de tels propos, rares sont ceux qui en font une déclaration politique. Et en rentrant à pied à mon hôtel, je sentis, tout spécialement dans ces rues qui ressemblaient à celles des Caraïbes, qu'il y avait ici presque deux visions du monde, deux façons de voir et de sentir qu'il était impossible de concilier. Voilà ce qui me déprimait.

Une partie de mon esprit avait été occupée à tenter de découvrir chez les politiciens noirs d'Atlanta certains des traits de leurs homologues des Caraïbes. Chez Arrington, pour la première fois, il me semblait avoir déniché quelqu'un qui aurait pu être créé par les conditions régnant dans les Caraïbes. Là-bas, un tel homme, proclamant ses origines populaires (comme Bradshaw de St. Kitts ou Gairy de la Grenade) et prétendant, en raison de sa jeunesse misérable, comprendre la misère de son peuple, aurait pu contribuer à compléter le pouvoir colonial, aurait pu renverser un ancien système et installer à sa place quelque chose qu'il aurait façonné lui-même.

Mais ici, à Atlanta — encore qu'Arrington, en tant que président du conseil municipal, jouît d'un certain pouvoir celui de dire non — son pouvoir était limité. Et peut-être que la dignité même que la politique municipale offrait à un Noir le rendait plus conscient de la vaste richesse et de la véritable puissance de l'Atlanta des Blancs, tout autour de lui. En sorte que la politique d'Atlanta aurait pu lui faire l'effet d'un jeu, un moyen d'extirper la rage des citoyens noirs. De même que la législation en faveur des droits civils accordait des droits mais pas d'argent ni de statut social, de même peut-être la politique municipale donnait-elle une position, mais pas de force et stimulait ainsi une autre sorte de rage, que rien ne pouvait apaiser.

Après avoir manifesté devant l'immeuble de la CIA à Washington pour des histoires de drogue, Hosea Williams devait se rendre en Europe pour y travailler contre l'apartheid. Peut-être son voyage fut-il annulé, ou fut-il très bref, car quelques jours plus tard, Tom Teepen organisa pour moi une entrevue avec Hosea à Atlanta. Elle devait avoir lieu dans l'est de la ville, dans l'un des « quartiers noirs », me dit Tom ; il m'y conduisit en voiture pour me présenter.

L'immeuble devant lequel nous vînmes nous ranger ressemblait à une petite fabrique ou un entrepôt et il se dressait à côté des trois murs d'un hangar en ruine. Il y avait un couloir central avec des gens assis derrière un bureau. Les murs et les portes étaient ornés d'affichettes au nom d'HOSEA, ce qui donnait à l'endroit l'atmosphère d'un quartier général de campagne électorale. On nous fit passer dans un bureau auquel on accédait en traversant une pièce où une secrétaire s'activait derrière une grande table de travail.

Aux murs du bureau étaient accrochés de nombreux agrandissements noir et blanc des manifestations en faveur des droits civils. On voyait Hosea, beaucoup plus jeune sur certains clichés, avec son leader d'une incroyable jeunesse, Martin Luther King. Il y avait des photos d'arrestations par la police. Les plus émouvantes, cependant, étaient celles qui mettaient l'accent sur des choses plus simples : les bleus de travail des manifestants et leurs carrioles tirées par des mules, symboles jumeaux du mouvement : touchants, inévitables, vrais, comme la calotte et le vêtement tissé à la main de Gandhi en Inde. Tom Teepen, qui détailla ces photographies avec moi, dit que lorsque Martin Luther King avait été assassiné, on avait décidé de transporter son cercueil sur une carriole à mules, mais la seule qu'on put dénicher — et que l'on réquisitionna — se trouvait dans un musée ou un parc d'attractions.

On remarquait aussi des écussons et des plaques attribués à Hosea pour diverses raisons. Ainsi qu'une affiche, tendance « Black Power », sur le thème de la Tante Jemima *. La grosse femme noire qu'elle représentait ne souriait pas ; elle levait un poing dodu et la légende disait : « Jamais plus » et « Poids net : 500 kilos. »

Hosea (qui avait eu affaire dans une autre pièce) finit par arriver ; c'était à présent un homme à sa place, objet de la déférence de ceux qui l'entouraient et plus calme que le jour où je l'avais vu au tribunal fédéral.

Tom Teepen me présenta et lui expliqua mon intérêt pour le comté de Forsyth. Je lus dans ses yeux une acceptation immédiate. Et aussitôt, avant même que Tom ne nous eût quitté pour regagner son journal, Hosea se mit à parler, se mit sans affectation à revivre toute l'histoire, brûlant d'énergie, arpentant le bureau, s'approchant par moments

* Pendant féminin de l'Oncle Tom. (*N.d.T.*)

tout contre moi, assis à la longue table en planche qui meublait la grande pièce, en plus du bureau de Hosea.

Il fit remonter l'histoire de Forsyth jusqu'au début de l'année, lorsque le professeur de karaté originaire de Californie avait décidé d'organiser un « défilé fraternel » pour célébrer l'anniversaire de Martin Luther King à Forsyth. Hosea en entendit parler à la télévision et son intérêt fut éveillé.

— Il ne savait pas à quel point le racisme qui existait là-haut était violent et enragé, me dit-il. Ils se sont lancés à ses trousses avec une telle férocité qu'il a commencé à comprendre qu'il risquait de ne pas s'en sortir vivant. Dans ce genre d'endroit, l'arme principale, c'est le feu. Il faut les brûler, brûler leurs maisons. Un gars du comté voisin, qui étudiant les arts martiaux, est venu à l'aide de ce type. Un gars qui a la réputation d'être un dur. Il a dit au Californien : « Nous sommes des hommes et des Blancs. Ils ne peuvent pas nous faire ça, à nous. » C'est un dur, mais ce n'est pas à *lui* qu'ils vont s'en prendre. Leur méthode, c'est de s'en prendre à sa famille. Alors il a commencé à réclamer l'aide des Noirs. Il est devenu plus nerveux.

» Quand j'ai entendu parler de tout ça, la première chose qui m'est venue à l'esprit, c'est : « Dans tous les mouvements auxquels nous avons pris part, il y a des Blancs qui sont venus à notre aide. Voilà deux gars blancs dans la mouise. Si le docteur King était ici, quelle position adopterait-il ? » Je me suis dit : « Hosea, fais ton baluchon. Il faut aller à Forsyth. »

» J'ai fini par obtenir le nom du spécialiste des arts martiaux, par un journal. Je lui ai téléphoné : « Je m'appelle Hosea Williams. Je vous offre mon aide. » Il n'en revenait pas. Il m'a dit : « J'ai entendu parler de vous. Avant d'accepter votre aide, je voudrais vous parler de vive voix. » Mais je n'ai pas voulu aller jusqu'à Forsyth ce soir-là. Il m'a dit : « C'est moi qui vais venir à Atlanta. » J'avais peur de lui. Je ne savais pas qui il était. Il faisait peut-être partie du Klan. J'ai organisé une entrevue dans le hall d'un grand hôtel. Il est venu le soir même, avec son beau-père. Il m'a dit : « Je vous connais. Je connais votre réputation. Je sais que vous êtes un dur à cuire. Mais je peux vous dire une chose. Si vous venez à Forsyth pour défiler avec moi, vous ne vous en tirerez pas vivant. »

» Je sais à quel point ils sont mauvais à Forsyth, mais

je trouvais quand même qu'il était trop pessimiste. J'ai donné une conférence de presse. J'ai annoncé que nous partions de la tombe du docteur King à neuf heures et que nous allions à Forsyth. Je ne pensais pas que quiconque viendrait avec moi. Les Noirs ont peur de Forsyth. Ils connaissent la réputation de l'endroit. Ils ne veulent même pas s'y arrêter pour prendre de l'essence.

» Dean Carter, le gars des arts martiaux, a dit : « Ces gens sont des ignorants. On leur dit qu'il faut empêcher les nègres de venir, par n'importe quel moyen. Du berceau au cercueil, on leur apprend qu'il faut chasser les nègres. Quitte à faire ce qu'il faudra — les tabasser, les tuer — il faut empêcher les nègres de revenir dans le comté. C'est comme qui dirait leur culture. » C'est ça qu'il a dit, Dean Carter. C'est comme une *culture.*

» Je croyais savoir à quel point l'endroit était moche. Mais j'étais bien loin de la vérité.

» Le lendemain matin, il y avait environ trente-cinq à quarante personnes.

» J'ai senti en cours de route que ces gens étaient animés par une profonde frustration. Je me suis levé et j'ai harangué et parlé, harangué et parlé et prêché tout le long du chemin. Quand nous sommes arrivés là-bas, il y avait environ vingt ou trente personnes qui attendaient pour se joindre à nous. Une ou deux étaient des membres du Ku Klux Klan qui voulaient s'infiltrer dans notre groupe. Mais en même temps, il y avait environ quinze cents personnes tout autour — les journaux disent deux cents, mais moi je dis quinze cents — elles participaient à un meeting du Ku Klux Klan et gueulaient : « A mort les nègres ! A mort les nègres ! Réexpédions-les dans le champ de pastèques d'Atlanta ! » Quinze cents personnes. Tout autour de nous.

» Le shérif a essayé de nous dissuader de descendre de l'autocar. J'ai dit : « Nous sommes des Américains. Le droit de défiler fait partie de la liberté d'expression. » Je n'avais pas l'intention de laisser quiconque empêcher notre marche.

» Les gens qui nous entouraient étaient tellement survoltés qu'ils plongeaient et sautaient par-dessus des clôtures d'un mètre vingt comme des coureurs de haies aux Jeux olympiques, en hurlant : « A mort les nègres ! A mort les nègres ! »

Quand je l'avais vu dans la salle d'audience — où il ne faisait rien et ne disait pas grand-chose — Hosea m'avait paru harcelé, agité... Et pourtant à présent, alors qu'il tournait autour de mon siège pour me mimer son histoire, tapant des pieds et donnant des coups de poing dans le vide, il paraissait lucide. Ses propos ne semblaient empreints ni d'exagération ni de bizarrerie. Ce qui s'affirmait de plus en plus nettement, c'était le sens pratique dont il avait fait preuve. Tout comme le mahatma indien, il était un organisateur-né, savait se servir des institutions de la société : la loi, la presse.

Les adversaires du défilé, eux aussi, étaient organisés. Selon Hosea, ils avaient fait provision de projectiles.

Il me dit :

— La presse n'arrêtait pas de venir me trouver.

C'était curieux, cette description d'une manifestation aussi houleuse, avec la presse sous la main : comment l'avait-il fait venir ?

— La presse n'arrêtait pas de venir me trouver et de me demander : « C'est mauvais, ça ? C'est mauvais, Hosea ? » Et je leur racontais des histoires : « Mais non, ce n'est pas si mauvais. » Et un des membres de mon personnel est venu me dire : « Révérend, c'est vraiment *moche.* » Et il avait raison. C'était très moche.

» Un homme, un des types de Forsyth courait jusqu'à l'avant de notre car, puis jusqu'à l'arrière — le car qui nous avait amenés à Forsyth, celui que j'avais loué —, il courait d'un bout à l'autre pour essayer de s'approcher de moi. J'ai compris sa manœuvre. Il paraissait être un des chefs et je me suis dit que j'allais communiquer avec lui par le regard.

Je me remémorai ce que m'avait dit Howard : dans les moments dangereux dans la rue, éviter le regard. C'était sa règle d'or pour fuir les ennuis en général et j'ai vu à d'innombrables reprises à Atlanta des serveurs noirs appliquer cette méthode.

— Alors quand il est revenu vers l'avant du car, je lui ai souri, me déclara Hosea. Il est devenu comme fou. Il s'est mis à brailler : « Le nègre m'a souri ! Il faut tuer ces nègres ! Je ne veux pas que ces nègres défilent. Mais le nègre m'a souri ! »

Le shérif demanda alors à Hosea de faire remonter son groupe dans l'autocar.

— Je les ai fait remonter et on s'est un peu éloigné pour lui permettre de maîtriser le Ku Klux Klan.

Hosea roula le bas d'une jambe de pantalon pour me montrer les ecchymoses rouge foncé sur la peau brun clair de son tibia et de son mollet. Il m'expliqua qu'elles avaient été causées par une brique qu'on lui avait lancée durant le défilé.

Ainsi finit la manifestation. Dans l'autocar qui les ramenait vers Atlanta, une pensée vint à Hosea et le força à sourire. Son fils lui demanda pourquoi il souriait et il lui répondit : « J'ai l'impression d'avoir vraiment fêté l'anniversaire du docteur King. »

En conteur chevronné, il bouclait la boucle d'une histoire qui avait commencé par des critiques contre les façons intempestives dont certains — des Noirs parmi eux — célébraient désormais l'anniversaire du « docteur King » — c'était ainsi qu'Hosea désignait invariablement Martin Luther King.

Il ajouta :

— Dans l'autocar, en route pour la maison, j'ai dit à mon fils : « Ces gens sont parmi les pires Blancs que j'aie jamais vus. » Des foules déchaînées, j'en avais déjà affrontées mais d'habitude, il s'agissait d'hommes blancs d'un certain âge. S'il y avait des femmes, elles n'étaient qu'une ou deux et elles ne disaient rien. Mais à Forsyth, mon Dieu, il y avait tout un tas de femmes, beaucoup avec des bébés dans les bras, glapissant toutes sortes de vulgarités et surtout des slogans haineux. « A mort les nègres ! Les nègres ont le sida ! » Et je ne vous parle pas du nombre de jeunes, de moins de vingt ans ! Je me suis dit : « Oh ! mon Dieu, ce gosse là-bas, il va falloir se le faire pendant encore soixante ans. »

Après ce premier défilé, me confia Hosea, certains journaux avaient rapporté qu'il avait été chassé du comté de Forsyth. Cela l'avait encouragé à organiser la seconde manifestation. Quarante mille personnes avaient alors défilé. La presse avait annoncé vingt mille, mais il pensait qu'ils étaient bien quarante mille.

— Le racisme revient, mon vieux, conclut-il. Exactement comme après la guerre de Sécession. A l'époque, on a décrit ça comme la fin de la reconstruction. Eh bien, à présent, nous sommes à la fin de la seconde reconstruction.

Toute cette histoire de Forsyth, c'était désormais du passé, cependant, comme l'avait dit le shérif. Avait-elle servi à quelque chose ?

Hosea estimait que même si aucun Noir n'était allé depuis

s'installer dans le comté de Forsyth, l'affaire avait porté ses fruits. Il m'en dressa la liste. Primo, les bons Blancs du comté de Forsyth avaient ainsi pu prendre position contre le Klan. Secundo : les groupes disséminés en faveur des droits civils s'étaient regroupés pour agir ensemble comme ils ne l'avaient plus fait depuis la mort du docteur King.

— Tertio, poursuivit-il, l'expérience de Forsyth oblige en quelque sorte les prétendus dirigeants à cesser de jacasser et à *diriger*, au lieu d'attendre que les choses surviennent d'elles-mêmes. Cela oblige les leaders à sortir de chez eux, à prendre l'initiative et à provoquer la confrontation. Quarto, et c'est le principal : Forsyth a prouvé que les stratégies du docteur King ne sont pas devenues caduques à sa mort, comme d'aucuns l'ont prétendu. Ils me disent : « Hosea, tu n'es qu'un vieux général usé par les batailles. Il est temps d'arrêter de manifester et de commencer à négocier. » Ils ont retiré le mouvement de la rue pour l'introduire dans les salons. C'est ça qu'ils sont occupés à faire. Mais ils sont bien obligés d'en revenir à ma position et d'admettre que c'est dans la rue que ça se passe.

« Une force primaire » : c'était en ces termes que Tom Teepen avait dépeint Hosea, mais je n'avais pas vu les choses ainsi. A moi, il m'avait plutôt fait l'effet d'un comédien, jouant un rôle conforme au personnage public qu'il s'était créé de toutes pièces. A présent, je n'étais plus de cet avis. La politique municipale dans laquelle il était engagé exigeait qu'il se donnât en spectacle ; mais au-delà de ce côté exhibitionniste — à présent, dans l'intimité de son bureau — j'avais conscience de sa lucidité et de son intégrité ; et j'avais le sentiment que le mahatma lui-même, avec toute sa gaucherie, avait peut-être dégagé un peu de ce même rayonnement.

Justement, parmi les livres posés sur une étagère contre le mur, il y en avait un sur le dos duquel je lus *Gandhi.* Lorsque Hosea dut sortir du bureau pour s'entretenir avec quelqu'un qui venait d'arriver, j'allai le regarder de plus près. C'était une édition brochée. Il ne s'agissait pas de l'autobiographie du mahatma, comme je l'avais cru ; c'était le scénario du film *Gandhi,* avec, sur la page de garde, une dédicace à Hosea de la part de l'auteur, Jack Briley. On pouvait lire (pour autant qu'il m'en souvienne) : « De la part d'un homme qui écrit des mots à un homme qui prend les coups. » La dédicace, me sembla-t-il, rendait honneur à chacun des deux hommes et faisait discrètement allusion à une façon (entre de nombreuses autres) d'expliquer la puissance de ce film. L'histoire que venait de raconter Hosea (à moi qui formais un auditoire d'une seule personne), l'énergie qu'il avait dégagée, chargeaient d'un surcroît de signification les grandes photographies qui ornaient les murs : les carrioles à mules et les bleus de travail, le jeune Martin Luther King, que Hosea honorait et révérait.

Lorsqu'il regagna la pièce un peu de la fougue qu'il avait manifestée durant sa narration de l'épisode de Forsyth s'était volatilisée. A sa place, je discernai de l'autorité ; il était à présent, à mes yeux, absolument lucide.

Je l'interrogeai sur sa récente campagne contre la drogue et sa manifestation contre la CIA.

— C'est une saleté, cette drogue. Elle est en train de détruire notre peuple plus que toute autre chose depuis l'esclavage, même la ségrégation, même le racisme. La peur des trafiquants de drogue, la peur qui résulte du trafic de la drogue sont pires que la drogue elle-même. Jamais ils n'ont eu aussi peur de quelqu'un que de ces pourvoyeurs de drogue. Je suis né dans la rue. J'y ai grandi ; j'y vis encore. Et pourtant, je viens tout juste de découvrir combien cette histoire de drogue était grave.

Il y avait donc une logique dans son comportement, comme il y en avait eu une dans celui du mahatma : il fallait transférer l'attention des réformateurs des questions publiques aux questions privées, de l'ennemi extérieur à l'ennemi intérieur. Et cette impression qu'il donnait d'être un homme plein de sens pratique fut renforcée lorsque je l'interrogeai sur l'édifice dans lequel nous nous trouvions. S'agissait-il de son QG politique établi dans un « quartier » ou bien qu'était-ce ? Il me déclara que nous étions dans ses locaux professionnels. Il fabriquait des produits chimiques. Je ne m'y attendais pas du tout. J'avais dû lire quelque chose quelque part à ce propos, je l'aurais juré, mais ça ne m'était pas resté en tête.

— Venez, je vais vous faire visiter, me proposa-t-il avec autant de courtoisie que de fierté.

Nous sortîmes dans le couloir et passâmes devant la table à laquelle, depuis mon arrivée, étaient assis deux jeunes gens, une femme et un homme, aussi attentifs que des étudiants ; ils remplissaient un rôle quelconque dans les affaires de Hosea. Au bout du couloir, mon hôte poussa une porte et là, relié à ses bureaux, se trouvait un entrepôt avec des fûts et d'un côté des piles de carton prêt à plier pour former des caisses.

— Je fabrique des produits d'entretien pour les immeubles, annonça Hosea. Des cires pour le sol, un liquide nettoyant les vitres. Tout ce dont on a besoin pour entretenir un immeuble. Il fallait bien que je me rende indépendant de ces gens du centre-ville.

Il employait vingt personnes. L'affaire était plus importante que je ne le pensais ; et cet aspect homme d'affaires du personnage me rappela plus que jamais quelque chose du mahatma indien qui avait commencé sa vie professionnelle en tant qu'avocat, qui tenait scrupuleusement ses comptes, veillait très attentivement sur le matériel tel que les presses à journaux. En outre il avait, durant les années 1890, créé une ferme en Afrique du Sud, dans ce but précis d'indépendance et de vertu ruskinienne. Etrange aboutissement, soixante ans plus tard, du credo du mahatma ; d'ailleurs, peut-être le résultat avait-il été ici plus exemplaire que celui de Gandhi en Inde : pour Hosea, il s'agissait de gagner des droits légaux, sur fond d'esclavage et de violence, pour un peuple longtemps humilié et asservi.

Il me raccompagna dehors pour attendre un taxi. Il me semblait en passer aucun. Il me dit :

— Je vais arrêter quelqu'un de ma connaissance et lui demander de vous ramener.

Mais personne ne se présenta. Finalement, il demanda à deux de ses employés qui attendaient dans une camionnette miteuse de me reconduire.

— Donnez-leur un petit quelque chose pour l'essence, me conseilla-t-il.

En longeant la Nationale 20 en direction d'Atlanta, en compagnie de ces deux partisans d'Hosea, des gens pauvres, dans leur camionnette jonchée de vieux papiers (la radio allumée), j'avais l'impression d'évoluer dans une autre atmosphère et j'avais une conscience aiguë de la distance qui séparait les gens dont Hosea était le leader ou le porte-parole de leur décor, les tours du centre d'Atlanta qui pointaient, au loin, au-dessus des autoroutes.

A partir d'impressions fragmentaires (et surtout, à partir d'histoires de Shango et de hurleurs à Trinidad et des souvenirs que j'y avais de prédicateurs noirs au coin des rues ou de baptêmes sur la plage), j'avais envisagé la religion des Noirs américains comme la religion de l'extase et des transes. Je n'étais donc nullement préparé à son côté formaliste, non plus qu'à son aspect communautaire et social, tel que je l'avais découvert dans la ville natale de Howard. Je n'étais pas davantage préparé à sa pureté, telle que je la vis chez Hosea. Ou, plus tard, chez Robert Waymer.

Ce dernier était un bel homme de quarante-neuf ans ; le classicisme vestimentaire lui allait bien. Il faisait partie du Conseil de l'enseignement primaire d'Atlanta. Il appartenait à une famille noire de Caroline du Sud. Il y avait une exploitation familiale de vingt-cinq hectares, ce qui n'était pas bien grand, mais avait suffi à nourrir de nombreux membres de la famille. Celle-ci était fort connue en Caroline du Sud, à Orangebury, depuis trois générations. « Et peut-être quatre », selon lui.

Je lui déclarai qu'une telle continuité familiale n'entrait pas dans l'idée que je m'étais faite de la vie noire dans le sud des Etats-Unis.

Il répondit :

— C'était un secret.

— Un secret ?

— On ne dit pas tout aux Blancs.

Cela sonnait bien étrangement dans sa bouche, dans le hall lambrissé du *Ritz-Carlton,* où il s'était installé avec assurance, à l'aise dans ce décor.

— Ils étaient hostiles, continua-t-il. Les gens qui comprenaient leur situation et mettaient un point d'honneur à faire des choses par eux-mêmes savaient que si l'on était noir, on vivait dans un environnement hostile.

Il me parla de sa famille, proche et éloignée.

— Nous étions sur la même longueur d'onde. Et grâce à cette résonance et à cette coopération, les deux sœurs aînées de mon père ont épousé des frères qui étaient dans la culture du tabac, l'élevage, la culture maraîchère en général. Et c'est de ces débuts agricoles que nous sommes issus. Nous étions des gens fort ingénieux, je crois. Nous étions seize. Ma mère était la fille aînée d'un pasteur de l'Eglise A.M.E.

Il m'expliqua le sigle. L'Eglise africaine méthodiste épiscopale. Elle venait de fêter son bicentenaire cette année, me dit-il. Africaine ? Elle avait donc des liens avec l'Afrique ? Non. Elle avait été fondée par un ancien esclave, Richard

Allen, lorsqu'il avait constaté que les églises blanches lui étaient fermées. C'était le thème de Bob Waymer : la solidarité qu'avaient acquise les Noirs du fait de leur exclusion, la nécessité qui les avait poussés à fonder leurs propres institutions ; et la rupture qui était survenue avec la fin de la ségrégation.

Son père était le fils aîné d'un agriculteur. Il y avait donc une tradition dans sa famille. Et pourtant, on notait une certaine modestie.

— Nous ne sommes vraiment pas des leaders, me confia-t-il. Vraiment pas. Vous-même et bien d'autres n'avez pas eu l'occasion d'apprendre à connaître les Noirs tels qu'ils sont dans la réalité. Les membres de ma famille ne se considèrent pas comme des gens remarquables. Nous sommes de graves gens engagés, engagés à nous entraider. Une espèce de dévouement qui a commencé avec mon grand-père et continué avec ma mère... Il faut que vous sachiez que vous ne savez rien du tout sur les Noirs. Le mouvement en faveur des droits civils a été excellent pour tout le monde, mais il a davantage libéré les Blancs que les Noirs. Nous étions un groupe étroitement soudé, victime de la ségrégation et de la persécution et nous le savions. Quelle que fût la voie suivie par les gens de ma génération, nous savions que nous devions être de bons professionnels. Nous devions aussi être curieux. Patriotiques. Plus forts que le voisin. Instruits. Religieux. Et *prudents*. La prudence s'imposait parce qu'il fallait négocier avec ce système hostile afin de gagner notre vie, de survivre et d'exister à notre aise. Nous avons bien réussi, pris dans notre ensemble en tant que groupe d'individus. Nous avons établi nos institutions, éduqué notre peuple. L'instruction publique est un concept relativement neuf. Le premier lycée d'Atlanta, le lycée Booker T. Washington, a été construit dans les années quarante.

— Vous parlez beaucoup de tout cela à présent ?

— Non, pas beaucoup. Il n'y a rien à dire. Dire quelque chose, c'était se glorifier de la façon dont vous parveniez à survivre. Ce qui n'est rien. Ou alors, c'était se vanter, ce qui dans ma famille et d'autres comme elle revenait quasiment à pécher, c'est de la vanité.

Je le questionnai sur la place de l'Eglise.

— L'Eglise est fondamentale, affirma-t-il. Et je ne suis pas quelqu'un de particulièrement pieux. L'église, c'est là où j'ai appris à avoir du respect, pour moi-même et pour les autres. Et ça, c'est fondamental. Et les dix commandements, voilà la loi. Il ne faut pas chercher plus loin. Quand j'étais petit, je croyais que c'étaient des lois établies par ma mère et je me demandais comment mes copains avaient pu en entendre parler, eux aussi.

Lui était calme. Pourtant, il y en avait d'autres, je mentionnai Marvin Arrington, qui ne l'étaient pas.

Il me dit que les gens comme Arrington étaient des « acteurs ». Il insista sur ce mot, puis l'expliqua.

Arrington était un avocat.

— Il y a une différence d'attitude entre les Américains noirs éduqués uniquement dans les établissements noirs et ceux qui ont fait des études supérieures dans des établissements blancs. Tout le monde veut réussir dans la carrière qu'il s'est choisie. L'instruction implique un changement très douloureux de votre personnalité et de vos attitudes mentales. Si vous voulez réussir en Amérique en tant qu'avocat, vous n'y parviendrez qu'en copiant, ou en devenant, un avocat blanc. La profession, et ce n'est pas seulement valable pour la profession légale, vous oriente dans cette direction. Et vous devenez un instrument de votre propre anéantissement.

L'anéantissement. La mort. C'était un grand mot. Mais il voulait parler de la mort de l'âme ; et, telles qu'il voyait les choses, c'était le genre de mort qui, sous certains rapports, avait frappé les Noirs, avec la fin de la ségrégation et la perte de l'esprit de communauté qui en avait découlé. C'était le sujet même qu'avait abordé Howard (cela me semblait à présent si lointain !), en regagnant la maison de sa mère au sortir de l'église.

— Oui, il s'agit bien d'anéantissement, poursuivit Bob Waymer. Laissez-moi vous expliquer pourquoi. Dans l'enseignement ou le barreau ou toute autre profession, vous apprenez des institutions blanches certaines choses sur les Noirs. Or, elles sont à quatre-vingt-dix pour cent péjoratives. Frederick Douglas, c'est un de mes héros, mais d'autres l'ont dit aussi, assure qu'on ne peut pas planter sans labourer le sol. Pendant quelque temps, à cause de l'amour et de la compassion que le docteur King a su communiquer au reste du monde, il y a eu des tas de gens dans le monde entier qui ont eu le sentiment que quelque chose allait de travers, était pourri, empoisonnait la question raciale et la façon de traiter les Noirs. Mais ces braves gens l'avaient toujours su.

Ils le savaient déjà. Ce qu'a fait le docteur King, c'est d'apporter aux Blancs une sorte de catharsis. Il a été un remède souverain pour la santé mentale des Américains blancs. Quant aux Noirs, il a rendu leurs droits légaux et il a su pousser un nombre impressionnant d'entre eux à passer à l'action pour leur peuple et pour eux-mêmes.

» Mais une fois qu'ils ont pénétré dans les établissements blancs, les Noirs se sont aperçus qu'il était bien préférable de fréquenter leurs propres institutions et qu'être un Américain blanc, ce n'était pas tellement sensationnel. Nous pensions qu'une fois que nous aurions les mêmes droits, tous nos problèmes seraient résolus. Or, ce qui s'est passé, c'est que nous avons gardé à quatre-vingts pour cent le problème historique qui se posait à nous, mais en plus nous devons affronter tout ce qu'entraîne le fait d'être blanc. Laissez-moi vous donner un exemple comique. Si vous étiez domestique et faisiez la cuisine pour une famille blanche, vous saviez quelle quantité ils mangeaient ; donc, si vous en prépariez un peu plus, vous pourriez toujours l'emporter chez vous. C'était une chose courante. Elle faisait partie intégrante de l'économie, c'était l'économie cachée.

Et il y avait d'autres exemples, qui n'étaient pas si comiques, qui étaient plutôt humiliants, quand on y réfléchissait. A l'époque de la ségrégation, les Noirs n'avaient pas le droit de séjourner dans les hôtels ou motels, ni de se faire servir dans les restaurants. Dans certains établissements, on les servait dans le fond et il arrivait bien souvent que le cuisinier, sachant qu'il s'agissait d'une commande pour des clients installés près de la porte de service, rajoutât, s'il servait un hamburger, un morceau de viande supplémentaire. Ce fut d'ailleurs l'origine du *cheeseburger* ou hamburger au fromage. En outre, comme il n'y avait pas d'hôtels pour les Noirs, on vit se développer, dans certaines familles ou demeures noires, un réseau de « logements de tourisme » où les Noirs pouvaient descendre. Ceux de la ville savaient généralement où se trouvaient ces endroits et pouvaient les indiquer aux voyageurs. Ces « logements de tourisme » étaient d'habitude une chambre chez l'habitant, un gagne-pain pour certaines personnes.

— Le mouvement en faveur des droits civils nous a rendus égaux. Nous n'avions plus besoin d'être débrouillards. Tout ce qu'il nous fallait, c'était une carte de crédit et un bon boulot. Alors, qu'y avons-nous perdu ? Eh bien,

Mrs. Smith qui proposait des logements de tourisme ne parvient plus à gagner sa vie. Nous sommes passés de quatre dollars la nuit pour une famille entière, petit déjeuner compris, ainsi qu'un sandwich à emporter avec vous et la possibilité de communiquer, à quatorze dollars la nuit pour une chambre à *l'Holiday Inn.*

La possibilité de communiquer : c'était l'un des fruits inattendus de la ségrégation, sur lequel Bob Waymer insista particulièrement. Les nouvelles danses, m'expliqua-t-il, voyageaient très vite parmi les Noirs grâce à ce réseau de communication. A cette époque où la télévision n'existait pas, c'était comme de la magie : les Noirs de différentes parties du pays pouvaient toujours danser les mêmes danses nouvelles lorsqu'ils se rencontraient. Cette faculté se perdit avec la déségrégation.

— Les hôtels du genre *Holiday Inn* ont fait des affaires d'or dans tous les Etats-Unis, constata-t-il. Je me rappelle que des gens qui n'avaient pas de raison de voyager se rendaient dans le centre-ville et passaient la nuit à *l'Holiday Inn* uniquement parce qu'ils en avaient le droit.

La religion était, pour ainsi dire, dans l'air. C'était un réservoir d'émotions auquel les gens n'avaient qu'à puiser selon leurs besoins. La vocation religieuse pouvait venir à beaucoup de gens. Pour certains, elle comportait l'idée de servir et l'esprit de communauté. Pour d'autres, dotés d'une personnalité plus affirmée, qui s'étaient lancés à la conquête du monde avec la volonté de réussir, mais qui s'étaient ensuite retirés de la course pour diverses raisons, la vocation se manifestait comme un désir d'interpréter la parole divine, de prêcher, d'offrir à Dieu et aux hommes la vie qui avait été vécue.

L'ancien homme d'affaires blanc dont je fis la connaissance, parmi un groupe d'étudiants d'âge mûr dans une école de théologie, s'était senti « remis à sa place par Dieu ». Ce n'était qu'après qu'il eut pris sa décision religieuse qu'on lui avait proposé les capitaux dont il avait besoin pour renflouer son affaire. Cette offre avait été une tentation, mais il n'y avait pas succombé. C'était un bel homme, avec d'extraordinaires yeux bleus ; il était impossible qu'il n'eût pas conscience de son physique avantageux et il aurait donc pu espérer un séjour plus aisé en ce bas monde. On aurait sans doute pu en dire autant que la superbe Noire de l'Alabama.

Elle parlait de sa beauté comme d'une chose parfaitement naturelle et qui représentait encore un atout pour elle. Pourtant sa vie, après qu'elle eut quitté le Sud, avait été marquée par la pauvreté et le désordre. Il y avait aussi Danny, un musicien. Lui aussi, comme l'ex-homme d'affaires, avait été remis à sa place par Dieu, il utilisa les mêmes termes.

— Ma vie me faisait l'effet d'un miroir fracassé, m'avoua Danny, un morceau par-ci, un morceau par-là.

Je fus si séduit par cette image, l'espèce de chaos dont m'avait parlé Anne Siddons, et si intéressé par ce qu'il avait à dire quant à l'évolution de sa vie religieuse, que je tins absolument à avoir un autre entretien avec lui. Nous prîmes rendez-vous. Il ne vint pas. Je lui téléphonai. Il était à table, j'entendais des bruits de fond qui ne trompaient pas ; il me répondit qu'il avait été beaucoup plus occupé qu'il ne s'y était attendu. Nous prîmes de nouveau rendez-vous. Cette fois, il vint.

Il était noir et trapu ; avec sa chemisette jaune largement ouverte, il paraissait presque débraillé dans le salon du *Ritz* où l'on tournait ce matin-là un reportage vidéo sur l'hôtel, avec un mannequin homme et un véritable ballet de projecteurs éblouissants. Telle fut la toile de fond de notre conversation sur la religion et la vanité du monde.

Je l'interrogeai sur ce sentiment qu'il avait eu d'être remis par Dieu à sa place. Ce fut le point de départ de son histoire.

— Toute ma vie, j'ai été le type même du gagnant, toujours en quête de gloire, même au lycée. Quoi que je fisse, j'étais toujours le premier. En musique, il fallait toujours que je dirige. J'étais capitaine de l'équipe de football, de basket. C'est moi qui ai prononcé le discours d'adieu de ma promo, j'avais les meilleures notes de toute ma classe en terminale. Même quand je donnais un coup de main à la maison, je m'appliquais, parce que je savais que mes parents me feraient des compliments. J'adorais entendre les gens faire mon éloge. Je croyais être quelqu'un de très spécial. Il me semble que cela tenait à la grâce, aux dons que j'avais reçus en naissant, reçus de Dieu.

» En outre, mes parents exerçaient des professions libérales. Mon père était ministre du culte et enseignant, ma mère aussi. La petite communauté que nous formions était en quelque sorte unique du fait qu'ils exerçaient tous les deux des professions libérales. J'en étais très fier, même tout petit garçon. Nous vivions dans un minuscule trou du Texas.

» Je pouvais même me flatter d'avoir des toilettes à l'intérieur de la maison, alors que la majeure partie de notre communauté les avait au-dehors. Bien sûr, il ne me serait pas venu à l'idée de me vanter d'une chose pareille, mais elle me faisait toujours de l'effet. Nous avons été les premiers ou les deuxièmes à avoir la télévision. Mon père était en quelque sorte le chef de file de la communauté. Il a été le premier Noir à faire partie du Conseil de l'enseignement primaire après la déségrégation.

» J'avais très bien compris que les vantardises et l'orgueil affiché — laisser transparaître ces sentiments aux yeux de tous — inciteraient les gens à ne pas vous trouver sympathique ou à vous prendre en grippe. Donc tout au long de ma vie, j'ai su jouer les modestes. Mais c'était encore pour glaner des éloges.

» J'ai obtenu une bourse de musique, une autre de football et une autre de basket. Et je n'en ai accepté vraiment aucune, parce que je ne savais pas ce que je voulais faire. J'ai fini par décider que la musique m'offrait la meilleure voie. Au début de mes études, j'avais eu ma mère pour enseignante et ma sœur et moi faisions partie de tous les spectacles organisés à l'église ; nous jouions des rôles ou chantions les parties de solistes. Je trouvais donc toujours dans la musique le moyen d'attirer l'attention sur moi. Ce n'était pas une chose à laquelle j'avais réfléchi. Je le savais, tout simplement ; je savais que quand on chantait tout le monde s'asseyait et vous écoutait, fixait son attention sur vous. Il m'arrivait même d'aller jusqu'à l'épicerie et de chanter des airs au propriétaire pour avoir des bonbons.

» Quand je suis arrivé à l'université, je suis allé regarder les joueurs de football et j'ai pris ma décision concernant la musique. Les types sur le terrain de football étaient de vrais hercules et des brutes de surcroît. Cette voie-là aurait été bien rude.

» Il y a eu un concours de musique à l'université. En traversant le dortoir, j'ai entendu quelqu'un jouer de la guitare au rez-de-chaussée, alors je suis descendu voir ce qui se passait. Je suis retourné dans ma chambre chercher ma clarinette, je suis redescendu et je me suis mis à jouer des chansons avec ce type. Nous avons provoqué un attroupement. Les gens ont commencé à descendre pour nous écouter. Ensuite, d'autres musiciens sont venus. Et nous avons décidé aussitôt de mettre au point deux numéros pour le concours. Ce soir-là, nous avons eu du succès. Un propriétaire de night-club se trouvait dans l'assistance et il nous a demandé de venir jouer dans sa boîte le soir même. Nous ne jouions pas pour de l'argent. Nous jouions pour des prunes. Nous aimions tellement ça, nous ne connaissions que ces deux airs. Et c'est comme ça que tout a commencé. Notre groupe est devenu le plus coté de la ville. Nous avons pris un manager et nous avons fait des tournées dans la région. Nous nous sommes forgé une réputation.

» Je gagnais un argent fou et j'étais ultra populaire, mais je n'avais que dix-neuf ans, je n'étais qu'un étudiant. Pourtant, j'habitais un appartement fabuleux, je me prenais pour l'incarnation du prince charmant... jusqu'au moment où, brusquement, j'en ai eu assez de l'université. J'ai eu l'impression que ça ne rimait plus à rien, puisque j'étais déjà en route pour la gloire et la fortune, et je mettais la *gloire* avant la fortune. Alors, j'ai laissé tomber mes études, pour me concentrer sur ma carrière de star. Et après avoir passé dix-sept ans au service de diverses firmes de disques, occupé à faire des tournées aux Etats-Unis, au Canada, en Afrique, ma vie a volé en éclats.

A l'entendre raconter, la chose avait été très soudaine. Ce que Danny cherchait secrètement à démontrer, cependant, c'était qu'il s'était mépris sur le monde de la musique et sur sa position au sein de ce monde, laquelle avait toujours été subalterne, une position de soutien. Il avait été trop prompt à se prendre pour une vedette, il s'était laissé aveugler.

— J'ai commencé à sentir que je ne contrôlais pas ma vie, reprit-il. Et même que Dieu n'était pas juste à mon égard. Parce que je savais que j'avais beaucoup plus de talent que n'importe qui d'autre dans le métier. Mais je me faisais toujours exploiter. On pillait mes chansons pour y prendre des idées, mais sans jamais les diffuser dans tout le pays.

— Vous voulez dire que vous n'aviez pas de manager ? Pendant tant d'années ?

Il s'avéra que le premier manager qu'il avait eu, quand il était encore étudiant, n'avait pas duré.

— Il faut vous dire une chose, m'expliqua-t-il, c'est que

toute ma vie, tout avait toujours été *moi*. Donc j'étais tout. Si bien que je me suis imaginé que je pourrais être mon propre manager, m'occuper de tout. Je n'étais pas du genre soumis. Mon orgueil m'aveuglait et m'empêchait de reconnaître la sagesse de ce que me disait mon tout premier manager ; il proposait de me faire vivre, financièrement, si je restais avec son groupe. Seulement, je voulais voir mon nom tout seul en haut de l'affiche. Par conséquent, au fil des ans, nous sommes allés à la dérive. Les firmes de disques et les organisateurs savent que les artistes n'ont qu'une seule idée fixe : se donner en spectacle. Alors, ils nous ont exploités et nous nous sommes laissé exploiter.

» J'ai perdu mon groupe. C'est à ce moment précis que la crise est survenue. Je me trouvais dans une boîte et je me rappelle m'être dit : « L'époque où j'ai le mieux réussi, c'est quand j'étais encore apprenti. » C'est le mot qui m'est venu : *apprenti*. « J'étais l'*apprenti* de quelqu'un qui avait des relations et de l'argent. »

» Rétrospectivement, si je réfléchis, je me rends compte que le Seigneur était en train de s'occuper de moi. D'une certaine façon, il était en train de m'humilier, en me poussant à reconnaître que j'avais besoin de suivre quelqu'un au lieu d'être moi-même aux commandes. Seulement, je n'envisageais que le plan purement musical, me disant que j'avais peut-être besoin d'appartenir à un groupe qui fait quelque chose, qui va quelque part et d'être un des membres plutôt que de le diriger.

» Et puis, une occasion en or s'est présentée. Je me rappelle que j'étais dans un studio d'enregistrement, où je me préparais à interpréter une des chansons d'un album pour la firme qui m'avait fait cette offre. C'était un peu comme une audition. Et j'ai été *lamentable*. Je me suis effondré dans le studio et j'ai pleuré comme un bébé.

» Et je me souviens d'avoir prié dans le studio. J'ai dit : « Seigneur, pourquoi laissez-vous une chose pareille m'arriver ? Comment oserai-je aller trouver ma famille pour leur dire que je n'ai pas su saisir cette occasion en or ? » J'avais téléphoné à des gens dans tous les Etats-Unis, en leur disant de guetter mon passage, parce que ça y était, j'allais enfin devenir une grosse vedette. Et bien que mes parents n'aient jamais approuvé ce que je faisais, je sentais bien qu'ils espéraient que j'allais réussir, que mes rêves allaient se réaliser. Mon grand rêve c'était de faire à ma mère la surprise d'une Rolls-Royce et d'une maison à un million de dollars.

— A votre avis, pourquoi avez-vous subi un tel échec au studio ?

— J'ai eu l'impression de ne pas avoir ce qu'il fallait, voilà tout. J'étais gêné. Déprimé. Il me semblait que ma vie était finie. Que j'avais raté ma toute dernière chance. Du coup, tout a volé en éclats. Après que toute ma vie on m'avait gonflé d'orgueil, je me trouvais brusquement désavoué, c'était comme si l'on m'avait traité de simulateur. Peut-être que je n'avais jamais été ce que je croyais être.

» C'est donc durant cette période que j'ai commencé à songer à changer de voie. Il me semblait que toute ma vie, tout au fond de moi-même, j'avais toujours entendu comme une voix qui disait : « Si tu commençais par être compositeur de chansons, par laisser d'autres personnes enregistrer *tes* chansons, ce serait la meilleure solution pour toi. » Je le sentais instinctivement. Seulement, j'étais trop orgueilleux. Je ne voulais pas réussir en tant que compositeur. Je voulais chanter mes propres œuvres. Mais à présent, j'en étais au stade où c'était la dernière solution. Parce que j'avais beau être dans le trente-sixième dessous, jamais je n'avais totalement renoncé. C'était donc une marque d'humilité pour moi, de reconnaître que je devrais peut-être essayer de devenir compositeur. Alors, j'ai proposé une de mes chansons à un musicien du coin, un formidable chanteur, et je suis devenu son producteur et son manager. Et au niveau local, nous avons eu du succès. C'est à ce moment-là que j'ai rencontré un homme qui m'a parlé du Christ.

» C'était un homme d'Eglise, un prêtre noir, d'une soixantaine d'années. C'était aussi un musicien. J'étais allé chercher ma femme au bureau et j'y ai rencontré cet homme. Et quand j'ai fait sa connaissance, j'ai eu l'impression que des *lumières* jaillissaient de ses yeux — ils rayonnaient. Et son sourire m'a vraiment transpercé. Il m'a regardé avec tant d'*amour*. En même temps, j'ai senti que son attitude m'attirait vers lui. Mais à l'intérieur, je me sentais sale, souillé, honteux. Et je voulais m'en aller dans une autre direction. Tout ça s'est passé dans les bureaux de la compagnie d'assurances où il travaillait et ma femme aussi.

» Il m'a juste dit : « J'étais impatient de vous rencontrer. J'ai tellement entendu parler de vous. » Il jouait du saxophone, mais il m'a dit qu'il ne jouait que des *cantiques* et m'a demandé si nous ne pouvions pas nous réunir et jouer quelques cantiques au saxophone. En mon for intérieur, je n'en avais pas la moindre envie, la moindre intention. Mais je lui ai dit oui.

» Avant de venir, environ une semaine plus tard, il m'a envoyé une Bible. C'était une Bible Vivante. Au début, il y avait des passages choisis des Ecritures, traitant certains sujets donnés. L'un d'eux était : Que dit la Bible concernant le succès ? Il y avait toutes les citations concernant le succès et expliquant quoi faire quand on était désorienté et frustré. Toutes ces citations mentionnaient la confiance dans le Seigneur. Ayez confiance et c'était Lui qui agirait. L'accent porte sur le *Lui.* Toute ma vie, j'avais mis l'accent sur le *Moi. Je* veux ou *je* peux. Ou *j*'ai fait. (A la pensée de ce « je » qui avait agi, Danny se mit à rire, comme s'il venait de lâcher une plaisanterie.) Quand je me suis retrouvé avec le vieux musicien, j'ai accepté le Christ. Il a partagé le Christ avec moi. Il m'a ouvert les Ecritures saintes.

» Il est venu chez moi environ une semaine après m'avoir envoyé la Bible. A cette heure-là, ma femme n'était pas encore à la maison. Il est venu avec son saxophone. Nous avons joué un petit peu. Il s'est intéressé de très près à ma façon de chanter. Et il a partagé le Christ avec moi. Nous avons dit des prières. Et je savais — mais c'était avant tout en lisant la Bible tout seul et en voyant que là où j'avais porté le fardeau de vivre, de réussir, d'être heureux, porté ce fardeau sur mes propres épaules — je savais, je voyais à travers les Ecritures que Dieu, par l'entremise du Christ, m'offrait tout ce que j'avais cherché à atteindre.

» Alors, j'ai prié et j'ai invité le Christ à venir dans ma vie. Je crois que Dieu s'est fait homme pour se charger de nos péchés, afin de nous permettre de vivre dans la vertu divine. Il y avait un passage des Ecritures à ce sujet qui m'a véritablement emballé. C'était l'épître aux Galates, Psaume 5, verset 22. La Bible Vivante exprimait la chose ainsi : le Saint-Esprit veut porter fruit à l'intérieur de vous. Fruit. Au singulier, mais aussi au pluriel. Ces fruits ce sont : l'amour, la joie, la paix, la patience, la bonté, l'humilité et le contrôle de soi. Ça m'a vraiment emballé. Réussir, c'est avoir tout cela vivant à l'intérieur de moi, parce que ce ne seraient plus les circonstances dans lesquelles je me trouverais qui détermineraient mon bonheur, mais mes relations avec Dieu. Donc, réussir ne dépendrait plus des succès personnels, mais tout simplement de la paix et de la joie de savoir que Dieu m'aimait. Et tellement même qu'il me pardonnerait toutes les fautes que j'avais commises.

» Le soir même, après avoir prié avec le vieux musicien dans ma maison, je suis allé à la prison avec lui et j'ai participé à un service religieux. C'est devenu une habitude quotidienne — de visiter les prisons. Lui prêchait et moi, je chantais.

— Que pensiez-vous des gens qui se trouvaient en prison, des prisonniers ? Comment vous considéraient-ils ?

— Je les *aimais*. J'ai commencé à *voir* les gens. Toute ma vie, je n'avais rien vu d'autre que moi-même. Mon amour était braqué sur ma personne. J'ai commencé à voir que les autres avaient beaucoup plus à m'offrir que je n'avais moi à leur proposer. En d'autres termes, j'ai commencé à voir les gens de la façon dont je voyais Dieu.

» A cette époque particulière, je jouais encore avec un orchestre le week-end. Mais mes chansons ont changé. J'ai commencé à transformer les paroles laïques en chansons au sujet de Jésus. Je me suis mis à prêcher en scène.

— Comment les gens ont-ils pris la chose ?

— Comme une plaisanterie.

— Le public était noir ou blanc ?

— Mixte. J'ai commencé à suivre des études sur la Bible en cours de route pour une session, comme nous disions. Avec les musiciens. On étudiait la Bible pendant les entractes. Le groupe devenait plus populaire qu'il ne l'avait jamais été. Pendant ce temps, le monsieur qui m'avait amené au Christ m'expliquait, avec patience et amour, que le jour viendrait où je devrais prendre une décision ; me livrer absolument au Christ.

» C'est alors que j'ai lutté, je me suis débattu. Parce que j'ai dit au Seigneur, jour après jour, nuit après nuit, que je pouvais être témoin de la foi dans un night-club, parce que les gens qui les fréquentent ne vont pas à l'église et ne veulent pas y aller. Mais je continuais à lire les Ecritures et à entendre une voix intérieure : « Sois séparé. Détache-toi d'eux. Quelle communauté mêle la lumière aux ténèbres, ou l'impiété à la vertu ? »

» Vers cette époque, nous étions à la maison, une nuit, ma femme et moi. Et j'ai eu une vision. J'étais dans ma ville natale au Texas. A environ deux cents mètres de notre maison, il y a un petit lac. C'est mon endroit préféré, encore aujourd'hui. C'est là où je vais pêcher, tirer à la carabine, nager. Et je me suis vu en train de traverser le champ pour gagner le lac. Soudain, j'ai entendu une voix m'appeler Moïse. J'ai levé les yeux, vers le ciel. Et j'ai reconnu la voix. J'ai su que c'était la voix de Dieu qui disait : « Tu es allé aussi loin que tu le peux. » Aussitôt j'ai fermé les yeux et je me suis allongé dans le champ. Et soudain une autre image, transparente au début, est sortie de l'image de moi étendu dans le champ. C'était une image musclée. Je voyais l'intensité des veines dans mes bras et des muscles qui forçaient ma chemise à s'ouvrir. Sur mon visage se lisaient la détermination, l'ambition, marquées par un très puissant orgueil. Et je reprenais ma route vers le lac, chaque pas gagnant en intensité, en ambition, en assurance. Brusquement, j'ai entendu de nouveau une voix me dire : « Moïse, tu ne peux pas aller plus loin. » Cette fois, j'ai levé au ciel un regard lourd de ressentiment. Dans mon esprit, je disais : « Non, vous ne pouvez pas m'arrêter à présent, J'y suis presque. Je vais y arriver. »

» La puissance venue d'en-haut m'a anéanti dans le champ, la puissance contre laquelle je luttais depuis le début. Alors que j'étais à genoux, luttant toujours, ma peau s'est mise à fondre et mes os aussi, jusqu'à ce que je sois finalement transformé en une horrible créature qu'on aurait dit sortie d'un film d'horreur. Mais j'ai continué à résister jusqu'à ce qu'il ne reste plus rien que du liquide, j'étais une saloperie liquide. Et puis une autre image, d'abord transparente, est sortie de cette image de flaque sur le sol. Cette fois, j'étais paisible, cette image portait la paix sur son visage, mon visage, et dans mon cœur il y avait l'amour et la joie. Soumis, disposé à obéir et à me fier à la voix qui dirigeait mes pas.

» Quand je me suis réveillé j'étais en train — dans la vision — de plonger mes pieds dans l'eau. Et ma femme s'est réveillée au moment où je me suis assis dans le lit, les larmes ruisselant le long de mes joues comme de l'eau, la chair de poule me faisait frissonner de la tête aux pieds. Et le pouvoir qui était présent a réveillé ma femme au moment où je me suis assis dans le lit. Ma femme s'est réveillée pleine de crainte et elle pleurait. « Chéri, qu'est-ce qui ne va pas ? Chéri, qu'est-ce qui ne va pas ? » Et je me suis mis à chanter: « Tout va bien. Dieu m'appelle. » Aussitôt, elle s'est rallongée et s'est rendormie.

» Peu après je me suis entièrement soumis et je suis devenu ministre du culte. J'ai renoncé à un disque qui paraissait bien parti pour monter très haut au hit-parade. Je savais que le succès c'est l'amour de Dieu et la soumission à Sa volonté.

» Un peu plus tard, pour mon trente-quatrième anniversaire, j'ai promis au Seigneur que j'irai où il m'enverrait et que je ferais ce qu'il voudrait. Et il m'a mené à l'Eglise méthodiste, où j'ai postulé au rang de pasteur. Or, cette Eglise exige que l'on fréquente des séminaires. Celui que j'ai choisi, dans ma ville natale, est très, très cher. Et je n'avais pas un sou. J'y suis allé. Ma candidature a été rejetée. On m'a dit qu'il fallait avoir de l'argent pour fréquenter cet établissement. La personne qui m'a éconduit était un membre du Conseil. Il m'a dit : « Monsieur, vous ne manquez pas de toupet pour vous présenter ici. Et vous n'avez pas un sou. » J'ai répondu : « C'est le Seigneur qui m'a envoyé. »

En me racontant cette rebuffade, Danny riait.

— Qu'a-t-il dit exactement ? m'enquis-je.

— Il m'a dit quelque chose du genre : « Que le Seigneur vous donne de l'argent et vous pourrez revenir. »

Et Danny se remit à rire, comme s'il comprenait combien il avait été tentant pour quelqu'un se trouvant dans la situation de son interlocuteur de répondre ainsi.

— Il n'y a pas été avec le dos de la cuillère. C'était un vendredi. Le dimanche, j'ai dirigé le chœur et joué un air au saxophone dans notre église. Ce jour-là, l'inspecteur de toute la région est justement passé. Ayant appris que j'étais candidat au poste de pasteur, il a été très impressionné. Le lundi matin, j'ai reçu un appel du monsieur qui m'avait repoussé. Il a dit : « C'est Dieu qui a dû vous envoyer. Nous allons vous faire entrer au séminaire. » Et on a payé toutes mes études. Plus de vingt mille dollars jusqu'à présent. C'était il y a trois ans.

J'ai demandé ce qu'était devenu le vieux musicien.

— C'est toujours mon ami le plus intime. Je l'*aime*. Je l'appelle mon père, mon frère, mon ami. Je raconte cette histoire et je voudrais qu'elle soit très connue, afin que d'autres personnes puissent être touchées par Jésus.

2

CHARLESTON

LA RELIGION DU PASSÉ

La nationale inter-Etats s'enfonce droit dans la péninsule de Charleston, en sorte que l'on accède très facilement à la zone historique. Après Atlanta, j'eus l'impression d'arriver dans une ville-jouet. Les gens que je croisai dans le hall de l'hôtel étaient habillés en touristes. L'écho de leurs pas et de leurs voix se répercutait contre les murs et le sol de marbre et restait suspendu à l'état de rugissement au-dessus du lustre extravagant vers lequel, de temps en temps, un nouveau venu pointait un appareil de photo, comme s'il s'agissait d'une curiosité touristique au même titre que les nombreuses boutiques du hall de l'hôtel, le marché aux esclaves et le musée des Confédérés, dehors, dans les rues des XVIIIe et XIXe siècles ; ou que le vieux marché rénové avec ses innombrables étalages et échoppes et ses vieilles dames noires si graves, assises sur le trottoir, occupées à tresser des paniers. Le Charleston du touriste, en effet, ce n'était pas seulement la ville du XVIIIe siècle, l'esclavage et la guerre de Sécession ; cela s'apparentait aussi au tourisme contemporain des Caraïbes.

Dans la zone historique, les calèches chargées de visiteurs ne cessaient d'aller et de venir, les chevaux portant des « couches » pour recueillir le crottin. Certains touristes évoluaient à pied pour tout regarder. D'autres encore, adoptant des poses curieusement ritualistes, légèrement penchés en arrière, se déplaçaient à la force du jarret, deux par deux, dans les voitures à pédales, dernier cri du tourisme.

La zone historique est petite. Il paraît impossible que

quoi que ce soit d'authentique puisse survivre, mais Charleston possède néanmoins de jolies rues, églises et cimetières du XVIIIᵉ et, dans la zone historique, vivent encore des gens qui portent les patronymes commémorés par les noms des rues. (« Qu'est-ce qu'ils font à présent ? » demanda un visiteur au cocher de sa calèche, un jour, en fin de matinée. Dans sa candeur naïve, croyant toujours à l'intégrité de l'univers pour lequel il avait acheté un billet touristique, il s'interrogeait sur le sort des vieilles familles dans les vénérables demeures devant lesquelles il passait. Et le cocher, fidèle à son rôle de rapporteur de merveilles, d'assurer : « Oh ! ils ne sont pas encore levés à cette heure-ci. » Dans l'une de ces maisons on surprit ce dialogue. Ce fut là que je l'entendis ; il illustrait la faible distance qui sépare parfois, dans le centre de Charleston, le visiteur de ce qu'il visite.)

En fait, c'est l'industrie touristique qui permet au Charleston historique de continuer à fonctionner, aux vieilles familles de se maintenir dans leurs demeures. On peut toutefois voir poindre un avenir où l'industrie touristique chassera certaines de ces familles de chez elles en faisant monter les prix immobiliers. On raconte à Charleston que l'argent est revenu garnir les poches de quelques-unes des anciennes dynasties et l'argent, dit-on, est devenu un facteur important, alors que naguère les gens se contentaient de la vénérabilité de leur nom. Les noms : ce sont eux que célèbrent en réalité les plaques apposées sur certains bâtiments. Les événements proprement dits sont de petits faits coloniaux, sans rien de mémorable pour le visiteur.

Celui-ci ne tarde pas à étouffer, dans le Charleston touristique, mais il existe une ville plus étendue. Il y a les riches banlieues, en dehors de la péninsule. Il y a le Charleston de la base navale. Et puis, il y a les diverses zones noires. On trouve une vaste et jolie zone habitée par les classes moyennes, acquise et consolidée à l'époque où les Blancs paniquaient. Dans le centre, là où se dressaient probablement de vieilles maisons, il y a des H.L.M. pour les Noirs, des édifices en brique nue, qui descendent abruptement jusqu'au sol desséché, des édifices qui chassent les gens au-dehors, qui les exposent avec leurs enfants et leurs cordes à linge, si bien que l'impression de bidonvilles, d'un trop grand nombre de gens vivant en public dans un espace restreint est aussi inévitable que l'impression des visages noirs. L'est de Charleston aussi est noir. Les maisons qu'on y voit — certaines bien entretenues, beaucoup à l'abandon — sont anciennes, dans le style du vieux Charleston, mais il n'y a pas de touristes. Par conséquent, après le côté joujou du reste de la vieille ville, les Noirs ont l'air de squatters, de pique-assiette au bal de Charleston. Pourtant, ils sont d'aussi ancienne souche que les vieilles familles.

Ce n'est que lorsqu'on quitte le Charleston péninsulaire pour gagner ce qui était jadis les plantations, c'est-à-dire tout le vaste arrière-pays, que le passé esclavagiste prend vie, bien que la majeure partie soit aujourd'hui recouverte de forêts.

Le terrain est plat et marécageux et il s'étend sur des kilomètres. La forêt — chênes, eucalyptus, érables, pins, sycomores, magnolias, rien que des espèces de haute taille — témoigne de la fertilité du sol. A voir ces vastes étendues plates et faciles d'accès, on comprend clairement le besoin d'une abondante main-d'œuvre d'esclaves dans le temps, mais on souffre aussi à la pensée de son labeur.

De nos jours, tout n'est que paix. De temps en temps, on aperçoit dans la forêt une grille qui indique que la terre a été acquise par une grande firme ; il y a une vieille église ; et des villages noirs. Ceux-ci ont une histoire. La plupart d'entre eux se trouvent sur le site d'anciennes plantations saisies par le gouvernement fédéral après la guerre de Sécession et réparties en terrains de trente hectares destinés aux anciens esclaves. Ce sont de vieilles propriétés à présent, historiques, certaines des maisons sont en bon état, d'autres délabrées ; mais depuis cent vingt ans que la terre se transmet sans l'ombre de testaments ni d'actes notariés, la plupart des titres de propriété sont impossibles à établir.

Ce fut un dimanche matin que j'explorai cette forêt côtière de Caroline du Sud. J'avais pour guide Jack Leland, un journaliste de Charleston à la retraite, issu d'une ancienne famille. Il avait une connaissance détaillée de tout ce pays et de la forêt, si uniformes à l'œil du visiteur. Cette végétation était celle qu'il avait connue enfant ; pour lui, elle conservait sa magie. A présent, il était bien rare que l'on cultivât quoi que ce fût sur les plantations. Quelques-unes faisaient l'élevage du bétail. De riches yankees en avaient acheté d'autres pour les transformer en réserves de chasse.

— Cette seconde invasion yankee, comme l'appelait mon père, a commencé durant les années 1880 et s'est prolongée jusqu'aux années trente, m'expliqua Jack. C'était une bonne chose, parce qu'elle a préservé les anciens bâtiments, fourni du travail aux Noirs de la région et donné un sérieux coup de pouce à l'économie.

La terre et les Noirs qui la travaillaient, la commémoration du passé, tout cela faisait encore partie des préoccupations de Jack Leland, bien que la plantation de sa propre famille fût passée entre des mains étrangères plus de cinquante ans auparavant. Notre excursion, en ce dimanche matin, avait d'ailleurs un but commémoratif.

Nous étions en route pour la pantation Middleburg, où se trouvait une chapelle annexe vieille de plus de deux siècles, laquelle risquait maintenant d'être emportée par les eaux ; ses fondations avaient été consolidées grâce à une subvention fédérale. Ce matin-là, un office devait y être célébré, un service religieux spécial, comme toujours au printemps, mais aussi un service d'actions de grâce. Il n'y avait que six ans que la plantation n'appartenait plus à la famille Gibbs et le vieux Mr. Gibbs, qui se trouvait être le beau-père de Jack Leland, avait envoyé des invitations aux gens qui aimeraient, pensait-il, assister à cet office. Ensuite, un piquenique devait avoir lieu dans le parc de la maison d'habitation. Cette dernière avait été restaurée par l'agent immobilier qui avait acheté toute la propriété.

La chapelle était située tout au bout d'un long sentier à travers bois, non pavé, friable ; on voyait par terre d'éblouissantes taches de lumière. Il faisait frais dans le sous-bois ; dès que l'on sortait directement au soleil, la chaleur s'imposait, instantanée. La chapelle s'appelait chapelle de Pompion Hill * ; dans la région côtière si plate de Caroline du Sud, on baptisait du nom de colline tout ce qui mesurait quelques mètres de haut. Elle se dressait à côté d'un marécage où l'on avait naguère cultivé du riz. La surface de l'eau était par endroits d'un vert vif. Les rizières de cette partie de Caroline du Sud avaient été à l'origine créées par des Hollandais qui en avaient appris fort long sur les rizières et les digues dans les Indes orientales. Récemment, le niveau d'eau du marécage était monté, à cause d'un barrage ou d'une usine hydraulique à quelque distance de là ; et c'était cette dénivellation qui menaçait la chapelle de 1763. Avec la subvention du gouvernement fédéral, on avait pu construire

* *Hill* signifie « colline » *(N.d.T.)*.

tout autour de la « colline », au bord de l'eau, un revêtement de pierre.

Les voitures suivirent en cahotant le sentier en terre battue jusqu'à la chapelle. Le vieux Mr. Gibbs, en veston à gros carreaux, accueillait chaque nouvel arrivant et l'aiguillait vers l'endroit où il pourrait se garer.

La chapelle était un édifice en brique rouge d'un seul tenant, dans lequel on pénétrait par deux portes latérales ; l'intérieur était blanchi à la chaux, sans aucun ornement et, à l'exception du dôme et des pilastres baroques à une extrémité, sans la moindre fioriture architecturale. Le sol était pavé de tuiles ; les coloniaux, m'expliqua Jack Leland, les trouvaient particulièrement difficiles à fabriquer. Le seul meuble digne d'intérêt était la chaire en cèdre local, contemporaine de la chapelle ; elle était l'œuvre d'un ébéniste de Charleston dont on connaissait toujours le nom. IHS, ce signe dû à la piété du planteur et du propriétaire d'esclaves, désignait à présent un autre genre de piété. D'ailleurs, une fois qu'on eut rendu hommage au vieux Mr. Gibbs et qu'il eut remonté d'un pas traînant l'allée pavée de tuiles, en exprimant ses remerciements à tous ceux qui avaient contribué à la préservation de l'édifice, le thème du sermon — un bruyant bateau à moteur fonçait de temps en temps sur le marécage, mais à présent les vagues qu'il provoquait venaient battre, inoffensives, le revêtement de pierre grise — le thème du sermon, disais-je, fut la religion en tant que lien entre les hommes. La communauté avait pris désormais une signification spéciale, à la fois réduite et plus grandiose.

Nous nous rendîmes ensuite jusqu'à la demeure des maîtres. Des piliers en brique, des grilles vertes dans un porche sans mur, vous menaient de la route à une très large avenue bordée de chênes. Ces derniers avaient cent cinquante ans ; et ces arbres de Caroline du Sud avaient la forme et l'ampleur de l'arbre de pluies d'Amérique centrale, que l'on avait introduit dans les îles des Caraïbes pour fournir de l'ombre à certaines cultures, le cacao et le café, et que l'on avait exporté ensuite jusqu'à des régions aussi éloignées que la Malaisie, en sorte que les plantations et les colonies tropicales de l'époque impérialiste avaient acquis un aspect identique, grâce à la végétation que l'on y avait réunie en provenance de différentes parties du monde. Je voyais donc ici, en Caroline du Sud, quelque chose qui ressemblait fort à l'arbre de pluies de Trinidad.

Et de nouveau, le soleil étincelant, qui perçait à travers le feuillage, tombait en flaques éblouissantes sur le sol ombragé. Pourtant, au bout de cette longue et large avenue, la maison d'habitation que l'on venait de rénover était tout à fait modeste ; c'était un bâtiment en bois, peint en blanc, avec trois pièces à l'étage et trois autres au rez-de-chaussée. Ce qui contrariait les idées que l'on pouvait avoir sur la vie grandiose menée dans les plantations ; Jack Leland me dit que la maison était exiguë parce qu'elle avait été construite par un huguenot. Les planteurs anglais, lorsqu'ils faisaient fortune, versaient volontiers dans le m'as-tu-vu ; les huguenots restaient économes et austères, investissant et réinvestissant dans la terre et les esclaves. (La toute première maison d'habitation, à en croire l'opuscule qui retraçait sa restauration, avait été encore plus modeste, avec seulement un salon et une salle à manger au rez-de-chaussée, sans véranda ouverte ni devant ni derrière.)

Séparée de la maison principale, il y avait une « dépendance », comme on appelait jadis les bâtiments réservés aux domestiques ; celle-ci, plus ou moins intacte, était une cuisine avec une cheminée en brique. Une autre dépendance avait brûlé et il n'en restait désormais plus rien qu'une cheminée. Les serviteurs noirs étaient négligents, m'expliqua Jack Leland. C'était justement à cause de cette négligence qu'il y avait eu à Charleston des règlements interdisant la construction de dépendances en bois. La maison principale pouvait être en bois, mais les dépendances devaient être en brique.

Il y avait d'autres dépendances dans le parc de la plantation Middleburg : des écuries au bout d'un champ et une resserre à provisions. Jack Leland estimait que je devrais aller jeter un coup d'œil à cette dernière. C'était un bâtiment à un étage, des bardeaux en bois au premier, des briques au rez-de-chaussée. On avait dû entreposer le riz à l'étage. Au rez-de-chaussée se trouvaient deux cellules aux fenêtres garnies de barreaux. Elles avaient été destinées aux esclaves ; non pas pour les punir, mais pour « loger » les nouveaux esclaves difficiles, le temps de les habituer ou de leur faire admettre, les uns après les autres, la vie sur la plantation.

L'esclave difficile aurait été enfermé dans une des cellules et dans l'autre, on aurait mis un vieil esclave, rompu aux us et coutumes de l'endroit. Le vieil esclave (qui n'était pas enfermé à clef dans sa cellule, mais libre d'aller et venir), aurait parlé au nouveau venu et tenté de le calmer ; il aurait mangé auprès de lui, se serait efforcé de lui montrer comme c'était bon, lui aurait offert sa portion ; et pour finir la peur et le ressentiment de l'arrivant se seraient apaisés.

Je traversai le champ ensoleillé jusqu'à la resserre. Il était brûlant, cuisant ; ce n'était pas vraiment un champ printanier. D'un côté, il y avait des mares verdâtres, comme un marécage perçant à travers le sol, pleines de nénuphars blancs. Des lotus, m'avait précisé Jack Leland, mais ce n'étaient pas les délicats lotus rouges de l'Inde. Ces nénuphars blancs qui s'étaient si facilement acclimatés à la Caroline du Sud étaient devenus des espèces de plantes marécageuses, qui poussaient drues et serrées, se dressant hors de l'eau quitte à s'étouffer les uns, les autres. A l'extrémité la plus éloignée de la resserre se trouvaient les deux cellules que ne séparait rien d'autre qu'une cloison en treillis, avec un sol en terre battue et les petites fenêtres munies de barreaux haut placées, trop haut pour qu'on pût les atteindre.

L'espace était vraiment très réduit, ce n'était guère que de hautes boîtes. On n'avait aucune peine à partager la terreur de l'homme fraîchement débarqué d'Afrique, le « nouveau nègre » comme on l'appelait aux Antilles, capturé peut-être des semaines ou des mois auparavant, à l'intérieur du pays, emmené jusqu'à la côte à pied ou en carriole, incarcéré dans l'enclos ou la réserve d'un trafiquant, dans un lieu tel que l'île de Gorée au large de Dakar, et finalement transféré dans un navire pour la traversée de l'Atlantique. Quoi de plus facile que de partager sa terreur, celle d'un homme arraché, étape par étape, à ce qui avait été la réalité de son univers ? Et il était facile aussi d'entrer dans la peau de l'autre homme, l'esclave de toute confiance, de l'autre côté de la cloison, qui venait s'asseoir auprès de lui et s'efforçait de lui présenter sa nouvelle vie comme une existence marquée par l'aisance et l'abondance, la seule véritable vie.

Pendant le déjeuner, la vieille Mrs. Gibbs voulut savoir si j'avais vu les cellules où l'on avait « acclimaté » les nouveaux esclaves. (Je n'avais pas encore entendu ce mot ; plus tard, je devais comprendre qu'il était couramment employé dans le Sud.)

— C'est une chose à voir, me dit-elle, car cela montre

bien le mal que se donnaient les planteurs pour faciliter l'adaptation à leurs esclaves. Cet aspect de la vie sur les plantations n'est pas très connu en général.

Le pique-nique était installé sur des tables pliantes à l'ombre des arbres. Et tout autour, sous les grands chênes de l'avenue, il y avait d'autres pique-niqueurs ; la communion du service religieux s'étendait à ce grand déjeuner sur l'herbe, dans le parc de la demeure restaurée.

Dans la salle à manger de la maison même, il y avait sur une table un festin pour les visiteurs. Sur une autre table, on pouvait voir des photographies du travail de rénovation ; ainsi que d'autres clichés de vieux Noirs qui avaient travaillé dans la maison. Il n'y avait pas de Noirs au pique-nique, mais on conservait le souvenir de ces serviteurs. Et Mr. Hill, membre de la famille qui avait racheté la plantation aux Gibbs et s'était donné tant de mal pour la restaurer, à titre d'hommage à la communauté, à l'histoire et à la terre, Mr. Hill m'expliqua que parmi les papiers de la maison figuraient des documents qui permettaient de retrouver les ancêtres de nombreux Noirs. C'était un grand bonhomme replet et amical, en complet de coton gaufré à rayures bleues, venu nous souhaiter la bienvenue dans sa demeure.

De nombreuses firmes et de nombreuses personnes avaient contribué financièrement à la rénovation. Diverses entreprises de décoration intérieure s'étaient chargées des différentes pièces. Cela expliquait pourquoi, dans des publicités que j'avais vues, la maison était décrite en des termes qui m'avaient laissé perplexe : « La plantation Middleburg, demeure restaurée, 1987. » Le « Salon d'apparat », par exemple, avait été confié à la firme Lowcountry Decorators and Lowcountry Antiques. Celle-ci avait opté pour « des tissus fringants et spectaculaires sur des meubles capitonnés traditionnels ». En guise d'accessoires, elle avait choisi, entre autres objets, « une superbe peinture à l'huile représentant une jeune servante noire, vers 1894 » et « de nouveaux arbres et plantes en soie, solution moderne pour la maîtresse de maison qui manque de temps ».

Les pièces étaient, en effet, des salles d'exposition cherchant à recréer une atmosphère ancienne ; la maison rénovée était un lieu à visiter. Et pour les visiteurs attendus on avait installé, à l'une des extrémités de la véranda de derrière, une boutique de cadeaux et à l'autre une cuisine.

La restauration avait été faite très soigneusement. On n'avait nullement tenté de faire paraître la demeure plus grandiose qu'elle ne l'avait été ; et l'on s'accordait à penser que ce qui avait été accompli lui permettrait de survivre un certain temps. Le magnifique parc restait tel quel. Le vieux beau-père de Jack Leland, qui avait habité la maison quelque temps, était profondément ému à l'idée qu'elle allait survivre. Et il en allait de même pour sa fille Anne, la femme de Jack. Elle y était venue enfant, lors de séjours « à la campagne ». A l'époque, il n'y avait pas l'électricité et elle avait dû aller se coucher munie d'une lampe à huile.

C'était la terre et le passé que l'on honorait, la plantation et aussi la rivière qui coulait derrière et qui avait permis la culture du riz, comme aux Indes orientales. Ce qui manquait, en revanche, c'étaient les cases des esclaves. La maison d'habitation, même s'il lui restait ses dépendances, avait perdu ce qui avait dû être sa caractéristique la plus importante — et la plus remarquable. Jack Leland me dit que les cases avaient dû se dresser tout près de l'avenue bordée de chênes. On les appelait « les quartiers » ou « le village ». Jamais elles n'auraient été bâties hors de vue de la maison principale. Et si l'on considère les conditions sanitaires de l'époque, la vie sur une plantation avait dû avoir un aspect physiquement sordide.

Aujourd'hui, cependant, toutes les cases avaient été éliminées. Il ne restait plus que la merveilleuse avenue bordée de chênes qui continuaient à croître. Il était bien difficile, mentalement, de replacer des cases au milieu de ce décor admirable qui rappelait davantage les anciens grands domaines européens. Seule la chaleur du marécage et la lumière, qui vous agressaient dès que l'on quittait l'ombre de la forêt, évoquaient les cultures tropicales à croissance rapide, le labeur, la sueur, les gens, la crasse.

La route vide du dimanche après-midi, vue à présent d'un œil légèrement différent, nous ramena à travers bois ; et aussi à travers les communautés noires éparpillées, descendues des esclaves qui avaient, de façon éphémère, triomphé de leurs maîtres plus de cent vingt années auparavant.

L'indigo, le riz, le coton, toutes les grandes cultures esclavagistes, s'étaient effondrées ici, de même que, dans les Caraïbes, la noix de coco avait souffert d'une espèce de « rouille » et le cacao qui, jadis, avait été « roi » de certaines îles, pour reprendre une expression des planteurs, avait été quasiment rayé de la carte par le fléau appelé « balai de sorcière ». Il semblait donc que certaines cultures, plantées au-delà d'une certaine échelle humaine, finissaient par souffrir d'une façon quelconque, soit sur le plan économique, soit de quelque maladie qui rétablissait l'équilibre ; exactement comme les grandes épidémies réduisaient la population humaine ou comme la myxomatose pratiquait des coupes sombres parmi les lapins lorsque ces derniers, du fait de leur nombre, cessaient d'être charmants.

Non loin de l'endroit où le chemin de campagne rejoignait la nationale, une foule de Noirs sortait d'une grande église. Ce n'étaient que complets-vestons, robes, chapeaux, voitures. Après le pique-nique de Middleburg, une idée de communauté venait lui répondre : les cases des esclaves, aujourd'hui disparues, désormais métamorphosées en quelque chose de tout à fait différent, non seulement les anciennes communautés rurales, au milieu des bois, mais aussi les quartiers noirs à Charleston même, certains habités par les classes moyennes, beaucoup d'autres, avec leurs H.L.M. ou leurs vieilles maisons à l'est de la ville, évités par les vacanciers en calèches ou voitures à pédales.

Une dame âgée, qui vivait dans l'une des maisons de la ville historique, apprenant que j'étais né à Trinidad, me dit :

— On raconte, dans ma famille, que des ancêtres à nous, les Burke de Philadelphie, avaient hérité de l'île de Trinidad.

Nous étions assis dans son petit jardin, en train de boire de la citronnade. La maison voisine, bien qu'elle fût en brique, paraissait incroyablement ancienne, petite, biscornue, baroque.

— L'île tout entière ? m'étonnai-je.

— Mais oui. C'est ce qu'on raconte. Les gens du Sud aiment à se dire qu'il y eut au moins une époque où ils étaient riches. Mais ils ont péri, ces Burke, en passant le détroit des îles Sous-le-Vent, alors qu'ils allaient revendiquer leur bien.

Pouvait-elle préciser la date ?

La dame rentra dans sa maison et ressortit armée d'un arbre généalogique, dessiné littéralement sous forme d'arbre. Sa mère avait passé pas mal de temps à l'établir. Et là, sur une des branches les plus basses du côté gauche, se trouvait l'inscription concernant les Burke : « Morts en mai 1795, en allant réclamer leurs terres à Trinadad. » *Trinadad* — telle était l'orthographe erronée de l'arbre généalogique, indiquant la distance romantique qui séparait, dans les récits de famille, Trinidad de Charleston et Philadelphie.

Cette histoire m'intéressait. Trinidad, pendant près de de trois siècles après sa découverte, avait été une partie quasiment oubliée de l'Empire espagnol. Vers la fin du XVIIIe siècle, soucieux de protéger leurs possessions en Amérique du Sud, les Espagnols avaient décidé d'ouvrir l'île aux immigrants et de transformer cette terre inculte en une colonie esclavagiste de planteurs de canne à sucre, sur le modèle de Saint-Domingue, de la Jamaïque et de la Barbade. Mais, ils n'étaient pas en mesure de fournir eux-mêmes les immigrants. Leur population n'y suffisait pas ; leur empire était trop vaste. Donc, pour se protéger du mieux qu'elles pouvaient, les autorités espagnoles exigèrent que les immigrants désireux de s'établir à Trinidad fussent catholiques ; en retour, elles promirent des terres octroyées gratuitement, proportionnellement au nombre d'esclaves qu'amènerait avec lui chaque colon. Les personnes auxquelles elles songeaient, et ce furent elles qui profitèrent en effet principalement de l'offre, étaient les Français créoles des Antilles, pris dans les remous consécutifs d'abord à la Révolution française, puis à la révolution des Noirs sous Toussaint-Louverture à Saint-Domingue, et dans tous les bouleversements et changements de drapeau survenus dans les Caraïbes durant les conquêtes et les reconquêtes des guerres napoléoniennes.

Par conséquent, cette histoire de gens partant « réclamer des terres » à Trinidad en 1795 n'était pas une fable. Dans un certain sens, il était même logique de prétendre que l'on allait revendiquer l'île tout entière. Ce qui était nouveau pour moi, en revanche, c'était que des Irlandais de Philadelphie — qui ne pouvaient avoir beaucoup d'esclaves et n'étaient donc pas habilités à recevoir des terres gratuitement — eussent songé à s'y rendre.

Toutefois, les Burke de l'histoire n'avaient jamais réussi à faire valoir leurs droits. Ils avaient péri noyés et Trinidad était devenu un mythe de leur immense fortune. Dans la chronique familiale, il y avait d'ailleurs une suite. L'avocat des Burke, me dit la dame de Charleston, avait épousé la nourrice de la famille et à eux deux, ils avaient subtilisé leur patrimoine aux orphelins. Après plusieurs générations, leur crime avait été dévoilé. Un jour, en effet, un descendant de l'avocat recevait un descendant de l'un des orphelins. Le maître de maison montra des assiettes en porcelaine qui lui venaient de sa famille. Il n'y en avait que onze. L'invité déclara : « C'est moi qui ai la douzième. C'est l'un de mes plus précieux trésors. On dit dans ma famille que les onze autres ont été volées. »

Une histoire sudiste type : celle d'une vieille famille, un rêve de richesse remontant au passé. Elle m'intéressait, cependant, pour une autre raison. L'un des tout premiers livres écrits sur les affaires de Trinidad l'avait été par un pamphlétaire de Philadelphie. Il s'appelait Pierre Franc MacCallum, professait des idées radicales, pour ne pas dire révolutionnaires, haïssait, de son propre aveu, l'autorité. Il se rendit à Trinidad en 1806, six ans après la conquête de l'île par les Britanniques. Il était hostile au gouverneur et hostile à la suprématie britannique en général ; si hostile, même, qu'il finit par être déporté. On l'arracha à la prison très dure de Port of Spain pour le traîner jusqu'au port et le coller dans un navire à destination de New York.

Les deux prénoms de MacCallum laissent supposer qu'il était en partie d'origine française. Cela contribuerait d'ailleurs à expliquer ses sentiments radicaux ou antibritanniques. Ce qui ressort aussi de son livre, toutefois, c'est que dans sa campagne contre le gouverneur et l'autorité britanniques à Trinidad, il était surtout poussé par la rage concernant la façon dont les Ecossais et Irlandais pauvres avaient été abandonnés dans les deux Carolines. Ce pamphlétaire de Philadelphie, au nom à demi français, avait toujours été pour moi un véritable mystère. Il l'était moins à présent. Dans cette histoire d'une fortune familiale perdue à Trinidad deux siècles auparavant, que je venais d'entendre à Charleston, il me semblait pouvoir discerner un récit de re-migration et de quête de la fortune : une espèce de mouvement des pauvres de la stérile Philadelphie vers cette Trinidad qui s'ouvrait tout juste aux immigrants.

De tout temps, certaines choses ont dû échapper à l'histoire. On ne peut enregistrer que les mouvements et les thèmes les plus vastes. Toutes les vicissitudes innombrables, tous les hasards et les aventures individuels, tous les échecs, sont évidemment impossibles à noter. L'histoire est pleine de mystères, de même que les souvenirs de famille sont remplis de trous et de fioritures. Certaines choses se perdent ; ainsi pour moi, petit-fils d'immigrants indiens à Trinidad, des aïeux aussi proches que mes propres grands-parents sont mystérieux et certains sont inconnus, ce qui m'interdit de répondre correctement, après seulement cent années, à une question telle que : « D'où venait votre famille ? »

Ce que l'on a du mal à se rappeler, aujourd'hui, c'est à quel point, au temps de l'esclavage, les territoires esclavagistes des Caraïbes et du sud des Etats-Unis étaient proches. Lorsque les planteurs français des Antilles négociaient avec les autorités espagnoles les termes de leur implantation à Trinidad, l'un des moyens de pression auxquels ils eurent recours fut de menacer d'expédier leurs esclaves dans le sud des Etats-Unis. Pour eux, planteurs, cela serait plus profitable, déclarèrent-ils, d'autant plus qu'après la guerre — la guerre d'Indépendance — on pouvait raisonnablement s'attendre à voir les Etats-Unis prendre une certaine importance dans l'hémisphère (et se trouver de ce fait en meilleure posture pour protéger leurs citoyens). Sans compter que les basses terres plates et bien irriguées de la côte des deux Carolines devaient paraître infiniment riches et tentantes à des gens qui ne connaisaient que les îles !

Qu'il est donc étrange de songer que les Noirs de Trinidad, parmi lesquels j'ai grandi, auraient pu, à la suite d'une simple péripétie du sort, naître dans les Carolines et connaître une histoire entièrement autre ! La principale différence réside dans la distance séparant ces deux sociétés de l'esclavage. Dans les colonies britanniques, celui-ci fut aboli en 1833, après quoi les Antilles furent laissées à l'abandon. Par conséquent cent cinquante ans séparent les Noirs des Caraïbes britanniques de l'esclavage. L'esclavage américain prit fin avec la guerre de Sécession, mais on pourrait faire valoir que la liberté ne vint aux Noirs qu'en 1954 ; si bien que les Noirs américains en sont arrivés là où ils sont en seulement trente années, durant lesquelles ils ont suffisamment évolué pour se voir offrir leur chance, alors que les principaux territoires noirs des Antilles britanniques — Trinidad, la Jamaïque, la Guyane — ont, chacun à sa façon, été pillés et ruinés.

Peut-être était-ce simplement que je m'habituais à l'accent du Sud, mais j'avais le sentiment parfois de distinguer quelque chose de la prononciation si distinctive de la Barbade — que je connaissais depuis l'enfance — dans la façon de parler des Noirs de Charleston. C'était étrange — la minuscule Barbade trouvant un écho dans la grandiose Caroline du Sud ! Au XVIIIe siècle, cependant, la Barbade, riche en sucre et en esclaves, était le pays colonial où chacun tentait sa chance. Dans l'*Autobiographie* de Benjamin Franklin, c'est l'endroit où les gens s'enfuient pour essayer de faire fortune en devenant employé aux écritures ou avocat, alors que Philadelphie elle-même était si pauvre que parfois il n'y avait même pas d'argent en espèces. La Barbade servit de modèle à la colonie de planteurs de Caroline du Sud et elle occupait une petite place dans l'aristocratie de Jack Leland, en sa qualité de membre d'une vieille famille de Charleston.

Deux de ses possessions les plus prisées, en effet, venaient de la Barbade. C'étaient deux coffres de marin, rapportés de cette île par un ancêtre en 1685, quinze ans après la fondation de la colonie de Caroline du Sud. Cela faisait quarante ans que Jack Leland les avait en sa possession ; ils lui avaient été légués par une tante. Il en avait parlé à un historien qui lui avait dit que les objets de ce genre avaient dû être faits sur mesure pour un voyage, car ils devaient s'insérer exactement entre les baux d'un navire. Ils étaient l'œuvre d'un charpentier ou d'un menuisier et non d'un ébéniste. Ils étaient de haute taille et vierges de décoration, avec des coins assemblés à mortaises, sans aucune saillie, et dans l'ensemble très sobres ; ils occupaient néanmoins une place de choix dans le salon de Jack.

Celui-ci vivait dans une vieille demeure extrêmement étroite, dite « maison simple », au centre du vieux Charleston. La maison faisait environ cinq mètres de large, le terrain était exigu ; c'était une façade devant laquelle on serait passé sans un regard. Sous ce rapport, donc, du fait qu'il habitait une demeure très modeste dans une rue étroite, il était représentatif, pour ne pas dire emblématique, des vieux Charlestoniens, fier de sa famille plutôt que de son argent, fier de sa terre natale et de ses liens anciens avec elle.

Il portait en lui l'histoire de cette terre et l'une des premières choses qu'il fit, lorsque je lui rendis visite après le dimanche à Middleburg, fut de me montrer une carte de la région, établie quelques années auparavant, où étaient indiquées toutes les anciennes plantations. Il y en avait beaucoup. La route que nous avions suivie, quoique nettement plus longue et plus droite que n'importe quelle route de la Barbade, n'avait révélé qu'une fraction de ce qui avait existé. Chaque plantation avait été une véritable entité, un petit royaume gouverné par le planteur ; chacune possédait sa maison d'habitation et ses « quartiers » noirs ; et partout, me dit Jack Leland, lesdits quartiers avaient été situés au milieu, de façon à empêcher les esclaves des différentes plantations de communiquer entre eux.

La carte se trouvait sur le palier de l'escalier de sa maison. Cet escalier était au centre de l'étroite demeure et séparait la pièce de devant de celle de derrière. On pénétrait chez lui par une porte située sur le côté. Cette entrée latérale et cet escalier faisaient partie intégrante de la conception d'une maison « simple » à Charleston ; ce type d'habitation n'était pas, comme je l'avais cru, une petite maison en bois isolée, mais une maison où, pour être davantage chez soi, l'entrée était située non pas sur le devant, mais sur le côté, avec une seule pièce de part et d'autre de l'entrée et de l'escalier. Dans une maison « double », il y avait deux pièces de chaque côté de l'escalier.

On disait que l'idée de la maison simple avait été importée, en même temps que celle de la colonie de plantation esclavagiste, de la Barbade et des Indes occidentales en général. Je n'avais rien vu qui ressemblât aux maisons de Charleston à Trinidad ; cela dit, Trinidad avait été fondée assez tard dans l'histoire des Indes occidentales et elle avait des origines espagnoles et françaises. Les colonies antillaises dont s'était inspiré Charleston étaient les colonies britanniques plus anciennes.

Cela me parut toujours étrange, à Charleston, ce constant retour aux Indes occidentales britanniques pour qui voulait établir la preuve de son sang et de sa lignée. Cette idée d'une aristocratie coloniale remontant à la fondation des colonies n'avait jamais vraiment existé à Trinidad à l'époque où j'y vivais et n'existe pas à l'heure actuelle dans les anciennes colonies britanniques des Caraïbes. La raison en est fort simple : les colonies britanniques dans cette partie du monde plièrent plus ou moins bagage dans les années 1830, avec l'abolition de l'esclavage, et sombrèrent dans la stagnation. L'Empire britannique mit le cap sur l'Orient et envahit l'Afrique. Il n'y a donc aujourd'hui plus aucun intérêt, dans les anciennes Indes occidentales britanniques, à prétendre y être arrivé parmi les premiers. Peut-être ne saurait-on affirmer à juste titre qu'il existe une aristocratie dans un lieu qui n'a abouti à rien ; les ancêtres sont tout simplement des gens qui (comme Robinson Crusoé) se sont trompé d'endroit. Alors que Charleston peut revendiquer un rôle dans les grands événements d'une histoire continentale et que ses commencements modestes, à l'époque où la ville était sur le même pied que des colonies esclavagistes comme Antigua, la Barbade ou la Jamaïque, dont elle recherchait le commerce et le support, sont aujourd'hui d'un romantisme ineffable.

L'importance d'une colonie dépend principalement de ses possibilités économiques. Les Français échangèrent le Canada (ou l'idée qu'ils s'en faisaient) pour la toute petite île productrice de sucre qu'était la Guadeloupe. Les Hollandais cédèrent New York aux Britanniques en 1667, en échange de la colonie du Surinam, sur la côte d'Amérique du Sud. (Lors d'un voyage au Surinam, en 1961, j'appris de la bouche d'une enseignante hollandaise que dans les écoles de son pays, on expliquait que c'était les Pays-Bas qui avaient fait la bonne affaire, puisque les Britanniques avaient perdu New York, alors que les Hollandais étaient toujours — en 1961 — maîtres du Surinam). Et s'il n'avait pas eu les Etats-Unis derrière lui, le Charleston postérieur à l'ère des plantations aurait pu subir un sort analogue à celui du Surinam ou de la Guyane britannique en Amérique du Sud, ou à celui du Belize en Amérique centrale, autant d'anciennes colonies esclavagistes d'où, une fois que l'argent s'en fut allé, les propriétaires d'esclaves ou leurs successeurs furent bien obligés de partir aussi, abandonnant les lieux aux esclaves et à ceux qui les avaient remplacés. Alors que le Charleston qui a survécu, le Charleston des vieilles familles, l'endroit romantique vers lequel affluent les touristes, est une ville blanche, ou les Noirs (bien qu'ils soient plus nombreux) font figure d'intrus.

Donc, à cinq heures de voiture seulement à l'est et au sud d'Atlanta (fondée en 1837, comme terminus d'une voie ferrée), se trouvait une ville à l'histoire fort différente. Toutefois, comme à Atlanta et dans le nord de la Géorgie, on pouvait voir cette histoire par couches successives : la ville touristique, la ségrégation, la guerre de Sécession, la nombreuse population d'esclaves, la richesse, la colonie du XVIIIe siècle.

— Ce fut dans l'indigo que s'édifièrent les premières fortunes, me dit Jack Leland. Au moment où la révolution a commencé, la Grande-Bretagne payait le prix fort pour l'indigo. C'était une excellente teinture. Les Indes n'entraient pas encore en ligne de compte. La majeure partie de l'indigo britannique venait d'ici. Après la révolution, il n'y avait plus de marché britannique et l'indigo a disparu. A partir de 1800, on n'en a plus planté. Les planteurs se sont concentrés sur le riz et le coton. C'étaient des cultures qu'ils pratiquaient déjà, en plus de l'indigo.

» Les planteurs de riz étaient au sommet. Les planteurs de coton juste au-dessous. Le tout-venant des agriculteurs se trouvait tout en bas de l'échelle, avec les négociants. C'était comme un système de castes. On entend encore de nos jours, mais plus aussi souvent, des gens dire de quelqu'un : « Il est dans le commerce. » Voulant dire par là qu'il n'est pas tout à fait fréquentable. Tout cela change rapidement à présent. L'argent est devenu un facteur important. Avant, la famille était toujours plus importante que l'argent.

C'étaient les préjugés sociaux de l'Angleterre, renforcés par la richesse coloniale. A entendre ce récit, on avait l'impression que (même mise à part la réalité de l'esclavage) le succès, lorsqu'il avait atteint les plantations de Charleston avait aussitôt commencé à se désagréger. Mais ce pays était béni des dieux, tant il était fertile et bien irrigué, plat et facile.

— Après la perte de l'indigo, cette région a connu une grande prospérité. Cette bande de terre qui va de la Caroline du Nord à la Floride est sans doute devenue la zone agricole la plus riche du monde. Et les planteurs d'ici ont été les fondateurs de Newport, à Rhode Island. Ils y ont bâti leurs résidences d'été.

» La guerre de Sécession a été le premier grand coup frappé contre eux. Elle a libéré les esclaves et les planteurs ont dû les payer pour leur travail. Après la guerre, les plantations se sont écroulées littéralement.

En l'écoutant, je n'avais aucune peine à me représenter le tableau. Il me suffisait de penser à l'avenue bordée de chênes à Middleburg, de replacer des cases sous les arbres, d'imaginer une population d'esclaves oisive ou mécontente ;

de me figurer le riz poussant dans les champs gorgés d'eau, poussant à toute vitesse ; de songer aux énormes distances et à la chaleur ; aux myriades de Noirs et au petit nombre de Blancs. Il était alors facile de comprendre comment les petits royaumes qui avaient procuré la fortune à quelques générations, qui avaient édifié les maisons de Charleston et les demeures estivales de Rhode Island, pouvaient tout bonnement s'effondrer.

— Les derniers coups ont été assenés par les grands ouragans, poursuivit Jack. Il y en a eu trois : 1885, 1893, 1912. Ils ont rompu les digues et il n'y avait aucun moyen de les réparer. Parallèlement, on a commencé à produire du riz dans le Mississippi, en Louisiane, dans l'Arkansas et dans l'est du Texas. On l'a fait pousser sur les hautes terres et les planteurs d'ici se sont retrouvés complètement évincés. Par conséquent, dans les années 1920, on ne cultivait plus chez nous le riz à des fins commerciales. On en faisait pousser un peu, mais uniquement pour nos propres besoins. Le charançon est survenu vers 1915 et en l'espace de trois ans, il avait anéanti la culture du coton à longue soie. Alors les agriculteurs se sont lancés dans la culture maraîchère. Ils ont cultivé des légumes — pommes de terre, haricots, tomates, courges — pour les marchés de New York et de l'est du pays. Ils ont tenu jusqu'à ce que la Californie se profile à l'horizon, après l'irrigation du désert. Le sol du désert est très riche et il n'avait besoin que d'un peu d'eau.

— Donc, passé un certain stade, l'histoire des plantations est une histoire de malchance et de déclin ?

— Cela m'attriste profondément. Ma famille était propriétaire d'esclaves. Je crois qu'ils étaient de très bons maîtres. Il y a quelques années, je me suis entretenu avec certains des anciens esclaves — tous morts à présent — qui avaient vécu dans les propriétés de ma famille. Et ils étaient très élogieux sur la façon dont ils avaient été traités. L'esclavage était un tort. Je n'ai rien à dire pour sa défense. Mais il a existé. On s'en est servi pour édifier l'économie agraire que nous avions, qui était une institution relativement estimable et qui fonctionnait à peu près.

— Y a-t-il eu un moment précis où vous avez pris conscience du passé des plantations ?

— J'ai grandi sur une plantation où il y avait encore vingt anciennes cases réservées aux esclaves et elles étaient toutes occupées par des Noirs. Et dès le départ, je me suis rendu compte que ces gens avaient, à une certaine époque, bel et bien appartenu à ma famille. Et nous avions d'excellents rapports.

— A cette époque, la fortune de votre famille était-elle déjà sur le déclin ?

— Le riz a disparu, puis le coton, puis la culture maraîchère. Ensuite est arrivée la grande crise de 1929. Et mon père a dû vendre. Point final.

C'était aussi l'époque, je l'appris plus tard, où une grande partie du mobilier des vieilles maisons de Charleston était passée entre les mains de brocanteurs. Ce mobilier est désormais éparpillé sur tout le territoire américain et vaut fort cher, surtout les articles fabriqués par les ébénistes de Charleston (par exemple, l'homme qui avait fabriqué la chaire de Pompion Hill). L'histoire de cette perte me rappela ce que Parkman avait vu, sur la piste de l'Oregon, dans les années 1840, lorsque les familles qui émigraient vers l'ouest, épuisées par les dangers de la route et les épreuves du voyage, abandonnaient les précieux meubles qu'elles avaient espéré installer dans leurs nouveaux foyers.

Bien qu'il eût perdu sa terre, Jack Leland la voyait toujours d'un œil plein de romantisme.

— La terre n'est pas à moi, mais j'ai le sentiment qu'elle représente mon héritage, me dit-il.

Ce mot d'héritage, j'allais l'entendre plus d'une fois dans sa bouche, comme si c'était le mot qui expliquait en grande partie son attitude envers Charleston, sa famille et ses ancêtres.

— Cette plantation dont je vous parlais, celle où je suis né, reprit-il, avait été achetée par ma famille en 1832. Et mon père l'a perdue en 1935. Elle est donc restée dans la famille pendant cent trois ans. Mais il y avait d'autres possessions qui nous appartenaient depuis plus longtemps encore.

» L'un des traits inhabituels, concernant ma famille, c'est que mes ancêtres Leland étaient en réalité originaires de la Nouvelle-Angleterre. Le premier Leland à s'établir en Caroline du Sud a été Aaron Whitney Leland (il insista particulièrement sur ces trois noms, les répétant lentement pour me permettre de les noter par écrit), originaire du Massachusetts. Il venait tout juste d'obtenir son diplôme universitaire au Williams College, dans le Massachusetts, lorsqu'il a été engagé comme précepteur par une famille d'ici, les Hibben (le nom de cette famille était important, lui aussi), qui possédaient à l'époque le quartier que l'on appelle aujourd'hui Mount Pleasant, la rive orientale du port. Et je crois bien qu'en malin commerçant yankee qu'il était, il a changé de religion et épousé l'une des filles de la maison. C'est ainsi qu'a commencé la famille Leland dans la région. Il est converti de l'unitarisme au presbytérianisme et je crois même qu'il est devenu pasteur presbytérien.

» En tout cas, ma mère et mon père appartenaient à des familles établies ici à la fondation de la colonie, en 1670.

C'était de ces premières familles de l'endroit qu'il tenait les coffres qui ornaient son salon, de l'autre côté de l'escalier central.

Comment avait-il pris conscience du fait que sa famille était pauvre à présent ?

— Nous menions une vie très agréable, répondit-il. Il y avait largement à manger et je ne me rendais pas du tout compte, en réalité, que nous étions pauvres. Evidemment, nous étions moins démunis que les Noirs et ce que nous appelons les Blancs des broussailles. Je ne savais absolument pas que nous étions économiquement faibles, que nos revenus étaient des plus minces.

» J'ai pu faire une année d'études supérieures, ici, à l'université de Charleston. A l'époque, c'était un établissement privé. C'est ma grand-mère qui a payé. Et puis elle est morte. Je cherchais un boulot pour l'été et j'ai trouvé à m'engager sur un cargo norvégien qui transportait des bananes de Cuba à Charleston et à Jacksonville, en Floride. Ensuite le commandant, qui était propriétaire des deux tiers du navire, a trouvé un chargement de charbon à transporter jusqu'en Argentine. Et pendant que nous étions là-bas, il a eu une offre pour se rendre en Australie. Si bien que je me suis retrouvé aux antipodes, en train de faire la navette le long d'un circuit triangulaire : Sydney, Singapour, Manille et retour en Australie. En août 1939, nous sommes revenus par ici et nous avons pris dans le Honduras un chargement de bananes à remonter jusqu'à Mobile, en Alabama. Le jour où nous sommes entrés dans le port, Hitler a envahi la Norvège, ce qui faisait de notre embarcation un navire appartenant à un pays en guerre. Le service des Douanes américaines m'a donc conseillé de quitter le bord. Je suis rentré à la maison et j'ai repris mes études à l'université de Charleston. Bien sûr, l'année suivante, il y a eu mobilisation pour la Seconde Guerre mondiale et j'ai été le premier appelé de Charleston.

Il n'avait donc pas suivi des études régulières. Les années qu'il aurait pu passer à l'université, il les avait passées à bourlinguer. Avait-il le sentiment d'avoir été coupé de ses compagnons naturels ?

— Sur le navire, beaucoup d'hommes parlaient l'anglais d'Angleterre, l'anglais de Grande-Bretagne, me confia-t-il. Ç'a été une extraordinaire éducation. La guerre a été une autre école de formation. L'Angleterre, l'Afrique du Nord, la Sicile, l'Italie : mon milieu me permettait d'en tirer le maximum — mon père et ma mère lisaient énormément et ils avaient éveillé en moi le désir de lire et d'apprendre.

» Je suis revenu en 1945 et je suis retourné encore une fois à l'université. Ensuite j'ai trouvé du travail dans les journaux de la ville et je n'ai jamais quitté la presse.

— Vous avez été témoin du renouveau de Charleston ?

— Je l'ai vu changer aussi. Quand j'étais petit, il n'y avait pas de quartier noir à Charleston, ni de quartier blanc d'ailleurs. Les Blancs et les Noirs vivaient côte à côte. Le changement a commencé durant la grande crise, quand un nombre impressionnant de fermes et de plantations ont fait faillite et que les Noirs qu'elles avaient employés ont commencé à venir s'installer à Charleston ou à partir vers le nord. Ensuite, il y a eu la guerre et une énorme poussée économique, parce que notre ville était une des principales bases navales et qu'en plus, on y a implanté un terrain d'aviation. Tout cela incité de nombreux autres Noirs à quitter les zones rurales pour la ville.

» Après la guerre, les jeunes hommes ont commencé à revenir. Les quartiers où avaient vécu la majorité des immigrants du XIXe siècle — Allemands, Irlandais, Italiens et Grecs — toutes ces familles habitaient encore ce qui est devenu aujourd'hui le quartier noir, une zone réservée aux revenus moyens et faibles. Seulement, les jeunes gens qui sont rentrés au pays à la fin de la guerre n'ont pas pu obtenir de prêts des banques pour acheter des vieilles maisons en ville. Ils ont été obligés d'en construire dans les faubourgs. Alors, au fur et à mesure, les maisons de leurs parents se sont retrouvées vides et les Noirs sont venus s'y installer. En sorte qu'on a, à l'heure actuelle, un immense secteur noir. Et que le vieux Charleston, le Charleston péninsulaire, est noir à soixante pour cent et blanc à quarante pour cent. Et les écoles publiques sont noires à quatre-vingt-quinze pour cent.

— Quel destin pour une ville qui vivait des plantations !

— Elle a vraiment été bouleversée de fond en comble. Réfléchissez un peu. Cette maison, où je vis à présent, a été rénovée il y a environ sept ans. Elle a été construite dans les années 1840 par un charpentier irlandais qui avait peut-être émigré vers le Nouveau Monde pour fuir la fameuse disette de pommes de terre. Les pièces sont affreusement exiguës. L'architecte qui l'a repensée était excellent et il a mis à profit le moindre petit espace. Or, à l'heure actuelle, nous sommes les seuls Blancs du pâté de maisons. Je devrais même dire de la rue. Elle ne fait que deux pâtés de maison. Tous les autres sont des Noirs.

» Prenez la maison d'à côté, par exemple. Je ne sais pas si ce que je vais vous raconter vous intéressera. Il y a quelques années, ma belle-mère, Mrs. John E. Gibbs, a découvert que des vieux serviteurs des Gibbs — comme elle disait — se faisaient exploiter. Alors, elle a acheté cette maison, elle l'a fait rénover, l'a divisée en deux appartements, avec une petite dépendance dans la cour de derrière et les vieux serviteurs des Gibbs y habitent à présent ; elle leur donne tout juste de quoi payer les impôts et l'assurance. Ce sont des voisins merveilleux. Ils veillent sur nous.

» Et juste au bout de la rue, ici, nous avons une de ces H.L.M. bon marché et ces gens-là sont épouvantables. Ils sont tous noirs là-dedans. Ces H.L.M. sont de véritables pousse-au-crime. Il s'y passe toujours des atrocités, parfois commises par les habitants.

— C'est difficile pour vous de vivre avec des Noirs sans avoir d'autorité sur eux ?

— J'ai toujours vécu avec des Noirs. Toujours. Et ils m'ont aidé. Nous sommes bons amis, mais, sur le plan social, nous ne nous mélangeons pas. Il n'y a pas moyen de contourner cette réalité. Toutefois, l'année dernière, quand ma belle-fille s'est mariée à l'église épiscopale de St.Philip's, qui est l'église mère de toute la communauté anglicane dans le sud-est des Etats-Unis — mariage à grand fla-fla, suivi d'une réception au *South Carolina Hall* — les serviteurs sont venus et c'était comme s'ils faisaient partie de la famille. Nul ne trouvait à y redire. Il y a un vieux Noir qui a le même âge que mon beau-père. Quatre-vingt-deux ans.

Il a grandi dans une dépendance de la maison Gibbs dans Logan Street. Et cet homme, ce vieux serviteur, ne peut ni lire, ni écrire. Il est reconnu aveugle à cent pour cent. C'est ma belle-mère qui va lui chercher ses coupons alimentaires et qui encaisse pour lui les chèques de la Sécurité sociale. Et il se considère vraiment comme un Gibbs, un membre de la famille. Je trouve que j'ai beaucoup de chance de les avoir. (Il parlait des vieux serviteurs de famille, qui habitaient la maison voisine, remise en état.) Ils veillent sur nous.

— Quand vous songez à la façon dont la question raciale a évolué, avez-vous parfois l'impression que l'esclavage a été une calamité pour le Sud ?

— L'esclavage *a été* une calamité. Le résultat a toujours été inévitable. Seulement, il faut se rappeler que les habitants de la Nouvelle-Angleterre eux aussi avaient des esclaves. Ils n'en avaient pas autant. Ils avaient de petites exploitations. L'économie du Sud dépendait des esclaves noirs. Le commencement de la fin est survenu peu après 1800, quand la Grande-Bretagne a déclaré hors-la-loi le trafic des esclaves. Et puis ensuite, les Etats-Unis ont passé une loi contre l'importation des esclaves.

— Par conséquent, la fin était en vue alors même que les plantations étaient à l'apogée de leur prospérité ?

— Les grandes fortunes étaient juste en train de s'établir.

— Quand vous considérez les effets à présent, y voyez-vous un affaiblissement du pays ?

— Certes. Les jeunes Noirs, les Noirs de moins de soixante ans, n'ont jamais vraiment été en mesure de partager la façon dont vivent les Blancs.

Il voulait dire par là que les Noirs de ce groupe d'âge vivaient au sein de leur propre communauté, sans servir dans les maisons des Blancs, comme l'avaient fait leurs parents et grands-parents.

— Ils se tiennent au-dehors et regardent à l'intérieur, déclara-t-il. Et ils n'adoptent pas les critères des Blancs.

» Prenez par exemple une simple question de naissance. Comme vous le savez probablement, c'est la femme noire qui est la clef de voûte de toute la famille. Ces femmes ont un nombre d'enfants incroyable. En Caroline du Sud, en tout cas, les enfants illégitimes qui naissent chaque année sont en majeure partie noirs. Et ça n'a rien de honteux ; notez que sur ce point, il y a aussi du changement dans les familles blanches de nos jours. Or, ces gens sont tout à fait disposés à vivre de la Sécurité sociale ; en tout cas, ils en vivent effectivement, qu'ils le veuillent ou non. Les églises noires, qui étaient, à une certaine époque, au centre des communautés noires, n'ont jamais attaché d'opprobre à l'illégitimité. Elles l'acceptent. C'est vraiment une situation tragique, ces jeunes Noires qui commencent à avoir des enfants quand elles ont treize ou quatorze ans et pas de mari pour les faire vivre.

Je le questionnai sur les droits civils et la politique d'après-guerre.

— En 1948, un juge fédéral, James Watie Waring (il insista sur les trois noms, épela à mon intention celui du milieu, plus épineux, mais ce ne fut qu'a posteriori que j'appris quelle notoriété s'attachait à ce nom particulier à Charleston), James Watie Waring, membre d'une très ancienne famille de Charleston, a promulgué une ordonnance selon laquelle les Noirs ne devaient plus être exclus des élections primaires du parti démocrate. Sa décision était correcte. Les Noirs n'auraient pas dû en être exclus. A cette époque, les primaires du parti démocrate étaient les véritables élections de l'Etat, parce qu'il n'y avait pas d'opposition. Dès 1952, les Noirs ont commencé à voter en très grand nombre. Ils représentent désormais une force puissante dans le système électoral. Ils en ont fait du chemin ! Malheureusement, ils manquent cruellement de dirigeants. Leurs leaders ont tendance à être négatifs, des politiciens qui ont de la faconde, mais qui ne comprennent pas grand-chose au véritable fonctionnement du gouvernement.

Ce fut le point qu'il souligna : le véritable fonctionnement du gouvernement. Charleston possédait un « agitateur », mais parmi les fonctionnaires noirs, il y avait quelques très bons éléments. Ayant traversé tant de changements, Jack Leland était désormais devenu philosophe.

— Je trouve que nous avançons de façon épatante, conclut-il.

Je voulus connaître l'évolution de sa pensée concernant la question raciale.

— J'ai grandi dans une famille où on nous disait que nous pouvions être amis avec les Noirs et que nous devions les respecter et ne pas essayer d'abuser de leur gentillesse. Néanmoins, on ne pouvait quand même pas les considérer comme nos égaux sur le plan social. J'ai grandi en croyant fermement à ce principe.

Un autre jour, réfléchissant à tout ce qu'il m'avait raconté, je revins sur ce point et il me dit :

— Les Noirs avaient leur propre système de caste. Il y avait jadis à Charleston un entrepreneur en maçonnerie du nom de Pinckney. C'était un mulâtre. C'est lui qui s'est chargé de nombreux travaux dans les vieilles maisons de Charleston quand on les a rénovées. Il savait, cependant, que du côté de son père, il descendait d'une des toutes premières familles de Caroline du Sud et quand il parlait de ses ouvriers, il disait « mes nègres ». Cela me choquait, parce que mon père nous avait dit de ne jamais utiliser ce mot.

» Les Noirs qui servaient dans la maison méprisaient ceux qui travaillaient aux champs. Ils parlaient d'eux en termes péjoratifs. « Un nègre du champ de maïs. » Ce sont les domestiques noirs qui sont à l'origine de cette expression. Les gens de maison se fréquentaient entre eux.

» Je n'avais que dix-sept ans quand j'ai été embauché sur le cargo norvégien. A cet âge-là, on n'a pas de grandes idées sur quoi que ce soit. Mais à force de fréquenter les ports des Antilles et d'Amérique du Sud, de Manille et de Singapour, j'ai commencé à changer quelque peu d'avis sur les gens des autres races. Ici, aux Etats-Unis, on appelait les Chinois des chinetoques. Là-bas, à Singapour, c'était eux les patrons. Ils tenaient le haut du pavé.

» Laissez-moi vous raconter une histoire. Quand j'étais dans l'Army Air Corps, j'ai été envoyé à Chanute Fields, dans l'Illinois, pour y étudier la météorologie. Dans ma classe, il y avait quatre Noirs qui avaient fait leurs études à Tuskegee et ils avaient les pires difficultés en mathématiques. Dans l'apprentissage de la météorologie, il faut étudier toutes sortes de choses : les différentes forces de la nature, par exemple, et faire aussi des mathématiques assez poussées. Or, pour ces jeunes Noirs, c'était tout à fait incompréhensible. La plupart des élèves de l'école étaient des yankees. Moi qui étais un des rares Sudistes, je comprenais bien quel était le problème de ces Noirs. J'ai offert de les aider et je les ai effectivement aidés, si bien qu'ils ont pu obtenir leur diplôme. Jamais je n'oublierai cette expérience. Lorsque je me préparai à partir pour la Floride, où j'avais été affecté, je devais prendre un autocar à Chanute Fields même ; ces quatre Noirs sont venus m'accompagner et m'ont offert une bouteille de whisky en guise de cadeau d'adieu. Les Yankees de l'école voulaient bien faire copain-copain avec les Noirs, mais ils ne voyaient même pas qu'ils avaient besoin d'aide et ils n'ont donc pas levé le petit doigt pour eux. Moi, en revanche, on m'avait toujours appris qu'il fallait *aider* les Noirs. Cela faisait partie de notre devoir, de notre héritage... comme cela fait partie de la vie, je suppose. Par exemple, aujourd'hui, si je marche dans la rue et qu'un Blanc essaie de mendier, je continue mon chemin comme si je ne le voyais pas. Mais si c'est un Noir, je m'arrête et je lui parle, pour voir s'il a vraiment besoin d'aide ou s'il cherche simplement à se faire payer un coup à boire. Je crois que beaucoup de Noirs — ceux que je connais intimement — savent que je réagis comme ça. Mais pour les autres Noirs, je ne suis qu'un sale Blanc, l'ennemi, le diable incarné. Et je suis parfaitement disposé à admettre qu'ils ont des raisons de ne pas aimer les Blancs.

» Il est vraiment très difficile d'obtenir qu'un Noir s'asseye ici.

D'un geste, il me désigna son canapé, contre le mur de sa petite maison, à côté de la porte avec, de l'autre côté, les deux coffres de la Barbade, acquis par sa famille en 1685 et qui à Charleston étaient le symbole de son aristocratie, la marque de son ancêtre colonial de la Barbade.

— Oui, poursuivit-il, très difficile qu'il s'asseye là pour me parler. Ils ne disent pas ce qu'ils ressentent. Ils ne font pas confiance aux Blancs. Les « oncles Tom », ils ne disent pas un mot de vrai. En 1952, j'ai été chargé par le journal de couvrir tous les comtés du sud de l'Etat pour découvrir comment les Noirs allaient voter. Les élections de 1952 étaient les premières pour lesquelles les Noirs voteraient en assez grand nombre. Dans le comté de Beaufort, en bas sur la côte, j'ai été le premier sidéré. Le parti républicain était celui de Lincoln, mais après avoir parlé à une centaine de Noirs, j'ai découvert qu'ils allaient tous voter démocrate. J'ai donc fait un article dans ce sens et mon rédacteur en chef, qui avait des amis du style oncle Tom, a refusé de me croire.

Je demandai à Jack Leland s'il s'intéressait à ce qui se passait dans les îles des Caraïbes et si cela affectait, dans une certaine mesure, son opinion des Noirs américains.

— Eh bien, prenez ce qui est arrivé à Saint-Domingue,

répondit-il. L'île était divisée en deux parties, Haïti d'un côté et la République Dominicaine de l'autre. A Haïti, ils ont tué tous les Blancs. Et quand on va à Saint-Domingue, c'est le jour et la nuit. La République Dominicaine a une économie stable. Les Haïtiens meurent de faim. On me l'a répété sur tous les tons quand j'étais sur le cargo ; nous allions en République Dominicaine pour charger des bananes. J'ai rencontré des Anglais qui m'ont emmené à Haïti. C'était vraiment le jour et la nuit. Cela m'exaspère de penser que c'est parce qu'il n'y a plus de liens avec les Blancs, alors qu'il y en a en République Dominicaine. Mais il y a quand même eu quelque chose qui a mal tourné quelque part. Et quand je vois ce qui se passe en Afrique de nos jours... Je ne crois pas que quiconque prête l'oreille à mon point de vue. Les Américains ont fermé leur esprit à ces façons de penser. Ils pensent globalement. Ils se considèrent en bloc comme un monde, un peuple. Ce n'est pas pratique, pas réalisable. Je ne pense pas comme pense un Noir du Nigeria et lui ne pense pas comme moi. Nous sommes des peuples différents.

Je m'étais rendu compte dès le jour de notre rencontre que Jack Leland avait une mauvaise jambe. La troisième ou quatrième fois où nous nous vîmes, il paraissait souffrir particulièrement et je l'interrogeai sur sa jambe. Il m'expliqua qu'il avait eu les deux jambes abîmées vers la fin de la guerre, en février 1945. Il avait participé à un bombardement aérien en Afrique du Nord et la dernière bombe s'était coincée dans le lance-bombes. L'équipage avait reçu l'ordre de sauter et Jack avait obéi ; c'était la première fois qu'il se servait d'un parachute. Il avait atterri sur un rocher et s'était déchiré les ligaments des deux chevilles ; il avait mis deux mois et demi à récupérer. Ironie du sort : le pilote qui avait donné l'ordre de sauter avait réussi *in extremis* à poser son appareil sans dommage.

C'était ainsi que la guerre s'était terminée pour lui. Pourtant, il m'en avait parlé comme d'une période d'apprentissage et d'aventure ; jamais il n'avait fait allusion à ce handicap permanent avant que je ne le mentionne. C'était en quelque sorte un aspect de son éducation, de ses belles manières, de son « Monsieur ? », quand il n'avait pas bien saisi ce que je disais : ces manières qui étaient partie intégrante de l'idée que le Sud avait de lui-même.

« C'est davantage une espèce de religion », m'avait dit la grande bourgeoise du Mississippi, en me parlant d'une certaine attitude adoptée par sa famille (et par d'autres familles du même Etat) envers la guerre de Sécession et le passé ; envers les anciennes demeures familiales ; envers le fait de revêtir des costumes d'époque les jours où l'on ouvrait ces demeures aux visiteurs. Ce n'était pas une mascarade, ni de la vanité : c'était davantage une espèce de religion. Et à Charleston aussi, on éprouvait cette idée d'une sorte de culte du passé.

Ce n'était pas seulement les vieilles demeures et les vieilles familles, les noms anciens, le côté antique et solennel de l'histoire de la province ou de l'Etat. C'était aussi le fait que le passé restait comme une blessure : ce passé dont parlait les plantations défuntes ou cédées à d'autres, dont beaucoup conservaient encore des souvenirs concrets de l'ancien temps, les maisons, les dépendances, les avenues bordées de chênes. Le passé dont parlait aujourd'hui la ville plus noire que blanche, le passé de l'esclavage et de la guerre de Sécession.

Depuis mon arrivée dans le Sud, pas un jour ne s'était écoulé sans que je lusse dans les journaux le nom du général Sherman, ou que je l'entendisse à la télévision. Je remarquai que l'on citait souvent son nom tout entier, y compris l'étrange deuxième prénom indien : William Tecumseh Sherman, comme il est courant dans la presse écrite ou audiovisuelle lorsqu'il s'agit de présenter avec ironie par exemple un nom célèbre.

Charleston avait survécu à la guerre de Sécession. Ce n'était pas le cas de Columbia, capitale de l'Etat. Elle avait été incendiée par Sherman en 1865. C'était de cet incendie que me parla la vieille dame, qui faisait office de guide dans la cathédrale de Columbia, toute proche de la State House * ; et elle m'en parla comme si la chose s'était passée tout récemment. Peut-être en Italie et à Rome avait-on ainsi évoqué Hannibal un siècle après son passage. La cathédrale était l'un des rares édifices de Columbia qui avait échappé aux flammes de Sherman, me dit la dame. Et peut-être simplement parce qu'il avait cru que c'était une église catholique, sa propre épouse étant catholique. Vers la fin

* Siège du parlement de chaque Etat américain. *(N.d.T.)*.

de la visite, alors que nous parlions des vitraux (si fragiles, dans une ville sur le point d'être rasée), elle s'interrompit pour dire, comme si elle rendait grâce une fois de plus : « C'est un miracle que la cathédrale n'ait pas brûlé. »

J'avais lu des documents sur la destruction de Columbia, mais cet après-midi-là, je n'avais pas ce fait présent à l'esprit. Et ces histoires d'incendie, dans la bouche d'une dame âgée, en pleine cathédrale, me firent frémir. Je n'avais nullement eu l'intention de visiter la cathédrale. J'y étais entré après avoir remarqué le cimetière. J'étais en route pour les jardins de la State House, où se trouvait le monument aux morts des Confédérés. C'était un juge que j'étais venu interroger qui m'avait recommandé cette visite. Il m'avait asssuré que l'inscription sur la pierre valait la peine d'être étudiée. Elle était poétique et exprimait une grande partie de l'idée que le Sud avait de lui-même.

D'un côté du monument était gravé : *Aux morts de l'armée confédérée originaires de Caroline du Sud 1861-1865.* Sur une autre face, on pouvait lire : *Erigé par les femmes de Caroline du Sud. Inauguré le 13 mai 1879.* Il y avait un certain désir d'effet rhétorique dans cette référence aux femmes ; les monuments célébrant le chagrin et la vengeance, ou le chagrin et la piété, sont d'autant plus troublants lorsqu'ils dépeignent des femmes accablées sous le poids de la douleur.

Sur le côté du monument qui faisait face à la route très passante, on lisait : *Ce monument perpétue la mémoire de ceux qui, obéissant aux instincts de leur naissance, fidèles à ce que leur avaient enseigné leurs pères, constant dans leur amour pour leur Etat, sont morts en faisant leur devoir ; ceux qui ont glorifié une cause abattue par la simple virilité de leurs existences, les souffrances patiemment endurées et et l'héroïsme de la mort et qui, aux sombres heures de l'emprisonnement, dans la désespérance de l'hôpital, dans la brève et perçante agonie du champ d'honneur, ont trouvé un soutien et une consolation dans la conviction qu'on ne les oublierait pas chez eux.*

Sur la quatrième face enfin, tournée vers la State House, figurait la phrase suivante, lue avec difficulté, en oblique, si l'on ne voulait pas piétiner l'herbe qui poussait derrière le monument : *Que l'étranger qui lira peut-être dans l'avenir cette inscription reconnaisse que ces hommes étaient de ceux que le pouvoir n'a pu corrompre, ni la mort terrifier ni la défaite déshonorer, et que leurs vertus plaident en faveur d'un jugement équitable de la cause pour laquelle ils ont péri. Que les enfants de la Caroline du Sud appartenant à une autre génération se rappellent que leur Etat leur apprit comment vivre et comment mourir. Et que, à partir de sa fortune en miettes, elle a su préserver pour ses fils le trésor inestimable de leur souvenir, enseignant à tous ceux qui peuvent revendiquer la même origine que la vérité, le courage et le patriotisme durent éternellement.*

D'un côté : la naissance, la foi, le devoir, la souffrance et la mort. De l'autre : la cause jamais nommée, jamais définie, ennoblie par ces vertus. Les paroles sont, néanmoins, grandioses. La douleur du vaincu est une chose que tout le monde peut partager, puisque chacun, à quelque stade de son existence, connaît la défaite sous une forme quelconque et espère au fond de son cœur l'annuler ou du moins exposer sa cause sous son vrai jour. Toutefois, la douleur du monument aux morts de l'armée confédérée est immense ; la défaite dont il parle est totale. Une défaite de cet ordre mène à la religion. Elle peut être religion : la crucifixion, pleurée aussi éternellement par les chrétiens que la mort d'Ali et de ses neveux peut l'être par les chiites de l'islam. Le chagrin et la conviction d'avoir épousé une juste cause ; la défaite allant à l'encontre de toute idée de morale, toute idée de l'histoire finissant bien, de l'histoire juste, comme elle aurait dû se dérouler : les larmes du monument confédéré sont proches de la religion. On y trouve le chagrin et la rage impuissants (comme ceux des chiites) devant une injustice qu'on ne saurait trop souvent répéter.

Et il y avait encore autre chose sur cette place centrale de Caroline du Sud, l'Etat qui avait commencé la guerre : davantage de douleur, davantage d'humiliation, davantage d'accent mis sur un tort qui devrait un jour être redressé. Sur les degrés inférieurs, en granit, se dressait une statue en bronze grandeur nature de George Washington. On y avait fixé une plaque où l'on pouvait lire : *Durant l'occupation de Columbia par l'armée de Sherman, du 17 au 19 février 1865, des soldats lapidèrent cette statue à coups de briques et brisèrent la partie inférieure de la canne.* On avait laissé le tronçon de canne suspendu en l'air. Sur le pilier au pied des marches, il y avait une autre plaque : *La construction de cette State House a commencé en 1855 et a continué sans interruption jusqu'au 17 février 1865, date à laquelle Sherman a incendié Columbia. Les travaux ont repris en 1867 et se sont poursuivis irrégulièrement jusqu'en 1900.*

Le monument confédéré, celui qu'avaient érigé les femmes de Caroline du Sud, avait été dressé en 1879, une fois que l'armée d'occupation nordiste eut été rappelée et que l'Etat eut été dégagé de ses obligations de reconstruction. La plaque concernant la State House, où perçait encore si vivement la douleur infligée par Sherman et son incendie, avait été fixée plus de vingt ans après, alors que le monde avait changé encore plus nettement. Il y avait une preuve de ce changement ici même : l'autre monument, dressé dans la cour pavée devant la State House, à la gloire de la guerre hispano-américaine de 1898, était fanfaron, avec une inscription digne de Kipling.

On aurait dit que l'amer chagrin du monument confédéré avait trouvé son expiation dans la fanfaronnade de l'autre ; que cette cause sudiste jamais mentionnée avait survécu et trouvé sa justification dans cette guerre impérialiste ultérieure ; que les affres raciales de la période postérieure à la guerre de Sécession, jamais mentionnées elles non plus, la dureté manifestée ensuite envers les Noirs, avaient été incorporées à quelque chose de beaucoup moins sordide que les cases peuplées des esclaves très noirs et dépenaillés de Caroline du Sud, incorporées, comme l'avaient déclaré certains habitants du Sud, à la cause plus vaste de la civilisation blanche, étendue à l'Afrique, à l'Australie et aux Indes orientales.

Le véritable passé du Sud, cependant, c'était ce qui avait disparu : l'univers d'avant la guerre, puis la guerre elle-même. Ce chagrin-là était particulier et s'apparentait à une religion ; il durerait au-delà du déclin des empires du XIXe siècle, au-delà de l'idée même d'un empire. Et à présent que le monument à la mémoire du conflit hispano-américain était source d'embarras, que l'épisode lui-même était quasiment oublié, ce qui restait émouvant dans le parc de la State House, ce dont on sentait qu'ils venaient droit du cœur, c'étaient les mots du monument confédéré. Il y avait, toutefois, toujours la même difficulté concernant la cause.

Comment défendre une telle cause ?

Dans la bibliothèque de mon collège universitaire d'Oxford, un jour de 1952, je tombai sur un petit livre, publié à compte d'auteur et offert par ce dernier au collège ; peut-être était-il un des anciens membres américains de cette institution. Cet ouvrage, imprimé dans les années 1920, avait pour sujet l'esclavage. L'auteur souhaitait corriger la façon dont le reste du monde se méprenait sur l'esclavage américain. Du moins le prétendait-il. Toutefois, le petit mémoire qu'il avait entrepris de rédiger dans sa vieillesse portait plutôt sur son enfance et les plaisirs qui s'y rattachaient. L'esclavage avait fait partie intégrante de son enfance ; impossible d'imaginer celle-ci indépendamment de la toile de fond de l'esclavage et de ses rites spéciaux. Les enfants blancs, écrivait-il, recevaient souvent un petit esclave de leur âge pour jouer avec eux et se bagarrer. Lui-même avait eu son « jeune nègre ». Le fait qu'il en fût ainsi, que l'écrivain eût eu son propre nègre, était considéré comme une explication suffisante de cette pratique.

Et un sentiment aussi simple et sincère se manifestait en filigrane d'un superbe livre, aux accents glorificateurs, *A Carolina Rice Plantation of the Fifties (Une plantation de riz en Caroline dans les années cinquante)*, publié à New York en 1936 par William Morrow.

Les années cinquante du titre étaient bien entendu les années 1850, avant la guerre de Sécession, à une époque où les plantations, dont la main-d'œuvre consistait uniquement en esclaves, fonctionnaient encore à plein rendement. Le noyau historique de l'ouvrage était un bref mémoire sur cette époque, par D.E. Huger Smith (Huger était l'un des noms les plus anciens à Charleston, que distinguait sa prononciation très spéciale : « U-G » (ioudji), exactement comme les deux lettres de l'alphabet). A cela on avait ajouté trente aquarelles (exécutées soixante-dix ou quatre-vingts ans plus tard, par Alice R. Huger Smith), ainsi qu'un « Récit » (qui était plutôt un essai historique), dû à Herbert Ravenel Sass, un autre vieux nom, Sass étant d'origine allemande et Ravenel étant prononcé à la française ; à Charleston en 1987, c'était encore un nom que l'on rencontrait partout.

Les aquarelles, représentant des scènes de la vie sur la plantation, étaient romantiques : elles illustraient tantôt le travail des champs, une véritable armée de Noirs en train de réparer une berge détériorée, des femmes occupées à charger le riz sur les embarcations plates de la plantation ; tantôt il s'agissait d'études sur l'atmosphère de l'eau et de la forêt ; tantôt aussi de véritables images d'Epinal (ou des exemples d'art « soviétique »), avec le planteur et sa femme (le père et la mère des illustrations de livres pour enfant) évoluant, blancs et gracieux, parmi les Noirs souriants, avec deux petits bambins blonds qui recevaient des bouquets de la part des petits Noirs.

Je devais voir plus tard, dans un restaurant de Charleston, une énorme reproduction de la réparation de la berge ; c'était un témoignage du passé, et un témoignage romantique, comme il convenait à un centre touristique. D'ailleurs le romantisme de ces aquarelles était authentique. Elles ne dataient pas des années 1850, de l'époque de l'esclavage. Si tel avait été le cas, elles auraient sans doute été différentes, plus topographiques, plus descriptives et pour cette raison même plus dérangeantes. Ces aquarelles étaient l'œuvre de quelqu'un qui (elle le disait elle-même dans l'avant-propos) souhaitait garder le souvenir d'un monde en voie de disparition ; elles étaient l'œuvre de quelqu'un né vers la fin de la période de la reconstruction, dans les années 1870, à une époque où le vaste univers des plantations, l'organisation de tant de millions d'hectares, avaient été mis sens dessus dessous. La honte et la colère de la reconstruction, le chagrin de la défaite, la nostalgie du monde tel qu'il avait été ou encore une certaine idée du passé : tout cela s'était mêlé, dans ces aquarelles, à la joie que procurent pinceau, couleurs et papier, la joie qu'inspire le monde naturel, la conscience qu'a l'artiste de sa propre délicatesse.

Et on retrouvait un peu de cet état d'esprit dans l'essai de Herbert Ravenel Sass. Lui aussi faisait dans le romantique : les avenues bordées de chênes, la beauté du fleuve sur lequel donnaient les grandes demeures ; l'organisation de ces vastes plantations ; le savoir-faire technique associé à la submersion et à l'assèchement d'une plantation régie par la marée ; l'autonomie de chaque plantation, chacune étant presque un petit fief avec son propre seigneur qui possédait le droit légitime de punir ses sujets.

C'était l'idée qu'il se faisait de l'état de planteurs, qui incitait sans nul doute l'auteur à considérer la Côte du Riz comme étant « dans son essence une tentative de recréer en Amérique l'idéal grec classique de la démocratie ». Et dans un curieux paragraphe, qui ne fait pas la moindre allusion aux Africains, ni aux esclaves ni aux Noirs, il incorpore l'esclavage des plantations à cet idéal grec sous la forme de « la plus complète sécurité économique » jamais offerte à une certaine population de l'Amérique. « Pour cette sécurité, couvrant la période entière de leur vie, de l'enfance à la vieillesse, il y avait un prix à payer. » « Un prix », telle est la formule elliptique dont, pour préserver l'idée d'un monde classique, il se sert pour désigner l'esclavage. Et ce « prix », ajoute-t-il, n'est « pas totalement excessif », si l'on considère les gens, une fois encore non mentionnés, à qui cette sécurité était offerte.

Toutefois indépendamment de la référence grecque, il y avait une autre façon de parler de l'esclavage. « Pour le Sud, le problème de l'esclavage est devenu le problème noir et ce contre quoi l'Etat de Caroline a lutté, en réalité, de 1831 à 1865, c'est la menace d'une *solution* au problème noir qui ne pouvait que détruire l'Etat. Ce dernier avait besoin d'esclaves ; sans eux, point de survie ; mais les esclaves l'avaient toujours menacé d'extinction. » De ce fait, le mode de vie très particulier du planteur dans les rizières de Caroline était devenu « la civilisation blanche » ; c'était cela qu'il fallait préserver.

Il y avait quelque chose de tourmenté dans cette façon de raisonner, cette répugnance de la part d'hommes cultivés et religieux, d'hommes sensibles, même, à dire que ce qu'ils défendaient, c'était tout simplement le monde qu'ils avaient connu. Et il y a toujours ce silence, l'absence de références aux Noirs, aux cases d'esclaves sous les chênes, lorsque l'univers des plantations devient quelque chose de plus noble que sa réalité, devient une espèce de nouvelle mouture de la cité grecque. Ce silence avait aussi été, cinquante-sept ans plus tôt, celui du monument confédéré de Columbia : les vertus des morts ennoblissaient la cause, laquelle n'était jamais définie. Mais de quelle autre façon, en 1879 ou 1936, même à l'époque de l'apogée impérialiste, des hommes évoluées pouvaient-ils défendre l'esclavage ?

J'avais découvert le livre sur les plantations de riz dans la collection d'une dame portant un nom fameux. Elle vivait de façon inhabituellement simple dans une des vieilles demeures de Charleston, dont la « piazza » (c'est le terme utilisé à Charleston pour désigner la véranda ouverte) donnait sur un jardin verdoyant ombragée par un vieux chêne, un jardin qui n'était ni ordonné, ni envahi par les herbes. A la limite de son terrain (au-delà de la clôture) on voyait l'arrière sans fenêtre de la maison voisine. C'était le style de Charleston, la piazza sur le côté, pour être davantage chez soi. Mais la maison d'à côté vibrait aux accents tonitruants d'une radio : impossible de se protéger contre cela.

Et ce fut là, sur cette piazza où le mobilier était simple, patiné par les éléments, incrusté de poussière (le vent à Charleston, m'expliqua Jack Leland, soufflait du sud ou de l'ouest et c'était donc ainsi que les gens avaient orienté leurs piazzas, pour recueillir la moindre brise), ce fut donc là, par l'entremise de la maîtresse de maison, que je rencontrai le fils de l'homme qui avait écrit le « Récit » du livre sur les plantations un demi-siècle plus tôt.

Marion Sass avait une cinquantaine d'années, grand, maigre, voûté, excessivement couvert en ce chaud après-midi à Charleston d'un veston de tweed brun porté sans élégance sur un pull-over. Il avait de petits yeux bleus tristes dans un décor de théâtre prévu pour une pièce sur le sud le dos au vent, mais le dos contre le mur de la maison. L'air était chargé de pollen. J'avais moi-même les yeux gonflés ; je sentais un accès de toux me menacer et, comme Marion Sass, je portais un veston. Sur le plancher avachi de la piazza, face au jardin mal entretenu, un peu comme dans un décor de théâtre prévu pour une pièce sur le Sud des Etats-Unis, accompagnés par le vacarme de la radio d'à côté, nous parlâmes.

Il était timide, s'exprimait doucement ; gardait les yeux baissés, détournés. En tant que citoyen de Charleston, il remontait aux origines de la ville, à Robert Sandford qui avait exploré et prospecté la région pour y fonder la cité en 1670. Je voulus savoir si à Charleston une telle ascendance n'était pas un fardeau, si elle ne risquait pas d'être ressentie comme une contrainte. Il me dit que c'était bel et bien un fardeau. Son ascendance était l'un des facteurs qui le clouait à Charleston. Il y avait toute une partie de lui (en dépit de son nom de famille allemand) qui aurait aimé vivre en Angleterre ; sa défunte épouse avait été anglaise. Ce fut donc de l'Angleterre et de son curieux effet sur les gens — tant de personnes, me dit-il, voyant l'Angleterre pour la première fois, avaient l'impression de rentrer chez elles — que nous parlâmes un certain temps ; et c'était sur l'Angleterre, du moins en eus-je l'impression, qu'il aurait préféré faire porter l'entretien, si cette voie, si simple et libre de complications, lui avait été ouverte. Mais il y avait le fardeau de son ancienne lignée et il y avait aussi sa qualité de fils du Sud. Et ce fut dans cette direction, sans intervention de ma part, qu'il orienta ses propos.

Son père, Herbert Ravenel Sass, était né en 1884 et mort en 1958. Il avait donc eu cinquante-deux ans quand le livre sur les plantations avait été publié, en 1936. Dix-huit ans plus tard, son père avait alors soixante-dix ans, le principal mouvement en faveur des droits civils avait eu gain de cause. Marion Sass, quant à lui, était né en 1930. Il avait donc dû partager certaines défaites politiques avec son père, mais la cause du Sud, telle qu'il la concevait, vivait encore en lui.

Il me dit qu'à l'époque où les écoles avaient été obligées d'accepter des élèves noirs, sont père avait déchiré le « rideau de papier » que le Nord avait imposé aux opinions sudistes et publié un article dans le magazine *Atlantic*, laissant entendre que les écoles multiraciales risquaient fort de mener au mélange des races. On avait eu la preuve du contraire, reconnut Marion Sass ; avec la déségrégation, les races s'étaient en fait tenues davantage à l'écart l'une de l'autre, sur le plan social. Cela ne réduisait pas pour autant la nécessité d'une activité politique de sa part, activité à laquelle il consacrait désormais davantage de temps qu'à sa clientèle d'avocat.

Il convint qu'à l'entendre parler d'activité politique, on pouvait avoir l'impression qu'il s'occupait de faire élire les gens à des postes importants. Certes, il s'en était occupé, mais à présent il s'intéressait davantage à la « résistance ». La résistance à la conquête du Sud par le Nord et la résistance à l'américanisation qui n'était pour tout dire rien d'autre qu'une « septentrionalisation ». Encore qu'il fût assez ironique, observa-t-il, que quelques-unes des inventions les plus « américaines » — le Coca-Cola et la musique *country*, ainsi que l'idée des supermarchés — fussent nées dans le Sud. (Tout comme il y a des Suédois capables de réciter par cœur les cinq — ou six, ou sept — inventions qui ont enrichi leur pays, Marion Sass paraissait posséder sur le bout du doigt les contributions du Sud à l'idée de l'Amérique.)

Il n'y avait aucun besoin de définir les valeurs du Sud.

— La culture sudiste n'est pas simplement une affaire de culture rurale contre culture industrielle, affirma-t-il, ou des idéaux relevant de l'honneur contre les valeurs grossières du commerce. L'identité sudiste est importante parce qu'elle est sudiste. Nous sommes sudistes. Cela suffit. C'est comme les Irlandais. Seulement, eux les Irlandais n'ont pas ce terrible fardeau d'une population étrangère en leur sein.

Là encore, plus de cinquante ans après l'essai de son père, dans le livre sur la plantation de riz, on retrouvait le flou associé au « problème ». Comment, en tant que penseur, considérait-il cette question, la question raciale ?

— Comment je considère cette question ? répéta-t-il. Je m'efforce d'avoir le moins possible affaire au problème racial. Une grande partie des partisans de la suprématie blanche se trouvent dans le Nord et n'ont rien à voir avec le Sud. La cause sudiste et le problème sudiste sont en réalité des choses différentes. Le Nord se sert sans arrêt des Noirs contre le Sud. Il l'a fait en 1860 et il a récidivé au cours de notre siècle.

Le Nord était, à présent, très préoccupé par toutes ses minorités. On aurait pu penser qu'il considérerait le Sud comme une zone minoritaire, mais ce n'était pas le cas. La thèse officielle nordiste aurait pu être exprimée ainsi : « Le Sudiste blanc n'est pas membre d'une minorité. C'est un compatriote arriéré, qui oppresse une minorité, celle des Noirs. »

Avait-il relu récemment le livre de son père sur les plantations ?

— Non, pas récemment.

Mais il connaissait bien l'ouvrage et il éprouvait lui-même une certaine tendresse pour l'ancienne vie des plantations.

— Mais on ne peut pas éprouver de nostalgie pour quelque chose qu'on n'a pas connu, dis-je.

— Même si je n'ai pas grandi avec l'expérience vécue d'une plantation fonctionnant à plein rendement, il n'empêche que la vie sur les plantations, quand nous y allions en visite dans mon enfance, ressemblait davantage au vieux paysage sudiste, même si nous n'avions pas l'esclavage. C'était la vieille existence rurale, facile à vivre, et les relations entre les races ressemblaient beaucoup plus à ce qu'elles avaient été jadis. Donc, je peux éprouver la nostalgie d'un certain passé.

Il était préoccupé, obsédé même, comme son père l'avait été, par la destruction superficielle du Sud (les routes nationales, les chaînes de restaurant *fast-food*), et blessé par l'appropriation de certaines des plantations par des gens et des firmes venus d'ailleurs.

Le passé, rêve de pureté, le passé, cause de chagrin, le

passé, religion : ce sont précisément les motivations qui poussent les chiites de l'islam vers la noblesse et le sacrifice, le rêve de l'heureux temps du prophète et des quatre premiers califes, avant que l'avidité et l'ambition n'eussent détruit le monde qui venait d'être sauvé. C'était précisément pour ce motif qu'avait été édifié le monument confédéré à Columbia. Et ce passé sudiste très spécial, cette cause sudiste, ne pouvaient être purifiés que s'ils étaient extirpés du cadre sordide de la question raciale.

Lorsque — de nouveau comme sur une scène de théâtre — nous quittâmes nos sièges pour rentrer dans la maison manger la salade qu'avait préparée notre hôtesse, j'avouai avoir l'impression qu'il faisait appel aux émotions sans aucune espèce de programme. Il en convint ; puis il ajouta que le programme était en voie de création.

La conversation devint générale. Nous regardâmes quelques-uns des vieux livres de notre hôtesse sur la Caroline du Sud. Nous parcourûmes des copies de ses lettres de famille, beaucoup écrites à partir des plantations et vieilles de près de deux cents ans ; ces lettres avaient été recopiées à la machine et reliées en lourds volumes. Quand ils (Marion Sass et la maîtresse de maison) prononçaient les noms des plantations, Fairfield, Oakland, Middleburg, Middleton, Hampton House, c'était comme s'ils parlaient de grandes demeures. Mais je compris ensuite qu'ils voulaient aussi parler, de façon allusive, des très nombreuses familles auxquelles ils étaient apparentés.

Il me reconduisit à mon hôtel, dans sa vieille voiture mal entretenue. Ce que je lui avais dit concernant les émotions sans aucune espèce de programme le turlupinait ; dès le lendemain matin, il m'adressa copie d'une lettre qu'il avait écrite au journal local en 1983, ainsi que d'une réclame annonçant un programme de publications sudistes. Il laissa le tout à l'hôtel dans une très grande enveloppe ayant déjà servi, sur laquelle figuraient mon nom et le sien en toutes petites lettres ; l'enveloppe portait en lettres imprimées le nom d'une organisation médicale.

Puis, il me téléphona ; et en l'écoutant, je croyais voir son visage décharné, émotif. Les publications promises dans la réclame n'avaient jamais vu le jour, me confia-t-il, mais l'annonce avait suscité des réactions ; il croyait bien avoir fait vibrer une corde sensible. Il m'expliqua qu'en raison des événements des années 1950 son père avait fini dans la peau d'un séparatiste sudiste et qu'il en était lui-même devenu un à présent. La défaite du Sud, la reddition de Lee étaient pour lui, me sembla-t-il, un chagrin que rien ne pourrait apaiser.

Je lui demandai s'il connaissait le monument confédéré de Columbia. Il répondit qu'il avait fait son droit à Columbia et qu'il aimait bien cette ville qui ne plaisait pas à tout le monde. Il connaissait fort bien le texte gravé sur le monument ; il m'en cita une partie au téléphone. Ces paroles avaient été écrites par W.J. Grayson qui, dans les années 1850, avait composé une épopée intitulée *le Mercenaire et l'esclave* ; il s'agissait d'un poème en distiques rimés, dans le style de Pope, qui avait pour thème la condition supérieure de l'esclave dans le Sud par rapport au salarié industriel du Massachusetts. Il n'avait jamais lu cette œuvre en entier.

La cause de Marion Sass était issue d'un chagrin inguérissable. Or, il me semblait qu'elle ne pouvait mener qu'à un surcroît de chagrin : lui-même savait qu'il y avait désormais un autre aspect, de la pensée sudiste, qui prédominait peut-être. Je songeai à ce que m'avait dit Anne Siddons à Atlanta, à propos du besoin, pour qui a atteint à un certain âge, de thésauriser les émotions, de ne pas mettre toute sa passion dans les causes publiques afin d'en garder pour ses préoccupations spirituelles, de faire sa paix avec la vieillesse et les fragilités de l'état d'homme. Je fis de mon mieux pour mentionner tout cela au téléphone. Il me dit qu'il comprenait, mais il n'en était pas moins tracassé par l'idée qu'il pouvait parfois plonger si profondément à l'intérieur de lui-même qu'il en était capable d'en oublier sa cause.

Puis, reprenant sa courtoisie, il ajouta qu'il aimerait lire quelques-unes de mes œuvres, mais il avait des problèmes d'yeux, ces yeux dont les bords rougis et la petitesse m'avaient frappé. Il aurait fallu qu'il subît une double opération de la cataracte. On disait que c'était une opération très simple de nos jours, mais dans l'opuscule qu'on lui avait fait parvenir (peut-être dans cette enveloppe trop grande, dans laquelle il m'avait adressé copie de sa lettre au journal et de sa réclame), il était aussi question de complications possibles. Et il préférait faire confiance à ses verres correcteurs le plus longtemps possible.

Par une chaude matinée — exceptionnellement chaude pour le mois de mai, m'assura tout le monde, en attendant la pluie dont les jardins avaient besoin, la pluie à qui il arrivait parfois de tomber tous les après-midi — par une telle matinée donc, Jack Leland m'emmena sillonner ce qu'il appelait son « territoire ».

Nous nous rendîmes pour commencer à Mount Pleasant, le côté est du port de Charleston. Naguère « quartiers d'été » des planteurs, c'était désormais une banlieue cossue, remplie de vieux arbres au feuillage très dense. La mer n'était qu'un peu plus bas. Nous vîmes un chalutier appareiller. Les Portugais avaient été les premiers à utiliser ces chalutiers à Charleston dans les années 1920, m'expliqua Jack Leland; il notait par écrit tout ce qui se passait dans sa ville. Nous étions venus jusqu'à Mount Pleasant pour y visiter la maison Hibben, celle de la famille dans laquelle l'ancêtre de Jack était venu de Nouvelle-Angleterre pour occuper les fonctions de précepteur et dans laquelle il s'était marié. Elle se trouvait au bout d'un cul-de-sac, une demeure à colonnes vieille de deux siècles, la demeure d'une famille qui avait jadis possédé toute cette banlieue ; l'histoire de ces ancêtres acquérait soudain une réalité inattendue.

Ayant repris la route, il m'indiqua les endroits où de grandes communautés noires s'étaient implantées sur des terres qu'on leur avait octroyées après la guerre, la guerre de Sécession bien sûr.

— Ça ne va pas fort pour elles, me confia-t-il. Jusqu'à la Seconde Guerre mondiale, ces Noirs avaient des terres et ils avaient tous des jardins. Ils produisaient une grande partie de leur nourriture. A présent, on voit très rarement à la campagne une famille noire qui possède son propre potager.

Nous traversâmes un village noir et Jack Leland me montra les maisons de ses deux « amis » noirs. Ceux-ci étaient des gens à qui il achetait des choses ; sa définition d'amis noirs était typique de la Caroline du Sud. Certaines de ces demeures laissaient supposer que les propriétaires étaient à leur aise. Je demandai s'il s'agissait d'hommes d'affaires. Il répondit que non ; les Noirs qui habitaient ces maisons travaillaient sans doute au chantier naval ou occupaient d'autres emplois fédéraux. La population noire locale avait perdu ses éléments les plus ambitieux avec l'émigration vers les grandes villes du Nord ; presque tous les Noirs désireux de réussir étaient partis.

— Est-ce que le nom de Stepin Fetchit * a la moindre signification pour vous ? me demanda-t-il.

Et comment ! Dans mon enfance, Stepin Fetchit avait été adoré par les Noirs de Trinidad. Non seulement parce qu'il était très drôle et faisait des contorsions inimaginables avec son corps apparemment désarticulé, parce qu'il avait une démarche impayable et une voix inouïe avec laquelle il débitait des dialogues déments ; mais encore, il était adoré par les Noirs de Trinidad parce qu'on le voyait au cinéma à une époque où Hollywood symbolisait un univers d'un éclat presque inconcevable ; enfin, il était aussi adoré — et c'était le plus important — parce qu'à cette époque où les diverses races de Trinidad ne se fréquentaient pas socialement et où le monde semblait à jamais figé dans ce moule, avec la ségrégation vers le nord, aux Etats-Unis, avec l'Afrique régentée par l'Europe, avec l'Afrique du Sud dans la situation que l'on connaissait (elle n'était d'ailleurs nullement l'objet de la préoccupation des Noirs de l'île), avec l'Australie et la Nouvelle-Zélande telles qu'elles étaient, Stepin Fetchit paraissait sur les écrans de Trinidad en compagnie de Blancs. Et pour les Noirs de Trinidad — qui à cette époque méprisaient les Africains, qui au cinéma riaient, hurlaient, conspuaient à chaque fois que l'on montrait des Africains en train de danser avec leurs sagaies — voir ainsi Stepin Fetchit en compagnie des Blancs était comme une espèce de rêve d'un monde meilleur.

Ce n'était pourtant pas de ce personnage adoré que me parlait Jack Leland. Il avait envers lui une tout autre attitude, locale et réaliste. Il déclara :

— Ceux qui avaient de l'ambition sont partis dans le Nord et il ne nous est resté que les Stepin Fetchit.

Il marquait donc un certain recul modeste, mais évident.

Je lui confiai, un peu plus tard, mon impression que les Noirs de Caroline du Sud étaient très foncés de peau, loin d'être aussi métissés que les Noirs des îles antillaises. Il reconnut qu'il n'y avait guère eu de mélange des races. Les planteurs auraient pensé s'abaisser en ayant des rapports sexuels avec une esclave. On racontait qu'après la guerre les

* Littéralement : « Va chercher. » (*N.d.T.*)

soldats fédéraux n'avaient pas eu de tels scrupules, mais toujours était-il qu'il n'y avait pas beaucoup de métis.

— Est-ce que cela ne rend pas encore plus difficile les relations entre les races ? m'enquis-je.

— Non, au contraire, elles n'en sont que plus faciles. Les mulâtres, les quarterons et leurs semblables sont des gens en colère.

Plus tard, assez loin en remontant la nationale, nous bifurquâmes pour aller admirer une splendide vieille avenue de chênes, partiellement détruite : une de ces avenues au sujet desquelles le père de Marion Sass avait commencé son évocation nostalgique de la grande époque des plantations. Puis, nous continuâmes notre chemin, la mer sur notre droite, cachée par la forêt, le fleuve sur notre gauche. Eau salée, eau douce : là où les terres étaient salées, on avait fait dans le temps pousser du coton ; où l'eau était douce, il y avait eu du riz. Aujourd'hui, le long d'une portion de route, il y avait une grande plantation de kiwis.

Nous prîmes ensuite un sentier latéral et brusquement, sur un terrain embroussaillé, rattaché à une église presbytérienne de 1696, aperçûmes un petit cimetière où, me dit Jack Leland, étaient inhumés certains des premiers immigrants.

Nous entrions dans un territoire sacré.

Au-delà d'un certain ruisseau commençait l'ancienne plantation de Walnut Grove (le Vallon des Noyers). C'était la propriété ancestrale acquise en 1832 et vendue durant la grande crise économique, en 1935. La forêt en bordure de route ne nous avait pas lâchés. A présent, c'était le village noir où, après la guerre de Sécession, les anciens esclaves avaient reçu des parcelles de terrain prélevées sur le domaine de la plantation.

— Quand les enfants étaient petits, me dit Jack Leland, quand nous traversions ce ruisseau, j'arrêtais la voiture et je les faisais descendre pour s'incliner trois fois vers l'est. Territoire sacré.

— Qu'en pensaient-ils ?

Il se mit à rire.

— Ils en étaient tout émoustillés. Ils continuent à le faire quand ils viennent ici. Et moi avec eux. Les gens nous voient nous incliner. Ils nous prennent sans doute pour des dingues. Ce que nous sommes probablement. Mais de doux dingues.

Et maintenant, en me pilotant à travers son territoire,

submergé à certains endroits par ses souvenirs, il développa certains propos qu'il m'avait tenus plus tôt. Ils avaient été pauvres, avec de faibles revenus, mais ils avaient toujours eu largement de quoi manger.

— Crevettes, crabes, huîtres. Palourdes. Poisson. Gibier. Dinde sauvage. Canard, chevreuil, perdrix. Il y avait une infinité d'animaux sauvages disponibles. Et bien entendu mon père possédait la ferme où il faisait pousser de quoi nous nourrir.

Lorsque lui-même sortait le matin avec le fusil, les oiseaux qu'il abattait passaient directement à table. Une vie de chasseur — c'était important ici (pour les Noirs aussi) ; il suffisait de voir le paysage pour le comprendre. Et ce paysage cachait autre chose. Il y avait à quelque distance de là une rivière où l'eau était extrêmement pure. On l'appelait la Branche et on offrait aux visiteurs un mélange appelé *Bourbon and Branch.*

Nous prîmes un sentier encore plus étroit et passâmes devant une maison dans un jardin boisé.

— C'est une maison de *crackers,* de Blancs pauvres, m'apprit Jack. Les Blancs des broussailles, les petits Blancs, comme on dit. Et en voilà une autre, me semble-t-il. Elle a peut-être soixante-dix ans. Elles font partie du tableau. On ne peut pas les en exclure.

Comme tous les habitants d'un lieu, il avait l'œil, de même qu'en Malaisie les indigènes parviennent à distinguer une maison chinoise d'une demeure malaise, rien qu'à observer la façon dont est utilisé le terrain qui l'entoure. Les maisons qu'il avait appelées maisons de *crackers* m'avaient paru attrayantes, avec leurs arbres, leur ombre, leurs buissons.

— Elles ont un certain charme, admit-il, mais beaucoup de camelote tout autour. On reconnaît une maison de *crackers* aux cochonneries et à l'air généralement mal entretenu de l'endroit. Disons, une demi-douzaine de voitures hors d'usage. Il fut un temps où c'était tout à fait caractéristique.

Les *crackers,* comme les Noirs, avaient leur place bien précise dans le système de castes local. Mon guide me l'expliqua :

— Dans ma jeunesse, nous allions au lycée avec eux, mais nous ne nous fréquentions pas. Nos vies sociales étaient radicalement différentes. La plupart des *crackers* étaient des baptistes, des méthodistes ou des adeptes de la Sainteté de la Pentecôte — ça, c'est la religion des hurleurs. Alors que ma famille et les autres familles d'ici était principalement épiscopaliennes et presbytériennes ; et c'était le dessus du panier.

» Je me souviens d'une anecdote. A Walnut Grove, nous avions une petite villa, où les frères cadets de mon père et leurs amis allaient passer l'été. Une maison de quatre pièces sur la rivière. C'était peu après 1902 — mon père venait tout juste de se marier et de ramener sa jeune femme à la maison. Il était l'aîné de onze enfants.

» Un jour, il s'est levé tôt le matin, à six heures, pour son habituelle tasse de café. Et il a vu quelques-uns de ses chevaux devant la barrière, tout sellés, mais les rênes coupées. Au bout de quelque temps les jeunes frères et leurs amis sont arrivés, à pied. Ils avaient été danser quelque part dans les marais, où vivaient les *crackers*. En sortant, ils n'avaient plus retrouvé leurs chevaux et ils avaient été obligés de rentrer à pied. Mon père leur a dit qu'ils ne devaient pas y retourner, il y a expliqué que, pour les *crackers*, le fait de couper les rênes d'un cheval, c'est une façon de vous dire qu'il ne faut pas badiner avec leurs femmes. « La prochaine fois, ils prendront des mesures plus violentes. »

» Mais ils ne l'ont pas écouté. Ils y sont retournés. Alors qu'ils regagnaient la villa le long d'une piste à travers les marais, les *crackers* cachés dans les branches des arbres leur sont tombés dessus avec des couteaux. Comme des Indiens. Mes oncles et deux des hommes qui étaient avec eux ont été tués. C'était la nuit. On n'a rien pu prouver contre quiconque. Personne n'est passé en jugement. C'était la loi des marais. Il ne fallait pas se mélanger avec ces gens. Mon père a toujours dit qu'il préférait voir les Noirs vivre sur ses terres plutôt que ces *crackers*.

Les Noirs méprisaient les *crackers*, lesquels les haïssaient, parce qu'ils étaient leurs concurrents directs.

— Les *crackers*, cependant, étaient tout aussi exploités que les Noirs, me dit Jack Leland ; ils étaient même peut-être traités encore plus durement par leurs employeurs blancs, car le sentiment de responsabilité vis-à-vis d'eux était moindre. Après la guerre de Sécession, le nombre de *crackers* a commencé à s'accroître. Avant la guerre, dans cette région de plantations, il n'y avait que des planteurs et des Noirs, et personne entre, sauf peut-être les contremaîtres.

Nous arrivâmes à une église que Jack Leland souhaitait me montrer, l'église de sa famille, celle qui desservait Walnut Grove ; l'église de St. James, dans la paroisse de Santee (c'était le nom de la rivière). Elle se dressait au bord du King's Highway (la grand-route du roi) ; ce nom était un vestige de l'époque coloniale et désignait une route construite sur les ordres du roi, alors que la plupart des gens voyageaient par bateau. La route n'était pas carrossable. S'il avait plu aussi abondamment que d'habitude, en ce mois de mai, elle aurait été difficile à négocier, mais ce n'était pas le cas. Nous découvrîmes un vieil édifice en brique rouge avec un portique. Il y avait un autre portique à l'arrière. L'église était censée servir à la fois aux Français et aux Anglais, mais le portique réservé aux premiers était à présent condamné. La brique rouge avait l'aspect que prennent les objets négligés dans un climat tropical humide.

— Venez, me dit soudain Jack, partant d'un pas alerte, malgré ses chevilles défaillantes, et franchissant la grille devant moi. Venez, que je vous montre où je serai enterré.

Il faisait chaud, pas de vent, et on entendait vrombir les moustiques. Tout autour, dans les pins, différentes espèces d'oiseaux poussaient des cris. Dans le petit cimetière sec, au sol jonché de feuilles rousses et d'aiguilles de pin, se trouvaient les pierres tombales.

— Tous ces gens sont des parents ; *Jonah Collins né en 1723 mort en 1786.* C'est le fils de l'homme qui a rapporté les coffres de la Barbade. *William Toomer 1866-1955.* L'oncle de ma mère. Avocat et juge.

Son engouement, en se retrouvant tout près du lieu où il serait enseveli, me laissa interloqué, avant de m'imposer le respect.

— Voilà.

Un lopin de terre banal et nu, un petit espace vacant entre les pierres tombales. C'était là qu'il voulait être inhumé.

— Je veux qu'on m'enterre sous une dalle en marbre plate, ici même, à côté de Jonah Collins. La plaque portera mon nom, la date de ma naissance, celle de ma mort. Et en bas, il y aura une inscription : *Jack vous offre la tournée.* Et je laisse deux mille dollars à l'église pour que chaque année durant l'office de printemps, ils puissent avoir du vin, du whisky ou ce qu'ils voudront. Je crois que les gens se souviendront de moi à cause de ça.

Les moustiques et les autres insectes nous harcelaient. Jack l'avait prévu ; il était venu armé d'une bombe d'insecticide. Sans un souffle de brise, la chaleur était oppressante et vous brûlait le sommet du crâne. Toutefois, il y avait fréquemment du vent, me dit-il.

— Aucun bruit ne peut se comparer au murmure du vent parmi les pins. Et c'est là que je veux être enterré, pour pouvoir l'écouter à tout jamais.

A l'intérieur de l'église, très dépouillée, régnait cette odeur de moisi et de renfermé que prennent les bâtiments rarement utilisés par les gens, sans la chaleur qu'ils communiquent. L'église avait été construite en 1763. (Donc la chapelle de Pompion Hill avait été édifiée la même année.) Le sol était grossièrement pavé et les matériaux utilisés étaient la brique, le stuc et le bois. Il n'y avait pas de pierre par ici et les fenêtres avaient des encadrements de bois, maquillé en pierre : travail du cru, arbres du cru, main-d'œuvre d'esclaves, peut-être. Les bancs étaient entièrement clos ; une famille installée à sa place aurait été invisible, comme enfermée dans une espèce de boîte sans couvercle. Selon Jack Leland, les bancs avaient peut-être été fabriqués ainsi pour empêcher les enfants de courir partout, ou peut-être que par temps froid, ils étaient plus faciles à chauffer, au moyen de briques chaudes.

Comment avait-il eu cette idée de mort et de célébration ?

— A cause d'un certain professeur Ogg, de l'université d'Oxford, en Angleterre. Il est venu ici voici vingt-cinq ans. Il m'a raconté une histoire que je n'avais jamais entendue. Jadis, le fils d'un planteur, un Mr. Trapier, était allé en visite à Oxford, dans les années 1830. Vous voyez le genre : le fils d'un planteur de riz de Georgetown, en Caroline du Sud, qui fait son grand voyage en Europe dans les années 1830. Il fut reçu par les professeurs (Jack Leland prononça d'un ton très précis le mot anglais *dons*) du New College. Je crois bien que c'était le New College. Et il a demandé un julep à la menthe. Les professeurs n'avaient jamais entendu parler d'une chose pareille. Alors, à son retour au pays, il a fait faire un pichet en argent massif et l'a expédié au New College d'Oxford, en guise de cadeau, avec de l'argent pour payer des juleps à la menthe.

Nous continuâmes notre chemin vers McLellanville, au

bord de la mer, la station balnéaire où la famille de Jack passait ses étés. Et c'était encore, littéralement, le fief de sa famille. Il avait des cousins ou des parents dans presque toutes les maisons de la partie blanche du village. La plupart des Noirs vivaient en dehors du village proprement dit. Jack Leland connaissait l'histoire de chaque demeure. Ce magnolia avait été planté par son père en 1892, dans ce qui avait été alors le jardin de la grand-mère de Jack. Son père avait apporté le plant de Walnut Grove, dans la sacoche de sa selle. Et c'était Jack lui-même qui avait planté la rangée de chênes le long de la rue où donnait la maison. C'était en 1934, un an avant que son père ne fût obligé de vendre Walnut Grove. Aujourd'hui c'étaient de très grands arbres ; leur plantation avait fait partie d'un programme fédéral, et ils évoquaient la pauvreté qui sévissait alors. C'était une femme qui organisait le programme fédéral de reboisement. Elle employait une quinzaine de lycéens qu'elle payait un dollar par jour.

Nous déjeunâmes dans un restaurant au bord de la route, pas très loin de McLellanville. Nous découvrîmes que notre très jeune serveuse s'appelait aussi Leland ; c'était une cousine.

Je lus à Jack les paroles figurant sur le monument confédéré à Columbia. Elles le touchèrent beaucoup.

— Je trouve ça superbe, dit-il.

Eprouvait-il encore quelque émotion à propos de la guerre de Sécession ?

Oui.

— Quand j'étais gamin, me confia-t-il, on racontait dans ma famille une histoire concernant l'incendie d'une de nos plantations à la fin de la guerre. L'endroit appartenait à l'un de ceux qui avaient rédigé le décret de sécession. En 1860. Ce décret avait bien entendu déclenché la guerre. Le colonel responsable de la région englobant la paroisse de Christchurch était un certain colonel Beecher, frère de Harriet Beecher-Stowe *. C'était une famille de fervents abolitionnistes de la Nouvelle-Angleterre et je crois pouvoir dire que ce livre, *la Case de l'oncle Tom,* a contribué plus que n'importe quoi d'autre à provoquer la guerre. Il a exaspéré le Sud, où treize pour cent des habitants seulement étaient propriétaires d'esclaves, et il a eu une immense influence sur les gens du Nord.

---

* Auteur de *la Case de l'oncle Tom. (N.d.T.).*

» On racontait que la femme du colonel Beecher avait fait le tour de la paroisse de Christchurch, pour incendier les demeures des grandes plantations. J'ai grandi en me disant que ce n'était peut-être qu'une légende, mais, récemment, on a retrouvé le journal tenu par un certain docteur Marcy, chirurgien de l'armée fédérale. Il était de ceux qui avaient reçu l'autorisation de saisir les livres, les trésors artistiques et j'en passe, dans les maisons d'ici pour les expédier dans le Nord. Or, ma fille — elle fait des recherches à Middleton Place, étant apparentée aux Middleton — a pu avoir un exemplaire de ce journal et elle y a lu le récit de l'incendie de Laurel Hill. C'était la demeure qui appartenait au rédacteur du décret de sécession. Il y avait donc une preuve, là, dans ce journal. Cette Mrs. Beecher a brûlé peut-être une vingtaine de maisons. Elle mettait le feu aux maisons des autres. Les Beecher étaient des puritains. Ces gens-là ont une mentalité très difficile à comprendre. Quand ils ont envoyé des missionnaires en Afrique, leur première préoccupation a été de persuader les Africains de mettre des vêtements, de couvrir leur nudité.

En début d'après-midi, ayant repris la route, nous sommes passés devant des congrégations noires qui se dispersaient, chaque membre au volant de sa voiture. Je questionnai Jack sur les Noirs et les automobiles, me rappelant qu'à Trinidad, les Noirs n'avaient commencé à en posséder de façon courante qu'après la Seconde Guerre mondiale. Il m'apprit que pendant des années, les Noirs n'avaient pas eu le droit de conduire ; on les considérait comme des chauffards.

— Ils l'étaient, d'ailleurs. Dans le temps, ajouta-t-il, les églises noires célébraient leurs offices du dimanche l'après-midi, parce qu'un grand nombre de Noires travaillaient le matin dans les maisons des Blancs, où elles préparaient le déjeuner.

Les panneaux de signalisation verts de la route nationale jalonnaient la marche de notre retour vers Charleston. Le moment vint où Jack Leland cessa de se pencher en avant, la main sur le dossier de mon siège.

Il se renversa contre son propre dossier et dit :

— A présent, nous avons quitté mon territoire.

C'était Alex Sanders, le juge de la Cour suprême de

Caroline du Sud, qui m'avait indiqué le monument confédéré. J'avais eu une lettre d'introduction auprès de lui et la première fois où je l'avais vu, à Columbia, il m'avait invité à déjeuner au Club du Corps enseignant de l'université. Notre conversation avait été d'ordre général. Il ne m'était pas possible de lui dire exactement ce que j'attendais de lui, pour la bonne et simple raison que durant un voyage comme le mien, on ne sait pas ce qu'on peut désirer de quelqu'un avant de lui avoir parlé.

C'était un grand gaillard, avec un fort accent qui vous distrayait parfois de la précision, de l'économie de paroles avec lesquelles, en qualité d'avocat, il savait s'exprimer. Il m'avait envoyé voir le monument, me confia-t-il ultérieurement, afin de me permettre de comprendre quelque chose du Sud. Personnellement, bien qu'il trouvât le texte émouvant, il n'était pas très sûr des sentiments que lui inspirait la cause.

— Les causes perdues sont épousées ou idéalisées par la seconde génération, constata-t-il.

Le monument avait été érigé en 1879, quatorze ans après la fin de la guerre. Il lui paraissait étonnant que les gens de 1879 fussent parvenus à réunir l'argent nécessaire pour un tel ouvrage, à une époque où il n'y avait pas de quoi manger. Il se rappelait s'être entretenu avec un ou deux anciens combattants de l'armée confédérée. L'un d'eux lui avait dit : « Je me suis fait truffer le cul de plomb pour les nègres des autres. »

— Lui-même n'en avait pas, voyez-vous, poursuivit-il. D'ailleurs la grande majorité de ceux qui se sont battus ne possédaient pas d'esclaves. Ils servaient de chair à canon à l'aristocratie. L'identité c'est davantage que le simple rappel du passé. Nous devons faire comme les conservateurs de musées. Durant la dynastie des Ming, de toute évidence, il y a eu des tas de belles choses, mais je suis sûr aussi qu'il y a eu beaucoup de camelote. Le rôle du conservateur c'est de faire un tri.

Mais n'avait-il pas eu, durant ses années de formation, une certaine attitude envers le Sud ?

Mais non, pas plus qu'un poisson n'en a envers l'océan dans lequel il nage.

— Ce n'est qu'une fois adulte, après avoir quitté le Sud, que j'ai adopté une attitude, me dit-il. Et au début, mes sentiments ont été des sentiments de honte. Mais à présent, plus je prends de l'âge, plus je me rends compte que les transgressions du Sud étaient en fait celles de l'humanité et qu'il y avait certaines choses tout à fait supérieures. Il y a dans le Sud une attitude culturelle qui englobe le respect de la famille et de Dieu et, d'une certaine façon aussi, celui du pays. Encore que le patriotisme ne figure pas très haut sur ma liste des vertus, toujours est-il que le patriote croit en quelque chose qui le dépasse et que c'est donc une vertu. Il existe dans le Sud une conviction que la vie dépasse l'instant présent.

— L'honneur ? C'est un thème si commun. Tant de gens en parlent.

— J'ai été élevé avec. On m'a appris à croire que la vérité est une vertu fondamentale. Le mot de passe de notre existence, c'était altruisme. (Il s'interrompit.) Mais, je ne jurerais pas que tout cela est propre au Sud. Toutefois, je suis enclin à penser que plus on se rapproche de l'équateur, plus la vie tend à l'exagération.

— Avez-vous essayé de prendre vos distances par rapport au Sud quand vous avez commencé à en avoir honte ?

— Surtout lorsque j'étais en compagnie de gens du Nord. Et même quand j'étais dans le Sud, je m'élevais contre les choses qui ne me plaisaient pas. C'est-à-dire le racisme.

— Cela doit vous perturber, de vous retourner contre les principes dans lesquels on vous a élevé.

— Cela provoque une certaine schizophrénie, admit-il, mais en prenant de l'âge, je deviens plus tolérant. Je tolère mieux l'intolérance. Si vous trouvez à vous entretenir avec un membre du Klan et que vous lui demandez ce que représente le Ku Klux Klan, il vous dira que c'est la loi et l'ordre, l'amour et l'amitié, la fraternité. Si vous lui demandez comment il compte y parvenir, il vous dira : « Il faut ce qu'il faut. Même si nous devons faire sauter tel immeuble ou agresser tel homme. » Il ne voit même pas que ces deux idées ne sont pas en harmonie. On ne peut pas venir à bout de ce genre de schizophrénie.

Durant notre déjeuner, il avait dit qu'en acceptant les droits civils, le Sud avait en quelque sorte reconnu l'immoralité de sa précédente position. Je voulus savoir s'il était en mesure de préciser différents stades de cette prise de conscience.

— J'ai bien du mal à m'expliquer la chose à moi-même, convint-il. C'est un phénomène stupéfiant. Si vous m'aviez dit vers la fin des années cinquante et le début des années soixante que nous aurions dans un avenir très proche une société libre de toute ségrégation, je ne vous aurais pas cru. A l'époque, je pensais qu'on risquait fort de l'attendre une bonne centaine d'années. Peut-être même est-il d'origine divine, le changement qui s'est opéré, je n'en sais rien. C'est difficile à comprendre. Toujours est-il que brusquement les gens se sont rendu compte que c'était mal. Et cela, c'est miraculeux, d'entendre des gens dire que leur propre comportement laissait à désirer sur le plan moral. Personne ne se confesse jamais sur cette échelle. Et ici, nous n'avons pas seulement un cas isolé, un individu qui le dit, mais toute une société.

En outre les pressions commerciales étaient désormais en passe d'entraîner un changement social. Il y avait eu le récent tollé, lorsqu'un cadre noir de chez IBM s'était vu refuser le droit de devenir membre d'un club de Columbia. Résultat : IBM avait renoncé à son idée d'établir une usine dans la région. Ni la firme, ni son employé n'avaient souhaité parler de l'affaire ou en faire une question raciale ; par conséquent, il n'était pas facile pour les gens de résoudre le problème. Il en résulta que le club concerné n'avait pas fait preuve de forfanterie ; sa direction avait tout simplement changé d'optique et invité quelques Noirs à adhérer.

Le juge Sanders s'exprimait en tant qu'avocat. A travers la loi, il était parvenu à une plus vaste identité.

— Le droit commun est une chose majestueuse, déclara-t-il. Il a une remarquable faculté de résoudre les conflits d'une façon qui non seulement préserve la civilisation, mais qui la réhausse. Il n'est pas rare que je me trouve guidé dans une de mes décisions par la décision qu'a prise un juge voici un millier d'années. J'ai conscience de servir une civilisation plus vaste. Et je sais que je la *sers*.

— Ainsi, vous n'avez pas de problème d'identité, pas de tension entre le milieu dans lequel vous avez été élevé et votre profession.

— Plus maintenant. Je suis davantage en paix avec moi-même. Bien sûr, c'est peut-être simplement le fait de vieillir et de devenir moins prompt à juger et plus compréhensif.

Sa famille avait habité la Caroline du Sud « de tout temps ». Un lointain ancêtre, du côté de sa mère, était venu en Amérique en tant que missionnaire auprès des Indiens et il était ensuite devenu missionnaire parmi les esclaves.

3

TALLAHASSEE

TRÊVE AVEC L'IRRATIONNEL — I

Les gens, à Charleston, s'étaient plaints de ne pas avoir leur habituelle pluie d'après-midi. Le jour de mon départ, comme pour compenser cette disette, à peine avais-je quitté la ville pour me diriger vers l'ouest que se déchaîna une pluie torentielle. Les grands arbres s'agitaient, montraient le dessous de leurs feuilles, chaque grosse branche en proie à ses propres convulsions. La pluie giflait le pare-brise ; des voitures apeurées se rangèrent sur les bas-côtés, tous feux allumés. A quelques kilomètres de là, le ciel se dégagea, on était de nouveau en plein milieu d'après-midi, même si de temps en temps les voitures qui approchaient — pour peu qu'elles eussent encore leurs phares éclairés — vous signalaient les orages à venir.

Un temps tropical, d'une violence continentale, assorti au paysage : les marais de Caroline du Sud cédant la place aux marécages du nord de la Floride, roseaux verts et bruns, flaques d'eau argentée ou noire, paysage dont la taille immense impressionnait. Et très vite, vu de ce marécage tropical, Charleston, dont j'avais commencé à ne même plus remarquer la perfection, se mit à me paraître très lointain. Il était bien difficile de se dire qu'une telle ville existait dans un pareil décor ; de même qu'il était difficile d'associer à l'esclavage des Africains toute cette région côtière, ce pays si typique du Nouveau Monde, si différent de tout autre, ce pays que l'on avait envie de contempler, de pénétrer un peu en quête de merveilles.

L'esclavage pratiqué dans les îles britanniques des Caraïbes commençait à faire figure de trafic sur une petite échelle, presque familial, pour ainsi dire. Dans ces régions-là, l'esclavage était en réalité une institution du XVIIIe siècle ; lorsqu'il fut aboli à travers tout l'Empire britannique en 1833, l'Angleterre était devenue un pays industriel et commercial et pouvait donc se permettre de faire son deuil aussi bien des plantations que des îles. L'esclavage dans le sud des Etats-Unis connut toute son importance durant la première moitié du XIXe siècle, c'est-à-dire à une époque où il était sur le point de devenir un anachronisme, une absurdité, dans un pays en voie d'industrialisation. Les hommes d'affaires, cependant, s'intéressent à ce qui se passe ici et maintenant (et l'on frémit en lisant que les propriétaires d'esclaves voulaient étendre leur système aux territoires de l'Ouest) ; il fallut une guerre pour mettre fin à l'esclavage dans le Sud. Les esclaves affranchis restèrent, en nombre incontournable ; ils n'étaient plus désormais de simples unités de main-d'œuvre et de richesse, une espèce de monnaie ; et ce furent eux — eux pour qui, d'une manière ou d'une autre, la guerre avait été livrée — qui portèrent le poids de l'angoisse du Sud.

Un esclave est un esclave ; un maître n'a pas à se demander s'il l'humilie ou le tourmente. Au cours des cent années qui suivirent la fin de l'esclavage, les Noirs furent tourmentés dans le Sud de toutes sortes de façons, dont j'ignorais tout avant de commencer à voyager dans la région. Jack Leland m'avait dit qu'à l'époque où l'automobile avait fait son apparition en Caroline du Sud, les Noirs n'avaient pas eu le droit de conduire. A Tallahassee, j'appris que les Noirs n'avaient pas eu le droit d'essayer des vêtements dans les magasins, ils étaient obligés d'acheter ce qu'ils avaient essayé. Dans le Mississippi, ils n'avaient pas eu le droit de poursuivre leurs études au-delà d'un certain niveau ; en Caroline du Sud, il fut un temps où l'on chercha à les priver de toute espèce d'instruction.

Et il y eut dans le Sud quelque chose que nous ne connûmes jamais dans les Caraïbes de l'époque coloniale : la violence et l'absence de loi. Comment une famille noire réagissait-elle en entendant parler de lynchages ? Qu'advenait-il des dépouilles ? Comment étaient-elles inhumées ? Un homme que je rencontrai m'expliqua que dans son enfance, son père lui avait interdit de devenir garçon livreur, redoutant qu'une Blanche n'accusât son fils de voyeurisme ou de tentative de viol.

Dans les Caraïbes, les Noirs, après un siècle de négligence coloniale, un siècle de distance par rapport à l'esclavage, se retrouvèrent majoritaires sur leurs îles, ayant tout loisir d'élire leurs propres dirigeants et leur propre gouvernement. Les Noirs américains, à la même époque, étaient tout juste libérés, mais minoritaires dans le pays le plus évolué du monde et figuraient parmi les citoyens les plus démunis de leur nation. Leurs possibilités, en tant qu'Américains, étaient bien plus grandes que celles d'un Antillais, mais pour la masse, il n'était pas question d'aller facilement de l'avant ; ces gens-là avaient subi trop de choses ; l'irrationalité de l'esclavage et les années qui le suivirent avaient rendu beaucoup d'entre eux irrationnels et autodestructeurs.

On en parlait tous les jours dans les médias : la drogue, le crime, la vie des rues, les « pressions négatives exercées par les pairs » à l'école (des Noirs rossant d'autres Noirs parce qu'ils faisaient de bonnes études). A Atlanta, Anne Siddons avait décrit son besoin, passé un certain âge, de thésauriser ses émotions, de réserver pour son usage personnel certaines parties d'elle-même. Les Noirs de tous âges, semblait-il — vivant leur cause dans leur existence même — éprouvaient un besoin similaire. Toutefois, se trouvant dans une situation plus désespérée, ce regard braqué vers l'intérieur risquait de les séparer de leur cause et bien souvent de lui nuire.

« Finalement, je suppose que la chose la plus difficile (et la plus bénéfique) de ma vie a été le fait d'être né noir et d'être, de ce fait, contraint de négocier une espèce de trêve avec cette réalité. » Ces paroles de James Baldwin (qui compte parmi les plus élégants manieurs de la langue) m'étaient restées en tête depuis que je les avais lues, près de trente années auparavant. « Cette réalité » — c'était ce que je me rappelais et que j'acceptais ; mais à présent, dans le Sud, au milieu de mon propre périple, je commençai à me demander si la trêve que chaque Noir recherchait n'était pas négociée en fait avec l'irrationalité du monde qui l'entourait. Et ce qu'avaient accompli certaines personnes se mit à m'apparaître d'autant plus grandiose.

La révérende Bernyce Clausell vivait à Tallahassee, rue Joe-Louis.

— Pas dans les H.L.M., me dit-elle au téléphone. Dites bien au chauffeur que ce n'est pas dans les H.L.M.

Et le chauffeur de taxi blanc non seulement m'emmena tout droit chez elle, mais repéra en outre la dame en question, avec son col blanc, dans la rue, en train de parler à un membre de sa congrégation. La révérende Clausell était un pasteur baptiste et jouissait d'une certaine réputation, à la fois en tant que seule femme pasteur baptiste dans cette partie de la Floride et aussi en raison de ses efforts sur le plan de l'assistance sociale. Les médias avaient parlé d'elle lorsqu'elle avait envoyé une mission de secours dans le Mississippi, à la ville de Tunica, dans une région pauvre portant le nom de Sugar Ditch (la Fosse au Sucre). Elle avait expédié un camion entier de ravitaillement, sur le flanc duquel était tendu un calicot où l'on pouvait lire, en caractères soigneusement imprimés : TALLAHASSEE À TUNICA. Je pensais qu'il y avait là une recherche professionnelle de l'effet, mais la dame que mon chauffeur de taxi me désigna dans la rue n'avait l'air ni agressive, ni sûre d'elle.

Elle était petite, menue, les traits empreints de douceur ; son col blanc lui donnait un faux air d'universitaire ; une femme à sa place dans cette rue paisible et résidentielle, avec ses petites maisons et ses jardins bien propres ; une rue qui, manifestement, ignorait les « H.L.M. ».

Elle prit congé de la femme avec qui elle s'entretenait et me salua. Elle m'expliqua que cette femme, membre de sa congrégation, l'avait arrêtée alors qu'elle allait à l'église éteindre les lumières et me pria de l'accompagner. Ce n'était qu'à quelques pas de là, de l'autre côté de la rue : l'église baptiste du Calvaire, un bâtiment tout blanc, avec un panneau sur lequel était inscrit le nom de son défunt mari, le révérend James Aaron Clausell. C'était lui qui avait fondé l'église.

Tout autour du petit édifice, le gazon était aussi soigneusement tondu et entretenu que dans les jardins de la rue. Sous l'auvent de la porte d'entrée, les ampoules allumées gaspillaient l'électricité.

Clausell — ça venait d'où ce nom ? Il était d'origine française, me dit-elle. De Louisiane ; c'était le nom d'un des premiers et des plus importants immigrants à s'être fixé dans cette région. Le mari de mon interlocutrice avait eu la peau claire, comme beaucoup de membres de sa famille.

Une anecdote se rattachait à la fondation de l'église dans

cette rue. Les Clausell avaient tenu chez eux des séances de prières au cours desquelles des gens étaient sauvés et baptisés. Un jour, le révérend Clausell demanda à sa femme :

— Qu'allons-nous faire de tous ces gens ?

Elle répondit :

— Fondons une église.

— Je n'ai vraiment pas besoin de ça. Je suis déjà pasteur de trop d'églises, objecta-t-il.

Elle persista :

— Ecoute, chéri, je ne songeais pas à ce dont tu as besoin, toi, mais à ce dont les gens ont besoin.

C'était ainsi que l'église était née. Et lorsque le révérend Clausell était mort, Bernyce, son épouse, était devenue pasteur, conformément aux souhaits de la congrégation.

L'église, si blanche et dépouillée à l'extérieur, regorgeait au-dedans d'un tas de choses. Elle servait manifestement beaucoup et ressemblait à une salle de séjour ou à un lieu de rencontre pour la congrégation. L'enceinte principale mesurait environ dix-sept mètres de long sur dix de large. Elle était bourrée de fleurs et contenait un piano et un orgue. La moquette était bleu-vert, les bancs garnis de tissu vert. A une extrémité se trouvait une immense gravure de Jésus et Marie-Madeleine, qui devait bien faire cinq mètres de large sur un mètre soixante de haut. Elle avait été achetée vingt-trois ans auparavant à une imprimerie près de Boston. Le Christ frappait par la blancheur de sa peau et la blondeur de sa longue chevelure ; il ressemblait un peu — phénomène que j'avais déjà remarqué plusieurs fois ailleurs — à certains portraits du général Custer.

J'interrogeai Bernyce Clausell au sujet de cette reproduction.

— Elle ne dérange nullement notre congrégation, me répondit-elle. Je leur enseigne que la couleur n'a aucune importance. Mieux vaut un Christ blanc que pas de Christ du tout. Après tout, le Christ n'a pas de couleur.

Pourtant elle avait aussi un Christ noir à me montrer, avec des disciples non moins noirs. C'était un tout petit tableau, qu'elle pouvait tenir dans sa main.

A propos de la moquette et du tissu qui garnissait les bancs, elle m'expliqua :

— Tout a été offert. Nous prenons ce qu'on nous donne. C'est pour cela que les teintes ne sont pas exactement assorties.

Sur les fenêtres, on avait collé des bandes de papiers avec des motifs de vitraux. Il s'agissait d'un motif floral. Ces bandes avaient été commandées à Spencer Gifts, une firme de vente par correspondance, et choisies sur catalogue.

La porte de l'église s'ouvrit et une voix de femme salua le pasteur. La révérende Bernyce connaissait sa visiteuse. Avec un mot d'excuse à mon intention, elle s'approcha d'elle. Je ne me retournai pas pour regarder ; j'examinai plutôt la gravure de Boston. La nouvelle venue parlait à voix basse et la révérende Bernyce se mit au diapason. Leurs paroles restaient indistinctes. Une seule phrase de la révérende trancha sur la rumeur confuse pour parvenir jusqu'à moi :

— On n'est pas forcé de se rouler par terre, ni de sauter au plafond.

La consultation continua un certain temps : c'était la deuxième personne qui venait trouver le pasteur ce matin, avec un problème spirituel.

Une fois que la visiteuse fut repartie, après avoir multiplié les « au revoir et merci », la révérende Bernyce expliqua :

— Sa fille est venue la semaine dernière et a accepté le Christ. Elle va se faire baptiser. Elle a quatorze ans. Mais depuis, quelqu'un lui a dit qu'elle n'était pas prête — en réalité, c'est pour essayer de la tenir à l'écart de l'église. Certaines sectes protestantes refusent de vous admettre comme membre tant que vous n'avez pas manifesté une réaction émotionnelle, physique. C'est pour ça que j'ai dit à la mère que de nos jours il n'y avait pas besoin de sauter au plafond.

Je la priai de poursuivre ses explications.

Elle me dit :

— Vous naissez hindou. Nous ne naissons pas chrétiens. Nous naissons noirs.

Cette dernière phrase sonnait étrangement dans la bouche d'un pasteur, mais peut-être signifiait-elle simplement qu'il fallait choisir le Christ.

— Pour devenir chrétien, il n'y a pas besoin d'exprimer des transports d'émotions, poursuivit-elle. Dans nos services religieux, nous ne laissons libre cours à nos émotions que si nous en éprouvons le besoin.

Elle m'emmena dans une pièce située derrière l'enceinte principale, qui était une sorte d'annexe, appelée la Salle de la Confrérie Clausell, en l'honneur de son défunt mari. Il y régnait une ambiance très familiale. On y trouvait un fourneau pour faire la cuisine et un peu partout des vêtements recueillis pour les bonnes œuvres de l'église, tout spécialement pour la « Mission Main tendue ». La douce dame pasteur prononça avec le plus grand sérieux le slogan de son programme d'entraide :

— C'est notre projet compatissons-partageons.

Il faisait partie de la mission « Tallahassee à Tunica ». Il y avait des vêtements (cachés sous des housses vertes) sur des portemanteaux, dans des sacs et sur les tables. Elle me dit que son appel à l'aide en faveur des pauvres de Tunica, Mississippi, à près de mille kilomètres de là, avait éveillé un puissant écho au sein de sa congrégation.

Tout autour de la salle, sur les murs et sur des panneaux d'affichage, s'alignaient des photographies d'Américains de race noire.

— Nous mettons en permanence l'histoire des Noirs américains sous les yeux des gens, afin qu'ils connaissent ne fût-ce qu'une fraction de leur patrimoine, m'expliqua-t-elle.

Il y avait des portraits de Martin Luther King, de Richard Allen (fondateur de l'Eglise épiscopale méthodiste africaine en Pennsylvanie), de Booker T. Washington, de Harriet Tubman, de Frederick Douglass et de héros noirs des forces armées américaines ; il y avait aussi une photographie de l'Atlanta Life Insurance Company, dont les propriétaires étaient noirs.

Nous quittâmes l'annexe pour ressortir dans la rue, en traversant l'enceinte principale. Sur le mur à côté de la porte d'entrée, je vis de nombreux clichés en couleurs de la tournée qu'avait faite la révérende Bernyce en Europe, en 1972. Ces souvenirs (et tout le reste) donnaient l'impression que l'église était un peu l'album de photos d'une personne très pieuse. Mais il y avait quelque chose en plus. Cette dame noire d'un certain âge avait fait, en tant que Noire, l'expérience du monde extérieur, de la célébrité, et elle répercutait un peu de l'éclat de cette expérience sur sa congrégation noire. Les honneurs dont elle avait été l'objet devaient être considérés comme des honneurs accordés à une personne de race noire et de ce fait à toute la race.

Sous l'auvent étaient affichées des photographies de familles noires et blanches, découpées dans des magazines. C'était ainsi que la révérende Bernyce rappelait à sa congrégation la fête des mères et elle avait pris soin de mettre des groupes aussi bien blancs que noirs.

Elle me dit :

— Nous sommes un pays bi-racial.

Je n'avais jamais entendu ce mot, mais aussitôt elle le précisa et l'amplifia :

— Nous sommes noirs, mais le pays n'est pas entièrement peuplé de Noirs. Il y a de nombreuses races. Donc, quand nous montrons des familles, nous en choisissons de différentes couleurs de peau.

L'air me paraissait chargé de pollen. De l'autre côté de la rue, là où se trouvait sa maison, le terrain était en pente, en sorte que sa demeure était située dans un petit creux où l'air était encore plus lourd. Une voiture était garée à l'emplacement prévu et dans le petit séjour, aux dimensions beaucoup plus modestes qu'on aurait pu le croire de l'extérieur, il y avait encore bien d'autres photographies, souvenirs et objets divers. Un mur entier était couvert de diplômes encadrés et de plaques commémoratives. Il faisait chaud dans la pièce, même avec la porte ouverte.

La révérende Bernyce Clausell était née en Géorgie, mais à l'âge de neuf mois, ses parents l'avaient emmenée vivre à Columbus, dans l'Ohio.

— Je ne sais pas ce que faisait mon père, commença-t-elle. Il était ouvrier. C'était un tout petit bonhomme, incapable de grands efforts.

C'était sans doute de lui qu'elle tenait son ossature si menue.

— Nous sommes restés quelque temps à Columbus et puis ma mère est morte et notre tante nous a emmenés à New York. J'adorais ma tante. J'étais trop jeune pour avoir connu ma mère. A New York, nous avions de tout à portée de main, la marijuana, les meurtres, la drogue, mais cela n'avait aucune influence sur nous, parce que nous étions très pratiquants.

Elle s'interrompit pour me parler de l'acclimatation nécessaire aux petits provinciaux noirs lorsqu'ils partaient s'installer dans une grande ville.

— Il faut rompre tous vos liens avec votre famille, votre communauté, votre église. En contrepartie, vous avez l'occasion de créer de nouveaux liens, même dans une grande métropole comme New York. Vous pouvez vous intégrer à un groupe plus petit et vous développer en son sein. Disons, par exemple, une église, un club, un parti politique ou tout simplement une bande de gamins des rues. Certains jeunes qui ont émigré du Sud dans le Nord ont toujours besoin d'un groupe auquel se raccrocher. Alors, malheureusement, ils se joignent à une bande de loubards.

Comment expliquait-elle ce puissant instinct religieux que possédaient les Noirs ?

— Je crois qu'il remonte à l'esclavage. Et même plus loin. Jusqu'à l'Afrique. Ils avaient un fort héritage religieux et, dans l'adversité, Dieu était leur sauveur. Ils avaient la conviction qu'un jour Dieu trouverait la solution.

S'agissait-il d'une certaine forme d'évasion ?

— Chez certains, ce pouvait être une sorte d'évasion, je ne le nie pas. Mais avant tout, le christianisme est un mode de vie. Il me semble que les églises blanches que je connais sont pareilles aux nôtres. Elles font un formidable travail de mission. Encore plus important que le nôtre, parce qu'elles ont de gros moyens financiers. La religion a contribué dans une large mesure à venir à bout de la ségrégation.

» Je ne peux vous parler que de mon expérience personnelle. En ce qui me concerne, je n'ai pas rencontré d'hostilité raciale jusqu'au jour où j'ai quitté New York pour aller vivre à Washington. C'était en 1941, j'avais vingt-cinq ans. Je suis partie travailler pour le gouvernement. Et j'ai subi une mésaventure qui m'a profondément meurtrie, dès le premier jour. La cafétéria du ministère de la Guerre n'était pas encore ouverte, alors avec trois autres jeunes Noires, nous sommes allées dans une petite boutique à sandwiches pour déjeuner. Nous avons acheté des sodas et au moment où nous allions nous asseoir pour manger, la dame qui tenait la boutique a lancé d'un ton désagréable, très désagréable : « Dites donc, vous autres, dites donc, vous ne pourriez pas trouver un autre endroit pour manger ? » Inutile de vous dire qu'après ça, nous n'avions plus très faim.

— Est-ce que votre foi ou votre façon de penser s'en sont trouvées ébranlées ?

— Ce qui s'est passé, surtout, c'est que ça m'a donné à réfléchir sur mon pays. Avant cette histoire, j'étais patriote à cent pour cent. J'aimais l'Amérique. Mais là, ma ferveur patriotique en a pris un petit coup. En revanche, ma foi n'en a pas souffert. Au contraire même, grâce à mes convictions religieuses, je n'ai pas éprouvé de rancœur envers cette femme. La ségrégation était toujours en vigueur à Washington. Et *là,* je trouvais ça renversant, que la ségrégation existe dans la capitale du pays.

» Quand nous sommes allées à la grande cafétéria du ministère de la Guerre, où nous travaillions, les Blancs ne voulaient pas s'asseoir à la même table que nous. Si nous prenions place à leur table, ils allaient plus loin. Nous avons commencé à savoir que ce genre de choses existait. Je peux vous dire que ça m'a donné une âme de militante. Nous avons adhéré à un groupe dont le fer de lance était une bande de Quakers et notre but était de mettre fin à la ségrégation dans quelques-uns des restaurants et bistrots de la ville. Nous nous réunissions (tous les Quakers étaient blancs), pour dire des prières et décider de l'endroit où nous irions. On nous recommandait de ne pas manifester la moindre réaction, malgré les violences dont nous pourrions être l'objet. Il a fallu nous entraîner. Vous ne pouvez pas vous imaginer les choses qu'on a pu nous dire. Des gens nous crachaient à la figure. Si nous buvions dans un verre, ils le prenaient et le mettaient à la poubelle. Le Christ nous a dit de tendre l'autre joue. Et finalement, un peu plus tard, Washington s'est retrouvée intégrée.

L'atmosphère était lourde, chargée du pollen et de l'humidité du nord de la Floride. Mes yeux avaient commencé à me piquer et à présent, en évoquant ces séances de prières, je me mis à pleurer.

— Les gens ont changé, remarqua-t-elle. Aujourd'hui, certaines de ces mêmes personnes refuseraient de croire qu'elles ont pu être aussi cruelles à cette époque.

C'était une façon si charitable de formuler la chose ! Elle n'offrait pas le pardon à titre personnel. Elle parlait d'un changement de mentalité plus vaste. C'était profondément émouvant.

— Ces expériences ont contribué à me forger et à me donner davantage de caractère et de force, reprit-elle.

Mais qu'en était-il des autres ?

— Certains n'ont pas pu le supporter. Ils ont tout bonnement laissé tomber. Accepté. Pour ces gens-là, c'était peut-être la meilleure chose à faire. Il n'est pas donné à tout le monde de lutter. La Bible dit que les forts supportent les infirmités des faibles.

Cette femme, si frêle et fluette sur son canapé, dans son petit séjour, se rangeait parmi les forts.

— C'est toujours d'actualité. Pas la ségrégation, mais le racisme. C'est plus subtil.

Je voulus connaître son attitude envers le passé, mais le passé, pour elle comme pour presque tous les Noirs avec qui j'eus des entretiens, s'arrêtait à un point donné.

— Je n'ai jamais cherché à prolonger mes racines. Je peux remonter à mon grand-père et ma grand-mère. Vers 1900. C'est tout.

De nos jours, il y avait d'autres problèmes à côté de ceux que posait le racisme. Il y avait le problème des adolescentes enceintes, celui de la drogue, des gosses qui abandonnaient leurs études, et aussi le comportement de certains lycéens noirs qui, à ce qu'on rapportait, tabassaient les autres Noirs qui réussissaient bien à l'école.

— Nous n'avions pas ce problème quand les écoles étaient entièrement noires, répondit-elle. A présent, je regrette de devoir le dire, la fin de la ségrégation a été nocive à certains enfants noirs. Parce que dans les écoles noires, nous devions visiter périodiquement les parents chez eux. Si nous avions des problèmes, nous pouvions aller voir les parents et ils se montraient très coopératifs. Nous avions des activités religieuses dans les écoles. Dévotions pendant quinze minutes, tous les matins. Or, dans les écoles où la ségrégation n'existait plus, ce qui s'est passé, c'est que certains jeunes Noirs ont commencé à prendre modèle sur certains des bons à rien de petits Blancs. Et les parents n'avaient plus ces liens très étroits avec les écoles. Alors ceux d'entre nous qui font ce genre de travail doivent travailler plus dur. De nos jours, on ne peut plus faire grand-chose dans les écoles.

Elle se rangeait parmi les forts. C'était sa religion qui lui donnait une partie de sa force. Y avait-il eu des expériences qui l'avaient confortée dans sa foi ?

— Beaucoup, m'affirma-t-elle. Et tout le temps. Dieu parle aux gens, exactement comme il le faisait jadis. A l'âge de seize ans, je savais déjà que je prêcherais un jour. Je l'ai dit aux gens de mon église à New York. Je ne sais pas comment ça m'est venu. Je le savais, voilà tout. Et je sais qu'en 1971, quand j'ai été ordonnée, Dieu m'a parlé. Ce sont des paroles au fond du cœur, quand Dieu vous parle. Mais il y a aussi eu des occasions où Dieu m'a parlé expressément, où il m'a appelée par mon nom ; j'ai regardé autour de moi pour voir qui donc m'appelait ainsi et il n'y avait personne. La première fois où j'ai entendu Dieu me parler ainsi, de façon audible, j'étais encore enfant. Il a dit : « Lève-toi et rejoins mon église. » Sur le moment, je ne l'ai pas fait. Mais depuis que je suis ministre du culte, Dieu me parle sans cesse. Un discours intelligible. Il me dit de faire telle ou telle chose. Et moi, je lui réponds tout haut. Certains membres de ma congrégation sont au courant de ces phénomènes. Un dimanche, Dieu m'a parlé d'un enfant de la congrégation. Je venais juste de me retourner pour regagner la chaire et Dieu a dit : « Prie pour cet enfant ! » J'ai fait volte-face et j'ai vu l'enfant assis sur les genoux de quelqu'un. Le commandement de Dieu était pressant. Alors j'ai dit : « A qui est cet enfant ? Amenez-le ici. » J'ai prié. Certaines personnes se sont mises à pleurer. Une semaine plus tard, l'enfant est tombé malade, mais il n'est pas mort. Dieu merci.

D'ordinaire, elle ne parlait pas de ces expériences, mais elle l'avait fait le jour où elle s'était présentée devant le Conseil d'ordination, un groupe de baptistes noirs à New York.

— Je devais justifier de ma vocation, me dit-elle. J'ai expliqué aux membres du Conseil que Dieu me parlait et ils ont très bien compris.

Sa religion l'avait aidée à supporter le dur apprentissage de Washington, en 1941, et l'avait soutenue par la suite.

— Voyez-vous, c'est le Saint-Esprit qui nous guide et nous protège dans ces cas-là.

— Vous êtes-vous jamais sentie abandonnée ?

— Jamais je ne me suis sentie abandonnée de Dieu.

— C'est lui qui vous a dit de lutter ?

— Je ne sais pas. J'avais cela en moi. Et j'ai eu le sentiment d'avoir fait tout mon possible.

Elle révérait la mémoire de Martin Luther King, mais la résistance entreprise par elle-même et les Quakers à Washington se situait bien avant le mouvement en faveur des droits civils, dans les années cinquante et soixante. Elle était plus courageuse qu'elle ne voulait bien le dire, mais elle ramenait toutes choses à sa foi. « Tant d'expériences religieuses. Tant d'expériences de Dieu. » Et elle se réjouissait de voir que ses deux filles étaient attirées par la religion, l'une d'elles étant même « totalement dévouée à l'église ». Sous ce rapport, elle passait le relais en tant que femme pasteur.

— Quand j'étais petite, à New York, me confia-t-elle,

nous avions des prédicatrices, dans notre congrégation, donc pour moi cela n'avait rien de rare, ni de différent. Quand j'ai épousé un ministre du culte, j'ai abandonné toute idée de le devenir moi-même. Mon mari ne croyait pas aux femmes pasteurs, mais il savait que j'aurais voulu l'être. C'était un homme perspicace. Il était beaucoup plus âgé que moi. Il savait que j'aurais souhaité être ministre du culte, parce que quelquefois à l'église, je me levais pour parler. Quand l'esprit bouge, vous bougez avec. Il a compris que j'étais sincère. Quand Dieu m'a parlé, en 1971, je n'ai pas pu tenir compte plus longtemps de ce que pensait mon mari. Cette fois-là, j'ai été obligée de répondre à l'appel. Obligée d'écouter la voix de Dieu plutôt que celle de mon mari.

Il était temps pour moi de partir. Elle me donna un fascicule la concernant, et qui était composé de photocopies agrafées ensemble, souvenir d'une cérémonie en son honneur organisée six mois plus tôt à la Florida Agricultural and Mechanical University. Il y avait dedans des copies d'articles sur elle parus dans le *Tallahassee Democrat,* ainsi qu'une liste des nombreuses récompenses et des honneurs qu'on lui avait décernés. Le frontispice était une photographie d'elle en pleine page et sur la couverture, elle était désignée comme « la servante du Christ ».

Elle me donna aussi sa carte. L'église baptiste du Calvaire y était décrite en ces termes — et je songeai de nouveau à de la copie publicitaire — : « La sympathique petite église au coin de Joe-Louis et d'Arizona. » Il fut un temps où cela m'aurait paru typiquement « américain ». A présent, je comprenais un peu mieux et je savais que les églises comme celles de la révérende Bernyce étaient bien davantage que de simples lieux du culte, qu'elles étaient des centres communautaires, des centres sociaux et dépendaient de la personnalité du pasteur.

Maurice Crockett, grand et bel homme à peau brune de cinquante-six ans, droit comme un i, était le commissaire du Conseil de liberté conditionnelle de Floride. On me l'avait vanté comme le Noir de l'endroit, qui avait réussi. Cela me donna envie de le rencontrer. Il avait accepté de me voir, mais n'avait pas saisi ce que je désirais. Et lorsqu'on m'introduisit dans son bureau, un jour, en début d'après-midi

— il avait fait le vide sur sa table de travail et sa tête reposait sur ses bras croisés, mais il était loin de dormir — il ne se montra pas tout de suite accueillant.

Il dit, et cela sonnait comme une déclaration préparée d'avance :

— La plupart des gens de l'extérieur nous considèrent comme défavorisés sur le plan ethnique, à moitié illettrés.

Si nous avions continué sur ce ton, la rencontre n'aurait pas servi à grand-chose, mais lorsqu'il comprit que j'étais venu écouter, il se radoucit. Bientôt son amabilité naturelle reprit le dessus ; il se mit à parler de façon volubile, désireux d'effacer la première impression rébarbative.

— Quand je suis devenu chef de service, coiffant des Noirs et des Blancs, les Blancs n'étaient pas contents et pendant environ deux ans j'ai dû vivre avec une protection policière, me confia-t-il.

La chose paraissait bien improbable à présent, dans l'atmosphère civilisée de son bureau.

— Notre réaction était peut-être exagérée, poursuivit-il, mais on ne sait jamais. Il y a eu des quantités de menaces téléphonées et de sous-entendus. Et beaucoup de Blancs ont démissionné.

La bataille n'avait pas été agréable, mais elle avait été nécessaire.

— Certaines personnes voudraient faire croire que du temps de la ségrégation, les Blancs étaient heureux et les Noirs aussi. Mais ce n'est pas vrai. Je ne crois pas que quiconque, en réfléchissant un tant soit peu, puisse être heureux dans de telles conditions. Jamais je n'aurais pu me *permettre* d'être heureux. Les choix qui s'offraient à moi étaient si limités. Aujourd'hui, mon fils n'est absolument pas limité dans le choix de sa carrière. Ce n'était pas le cas pour moi. En 1964, quand il m'a semblé que je méritais de l'avancement, ils sont venus me faire faire un tour en voiture pour m'expliquer que j'étais qualifié, mais qu'ils n'étaient pas encore prêts à voir une personne de couleur dans ce genre de boulot. Je suis rentré chez moi et je vous avoue que j'ai pleuré. Et ça me fait encore mal.

» Mon fils, grâce à ma situation professionnelle, n'a jamais subi un rejet de cet ordre. Dans mon travail, ici, j'ai été principalement entouré de Blancs et c'est dans cet environnement que mon fils a grandi.

Son fils avait fréquenté les écoles publiques blanches,

jusqu'au jour où il l'avait mis dans une école noire affiliée à l'université noire locale.

— Il n'a pas pu le supporter, m'avoua-t-il. Jamais il ne s'était trouvé dans un environnement complètement noir. La musique était différente, les manières aussi. Michael avait écouté la musique des jeunes Blancs. Dans sa troupe de scouts, il était le seul Noir.

Maurice Crockett avait traversé une époque difficile et fait mieux que survivre. Mais y avait-il des gens qui s'étaient effondrés sous une telle pression ?

— Certaines personnes se défilent. Pour vous défiler, il suffit de vous absorber dans les activités de votre église, dans ce qui se passe chez vous. Cela revient ni plus, ni moins à vous isoler de la réalité. A l'église, il n'y a que des Noirs et quand vous y allez, tout le monde est bien gentil, vous n'êtes pas menacé, c'est une espèce de retour à la matrice.

Pour sa part, il avait puisé sa force à une source particulière.

— La plupart des gamins noirs connaissent surtout un système matriarcal, mais moi, j'ai été élevé par un homme. C'était mon beau-père. Pour moi, il a été un modèle et un guide. Les mères ont tendance à ne pas être assez sévères avec leurs fils. Les garçons ont besoin du type de structures qu'un homme peut leur fournir. Je crois que de nos jours, beaucoup de jeunes Noirs iraient à l'école si la structure fondamentale, avec un père de famille, était en place. Mais les hommes noirs ont eu beaucoup de mal à s'affirmer en raison du manque de débouchés professionnels.

Je l'interrogeai au sujet de son fils, qu'il avait retiré des écoles blanches pour l'envoyer dans des établissements noirs.

— Il a commencé à prendre conscience du fait qu'il est noir et que tout le monde ne l'aime pas forcément, déclara-t-il. Il entre en troisième année d'études à Tuskegee. Mais Michael a quand même conservé son cadre blanc fondamental avec ses amis blancs.

Fort de sa présente réussite, fort de sa nouvelle sécurité, Maurice Crockett redécouvrait, réaffirmait sa « négritude ». Il avait besoin de religion, mais d'une religion noire.

— Je ne suis pas du genre hurleur, mais j'aime fréquenter une église où il se passe des choses de ce genre. Beaucoup d'entre nous voudraient imiter d'autres normes et c'est une chose qu'il faut faire. Mais je crois néanmoins que, comme la majorité des groupes ethniques, nous ne devons pas divorcer d'avec notre culture de base. Surtout à l'église. L'église est mon salut. C'est elle qui me permet de rester sain d'esprit.

Le salut, la santé mentale — je n'avais pas encore entendu quelqu'un associer ces deux notions, mais dans le métier d'un commissaire du Conseil de liberté conditionnelle, elles répondaient à des besoins spéciaux.

— Il y a des jours dans mon travail où la tension subie pour essayer de garder pied vous renvoie chez vous souffrant, au sens littéral du terme. L'une de nos fonctions les plus éprouvantes est d'avoir le dernier entretien de vive voix avec les détenus condamnés à mort. Nous nous rendons à la prison et nous nous asseyons en compagnie du condamné et de son avocat. Notre entretien est noté par un greffier du tribunal. Alors, quand le monde devient trop pénible pour moi, je vais à l'église. Pour nous autres Noirs du Sud, l'église c'est la grâce qui sauve.

— Avez-vous l'impression d'avoir réussi, aujourd'hui ? Etes-vous satisfait ?

— Je ne suis pas satisfait. Je descendrai au tombeau insatisfait. J'essaierai constamment de m'améliorer. Les gens aimeraient bien dire que tout ce que nous voulons, c'est sauter de nos arbres et bouffer de la pastèque pour le restant de nos jours. Moi, je veux qu'ils sachent que ce genre d'idées toutes faites est déplacé. Je reçois énormément de visiteurs dans mon métier. La plupart des gens de l'extérieur nous considèrent comme défavorisés sur le plan ethnique, comme incapables de nous exprimer verbalement. Il me semble qu'ils nous prennent pour des semi-illettrés.

C'était sur ces mots qu'avait commencé notre entretien. Il venait donc de boucler la boucle, par une explication.

— Mais c'est faux, reprit-il. Si vous venez me trouver avec ces idées-là, je suis prêt à vous faire savoir que je ne suis pas le genre de type qu'on peut traiter de la sorte.

Sa propre trêve avec l'irrationnel, comment l'avait-il négociée ? Quelle était, dans le passé, la chose qui, aujourd'hui, avec le recul, le surprenait particulièrement ?

— Ce que je trouve difficile à comprendre à présent, c'est comment j'ai pu contenir ma colère. Je suppose qu'on doit apprendre que la colère ne résout pas les problèmes. Il faut parfois s'asseoir et lutter contre soi-même.

Il lui arrivait encore, à l'occasion, de se battre ainsi. Il vivait dans un quartier blanc. Il allait promener son chien. Or, quelle que fût l'heure de la matinée ou de l'après-midi à laquelle il sortait son chien, il y avait toujours, dans une maison située à une des extrémités de sa rue, un vieil homme blanc qui le regardait, assis sur sa véranda ouverte. Ce vieux bonhomme attendait, semblait-il, de voir Mr. Crockett passer devant chez lui.

— Mais dans quel but ?

Je ne compris pas l'explication de Mr. Crockett.

— Il veut que je sache qu'il est là. Que je sache qu'on m'observe, répondit-il avec un geste du doigt, comme pour tracer une ligne horizontale.

— Est-ce qu'il dit quoi que ce soit ? Vous parlez-vous tous les deux ?

— Mais oui. Et je dois toujours trouver quelque chose à lui répondre. La dernière chose qu'il m'a dite, c'était : « Je ne sais pas qui est le plus lent, de vous ou du chien. » Et moi, il faut que je trouve quelque chose à riposter, une crétinerie du style : « Et vous, vous êtes encore plus lent que nous deux réunis. » Ce genre d'imbécillité.

Mais le voisin devait être un homme religieux, un baptiste peut-être ou un fondamentaliste. Cela ne permettait-il pas une certaine espèce de communication ? Mr. Crockett repoussa cette idée.

— Le fondamentalisme blanc, commença-t-il, le plaçant d'emblée dans une catégorie fort différente du fondamentalisme noir qu'il aimait dans les églises noires et considérait comme partie intégrante de sa culture noire, tend à en revenir aux bons vieux jours d'autrefois. De nos jours, l'église blanche a une école qui lui est rattachée. Ils appellent ça une école chrétienne ; le principal objectif est de maintenir la ségrégation. L'église fondamentaliste blanche a détruit ces gens et détruit les problèmes. C'est une tentative minable de rétablir une structure depuis longtemps périmée.

C'était sur les conseils d'un écrivain de la côte ouest, lui-même originaire de Tallahassee, que j'étais venu dans cette ville. Le nord de la Floride, m'avait-on dit, était tout à fait différent du sud. Le nord de l'Etat, sorte d'enclave, faisait partie du Sud profond. Mais il m'avait fallu fort longtemps pour trouver mon chemin ; cela arrive parfois, dans le genre de voyage que j'avais entrepris.

Tallahassee, capitale de l'Etat, était un centre administratif artificiel à mi-chemin entre les extrémités de l'enclave, à mi-chemin entre les villes de Pensacola et Jacksonville. Or, tout ce que je connaissais du paysage jusqu'à présent c'était les quelques kilomètres entre Tallahassee et les maisons de bord de mer, le long des criques noires et des langues de sable blanc du golfe de Mexico : un paysage de vacances jalonné de magasins d'alimentation, restaurants, caravanes, postes d'essence, endroits où l'on pouvait acheter des appâts vivants et d'églises ; des édifices à jeter après usage au pays des « rednecks * », où dans le temps (m'avait-on assuré) les Noirs auraient été chassés par le feu s'ils avaient essayé de s'implanter et où il n'y avait toujours pratiquement aucun Noir.

Et puis soudain, presque à la fin de mon séjour à Tallahassee, je vis autre chose que ce paysage de vacances. A environ une heure de voiture, juste derrière la route nationale — à cause des nationales américaines, tous les Etats et toutes les régions se ressemblent — je vis des vieilles routes en terre battue, des forêts, là où jadis s'étaient étendus des champs, des maisons entièrement abandonnées, avec leurs hangars et leurs garages dans des jardins mangés par la végétation. C'était un peu comme de se retrouver dans une de ces villes européennes abandonnées en Afrique, au Zaïre ou au Rwanda.

Il y avait eu en ces lieux une ancienne communauté. A présent, c'était à peine si elle existait. L'agriculture ne pouvait plus la faire vivre, elle ne payait plus. Et de-ci, de-là, parmi les maisons en ruine, vers lesquelles semblaient se tendre les arbres, les arbustes et les buissons, assombrissant les espaces vides des jardins, il y avait des endroits encore habité par des gens, noirs et blancs, des gens qui n'étaient pas disposés à partir, qui se cramponnaient, des gens qui, si l'on pouvait dire, étaient occupés à démêler les bizarreries de leur propre nature. Le gros jeune homme qui se balançait, sur sa véranda basse, par exemple, était le fils d'un fermier noir. C'était ainsi qu'il avait choisi de passer ses journées ; il avait volontairement opté pour la solitude. Je songeai à l'ivrogne du village de Howard, s'encadrant dans sa fenêtre,

* Littéralement, les « cous-rouges », Américains blancs pauvres. (*N.d.T.*)

le dimanche, regardant le paysage, mais si loin de la vie de sa communauté. Ici, il n'y avait plus de communauté ; le gros jeune homme se balançait au milieu d'une brousse.

Mon guide se nommait Granger. C'était un Blanc, entre quarante et cinquante ans, qui travaillait dans un hôtel d'une ville voisine. Il avait pris cet emploi parce qu'il avait besoin d'argent pour maintenir sa propre exploitation agricole à flot. C'était une petite exploitation de soixante hectares, mais qui s'étendait sur des terres ancestrales. Elles avaient été divisées en concessions, il s'agissait d'un territoire indien, délimité et réclamé au gouvernement fédéral, durant la décennie qui avait précédé la guerre de Sécession. L'église baptiste locale avait été établie en 1856 ; Granger était un baptiste. Les terres n'avaient jamais été travaillées par des esclaves.

— Nous avons le sentiment d'avoir été les premiers Américains, me confia un parent de Granger.

Et divers ancêtres avaient émigré vers cette partie de la Floride en provenance de Caroline du Sud, de Virginie et de Géorgie. Dans certaines branches de la famille, des bruits couraient concernant la richesse d'antan. On racontait qu'un des aïeux avait été propriétaire du tiers d'un des comtés d'Angleterre. Il était question aussi, à une époque postérieure aux calamités de la guerre de Sécession, d'un autre ancêtre qui avait fait fortune en commerçant avec la Chine et rapporté chez lui un coffre plein de pièces d'or qui, lorsqu'il l'avait vidé sur le sol de la salle de ferme, avait dégagé un nuage de pure poussière d'or.

A présent, Granger travaillait dans un hôtel ; il était de service pendant deux jours, de repos pendant deux autres, et il veillait sur ce qui restait de la ferme ancestrale ; il n'accomplissait pas cette tâche pour l'argent, mais par piété filiale, parce qu'il avait une dette envers ses aïeux, et aussi parce que pour lui l'agriculture faisait partie de la beauté des jours qui s'écoulaient. Exploiter la terre, c'était vivre au milieu de ces champs, de ces bois.

Nous parcourûmes sa propriété dans sa vieille camionnette non climatisée. L'une de ses vaches venait de vêler. Notre véhicule s'immobilisa parmi les pins, dans l'ombre impalpable, trouée de soleil, parmi les bouses de vache et les débris tombés des arbres, les pommes de pin, les aiguilles et les branches mortes cassantes. Granger descendit et, en prenant soin de garder ses distances, parla à la mère et au petit veau encore tout souillé, qui s'efforçait de se dresser sur ses jambes. Cela faisait plusieurs jours que Granger attendait cet événement. C'était le genre d'agriculture qu'il pratiquait et qu'il aimait. Elle lui avait donné sa douceur.

Mais le développement arrivait. Les gens qui travaillaient en ville commençaient à faire bâtir des maisons dans les villages. Les vieilles fermes étaient menacées. Un cycle entamé quand le territoire indien avait été découpé en concessions touchait à sa fin. (La sépulture d'Osceola, le chef séminole mort à l'âge de trente-huit ans dans les prisons fédérales, n'était pas très loin de Charleston et à portée de vue de Fort Sumter.)

A quelque quatre-vingts kilomètres, toujours dans l'enclave du nord de l'Etat, le développement immobilier et l'échec de l'agriculture étaient en passe de mettre fin à une autre sorte de communauté, celle des petits cultivateurs noirs. Des Noirs avaient vécu sur ces terres depuis la fin de l'esclavage. A une certaine époque, tout le monde était apparenté ; ces champs bornaient l'horizon de tous. A présent, les routes étaient venues jusque-là ; la communauté, exposée au monde extérieur, était en train de se disperser ; il y avait des pinèdes dans les anciens champs — des jeunes pins qui poussaient au milieu d'une mer de broussailles. Tout le monde, cependant, n'était pas prêt à partir pour la ville.

Ici, la vie rurale était différente de celle que connaissait Granger sur ses soixante hectares. Ici, on avait une autre idée des ancêtres, de l'histoire, de la piété filiale. Pour Barrett, le Noir d'une trentaine d'années qui me faisait faire le tour des lieux, la vie agricole de cette communauté noire repliée sur elle-même était abrutissante et honteuse.

Barrett était issu des classes moyennes ; ses parents exerçaient des professions libérales modestes, enseignants peut-être. Il venait d'une ville relativement grande où il n'y avait guère de Noirs. Jusqu'à son arrivée à Tallahassee, il avait cru que tous les Noirs du Sud ressemblaient à sa famille ; et il était encore perturbé et ulcéré par les aspects de la vie des Noirs de Tallahassee, qui n'étaient pas conformes à ses anciennes idées. La notion d'appartenir à une minorité était si inséparable de l'éducation qu'il avait reçue et si importante pour lui, qu'il avait eu du mal, me confia-t-il, à s'habituer à voir des rues entièrement peuplées de Noirs. Il me fut sympathique pour avoir dit une chose pareille ; peu de gens auraient avoué quelque chose d'aussi simple et d'aussi démoralisant. Et lorsque son métier l'avait amené parmi cette ancienne communauté rurale noire, me dit-il, il avait subi un « choc culturel ».

Je ne pensais pas que ce qu'il me montrait était à ce point déplorable, mais il faut bien dire que je n'avais pas les mêmes exigences que lui. Et, la colère montant de nouveau au-dedans de lui, l'incitant à vouloir voir encore une fois ce qu'il y avait de pire et à me le montrer, il me conduisit jusqu'à une route transversale et lança :

— Regardez-moi ça. Une maison sans fenêtres !

C'était extraordinaire, une vieille maison en bois complètement rafistolée et misérable, qui se dressait toute seule dans une cour nue, sans aucun arbre alentour ; le champ derrière était envahi de broussailles.

Je croyais comprendre à présent ce dont Maurice Crockett voulait préserver son fils : de grandir « comme un Blanc » et puis d'être obligé, comme Barrett, de s'adapter à la réalité.

Barrett n'avait pas du tout la même façon de penser que Maurice Crockett en ce qui concernait la religion noire. Il n'estimait pas que les religions de hurleurs faisaient partie de sa culture noire. Après son mariage, me dit-il, sa femme et lui avaient discuté pour savoir quelle église ils devaient fréquenter. Ils avaient eu un entretien très sérieux et ils avaient décidé d'aller à l'église presbytérienne.

Il avait vingt ans de moins que Maurice Crockett. Il n'éprouvait pas les mêmes besoins que son aîné.

Dès le début de notre randonnée en voiture, j'avais remarqué sa passion raciale. Il avait envie de blâmer quelqu'un pour la situation où se trouvaient les Noirs. Il blâma tout d'abord les Blancs, mais ensuite ses propres paroles l'avaient détourné de ce sujet vers une irritation d'ordre plus général. Je l'avais interrogé sur sa passion raciale, tant elle me semblait constituer son principal centre d'intérêt. Il avait pris note de ma question, mais n'y avait pas répondu. A présent, alors que nous étions presque de retour à l'hôtel, il revint sur ce sujet.

— Vous m'avez posé des questions là-dessus et j'y ai réfléchi. Je suppose que je suis en colère parce que je suis noir. Je ne sais pas si c'est une assez bonne raison, mais c'est comme ça.

C'était une bonne réponse. Cela faisait partie de son honnêteté.

Dans l'allée qui menait à l'hôtel se tenait une silhouette

noire que j'avais appris à reconnaître. L'homme portait un turban noir et une longue tunique crème, à l'indienne. Il lisait tout haut, en psalmodiant, un livre arabe, peut-être le Coran. Il ne prêtait pas la moindre attention aux allées et venues tout autour de lui. Il lisait tout haut comme un élève ; il tenait le gros livre tout près de son visage, assis sur un muret ; impossible de ne pas le remarquer.

La révérende Bernyce Clausell, Mr. Crockett, Barrett — tous trois représentaient une facette d'un mouvement noir en pleine évolution vers l'avant. Un jour, Jesse Jackson était venu à Tallahassee, en quête de soutien pour sa campagne présidentielle. Même si peu de gens virent l'homme en personne, sa présence se fit sentir. Son entourage remplit presque à lui tout seul le restaurant du *Golden Pheasant*. Plus tard ce soir-là, une limousine dont le capot était relevé attendait devant un club où le candidat était allé rencontrer des gens de l'endroit. Quel style, quelles dépenses ! Pourtant ce n'était qu'une journée, même pas très importante, dans le calendrier d'un candidat à la présidence.

Il aurait été satisfaisant du point de vue historique, et beaucoup plus simple à accepter sur le plan intellectuel, que tout, grosso modo, fût inclus dans ce mouvement vers l'avant, que la race noire, ayant acquis ses droits civils, fût à présent devenue maîtresse de sa propre destinée. Toutefois, à l'autre extrémité de ce mouvement, et suffisamment près pour le menacer (en dépit de l'imposante présence au restaurant du *Golden Pheasant* des hommes et femmes de l'équipe de Jackson), il y avait une irrationalité, une autodestruction et un désespoir comme on n'en avait peut-être pas connu auparavant.

On dirait que c'est la dernière cruauté de l'esclavage : qu'aujourd'hui, à une époque qui aurait dû être celle des possibilités, une partie importante de la race noire se retrouve privée des soutiens de la foi et de la communauté élaborés au cours des cent dernières années environ. Dans les îles des Caraïbes, aux jours les plus fermement établis de l'esclavage, les esclaves avaient joué la nuit à faire semblant de posséder leurs propres royaumes, transférant sur les plantations des croyances d'Afrique occidentale (ayant toujours cours en Côte-d'Ivoire), selon lesquelles le monde véritable commence quand le soleil se couche et que la nuit, les hommes changent ou renversent leur rôle de la journée. Nul fantasme de ce genre, nul rêve d'un millénium africain ne soutient le nouvel élément noir entièrement démuni. Il est bien difficile de pénétrer dans le vide où il évolue.

— Je ne suis rien. J'existe un point c'est tout, me dit un jeune Noir dans un centre de détention.

— Vous avez les mains douces, me dit un autre, prononçant des paroles qui semblaient venues du fond des temps. Douces comme du coton.

Sa propre main était pleine de délicatesse. Il avait l'intelligence et le charme dangereux d'un certain type de délinquant, mais il était affreusement perdu ; impossible de l'atteindre. Un autre homme me dit :

— Il est très difficile pour un Noir de faire un tout petit pas en avant.

Tous trois devaient être remis en liberté à quelques mois de là. Mais il n'y avait rien pour eux au-dehors ; ils insistèrent là-dessus. Et tous trois s'exprimaient comme si leurs vies avaient été prédestinées et étaient déjà finies.

Près de seize millions de mains vous aideront à tirer le fardeau vers le haut, ou elles tireront contre vous le fardeau vers le bas. Nous constituerons un tiers et plus de l'ignorance et de la criminalité du Sud, ou bien un tiers de son intelligence et de son progrès ; nous contribuerons pour un tiers aux affaires et à la prospérité industrielle du Sud, ou nous nous avèrerons être un véritable élément de mort, stagnant, déprimant... élément politique.

Ces paroles sonnent comme un plaidoyer spécial. Ce qu'elles étaient effectivement. Elles sont tirées d'un discours prononcé par Booker T. Washington à Atlanta, en 1895, alors qu'il n'avait que trente-neuf ans : un discours célèbre qui établit sa réputation et dans lequel il accomplissait deux choses apparemment inconciliables : calmer les Blancs du Sud et offrir un espoir aux Noirs en ces temps de désespoir. Un plaidoyer spécial, un peu trop grandiloquent peut-être ; mais ces paroles du discours de 1895 à Atlanta sonnent aujourd'hui comme une prophétie.

4

TUSKEGEE

TRÊVE AVEC L'IRRATIONNEL — II

J'étais encore enfant quand j'avais eu mon premier contact avec le livre *Up from Slavery.* Mon père m'avait lu une histoire tirée de cet ouvrage et je crois bien en avoir poursuivi la lecture tout seul. Mon père, né pauvre et resté pauvre, en dépit de son ambition, aimait les histoires où les gens se prenaient en charge et s'élevaient hors de leur misère. Il souffrait à Trinidad et je savais sûrement que *Up from Slavery* possédait des implications raciales et n'était pas sans rapport avec la façon dont les choses se passaient sur notre île. J'étais trop jeune, cependant, pour mettre à profit ce genre d'information. Je reçus l'histoire de Booker T. Washington, quand mon père me la lut, presque comme un conte de fées et, dans la partie de mon esprit où elle se logea, elle fut dépouillée aussi bien de connotations raciales que d'époque historique.

Au sein de l'histoire plus vaste d'un homme qui s'élève et réussit, le récit en question racontait une mise à l'épreuve. Le jeune garçon, seul au monde et sur le point de démarrer dans l'existence, s'était vu prier de faire un lit (du moins était-ce ainsi que l'histoire s'était fixée dans ma mémoire). Or, ce qui était en jeu et qui dépendait de sa capacité de faire correctement ce lit, c'était son avenir tout entier.

Il était bien difficile d'oublier cette histoire (et à chaque fois que je faisais un lit, elle planait dans les recoins de mon esprit) : l'épreuve digne d'un conte de fées, la faculté d'accomplir suprêmement bien une tâche apparemment frivole ou anodine. C'était comme l'histoire des tentations qui assaillaient un chevalier lié par un serment ou un saint ayant prononcé un vœu ; comme les épreuves magiques d'autres contes : ramasser des grains de riz, deviner le nom d'un nain, filer de la paille pour en faire de l'or.

Toutefois, l'histoire que je portais en moi était fausse dans un de ses détails. L'enfant dépenaillé, né en esclavage, qui avait marché pendant des jours et des nuits jusqu'à une école bien particulière, afin d'y recevoir un peu d'instruction, n'avait pas dû commencer par faire un lit, mais par balayer une pièce. Il l'avait balayée quatre fois. La femme qui lui avait assigné cette tâche ne s'était pas contentée de dire alors :

— Très bien. Tu as réussi.

Elle avait passé les doigts sur les murs et le plancher pour s'en assurer. Le garçon avait agit pertinemment, en fin de compte. Il avait parfaitement accompli cette tâche trompeusement simple et, s'étant ainsi concilié les faveurs d'un autre bourreau en puissance, s'en était fait une alliée dans son périple enchanté.

Ce n'était pas sans raison que l'histoire s'était transformée dans ma mémoire, la corvée de balayage étant remplacée par la nécessité de faire un lit. Les lits avaient beaucoup d'importance pour le jeune esclave. Dans l'unique pièce de la case qui servait aussi de cuisine pour la ferme et où il vivait avec sa mère, il avait dormi dans ses haillons à même le sol en terre battue ; et lorsque, au cours de son ascension, on l'avait mis pour la première fois en présence d'un lit tout préparé, il n'avait pas su comment procéder. Il ignorait s'il devait s'allonger par-dessus les deux draps, ou entre les deux, ou au-dessous des deux. (J'aurais pu compatir à sa perplexité, car à l'âge de dix-huit ans j'avais quitté pour le climat tempéré de l'Angleterre celui, tropical, de Trinidad où nous avions une façon bien à nous de faire les lits : un drap tendu sur le matelas, l'autre, ou une couverture, plié, prêt à être utilisé pour se couvrir durant la nuit si le besoin s'en faisait sentir. Peut-être avais-je transposé un de mes premiers souvenirs embarrassants dans celui que j'avais gardé du livre.) D'ailleurs, à l'école qu'il avait fondée plus tard à Tuskegee, en Alabama, pour les gens qui, comme lui, n'étaient guère éloignés de l'esclavage, Booker T. Washington avait pris soin d'apprendre à ses élèves à se servir d'un lit et, d'une façon plus générale, de leur apprendre les bonnes manières, telles qu'il en était venu à les concevoir.

C'était une histoire émouvante, et fabuleuse : le jeune

garçon qui dormait à même le sol de la case était devenu l'un des Américains les plus célèbres de son temps, il avait dîné avec le président et n'avait jamais cessé de servir la cause de son peuple. Il est aisé de comprendre l'effet qu'un livre tel que *Up from Slavery* avait pu avoir sur un homme comme Andrew Carnegie, qui s'était fait tout seul, l'incitant à verser de vastes sommes d'argent pour l'école de Tuskegee.

En même temps, c'était justement le côté fabuleux de l'histoire de Booker T. Washington, qui semblait la distinguer des aspects plus sinistres de la question raciale dans le Sud ou en Amérique, aspect sur lesquels des gens épiloguaient dans les livres ou les journaux. A quoi avait servi l'immense célébrité de cet homme ? Qu'était-il advenu de la grande œuvre accomplie ? Le livre s'était donc estompé, ne me laissant que le souvenir de l'épreuve du lit à faire (qui, dans mon esprit, allait de pair avec l'histoire de Tolstoï traversant, à l'âge mûr, une phase paysanne et tenant à faire lui-même son lit). Et ensuite, le titre même de l'ouvrage avait été dégradé par celui, parodique, de William Buckley, *Up from Liberalism.*

Ce ne fut que lorsque je commençai à préparer mon voyage et m'entendis soumettre l'idée d'aller à Tuskegee, que le livre reprit pour moi toute sa réalité. Il devint particulièrement réel lorsque je rendis visite à Al Murray dans son appartement de Harlem.

Al Murray était la première personne éduquée à Tuskegee que j'avais rencontrée et à qui j'avais parlé de cette expérience. Ce fut lui qui commença à me donner une idée de la grandeur et de la complexité (sans parler des angoisses) de Booker T. Washington ; qui conféra des attributs raciaux à ce personnage neutre de conte de fées (le père du petit esclave était peut-être un Blanc), et enfin qui l'inséra dans sa période historique. Lorsque l'école avait ouvert ses portes, en 1881, en tant que simple institut des arts et métiers, les Noirs avaient eu le droit de vote et l'établissement avait reçu une petite subvention de l'Etat d'Alabama. Vingt ans plus tard, à l'époque de la publication de *Up from Slavery,* les Noirs avaient pratiquement été désaffranchis dans le Sud. C'était sur cette toile de fond d'incapacités légales croissantes que Booker T. Washington avait continué à édifier son école. Ce qui aurait déjà été difficile dans une période de stabilité avait été rendu beaucoup plus pénible par le fait que les murs des préjugés, de la ségrégation et de l'humiliation ne cessaient de bouger et de se refermer sur les Noirs. Booker T. Washington avait accompli son œuvre, me dit Al, parce qu'il comprenait la façon dont fonctionnait l'Amérique capitaliste ; il savait se présenter à toute cette portion du pays. Ce qu'il était important de se rappeler, c'était que Booker T. Washington était un Américain du XIXe siècle, qu'il faisait pendant aux Carnegie et autres, dont il mettait la fortune à contribution.

L'admiration d'Al Murray pour son université et le fondateur de celle-ci rendait particulièrement émouvantes les vieilles photographies en noir et blanc qu'il me montra, dans la biographie en deux tomes de Louis R. Harlan : les clichés solennels de Booker T. Washington ; les jeunes Noirs des deux sexes, impeccablement vêtus, accomplissant des travaux domestiques et agricoles qui, à peine quelques années auparavant, auraient été réservés aux esclaves, mais qui étaient désormais (comme le propre examen de balayage de leur professeur) un tremplin vers des activités plus nobles.

C'était donc vers un but d'un romanesque très particulier que je me dirigeai en quittant Tallahassee et ses pollens maléfiques, générateurs d'asthme, pour gagner l'Alabama et Tuskegee, en remontant les plaines de Géorgie, puis en traversant le plat fouillis de néons qui constituait la ville parasite de Columbius, en Géorgie — spectacles de fesses, boutiques de prêteurs sur gages, restaurants spécialisés dans le *fast-food* — pour arriver enfin dans le paisible et rural Etat d'Alabama qui semblait être resté à la traîne.

Tuskegee devint un nom figurant sur les panneaux de signalisation ; puis celui d'une forêt, évoquant alors un passé indien, antérieur à 1830 et aux plantations, chargeant de nouvelles connotations ce mot étrange, et finit enfin par désigner une ville.

Je m'attendais à découvrir une agglomération analogue à celles que j'avais traversées en route. Celle-ci était plus petite, plus délabrée : de modestes gargotes, bien peu des noms célèbres dans le *fast-food* (elles me manquaient, ces grandes enseignes criardes et concurrentes, substituées par le commerce du bord de route aux joutes et oriflammes de la chevalerie), des garages crasseux, de petites épiceries, un endroit encore pauvre, qui ne paraissait guère fait pour servir de décor à la réussite d'un grand homme. Mais j'arrivai alors sur le campus et il était plus grandiose que tout ce que j'avais imaginé, et mon père avant moi, j'en suis sûr. Mon père, occupé à lire ses histoires édifiantes à Trinidad, se comparait sans nul doute aux jeunes gens pauvres qui étaient devenus ingénieurs et bâtisseurs de ponts dans l'Angleterre industrielle ; et même s'il avait pu retrouver certains aspects de sa propre histoire dans celle de Booker T. Washington, les possibilités qui s'offrent à un homme dépendent de celles de l'endroit où il se trouve. Il n'y avait rien, à Tuskegee, qui rappelât l'esclavage ou Trinidad ; rien à excuser. Pour infime qu'eût été la connaissance qu'on en avait, c'était un lieu réel et une réussite à l'échelle américaine : des dizaines et des centaines de bâtiments en brique rouge sombre de Géorgie, se dressant dans un paysage ondulant, soigneusement aménagé.

— Vous devez bien comprendre, m'expliqua une très vieille dame quelques jours plus tard, une dame qui avait passé presque toute sa vie professionnelle à Tuskegee, que jusque dans les années trente, les Noirs des Etats-Unis n'avaient absolument pas le sou.

L'effet que me fit mon premier aperçu du campus dut être comparable à son effet sur les gens qui l'avaient vu aux jours de la ségrégation, à une époque où il avait représenté l'une des rares voies vers l'avant ouverte à la population noire et où il avait dû apparaître comme un rêve à ces gens qui ne possédaient quasiment rien.

Al Murray m'avait retenu une chambre dans le bâtiment prévu pour les visiteurs de l'université. Il s'agissait du Dorothy Hall, qui avait été construit en 1901, afin de servir d'école industrielle pour les filles. Il se trouvait à présent presque au centre du campus, de l'autre côté de la route par rapport à la grande statue en bronze de Booker T. Washington, soulevant le voile de l'ignorance qui couvrait son peuple.

C'était une statue fameuse, reproduite à l'envi sur les cartes postales de Tuskegee. Je la connaissais à moitié, mais fus néanmoins surpris. Le sculpteur avait traduit littéralement ce qui n'était qu'une expression consacrée, une métaphore. Booker T. Washington, en costume trois pièces, était bel et bien en train de soulever le drap qui recouvrait un jeune Noir musclé, accroupi avec un de ces lourds in-folio à l'ancienne sur les genoux : des personnages et des accessoires si inattendus, lorsqu'on les considérait tous ensemble, qu'on ne pouvait s'empêcher de se demander depuis combien de temps le jeune Noir musclé, tout nu sous le drap que l'on était en train de lui ôter, se cachait ainsi avec son gros livre, pourquoi il était resté tapi de la sorte et pourquoi il avait eu besoin de Booker T. Washington pour le révéler à tous les yeux, comme un magicien.

Pourtant, un Noir avec qui je m'étais entretenu deux ou trois semaines auparavant avait trouvé l'œuvre très touchante lorsqu'on l'avait emmené, petit garçon, à Tuskegee.

— Peut-être faut-il être noir, avait-il dit.

J'étais disposé à la voir, au moment de mon arrivée, avec les yeux d'un jeune Noir d'il y avait quarante ans.

Malgré tout, elle était là, grandiloquente et un peu agaçante, allant imperceptiblement à l'encontre de la légende. *Je ne laisserai personne m'avilir au point de m'obliger à le haïr.* Paroles d'un autre âge gravées dans la pierre, philosophie de l'impuissance, de même que ces autres mots, gravés eux aussi sur le socle de la statue : *Nous prospérerons dans la mesure où nous apprendrons à donner au labeur toute sa dignité, à le glorifier et à mettre de l'intelligence et du savoir-faire dans les occupations ordinaires de l'existence.* La philosophie d'un homme luttant contre le destin, combinant son ascension avec un désir de ne pas offenser. Le résultat, en tout cas, avait été une grande réussite.

Je me détournai de la statue et gagnai l'entrée du Dorothy Hall. Je constatai que les fenêtres en mauvais état avaient besoin d'un coup de pinceau. Une moustiquaire pendait d'une de celles du premier étage. Les superbes briques rouge sombre auraient dû être rejointoyées. C'étaient les briques que les premiers élèves de Tuskegee avaient fabriquées de leurs propres mains, après trois échecs désolants auprès de leurs fours.

Le bâtiment était orienté vers l'ouest. On était en fin d'après-midi et il faisait très chaud. Je demandai s'il y avait un ascenseur ou un monte-charge, pour transporter mes bagages à l'étage. On me répondit que le Dorothy Hall était vétuste et que l'ascenseur ne marchait plus. Le temps d'effectuer le transbordement, ce qui me demanda trois voyages, à monter et descendre dans la chaleur étouffante de l'escalier et celle encore plus accablante du couloir qui menait à ma chambre, au premier étage, mes poumons étaient de nouveau en feu. Je ressentirais ce malaise pendant toute la durée de mon séjour à Tuskegee.

Les coloris du club lambrissé au premier étage, véritable

fournaise, n'étaient pas sans rappeler ceux d'un club pour *gentlemen*. Il y avait une peinture à l'huile, représentant un militaire blanc et au mur du palier était accrochée une photographie de Teddy Roosevelt. Le Dorothy Hall avait été bâti en 1901, l'année où avait été publié *Up from Slavery* et l'année, aussi, où Booker T. Washington avait dîné à la Maison Blanche avec Teddy Roosevelt. Histoire ancienne, anciennes dignités, anciennes batailles. On m'expliqua plus tard que de nombreux Américains célèbres avaient séjourné au Dorothy Hall.

Ce fut presque à la fin de mon propre séjour que je découvris où se trouvait l'ascenseur. La personne qui me l'indiqua était l'un des membres les plus âgés du campus. Il était, ou avait été, musicien. Il était venu à Tuskegee à l'âge de quatorze ans, en 1913, du vivant de Booker T. Washington, et il avait pris part au cortège funèbre du grand homme, en 1915. Ce vieillard était très connu dans la région et un grand nombre des gens que je rencontrai estimaient que je devais le voir. Il n'était pas en ville, à mon arrivée, mais il me fit savoir qu'il comptait me rendre visite au Dorothy Hall, tel jour, à midi ; je le vis apparaître précisément à l'heure dite. Il était très fier de sa ponctualité. Cela faisait partie de la tradition instaurée par Booker T. Washington, me dit-il. Et ses souvenirs — il s'y plongea immédiatement — remontaient à cette époque ancienne et romanesque.

— En arrivant ici, en 1913, j'ai cru arriver au paradis. Jamais je n'avais rien vu de pareil. Je m'étais sauvé de chez moi et j'ai débarqué ici avec un dollar et demi en poche. Mais Booker T. Washington n'aurait fermé à personne les portes de son école.

Le vieux musicien était vêtu comme il seyait à un artiste, chemise rose, cravate bleue, veston à carreaux dans les tons vert pâle. Il était grand, droit et fier, à quatre-vingt-huit ans, de son allure impeccable. Cela aussi faisait partie de la formation dispensée par Booker T. Washington. Des vêtements propres, un port plein de noblesse, un pas assuré : loin des démarches traînantes d'antan. Telles étaient les instructions de Booker T. Washington. Tout devait être tiré au cordeau ; tout devait être propre. Tous les jours, Booker T. Washington faisait le tour du campus, en dictant à un secrétaire des notes sur tout ce qui clochait.

Le vieux musicien était originaire d'une petite ville d'Alabama, à quelque deux cent quarante kilomètres au nord de Tuskegee.

— Mon père était un simple ouvrier. Dans la famille de ma mère, ils ressemblaient à des Blancs et pouvaient se flatter d'une certaine éducation.

Il ouvrit sa chemise rose pour me montrer sa peau claire.

— Là-bas, il y avait beaucoup de Blancs qui appelaient les membres de la famille de ma mère leurs cousins. Quand je suis venu ici, je n'avais que ma culotte et un sac et je n'avais jamais été à l'école. Il y avait un ancien esclave, Mr. Baker, qui m'a dit que quand on surprenait un esclave en train d'apprendre à écrire, on lui sciait ceci. (Il agita son pouce droit.) On le lui sciait, parce que si un esclave savait écrire, il pouvait se fabriquer un laissez-passer pour sortir de la plantation. Les esclaves n'avaient pas le droit de quitter leur plantation sans autorisation. Voilà ce qu'avait connu Mr. Baker jeune homme.

» Tout ce que mon père avait pu m'enseigner, à moi son fils aîné — il n'y avait rien de faux, mais ça n'allait pas assez loin. Je vais vous dire ce qu'il m'a appris. Ne réponds pas aux personnes âgées. Ne sois pas impertinent. Evite les mauvaises fréquentations. Et aide ton papa à s'occuper de la famille. Tout cela était bel et bon, mais ça n'allait pas assez loin. Le frère de ma mère était allé au Talladega College. C'étaient des Blancs qui l'avaient fondé, la Société missionnaire américaine, organisée par les Blancs afin de créer des écoles dans le Sud pour les esclaves affranchis. Tuskegee était différent. Après l'émancipation, nous pouvions voter ici. Nous, les Noirs. Il y avait un politicien local qui voulait nos voix et Mr. Adams lui a dit : « Si vous pouviez nous aider à fonder une école, je crois que je pourrais persuader tous les gens de couleur de voter pour vous. » Alors les gens de ce comté ont voté pour ce Blanc et l'Etat a donné deux mille dollars pour créer notre école.

» Là-bas, chez nous, je donnai cinquante *cents* par mois à un maître d'école pour m'apprendre à lire, à écrire et l'arithmétique. Le professeur Moses avait une école à l'ouest de la ville. Le professeur Carmichael en avait une au sud. Moi je vivais dans le sud de la ville. Mais mon père ne le savait pas, ignorait que je donnais cinquante *cents* par mois au professeur Carmichael. J'étais cireur de chaussures. Mon père lui déchargeait le charbon des trains. A quatre heures du matin. Pour un dollar par jour.

» Quand je suis venu ici et que j'ai vu tous ces bâtiments, et le réfectoire, les nappes, quatorze étudiants par table, les filles d'un côté, les garçons de l'autre, c'était comme d'arriver au paradis. Jamais je n'avais rien vu de pareil. Et la vieille chapelle ! Il y avait même des adultes qui venaient ici. Ils venaient jusqu'ici à pied, ils voulaient apprendre à lire et à écrire. Booker T. trouvait des emplois pour ces vieux, des emplois chez les Blancs en ville, où ils pouvaient travailler dans la journée, de façon à pouvoir suivre des cours du soir et payer leur quote-part.

Il adorait le passé, ce gentil vieux monsieur de quatre-vingt-huit ans, tiré à quatre épingles. Il était énergique et débordait d'enthousiasme ; il conduisait toujours sa voiture. Il s'en servit pour m'emmener sur le site de la toute première école.

— Vous n'allez pas me dire que personne ne vous l'a encore montré ?

Après quoi, il mit un point d'honneur à me raccompagner au Dorothy Hall à l'heure annoncée. Ce fut en regagnant la maison des invités qu'il me fit voir le petit ascenseur qui s'y trouvait et me raconta son histoire.

Henry Ford était venu à Tuskegee en 1941, pour l'inauguration du musée George Washington Carver. Carver, l'agronome de Tuskegee, avait à l'époque peut-être quatre-vingts ans. Henry Ford avait été si scandalisé de voir le vieillard monter d'un pas chancelant l'escalier du Dorothy Hall qu'il avait séance tenante offert un ascenseur. A présent l'engin était hors de service et hors de vue ; et le vieux musicien, plus âgé aujourd'hui que ne l'avait été George Washington Carver en 1941, était bien obligé de monter à pied le pénible escalier.

Cette allusion à George Washington Carver avait remué de vieux souvenirs, de la même veine que l'épreuve du lit à faire, narrée par Booker T. Washington.

La plupart des instituteurs de l'école élémentaire que j'avais fréquentée à Trinidad étaient noirs. C'étaient, dans l'ensemble, des gens fort calmes, dont un ou deux seulement étaient redoutables armés du martinet. A une époque où le monde n'avait pas grand-chose à leur offrir, ils avaient leur façon discrète de poser le problème racial. Nous aurions par exemple, en classe, une question de ce genre : Qui est le plus grand joueur de cricket du monde ? Si vous répondiez Bradman (l'Australien), vous auriez sans doute faux. Une réponse plus satisfaisante, peut-être même la bonne réponse, aurait été Headley, Noir de la Jamaïque, ou Constantine, Noir de Trinidad.

Dans mon esprit, le nom de George Washington Carver était associé à cette école élémentaire et à l'orgueil racial souterrain des instituteurs noirs. Je me rappelle un petit film qu'on dut nous projeter un jour durant les heures de classe : une famille noire, effrayée, dans une hutte, des cavaliers blancs au-dehors. Je n'étais pas très sûr de ce que racontait l'histoire : le souvenir du film est très vague. Avec ce film, il y avait une leçon sur George Washington Carver, un génie scientifique noir, qui avait fait des choses merveilleuses avec la banale arachide et trouvé à en utiliser toutes les parties sauf la coque.

Les merveilles qu'il avait réalisées avec l'arachide, je les acceptais de confiance. Mais son incapacité à tirer parti de la coque m'avait toujours intéressé. Pourquoi — puisque l'on pouvait se servir de pulpe de bambou pour fabriquer du papier — n'avait-on pas essayé d'en faire autant avec la coque d'arachide ? Il me semblait qu'elle avait la même contexture que la gaine des tiges de bambou (je songeais à des bambous tout à fait pourris). Et la question se posait, l'association avec George Washington Carver surgissait : pourquoi n'avait-on rien fait de la coque ? à chaque fois que j'écossais une cacahuète. Exactement comme l'histoire de Booker T. Washington jaillissait au moment de faire les lits.

Cependant, sans nul doute en raison du tour qu'avaient pris mes études, jamais je n'entendis parler de George Washington Carver dans le vaste monde. Jamais il n'avait été question de lui ailleurs que dans mon école élémentaire ; et j'en étais venu à penser, non pas qu'il était un personnage sorti tout droit de l'imagination noire, mais qu'il était quelqu'un dont les succès avaient été grossis par l'orgueil local, de même que le *Trinidad Guardian*, par exemple, exagère les exploits accomplis en métropole par les natifs de l'île.

Jamais je n'avais associé George Washington Carver avec Booker T. Washington et Tuskegee. Et voilà que je les y retrouvais tous les deux, parfaitement réels, dans un cadre merveilleux, avec un musée entier baptisé en l'honneur de George Washington Carver. C'était en 1941 que le musée avait été inauguré, que Henry Ford était venu et avait offert un ascenseur et c'était presque certainement l'année où, dans mon école élémentaire à Trinidad, âgé de huit ou neuf ans, j'avais vu ce film effrayant (probablement fourni par le consul américain), avec la famille noire dans sa hutte et les cavaliers blancs au dehors.

Tout s'éclaircissait à présent, à la lecture des fascicules de l'U.S. National Park Service, organisme désormais chargé de veiller sur le musée Carver et la maison de Booker T. Washington, classés sites historiques. Il était né esclave, ledit George, et il avait appartenu à un dénommé Carver. Il était peut-être né en 1861, durant la guerre de Sécession, et il avait été kidnappé avec sa mère par des gens qui enlevaient les esclaves dans un Etat pour les revendre dans un autre. George avait été repris aux ravisseurs et rendu aux Carver, mais on ne retrouva jamais sa mère. L'enfant s'instruisit tout seul. En 1897, il était venu à Tuskegee et il y était resté jusqu'à la fin de sa vie.

Outre ses travaux d'agronomie, il collectionnait les argiles pour les peintures ; peignait des tableaux ; s'adonnait aux travaux d'aiguille. Il enseignait à l'école du dimanche. Il possédait une voix aiguë de femme. Il y avait dans le musée un enregistrement de lui en train de réciter ce qui était, assurait-on, son poème favori :

A toi de comprendre, mon garçon.
Tu as tout ce qu'ont eu les plus grands hommes :
Deux bras, deux mains, deux jambes, deux yeux,
Et un cerveau à employer, si tu veux savoir.

Les photographies montraient un grand homme émacié, au visage maigre, un beau visage, inhabituel.

Louis Harlan, dans sa biographie de Booker T. Washington, n'a pas grand-chose à dire au sujet de Carver et le peu qu'il en dit n'est pas toujours flatteur. Selon lui, l'homme était querelleur ; et de surcroît obséquieux envers les Blancs. Cela dit, peut-être la vision qu'avait du monde un homme assez peu viril, enlevé dans son enfance et séparé à jamais de sa mère, qui avait dû dépendre ensuite d'un ancien maître bon et affectueux, ne pouvait être que celle d'un esclave. Et peut-être qu'au sein d'une telle vision du monde, Tuskegee avait représenté pour lui une sorte d'éternel sanctuaire.

Un sanctuaire en Alabama, c'était sous ce jour qu'au bout de quelque temps, j'en étais venu à considérer Tuskegee à l'époque de la ségrégation. Un si grand nombre des gens dont je fis la connaissance y avaient passé la majeure partie de leur vie. Certes, la chose pouvait être fortuite, mais je notai que beaucoup de ces anciens résidents avaient la peau claire, presque blanche parfois, et que c'étaient des gens courtois, raffinés, qui auraient été affreusement meurtris par les indignités du monde extérieur et qui, même à présent, sur leurs vieux jours, répugnaient à baisser leur garde.

Pourtant l'idée de sanctuaire, lorsque je la soumis à propos de George Washington Carver, fut rejetée par un vieil habitué du campus. Il m'assura que Booker T. Washington ne s'était pas soucié d'offrir un sanctuaire à quiconque. Quand il avait prié Carver de venir à Tuskegee, c'était parce que, comme toujours, il voulait ce qu'il y avait de mieux pour son école.

Pas un sanctuaire, donc : mon interlocuteur préférait le mot d'oasis.

— Quand je suis arrivé ici, dans les années vingt, les routes n'étaient pas pavées, me raconta-t-il. La région tout entière, la Ceinture noire comme on l'appelle, est fort pauvre et Tuskegee était vraiment une oasis pour les Noirs. De toutes sortes de façons. Il y avait l'atmosphère studieuse. le campus était joli, comparé au reste. Nous n'étions pas soumis au genre de vie que devaient supporter les Noirs dans les zones rurales, surtout durant la grande crise. Nous avions l'eau courante. Nous avions de quoi manger à la cafétéria. Nous avions une sécurité. Si on m'avait fichu dehors, dans le « monde véritable », ç'aurait peut-être été une autre histoire. Peut-être que je serais devenu plus agressif ; je ne peux pas dire comment j'aurais réagi.

» Mais elle n'a pas été consciente chez moi, cette recherche de la sécurité. C'est tout simplement ainsi que ma vie a tourné. Bien sûr, cet environnement fournissait aux gens une grande protection contre ce qu'ils avaient à subir à l'époque, je parle des Noirs. Dans le monde extérieur, nous n'étions pas protégés par la loi, comme l'étaient les Blancs. Dès l'instant où vous mettiez le pied hors de ce campus, vous étiez soumis à toutes les indignités. La ségrégation s'étendait à tout.

Nous avions tous conscience de ce qu'était l'attitude des

Blancs et nous en étions malheureux. Le plus terrible de tout, c'était de ne pas savoir quand tout cela finirait. Mais ce n'était pas un sujet sur lequel nous nous étendions ici, à l'Institut.

Et le monsieur âgé qui me fit faire le tour du campus en voiture, pour m'en faire apprécier la taille et m'expliquer chaque étape du développement de l'endroit, puis qui me promena à travers les rues de la modeste ville, à présent entièrement noire, ce monsieur-là m'expliqua que, dans le temps, il n'aurait pas été prudent pour un Noir, même en voiture, de s'attarder dans la région du lac de Tuskegee. L'indignité sévissait au-dehors alors qu'à l'intérieur du campus, chacun observait le port plein de noblesse, la correction militaire. Et pourtant, toujours (et combien cette irrationalité dut torturer ces Noirs !), il était nécessaire de signaler aux gens de l'extérieur que vous ne vous poussiez pas du col.

Mrs. Guzman, qui était arrivée à Tuskegee en 1923 et avait travaillé pendant de nombreuses années pour *The Negro Yearbook*, se rappelait que la vieille chapelle de l'école était aussi un petit centre culturel pour le reste de la ville, avec des films, des concerts, des conférences.

— Les Blancs de la ville venaient. On leur donnait les meilleures places de notre chapelle, les places de devant. Il y avait pas mal d'étudiants et d'enseignants à qui ça ne plaisait pas du tout, mais c'était la coutume. Les Blancs s'asseyaient devant et les Noirs derrière eux. Quand un président plus jeune a été nommé et a mis fin à ces pratiques, les Blancs ont cessé de venir.

Toutefois, ce qui aurait pu ressembler une servilité désuète dans les années 1920 et 1930, avait été de la simple prudence à l'époque de Booker T. Washington. Et peut-être quelque sagesse intuitive, quelque espèce d'offrande de paix aux gens de l'extérieur, qui auraient pu si facilement démolir cet institut noir, expliquait-elle l'insistance avec laquelle Washington avait fait apprendre un métier à chacun de ses élèves. Cela encourageait les gens du dehors à se méprendre sur son établissement (ce qui n'était peut-être pas une mauvaise chose). D'aucuns ne considéraient Tuskegee que comme une simple école des arts et métiers. (Louis Harlan précise qu'il arrivait parfois à des Blancs d'écrire pour demander qu'on leur fournît des domestiques qualifiés ; un homme réclama même « un nègre à cent pour cent », très noir, à emmener en France ; chacune de ces lettres recevait réponse.)

Il était, bien entendu, question de tout autre chose. Les idées tolstoïennes ou ruskiniennes concernant le savoir-faire manuel, les métiers anti-industriels, l'apprentissage des mains étaient très certainement dans l'air vers la fin du XIXe siècle. Gandhi avait incontestablement Ruskin en tête lorsqu'il avait établi, en Afrique du Sud, dans les années 1880, sa Phoenix Farm (incendiée par des émeutiers africains en 1986). Et bien que les deux hommes fussent si différents, Washington, l'Américain, peu intéressé par les Africains ou les Asiatiques, et Gandhi, l'hindou en pleine dérive spirituelle, que les Africains ne passionnaient pas davantage, leur but et leur méthode coïncidaient d'une façon remarquable : inculquer le respect de soi à un peuple soumis, à travers l'idée de travail et de service.

Or, chose intéressante, bon nombre des vieilles personnes avec qui je m'entretins à Tuskegee semblaient avoir trouvé une espèce de beauté, de satisfaction, de plénitude humaine dans les métiers qu'on leur avait appris. Le vieux musicien qui était arrivé jeune garçon, en 1913, avait reçu une formation de cordonnier. (Tolstoï ne détestait pas, à l'occasion, jouer les savetiers dans son bureau.)

— Je pouvais vous coudre une paire de semelles à la main en vingt minutes, me dit le vieux monsieur. Il y a beaucoup de gens qui ne savent pas que je pratique ce métier. Ils me connaissent uniquement comme musicien.

Mr. Louis Rabb, qui avait fait à Tuskegee des études de gestion et qui ensuite, grâce à des bourses fournies par l'école, avait suivi un stage de direction du personnel à Columbia et un autre de gestion hospitalière à l'hôpital Northwestern, avant de revenir à Tuskegee pour y poursuivre une carrière longue et distinguée, Mr. Rabb donc avait fait quatre ans de coupe et couture à l'institut de Tuskegee, lorsqu'il y était arrivé, tout jeune garçon, de son Mississippi natal. C'était son père qui avait choisi pour lui le métier de tailleur et Mr. Rabb me confia, non sans un discret orgueil, qu'il continuait à se confectionner des vêtements.

Toutefois, en dehors de l'oasis de Tuskegee, le monde était sinistre. Sur une étagère de la bibliothèque se trouvaient les classeurs contenant le dossier de Booker T. Washington. Sur une autre, il y avait soixante-trois classeurs portant l'étiquette : DOSSIERS DE LYNCHAGES.

Il suffisait de compulser le dossier Washington durant une partie de l'année 1903 pour éprouver un surcroît d'admiration envers cet homme : tant de lettres émanant de gens simples, certaines au crayon, d'autres sur des chiffons de papiers, des lettres toutes imprégnées de besoin et d'espoir, si bien conservées, si fraîches, après plus de quatre-vingts ans ! Chacune avait été lue, avait reçu réponse ; et de nombreuses copies au papier carbone de ces réponses portaient les initiales B.T.W. Je remarquai la lettre d'un instituteur de la Jamaïque, longue de plusieurs pages, tracée d'une écriture bien nette de maître d'école (c'était manifestement la « bonne copie ») ; une autre lettre d'une Noire habitant l'île de Tobago. Peut-être ces missives figurant dans les archives de Tuskegee étaient-elles désormais tout ce qui restait de ces gens.

Sur d'étroites bandes de papier figuraient des copies au carbone mauve des célèbres petites notes portant les initiales de Booker T. Washington qu'il adressait au personnel de Tuskegee. Il les dictait à son secrétaire durant ses pérégrinations à travers le campus ou après en avoir fait le tour à cheval. Il y avait aussi les missives à caractère plus politique à l'intention des gens de Washington (la capitale), au sujet de questions ardues à démêler pour qui n'était pas au courant. Une seule vie possède de si nombreux aspects ; tant de choses se perdent.

Comment tant de méthode, tant de minutie étaient-elles venues à un homme qui avait commencé si tard dans la vie et avec si peu d'atouts ? Peut-être l'un de ses secrets résidait-il dans son absence de sentimentalité. Les lettres de ces Noirs très simples m'avaient ému, mais il se pouvait que Booker T. Washington eût été plus coriace. Il savait que des gens tout juste libérés de l'esclavage n'avaient guère idée de ce que représentait l'instruction et la prenaient souvent pour un moyen d'éviter le travail physique. Il savait que bien des Noirs à peine capables de lire s'étaient mis en tête de prêcher, attirés par la vie facile que leur offrait cette occupation. Il avait souvent tourné ces gens en ridicule. Dans *Up from Slavery*, il avait fait dire à un de ces Noirs semi-éduqués : « O mon Dieu, le coton il est si plein d'herbe, et le travail il est si dur, et le soleil il est si chaud que je crois bien que le négro qui te parle, il se sent appelé à prêcher. » N'était-elle pas extraordinaire, cette façon de se moquer des Noirs, sous la plume du fondateur de Tuskegee ? Toutefois, le fait qu'il fût capable de railler ainsi, sans cesser de lutter pour sa cause, témoignait peut-être de son génie et de son endurance.

Ici, aussi, dans la bibliothèque se trouvait un rappel du cadre historique dans lequel il avait évolué : les soixante-trois classeurs de documents sur le lynchage. La seule pensée de les compulser me répugnait. Je supposais qu'il s'agissait sans doute d'enquêtes ou de déclarations officieuses et qu'ils seraient pleins de détails insupportables. Je fus soulagé, lorsque j'en pris un, de constater qu'il contenait principalement des coupures de presse.

C'était ce type d'hostilité qui avait donné sa raison d'être à Tuskegee, dès ses origines très simples. Et bien qu'elle eût fait échouer certains des projets pleins d'imagination de l'institut, par exemple l'idée d'une vulgarisation de l'agriculture parmi les fermiers noirs, cette hostilité avait stimulé la croissance de l'établissement, même après la mort de son fondateur. La ségrégation et l'hostilité avaient, en définissant les besoins des Noirs, contribué aussi à définir les buts de l'institut et donné une logique à sa croissance.

Lorsque la ségrégation disparut, il n'y eut plus rien contre quoi lutter ; la fonction de l'établissement ne pouvait donc plus être ce qu'elle avait été. A partir du moment où les Noirs avaient tout loisir de s'enrôler dans l'aviation nationale, ils n'avaient plus besoin d'aller apprendre à voler à Tuskegee. A partir du moment où ils pouvaient être admis à l'hôpital de Montgomery, l'un des meilleurs des Etats-Unis, celui de Tuskegee n'était plus aussi nécessaire.

La ville, où naguère l'uniforme des élèves de Tuskegee avait en quelque sorte servi de protection, était à présent sans danger : dès que les Noirs eurent acquis le droit de vote, les Blancs de Tuskegee avaient plié bagage. Il y avait donc eu ici une espèce de victoire, mais la ville dont ils avaient pris possession était petite et pauvre, d'une pauvreté noire, dans tous les sens du terme, sans commune mesure avec le genre d'existence et de fortunes que l'on trouvait à Auburn, à quarante kilomètres à peine, où était établie l'université blanche. Et l'institut, aujourd'hui université, de Tuskegee, dont on pouvait dire qu'il avait contribué à cette victoire, tombait en ruine.

La rapide succession d'impressions changeantes que j'avais eue au moment de mon arrivée, grandeur, rhétorique, ruine, s'était non seulement prolongée, mais amplifiée. Le président Reagan avait visité l'université peu avant, pour inaugurer un nouveau bâtiment, qui avait coûté dix-huit millions de dollars ; consacré aux études d'aérospatiale et d'hygiène, il portait le nom du général Daniel James, le premier général noir à quatre étoiles de l'armée de l'air américaine, diplômé de Tuskegee en 1950. Pour cette occasion, on avait macadamisé les routes du campus que devait emprunter le cortège présidentiel. Mais ailleurs, les routes n'étaient pas fameuses et les globes brisés des poteaux électriques, dans d'autres parties du campus, n'avaient pas été réparés. En outre aucune des personnes avec qui je m'entretins (parmi lesquelles ne figurait toutefois aucun membre de l'administration) ne put m'assurer que l'établissement était en mesure de payer un corps enseignant digne de son bâtiment d'aérospatiale.

La dégradation était déjà assez navrante pour moi, simple visiteur, qui ne faisait que passer. C'était un sujet que je ne me sentais pas capable d'aborder avec toutes ces vieilles personnes qui avaient consacré leur vie entière à Tuskegee, qui avaient tant reçu en retour et pour qui la doctrine de service et d'autonomie chère à Booker T. Washington avait eu tant d'importance. Cet aspect ne fut donc pas mentionné. Y avait-il des courts de tennis ? Oui, bien sûr, juste derrière la bibliothèque. Mais de l'herbe poussait dans les fissures des deux (ou trois) terrains en quick. Une espèce de silence était imposé au visiteur, comme dans une demeure privée ; il y avait des choses qu'il ne fallait pas remarquer.

On abordait plus aisément le sujet de la dégradation dans les lieux où les gens se sentaient davantage en sécurité, le service vétérinaire, par exemple, qui avait la réputation d'être un des meilleurs du pays et qui affichait un comportement en rapport. Un service de ce genre, dont les campagnes pour obtenir des subventions fédérales étaient couronnées de succès (il venait récemment de se voir octroyer six millions de dollars pour un nouveau programme), était en mesure de survivre en se fiant à sa propre excellence, mais pour d'autres départements, ce n'était pas si facile. A présent que les étudiants et les enseignants noirs de première classe étaient sollicités par les universités du pays entier, Tuskegee ne pouvait plus revendiquer à titre spécial l'argent du gouvernement fédéral et des fondations. Les milliardaires philanthropes du Nord, que Booker T. Washington avait su charmer, n'existaient plus ; cette façon de résoudre les problèmes était révolue.

Il y avait, néanmoins, des gens qui estimaient que Tuskegee avait toujours une cause particulière à servir. Les étudiants noirs réussissaient moins bien que les autres dans les examens normalisés d'entrée à l'université. Tuskegee avait toujours été disposé à accepter ces élèves et ses états de service montraient bien qu'à leur sortie de l'établissement, ils étaient parfaitement aptes à prendre leur place dans le monde du travail. Un membre de l'administration, désormais à la retraite, me dit :

— Tuskegee prendra un étudiant tel qu'il le trouvera sur le plan universitaire et social et, grâce à un enseignement et un intérêt individualisés, le mènera en l'espace de quatre ou cinq ans à son plein épanouissement.

Beaucoup de gens avaient une autre raison, plus importante peut-être, de penser que Tuskegee était toujours nécessaire. L'établissement était toujours une université noire et pouvait donc fournir une « expérience noire », ce dont, avec la déségrégation, beaucoup de gens de couleur paraissaient éprouver le besoin.

En Floride, Mr. Crockett, le commissaire du Conseil de liberté conditionnelle, m'avait confié qu'il s'était senti tenu de sortir son fils de son entourage trop blanc ; il l'avait envoyé d'abord dans un lycée noir, puis à Tuskegee. Et à présent, c'était une jolie jeune femme de vingt-trois ans, originaire d'un Etat lointain, où il n'y avait pas beaucoup de Noirs, et capable de faire son chemin dans n'importe quelle université, qui m'expliquait pourquoi elle était venue à Tuskegee.

— Les établissements qui j'avais fréquentés là-bas, chez moi, étaient entièrement blancs. Or, on ne s'y concentre pas sur le fait que vous êtes noir. On vous y apprend un peu de votre histoire, mais pas beaucoup. Là-bas, vous essayez de vous tailler une place, en vous disant : « Si j'arrive à être comme eux, tout ira bien. » Vous vous perdez un peu de vue. Vous ne savez plus très bien qui vous êtes.

— Quelle a été votre toute première impression quand vous êtes arrivée ici ?

— La toute première ? « Je veux rentrer à la maison. » Arrivant comme je le faisais d'une belle ville, métropolitaine, très bien aménagée, avec de beaux magasins, des centres commerciaux, imaginez après ça, ici, avec ces petits chemins en terre... enfin, ils ne sont pas en *terre,* mais à certains endroits, ils n'ont même pas de trottoirs. Chez moi, j'étais habituée à aller très souvent dans le centre-ville, à faire des tas de choses. Ici, il n'y avait aucun service d'autobus. Quand je suis arrivée, je me suis rendu compte : « Il n'y a rien à faire. Nom d'un chien, je suis coincée ici et il n'y a rien à faire. Et en plus, il fait chaud et humide. » Je trouve que les gens d'ici sont vraiment *ploucs.* Ils sont fermés. Oh ! ils sont gentils, mais ils ont leurs petites habitudes de ploucs !

Sans compter que le confort laissait à désirer.

— Certains des endroits sont même dangereux. Il y a des trucs à réparer, des portes à bricoler. Des commutateurs posés à l'envers. Il me semble que les gens qui s'occupent des menus travaux sur le campus, eh bien il me semble qu'il font leur boulot n'importe comment. Je remarque ce genre de choses, du fait que je viens d'un environnement soigné, où on aime la belle besogne.

De toute évidence, cependant, elle avait trouvé une raison de rester.

— C'est *moi* qui ai voulu venir ici. Ma mère aurait préféré que je reste à la maison. Mais je voulais habiter une ville entièrement noire, faire partie non pas d'une minorité, mais d'une majorité. Et ça, c'est une des choses que j'apprécie ici. Parfois, là-bas, on va quelque part et on s'aperçoit qu'on est le seul Noir présent. Ici, en revanche, quand on visite une entreprise, le propriétaire ou le directeur sont noirs, les employés aussi et ça vous aide à croire que vous pouvez progresser vers le but que vous vous êtes fixé et l'atteindre.

» Ici, vous entrez en concurrence avec des gens comme vous. Et ils peuvent vous en faire baver, parce qu'ils font de leur mieux et vous aussi. Chez nous, j'étais une élève moyenne. Ici je suis dans les premières. Ça me stimule de voir les autres réussir. Et je vais vous dire ce qui est arrivé. Je suis prête à m'en aller à présent. J'aimerais sans doute m'inscrire dans une autre université noire, à Atlanta, peut-être. Mais à présent, je ne tiens plus absolument à ce qu'elle soit noire. Tuskegee a rempli son office.

C'était une nouvelle version — à un siècle de distance — de l'idée de Booker T. Washington. Pour cette jeune femme (et elle n'était pas la seule à penser ainsi), l'idée de Tuskegee était toujours valide. Pourtant, elle me confia qu'elle n'avait pratiquement rien su de Booker T. Washington avant de venir à Tuskegee. Tout au plus avait-elle appris qu'il s'agissait d'un Noir qui s'était rendu célèbre il y avait très longtemps. Un mois après son arrivée, elle avait lu *Up from Slavery.*

— Les professeurs d'ici vous encouragent à découvrir le passé de l'école et ça, c'est appréciable.

Tuskegee était toujours une affaire qui marchait. Elle regroupait une communauté pleine de dévouement ; et elle avait toujours du cœur. Ses vicissitudes financières étaient celles des écoles noires dans leur ensemble et elle était mieux lotie que bien d'autres. Les conditions matérielles y étaient fort différentes de celles de la Fisk University, à Nashville, dans le Tennessee où, par endroits, le campus semblait tomber en ruine. Là aussi, à la Fisk, il y avait une statue mélancolique en bronze, élevée pour marquer l'endroit du sceau de la gloire, mais qui paraissait désormais veiller sur des décombres. C'était la statue de W.E.B. Du Bois, le rival et censeur de Booker Washington.

Du Bois estimait qu'on se fourvoyait à Tuskegee en insistant sur l'apprentissage d'un métier ; et qu'en acceptant, comme il paraissait le faire, la ségrégation et le désaffranchissement des Noirs, Washington ne pouvait que provoquer de nouvelles humiliations. Y avait-il, cependant, une solution de rechange ? Et ne pourrait-on faire valoir que la grande réussite de Booker T. Washington, le grand service qu'il avait rendu aux Noirs de cette époque, c'était tout simplement d'être très célèbre et très admiré ? On peut lire des livres et des documents, mais il n'est pas aisé de pénétrer de nouveau, par l'imagination, ces temps amers et d'avoir le sentiment de fardeau que représentait pour les Noirs la vie quotidienne.

La querelle ou la polémique entre ces deux hommes, Du Bois et Washington, mulâtres l'un et l'autre, est restée fameuse. On pourrait croire que Du Bois est plus proche des sensibilités contemporaines. Néanmoins son livre le mieux connu, *The Souls of Black Folk* (1903), un recueil d'essais et d'articles, reste un peu mystérieux. Le titre même en est étrange, voire fantasque. Le ton lyrique, mystique (entrelardé de données sociales et économiques et parfois d'un peu de fiction romanesque) fait songer à certains essais de l'écrivain rural anglais de la fin du XIXe siècle, Richard Jefferies (1848-1887). (Voici un échantillon du lyrisme de Du Bois : « J'ai vu une contrée fort égayée par le soleil, où des enfants chantent, et des collines ondulantes comme des femmes passionnées, riches de moissons. Et là, sur la grand-route du roi, était et reste assise une silhouette voilée, ployée... »)

J'ai même l'impression que Du Bois tentait peut-être de faire pour les Noirs du Sud ce que Jefferies avait fait pour les habitants des fermes du sud de l'Angleterre. Il y a chez ces deux auteurs une incertitude quant à leurs rapports avec ceux au sujet de qui ils écrivent. Jefferies, en dépit d'allusions laissant entendre qu'il était socialement acceptable, était le fils d'un petit agriculteur, presque un ouvrier agricole ; Du Bois était un mulâtre. Le modèle de Jefferies pourrait expliquer chez Du Bois ce style parfois évasif et cette façon un peu trop jolie de manier la langue (il utilise par exemple la formule poétique « le voile » pour désigner la ségrégation). Et si Booker T. Washington n'hésite pas à plaisanter sur les « négros », Du Bois, lui, n'hésite pas à parler du « joyeux abandon et de l'enjouement que nous avons coutume d'associer avec le Noir des plantations » ; à dire : « Aujourd'hui encore, la masse des travailleurs noirs a besoin d'être plus sévèrement surveillée que la majorité des travailleurs du Nord » ; et même à demander : « Qu'était donc l'esclavage pour le sauvage d'Afrique ? »

Mais à travers les préciosités de Du Bois comme à travers la virilité de Washington, notre lecture nous permet de percer jusqu'aux réalités de la vie quotidienne des Noirs à cette époque et de voir la difficulté qu'ont dû avoir ces deux hommes pour se définir et pour établir leur propre dignité, dans un milieu aussi abject. Comme pour résoudre cette difficulté, le livre de Du Bois semble être lyrique pour le seul plaisir de l'être. Il peut donner l'impression qu'il se sert des Noirs et des plantations en ruine comme de simples accessoires. Il traite des larmes et de la rage ; il ne propose aucun programme.

Dans les débuts de Du Bois on peut lire aussi sa fin. Il vécut très vieux et, vers le terme de sa vie confrontant l'irrationnel par l'irrationnel, il quitta les Etats-Unis pour aller vivre en Afrique occidentale, au Ghana, une ancienne colonie britannique qui, après l'indépendance, avait très vite sombré dans le despotisme africain et qui devait bientôt retourner à la brousse et à la pauvreté, exportant sa main-d'œuvre vers les pays voisins.

Aux toutes premières années du siècles, dans *Up from*

Slavery. Booker T. Washington, dans son style d'homme de la fin de l'ère victorienne, qui sait ce que c'est que la vie, avait mis ses lecteurs en garde justement contre cette sorte de sentimentalité vis-à-vis de l'Afrique. « A la Chambre des communes, que nous avons visitée à plusieurs reprises, nous avons rencontré Sir Henry M. Stanley. J'ai parlé avec lui de l'Afrique et de ses rapports avec le Noir américain et, après cet entretien, je suis resté plus convaincu que jamais qu'il n'y avait aucun espoir de voir le Noir américain améliorer son sort en émigrant vers l'Afrique. »

Durant mon voyage, je devais relire deux fois *Up from Slavery*. A la seconde lecture, après presque quatre mois de séjour dans le Sud, je constatai que le livre avait changé pour moi. Il était devenu bien davantage que la fabuleuse histoire de l'ascension d'un homme défavorisé. Je commençai à voir en lui un ouvrage péniblement codé, qui dans un seul et unique paragraphe adressait des signaux différents aux gens du Nord, à ceux du Sud et aux Noirs.

Je commençai aussi à voir ce livre comme l'œuvre d'un homme constamment soucieux de réunir des fonds pour son école. Cela aurait dû m'être toujours évident, mais tel n'avait pas été le cas ; je m'étais laissé emporter par le pouvoir de la fable. Derrière cet attrait immédiat, cependant, s'en cachaient plusieurs autres : l'homme expérimenté sollicitant habilement les très riches au nom des misérables ; se peignant sous les traits d'un homme d'honneur, de valeur, d'un homme viril et instruit ; et pourtant, prenant soin en même temps de faire le contraire et d'indiquer clairement qu'en tant que Noir, il savait rester à sa place.

D'où ses propos pleins de confiance et de connaissance de la société, comme aurait pu en tenir n'importe quel digne citoyen de la fin du XIXe siècle, concernant les « gens du meilleur monde » et les « vices » de « la classe inférieure ». Toutefois, lors d'un voyage en train entre Augusta et Atlanta, en Géorgie, dans un wagon pullman « rempli de Blancs », il est mortifié de voir deux dames de Boston, « ignorant, semble-t-il, les coutumes du Sud », vouloir à toute force l'inviter à dîner. Le repas lui paraît fort long et il prend, dès qu'il le peut, congé des voyageuses pour gagner le wagon-fumoir, où les messieurs se sont désormais retirés, « afin de voir comment se présente la situation ». Tout va bien ; ces hommes savent qui il est et sont désireux de faire sa connaissance.

En Angleterre, il éprouve la plus haute estime pour l'aristocratie, au vu du temps et de l'argent que ses membres consacrent aux bonnes œuvres. Il est favorablement impressionné par la déférence des domestiques qui sont satisfaits de passer toute leur vie active au service d'autrui et qui, à l'encontre de leurs homologues américains, prononcent les mots « maître » et « maîtresse » sans aucune gêne. Dans cette observation ambiguë, on peut discerner des messages de consolation aussi bien aux Noirs qu'aux Sudistes blancs. Il se lie d'amitié, dit-il, avec la duchesse de Sutherland. C'est une beauté notoire, mais il serait déplacé de la part d'un Noir de dire la chose tout crûment. Il écrit donc : « J'ajouterai que je crois que la duchesse de Sutherland passe pour la plus belle femme d'Angleterre. »

Que de pièges à déjouer ; que de gens à contenter ; que de contradictions à résoudre ; que de possibilités de sombrer corps et âme ! La réussite fut immense, mais à quel prix ! Il mourut à l'âge de cinquante-neuf ans.

A l'ouest, en route vers le Mississippi, il y avait des petits villages délabrés ; on aurait dit une extension de la pauvreté de la ville de Tuskegee. Je passai la nuit dans une plantation de forêts, à la frontière des deux Etats. Il y avait encore dans ces lieux un reste de la désolation d'avant la colonisation : des cyprès, à demi dépouillés de leurs feuilles, leurs genoux chauves sortant d'une eau boueuse, comme une espèce de bête aquatique biscornue ; des marais mouvants, avec des débris de forêts tout au bord ; une puissante touffeur. Le pays n'était pas vieux. Tuskegee n'avait été créée qu'en 1830.

Deux mois plus tard, je revins dans l'Alabama, mais j'arrivais par le nord, en provenance de Nashville, dans le Tennessee ; je descendis des forêts vers le plat pays qui entoure Huntsville. C'était l'endroit où la recherche spatiale et les industries qu'elle avait attirées avaient créé un paysage entièrement nouveau dans le Sud : de vastes boulevards, des usines basses et plates, des terrains spacieux dont le seul objet était de flatter le regard. Huntsville était en outre proche de l'endroit où, en 1873, la première Ecole normale et industrielle pour les Noirs avait été établie dans l'Etat d'Alabama. Ce passé-là avait été englouti, même si le coton poussait encore jusqu'aux confins de la nouvelle ville industrielle.

Vue du musée de la NASA — rempli de visiteurs asiatiques, d'Indiens, de Chinois (« venus inspecter l'endroit où ils ont l'intention de travailler », pour reprendre la formule de l'homme d'affaires sudiste qui m'accompagnait), Tuskegee semblait appartenir à un autre âge, exister à l'intérieur d'un décalage dans le temps, empreint de mélancolie. L'établissement faisait songer à ces prisons de l'esprit que les hommes créent pour eux-mêmes et pour autrui, si écrasantes, si solidement ancrées dans le cours que le monde semble devoir suivre et puis, brusquement, à la faveur d'un petit glissement, si dépourvues de substance.

5

JACKSON MISSISSIPPI

LA « FRONTIÈRE », LE CŒUR DU PAYS

Dès mon arrivée en Alabama — dont l'unique voyelle ainsi répétée semble singer les mots « ma mama » ou « ma mamee » et porte avec elle (à cause de toutes les chansons) une évocation de banjos, de Noirs et de plantations — dès mon arrivée en Alabama, disais-je, je découvris que le Mississippi avait la réputation d'un Etat où régnaient la pauvreté et la dureté raciale.

Toutefois, le pharmacien noir (ou plutôt café-au-lait) de Tuskegee m'avait aussi assuré que mon asthme s'atténuerait à mesure que je m'éloignerais vers l'ouest. Et, en effet, après la chaleur et l'humidité de Tallahassee (encore aggravées pour moi par le fait que j'étais logé dans une tour en verre dont la façade ouest emmagasinait la chaleur dès le début de l'après-midi), après l'atmosphère chaude et renfermée du couloir au premier étage du Dorothy Hall à Tuskegee (où parfois, après avoir gravi les marches, j'avais la gorge en feu au point de ne plus pouvoir respirer tant que je n'avais pas gagné la fraîcheur relative de ma chambre), je commençai à revivre dans l'air climatisé de l'hôtel *Ramada Renaissance*, à Jackson, dans l'Etat du Mississippi.

Le climatiseur ne faisait pas de bruit ; le verre teinté de ma chambre atténuait à la fois l'éclat aveuglant du soleil et le vacarme de la circulation. L'édifice était environné de routes nationales. Vers l'est s'étendait la ville verdoyante, des arbres cachant les quartiers résidentiels cossus. Au nord-est se situait une vaste et nouvelle zone commerciale. Tout cela flattait le regard : on était loin de la pauvreté que j'avais redoutée. Et j'étais reconnaissant à la ville de m'avoir débarrassé, comme par magie, de l'étau qui enserrait mes poumons.

Mais Jackson avait, bien sûr, une face cachée ; là, en plein centre. Et le dimanche après-midi, elle se voyait très facilement, dans ces rues vides de l'habituel flot de voitures. Le centre de la ville était noir. Il y avait des rues entières de maisons « fusils ». C'était la première fois que j'entendais cette expression imagée : d'étroites maisons en bois (qui n'étaient pas sans rappeler des caravanes ou d'anciens wagons de chemin de fer), dont la pièce de devant ouvrait sur celle de derrière, la porte de devant et celle de derrière étant dans le même alignement. Le dimanche après-midi, les gens étaient dehors, en sorte que l'effet de foule, de bidonville, de quartier noir sautait aux yeux, comme si la vie en plein air, la vie hors des maisons était un des aspects de la misère.

Au coin d'une rue, dans un terrain vague, sous le brûlant soleil du milieu de journée, se tenait une séance de prières. Il n'y avait pas de public. Tous les assistants participaient. Les femmes avaient mis leurs robes du dimanche et les hommes étaient en complet et cravate, à l'exception du pasteur qui portait un surplis blanc. C'était la Croisade de Jackson-Ouest, de l'église St. Paul de Dieu dans le Christ. Il s'agissait d'une cérémonie ponctuée de musique et de danse. De nombreux membres de ce groupe tiré à quatre épingles allaient avoir l'occasion de monter en chaire ou de tenir le micro pour chanter.

Les chants paraissaient être des variations sur un thème unique :

Que ferais-je sans Jésus ?

Ce furent les seules paroles que chanta un homme d'un certain âge, en costume marron, appuyé sur la chaire pour mieux se pencher vers le micro de l'air de quelqu'un qui fait des confidences, comme s'il avait un vaste auditoire, au lieu de n'avoir pas un chat (à part les passagers de notre voiture). Comment gagnait-il sa vie, cet homme-là ? Quelle était sa véritable ou en tout cas son autre... occupation ?

Le chef du chœur était une femme corpulente en robe blanche. Elle se tenait légèrement devant les autres choristes, dont elle se distinguait par la sobre blancheur de sa robe, sa taille et sa voix. Quand vint son tour d'empoigner le micro, elle ne monta pas en chaire. Elle le prit au bout de son fil et chanta de sa place :

Ne laissez personne vous retourner !

Ça, c'était son thème à elle et les variations paraissaient venir spontanément :

Ne laissez —
Ne laissez personne —
Ne laissez personne vous retourner !

Et le groupe se mit à danser. Parmi les danseurs, il y avait trois petits garçons. L'un d'eux était devant. Il était tout jeune, cinq ou six ans peut-être, et portait un pantalon long avec des bretelles. Les deux autres, plus grands, se tenaient en retrait ; et la danse — toutes les figures compliquées et pleines d'invention qu'ils décrivaient avec leurs jambes — semblait leur venir par crises. Tantôt, ils avaient l'air d'enfants assistant à une réception pour adultes, indifférents et lointains. Et tantôt, ils paraissaient brusquement possédés, la danse les parcourant comme une ondulation. Et ensuite, non moins subitement, ils arrivaient au terme de leur inspiration, sans tenir compte des chants qui continuaient, en plein milieu d'une phrase de la femme en blanc ; et ils revenaient alors à ce qu'ils faisaient avant, à leurs préoccupations apparemment enfantines. Le pasteur, dans son long surplis blanc, dansait au son des chants de la choriste et comme il dansait sur place, les mouvements de son surplis créaient leur propre rythme.

Ce n'était pas le seul groupe religieux en activité à Jackson-Ouest cet après-midi-là. Un autocar transportant un autre groupe passa devant nous, un autocar blanc avec de fins dessins rouges. Après le passage de ce véhicule, j'aperçus, à quelques maisons du groupe évangélique, un autre jeune garçon qui dansait, cette fois avec un chien noir du quartier, qu'il tenait par les pattes avant.

Lorsqu'elle eut fini de chanter, la jeune femme en blanc s'avança vers notre voiture. La sueur perlait à la racine de ses cheveux, de s'être agitée ainsi dans la chaleur de l'après-midi, d'autant plus étouffante qu'elle était réfléchie par le bitume des rues et les façades des immeubles. Elle nous demanda, d'une voix suave, si nous assistions au service et nous tendit un tract.

Celui-ci reproduisait une photographie du pasteur, non pas en chasuble blanche marquée d'une croix, ni dans une posture évoquant le rythme de sa propre danse, mais en veston et cravate, l'air studieux, l'œil fixant un point derrière le photographe. C'était le révérend Jesse Kelly. Outre ses fonctions de pasteur, il était « fondateur de la Croisade de Jakson-Ouest, présentateur local de radio WOAD, diplômé de la JSU » et « poursuivait actuellement des études de maîtrise de théologie au Wesley Biblical Seminary ». Peut-être qu'une histoire comparable à celle de Danny ou de la révérende Clausell à Tallahassee se cachait derrière cette vocation religieuse, laquelle s'étendait (selon le tract distribué par la femme en blanc) à l'école du dimanche, à l'exercice de son ministère dans un night-club, à la radio et dans la rue et à des célébrations du culte sous un chapiteau.

La musique et les chants nous retenaient ; les danses aussi ; nous pouvions nous émerveiller de cette ferveur religieuse. Mais nous ne pouvions être que des témoins, pas des participants. Et, à vrai dire, la venue de la femme en blanc nous fit songer à partir.

Sur le côté de la maison de ma grand-mère, au centre de Trinidad, il y avait un grand portail en tôle ondulée monté sur une charpente en bois. C'était l'entrée principale de la maison et du jardin. L'une de mes premières idées — j'avais alors six ou sept ans — fut qu'il y avait deux univers : celui du dedans et celui du dehors. Franchir ce portail, c'était passer dans un monde tout à fait différent de celui de la maison ; et le refranchir dans l'autre sens, en fin de journée, c'était abandonner les idées du monde extérieur. Tout le monde vit avec des notions de ce genre ; tout le monde possède différents ensembles de comportement. Toutefois, dans une société mélangée sur le plan racial, surtout si la race y est un problème très aigu, les différents univers sont parés d'attributs ou de connotations raciaux. Les distinctions et les différences peuvent avoir la force de véritables tabous, être des phénomènes ressentis, plutôt que consciemment analysés. Dans une telle société, participer est très différent d'être témoin ; ces deux rôles mettent en jeu deux aspects différents de la personne. Et ce fut avec soulagement, le même soulagement qu'autrefois, que je mis fin au plaisir que me procuraient les chants et les danses de la Croisade de Jackson-Ouest pour regagner le silence revigorant de ma chambre climatisée au *Ramada Renaissance,* dans le nord de la ville.

Je souhaitais, durant mon séjour dans le Mississippi, considérer, dans la mesure du possible, les choses du point de vue des Blancs. Quelqu'un m'avait dit, à New York, que ce ne serait pas facile. Une fois sur place, cependant, je découvris que les gens étaient sur la défensive en ce qui concernait leur réputation. Je crus d'abord que cela me mettait sur la bonne voie, mais ensuite, je n'en fus plus si sûr.

Comme il me fallut peu de temps, par exemple, pour atteindre la limite des idées et des souvenirs d'Ellen ! Elle avait soixante ans, venait d'une bonne famille. Elle était de tendance libérale et paraissait avoir du mal à aller au-delà de son affirmation de cette tendance.

Elle me dit :

— J'ai l'impression que, depuis les années soixante, nous avons traversé une révolution, dans le Mississippi. A cette époque, on aurait dit qu'il y avait ici deux sociétés séparées. A présent, les Noirs ont de bien meilleurs emplois. Au lieu d'être toutes obligées de travailler chez des particuliers, je parle des femmes noires, elles peuvent aujourd'hui travailler dans un McDonald's, une banque ou un magasin.

Et nous restâmes coincés sur ce thème un bon moment. Ellen — peut-être parce que je n'étais pas suffisamment précis moi-même ou que je n'avais pas encore appris à parler aux habitants du Mississippi — ne paraissait pas en dire plus long à ce propos. J'allai même jusqu'à rengainer mon calepin. Elle était douce, accueillante, désireuse de parler, mais je n'arrivais pas à trouver de questions à lui poser. Son optimisme, ses idées de progrès et de changement, semblaient couvrir presque tout ce qui me venait à l'esprit. Nous finîmes par aborder son enfance et ce fut alors que je ressortis mon carnet.

— J'ai grandi durant la grande crise. Mais je ne m'apitoyais pas sur mon sort. Tout le monde était pauvre à l'époque. Et si je ne me trouvais pas mal lotie, c'était parce que j'avais des tas de tantes et d'oncles, de cousins et tout, une nombreuse famille au sens large. Mais à l'époque je ne savais pas qu'on appelait ça comme ça. Mes tantes m'aimaient bien et avaient du temps à me consacrer. J'allais passer les étés chez elles. Elles avaient toujours le loisir de vous parler et de vous confectionner vos plats favoris. Elles me faisaient même des robes.

Cette idée d'une petite communauté, où tout le monde se connaissait et où les gens étaient apparentés, j'avais pu constater que pour beaucoup de gens, elle faisait partie de la beauté du mode de vie d'antan.

Je demandai à Ellen :

— Où habitaient-ils ces oncles et tantes ?

— Dans la ville la plus conservatrice du Mississippi.

Des étés heureux dans une petite ville conservatrice. Qu'y avait-il en dehors du groupe de famille ? Quels étaient les sentiments de la petite Ellen vis-à-vis des « cous-rouges » ? Pouvait-on dire qu'il existait une « mentalité cou-rouge ? »

Oh, oui ! Elle m'en fit la démonstration :

— Faut pas me chercher des poux dans la tête.

Elle leva ses deux bras fluets, comme pour boxer.

— Une mentalité de bagarreurs.

Mais elle avait été protégée de ce genre de chose.

— J'avais une tante qui me faisait très souvent la lecture. Elle avait beaucoup de livres. Pour tout dire, c'était la receveuse des postes. Elle m'a encouragée à sortir de moi ce que j'avais de meilleur. Ça va peut-être vous paraître snob, mais elle disait : « Ellen, ma chérie, il y a des choses que nous ne faisons pas, un point c'est tout. » Et il y avait des *gens* que nous ne fréquentions pas.

Elle revint sur le sujet de l'amour qu'elle avait connu enfant, l'amour qui l'avait en partie façonnée.

— Il m'a aidée à avoir de moi-même une image positive. évidemment, ce n'étaient pas les termes que nous utilisions à l'époque. Je crois qu'il y a encore des gens, par ici, qui traînent de vieilles cicatrices du temps de la crise. J'ai l'impression que la vie a été très dure dans notre région. Il n'y avait absolument pas de travail. Ma sœur était plus âgée que moi et elle a souffert plus que moi, mais c'était parce qu'elle avait eu plus de choses au départ. Elle possédait des choses qui se perdirent. Moi, j'ai seulement grandi pauvre.

» C'est quand j'ai quitté le Sud que j'ai commencé à être fière d'être du Sud. Mon mari faisait des études dans l'Est et moi je travaillais. C'était après la Seconde Guerre mondiale. A l'époque nous avions un homme politique, un sénateur du nom de Bilbo. C'était un raciste et il était partisan de renvoyer tous les Noirs en Afrique pour résoudre le problème ; et je crois bien qu'il inspirait une admiration absolue aux habitants du Mississippi. En revanche, il était tout à fait honni par les gens avec qui je travaillais dans le Massachusetts. Il s'agissait d'un groupe de psychologues. On faisait des recherches sur la dynamique de groupe, les préjugés et ainsi de suite.

» C'est alors que je me suis mise en quête de caractéristiques positives se rattachant au Sud et surtout au Mississippi. J'ai songé aux gens d'ici. Et aux dures épreuves que nous avions subies. Or, comment demander aux gens d'être parfaits quand on pense à tout ce qu'ils ont enduré. Les habitants du Massachusetts, en 1946, manifestaient de la surprise de voir quelqu'un du Mississippi qui savait lire et écrire et d'apprendre que nous « portions des souliers ». C'est encore vrai dans certains endroits. Les gens ont une très, très mauvaise image du Mississippi, mais c'est en train de changer.

— Est-ce à cause des écrivains ?

— Le besoin d'écrire est sorti de la poussière et de ce besoin de parler, parler.

Repensant à ses années dans le Massachusetts, Ellen ajouta :

— Les gens avec qui je travaillais ont voulu savoir si je ferais vraiment la chose suivante. Un Noir est venu nous rendre visite et devinez à qui on a demandé de le piloter ? Ma foi, je lui ai tout montré. C'était un homme charmant. J'ai appris des choses à son contact. Je crois qu'ils ont été très surpris, même s'ils n'en ont jamais rien dit. Je ne leur en ai jamais donné l'occasion. Voyez-vous les progrès que nous avons faits ?

Il y avait quand même cette réputation de violence que traînait le Mississippi.

— Les cous-rouges au sud de la ville étaient de vraies teignes. Ils avaient cette réputation. Ils ne pensaient qu'à en découdre. On racontait des tas d'histoires sur leur compte. Par exemple, que si un voyageur de commerce avait le malheur de passer par là, ils l'attelleraient à leur charrue et l'obligeraient à labourer toute la nuit. Je ne sais pas si c'était vrai ou pas. Le samedi soir, ils se soûlaient, se bagarraient et finissaient par s'entre-tuer. Cela, c'est vraiment le plus mauvais côté du Mississippi. L'Etat avait tout simplement une exécrable réputation. Mais, sur le tas, il y avait quand même de remarquables gens de valeur, y compris quelques merveilleux hommes d'Eglise. Cela montre bien qu'il y a de l'espoir, vous ne trouvez pas ?

Et il y avait aussi le problème racial, que l'on ne pouvait jamais oublier, ni dans le Mississippi, ni dans le Sud tout entier.

— Je jouais avec mes cousins et nous nous amusions tous avec des enfants de couleur. Les enfants des domestiques, des lavandières et ainsi de suite. C'est pour cela que je suis persuadée que les gens du Sud ont davantage d'affinités avec les Noirs que ceux du Nord. Nous les appelions des gens de couleur — « noirs » est un mot nouveau. Je m'y suis habituée. Nous ne disions jamais « nègres » chez moi.

Je ne questionnai pas Ellen sur les mots employés, je ne lui soufflai aucune réponse ; ces paroles lui vinrent tout naturellement.

— Ma famille non plus ne traitait jamais les gens de nègres. Je pense qu'ils avaient trop de savoir-vivre pour faire une chose pareille. Même s'ils habitaient un petit trou à la campagne.

Pour la troisième ou la quatrième fois, Ellen affirma :

— J'ai grandi entourée d'affection.

Un souvenir lui revint : elle s'était interrompue pour remarquer que notre entretien avait commencé à lui permettre de suivre un fil, avait ravivé d'anciennes images.

— Mon père aimait pêcher. Il m'emmenait à la pêche. Je crois que c'est pour cela que je n'ai pas une attitude (elle voulait parler de son attitude raciale) aussi dure que d'autres personnes.

Elle s'interrompit une fois de plus et me sourit :

— Mes étés à la campagne sont importants, n'est-ce pas ?

— Combien d'étés ?

— Je crois qu'on peut dire les douze premières années de ma vie. Je sais que j'ai une façon de penser qui diffère de celle de certains autres, mais je ne sais vraiment pas pourquoi.

— La religion, peut-être ?

— Je crois en effet que la religion joue un rôle, le fait de sentir que nous sommes tous créés à l'image de Dieu. Je n'y songeais probablement pas dans mon enfance. Il a fallu que je comprenne un peu mieux la vie pour penser ainsi.

Puis elle ajouta :

— Et ces histoires de gens qui perpétraient des atrocités.

Des atrocités dans une enfance bercée par l'amour ?

Ellen continua ; sa mémoire fonctionnait et des morceaux disparates de son passé s'assemblaient, comme elle m'avait dit qu'ils avaient commencé à le faire pendant qu'elle parlait, répondant à des questions qu'on ne lui avait jamais posées.

— Ma mère m'a raconté qu'elle avait caché sa bonne pour la soustraire au Ku Klux Klan. Ça montre bien à quel point nous avons progressé. Ma mère avait une domestique. Elle s'appelait Mollie Wheeler, je crois. Et le Ku Klux Klan essayait de la coincer. Je ne sais pas pourquoi. Ma mère ne parlait pas beaucoup de cette histoire. Je crois que le Klan voulait rosser Mollie et la chasser pour une raison quelconque. Ma mère m'a dit qu'elle l'avait cachée dans un panier à linge chez nous pour la sauver. Ils ne seraient jamais entrés dans la maison de ma mère, bien sûr. Tout ça s'est passé avant ma naissance, à vrai dire. C'étaient — ces types du Klan — c'étaient sans doute des jeunes gens. Ayant pignon sur rue dans notre ville.

— Tout cela ne vous faisait pas peur ?

— Je ne crois pas que ça me faisait peur. Ça m'inspirait un profond dégoût pour des organisations telles que le Klan.

Et elle ajouta :

— Les cous-rouges — cette histoire que je vous ai racontée, elle a probablement eu lieu avant ma naissance.

Et je comprenais ce que voulait dire Ellen mieux que je ne le laissais entendre. Aucune situation, aucune circonstance n'est jamais absolument pareille à une autre, mais dans le cadre indien de mon enfance à Trinidad, il y avait eu de nombreux meurtres et actes de violences, lesquels donnaient aux Indiens de l'île, déjà séparés du reste de leurs concitoyens par leur langue, leur religion et leur culture, une réputation épouvantable. Pour nous, cependant, que ces histoires de meurtres et de vendettas concernaient plus particulièrement, d'autres éléments entraient en jeu. Les vendettas entre les familles ou les villages tournaient souvent autour d'une certaine idée de l'honneur. Peut-être était-ce celle de paysans, peut-être cette idée de l'honneur est-elle particulièrement importante pour une société n'ayant pas recours à la loi ou pas confiance en elle.

Imaginez un peu la scène dans un village indien de Trinidad, dans les années 1920 ou 1930. Disons que le chef d'un village a été assassiné. Le lendemain matin, après les formalités légales, le corps est exposé dans son cercueil, posé peut-être sur deux chaises dans la rue, devant chez lui. Il s'agit d'un défi lancé par la famille de la victime. Parmi les gens qui viennent présenter leurs respects à la dépouille se trouve son assassin. Il est obligé d'y aller ; il ne peut pas rester à l'écart et on sait presque certainement de qui il s'agit. Si bien qu'à présent, deux vies sont gâchées ; celle du meurtrier et celle du parent du mort qui sera chargé de tuer l'assassin. Car le code de l'honneur l'exige ; un homme qui souhaite vivre en paix avec lui-même n'a pas le loisir de se laver les mains de toute l'affaire.

Or, cette idée d'honneur et de vendetta était si profondément ancrée en moi que le film *Roméo et Juliette* (avec Basil Rathbone) fut l'une de mes premières véritables expériences théâtrales, l'histoire n'étant pas tellement à mes yeux une histoire d'amour qu'une histoire de vendetta familiale. Quelle frayeur, quelle horreur à l'idée de tout ce qui allait suivre, lorsque je vis le sang souiller la chemise de Mercutio ! L'honneur, voilà ce que je comprenais, ou que je voyais, dans certains des meurtres commis autour de nous. Et non pas la barbarie que nous attribuaient, je devais le comprendre plus tard, les gens du dehors.

C'étaient des émotions d'ordre comparable que je prêtais à présent à Ellen, pendant son enfance, dans cette petite ville où elle avait passé des étés si heureux avec sa grande famille. La violence, lorsqu'elle surgissait, n'avait pas dû lui paraître aussi nue qu'elle aurait pu l'être pour de complets étrangers. Trop d'éléments annexes intervenaient.

Violence d'antan et violence d'aujourd'hui. Celle de son enfance avait été blanche. Celle dont on parlait désormais était noire et se déchaînait dans les grandes villes.

Elle dit :

— Je crois que c'est tout simplement la frustration. Une si grande partie de la violence sévit maintenant dans les communautés noires. Les Noirs n'aiment pas qu'on dise des choses pareilles, mais si vous allez dans les pénitenciers, vous verrez que c'est vrai ; il y a une forte densité de jeunes Noirs.

Comment avait-elle acquis cette courtoisie, ce calme, ce souci d'impartialité, dans un Etat qui avait la réputation du Mississippi ?

Elle répondit :

— Je suis allée à l'université. Je crois que cela m'a beaucoup influencée. J'avais un excellent professeur. On s'intéressait à vous sur le plan personnel. Et mon père est mort quand j'étais très jeune. A peine treize ans. C'est à ce moment-là que j'ai commencé à m'étudier et à étudier les autres. Je crois que j'ai été obligée de mûrir trop vite. Je vivais dans une petite ville. Mon père n'a pas laissé beaucoup d'argent pour nous faire vivre, alors ma mère a dû prendre un travail. Elle était infirmière qualifiée et elle a repris le collier. Et moi, moi je suis retournée vivre avec mes tantes, pour aller à l'école, dans ce même petit trou perdu. Ma mère a travaillé très dur pour pouvoir m'envoyer à l'université. Elle a très bien réussi dans son métier. C'était une force de la nature et elle croyait à l'impartialité envers tout le monde. Durant ses années d'apprentissage, elle soignait tous les malades. Elle avait grandi avec beaucoup de considération pour tout le monde.

Et puis abruptement, puisant dans les souvenirs fortuits qu'elle venait d'évoquer, Ellen déclara :

— Voici une histoire qui m'a vraiment traumatisée. J'en parlais à un de mes parents il n'y a pas très longtemps. Cela s'est bel et bien produit et j'en ai été témoin. J'avais huit ans. J'étais en visite chez ma tante et elle avait une domestique merveilleuse ; il y avait aussi plusieurs de mes cousins. Myrtle, la domestique, jouait du piano. Elle était capable de jouer n'importe quoi d'oreille. Nous tous, enfants, nous pouvions passer des heures à l'écouter faire de la musique et tout. A une époque, elle a eu une petite torpédo et elle nous emmenait nous promener. Nous l'adorions sincèrement. Elle était noire, Myrtle. Peut-être était-ce un de ses petits amis qui lui avait offert la voiture. C'était un drôle de numéro. Elle mettait du rouge à lèvres écarlate et elle avait une grande dent en or juste sur le devant.

» Quoi qu'il en soit, un jour, elle n'est pas venue. Elle habitait juste derrière chez ma tante. Alors finalement, quelqu'un a été voir ce qui se passait. Et on l'a trouvée, morte, dans un placard, la tête en bas. Elle avait été frappée à la tête avec un bâton en pin. On appelait ça un nœud d'allumage parce qu'on s'en servait pour allumer les feux. On a pensé que c'était un de ses amis, mais on n'a jamais su. C'était affreux. Je savais que c'était un crime. Ma tante était dans tous ses états. Je crois que si c'était une Blanche qu'on avait tuée ainsi, ils auraient découvert le coupable. Mais il me semble aussi que c'est une pensée qui date de maintenant. Je ne crois pas que je me serais dit ça à huit ans. Pour moi, Myrtle, c'était Myrtle. Peu m'importait qu'elle fût Noire. Elle claquait des doigts et se mettait à danser.

Et Ellen, assise dans son fauteuil, ébaucha un geste, en se remémorant la chose, et fit elle aussi claquer ses doigts.

— Elle était amusante comme tout. C'était la fille de la femme qui passait de maison en maison pour faire la lessive. On employait de gigantesques marmites. C'était avant l'électrification de la campagne, quand on a commencé à avoir l'eau courante dans la plupart des maisons. Ma tante avait l'eau courante et une salle de bains à l'intérieur, parce que mon père avait construit un château d'eau quand il habitait là, avant ma naissance.

» Je suis retournée jusque chez Myrtle. (La maison de la mère de Myrtle se trouvait juste derrière celle de la tante d'Ellen.) On avait enlevé le corps, mais j'ai vu où il était. C'était de la pure curiosité malsaine. Ma tante ne voulait pas que j'aille voir, mais moi, je voulais et elle m'a laissé faire.

Quelle histoire, parmi les souvenirs de douze étés de bonheur ! Elle déclencha chez Ellen une nouvelle vague de réminiscences.

— Ma mère et mon père me racontaient qu'on pendait les gens dans la cour du tribunal. Des pendaisons légales, pas des lynchages. Ça, c'était quand eux-mêmes étaient enfants. Mon père était né en 1897. Cette seule idée me révoltait, comme elle les révoltait eux. C'était le genre d'histoire que les gens vous racontaient quand vous grandissiez. Je crois que nous avons fait d'énormes progrès. On dirait que les gens deviennent plus civilisés ; je l'espère.

Les histoires qu'on avait répétées à Ellen, durant son adolescence, étaient des récits de la « frontière * » ; c'était, en tout cas, ainsi que je les considérais. Elles fourmillaient des échos d'innombrables westerns et ce qui était incroyable, c'était de les entendre de la bouche de quelqu'un qui venait tout juste d'atteindre la soixantaine. En l'espace d'une vie,

* Ligne de démarcation fluctuante, durant le peuplement des Etats-Unis, entre les territoires exploités et ceux encore vierges. (*N.d.T.*)

donc, il semblait qu'elle fût passée de la culture de la « frontière », ou en tout cas de ses vestiges, à celle de Jackson et des Etats-Unis, en cette fin de XXe siècle. Cela donna un tour nouveau à ma façon de penser et, partant, à mes entretiens avec les gens.

Il y a des cinéastes qui préfèrent travailler à la lumière naturelle, à la lumière disponible, celle qu'ils trouvent sur les lieux du tournage. Or, un voyage du genre de celui que j'avais entrepris, un voyage autour d'un thème, dépend des accidents de parcours : les livres que je lis durant mes déplacements, les gens que je rencontre. Voyager comme je le faisais, c'était un peu comme de peindre à la peinture acrylique ou de brosser des fresques ; les événements sèchent très vite. La forme entière d'une section du récit peut être dictée par une rencontre fortuite, une phrase saisie au vol ou inventée. Si j'avais fait la connaissance de quelqu'un d'autre, ma pensée aurait pu suivre une autre voie ; ce qui ne m'aurait peut-être pas empêché de déboucher, pour finir, sur la même impression générale de l'endroit où je me trouvais.

Les pensées d'Ellen, juste avant que je prisse congé, s'étaient tournées vers son père, mort alors qu'elle n'avait que treize ans.

— Mon père m'a appris qu'on n'avançait jamais dans la vie en montant sur le dos des autres. Nous devons tous nous hisser ensemble vers le haut.

Or, cette vérité avait été la grande découverte de mes pérégrinations dans le Sud jusqu'à présent. Dans aucune autre partie du monde, je n'avais trouvé des gens si obsédés par l'idée de se conduire correctement et de mener une vie religieuse édifiante. Et c'était vrai à la fois des Noirs et des Blancs.

Mes pensées vagabondaient vers la « frontière », vers la vie aux confins extrêmes d'une culture. Et je m'en fus, un jour en début d'après-midi, voir Louise, presque octogénaire, qui vivait seule dans une grande maison de Jackson, dont le jardin était désormais trop vaste pour elle et desséché après tant de jours sans une goutte de pluie.

Dans sa vieille bibliothèque, un meuble américain datant de 1840 peut-être, en cerisier qui avait pris une teinte ravissante et profonde au bout d'un siècle et demi ou presque d'existence, se trouvaient de petits volumes reliés en cuir d'une édition de *The Spectator* d'Addison et Steele, publiée par une maison de Philadelphie en 1847. C'était un rappel du passé colonial, d'une idée de la courtoisie et de l'éducation en conflit total avec l'univers environnant. La réédition de *The Spectator* datait de 1847 — à l'époque, les éditeurs américains étaient à la traîne de leurs confrères anglais au même titre que ceux-ci le sont de nos jours de la littérature américaine. *The Spectator* avait un décalage d'un siècle, et datait de l'époque où Parkman accomplissait son périple le long de la piste de l'Oregon et tombait sur les vestiges, presque aussi terribles que des ossements, des immigrants qui étaient passés par là : des meubles abandonnés, des pièces datant peut-être du début des années 1840, comme la bibliothèque de Louise, que ces voyageurs avaient chargés sur leurs charrettes et chariots, en espérant les transporter vers l'Ouest.

Dans un tiroir du meuble en cerisier se trouvaient des documents et des copies de documents concernant l'histoire de la famille de Louise, laquelle remontait à l'époque coloniale.

Un ancêtre de son mari était venu de Pennsylvanie, arrivant dans le Mississippi vers 1820.

— Le pays était complètement sauvage, vous savez.

Il faisait partie d'une communauté, un groupe de familles unies par plusieurs mariages. Ils n'étaient pas venus directement dans le Mississippi.

— Ils étaient restés tous ensemble, durant leurs voyages à travers la Géorgie, le Tennessee et l'Alabama, me déclara-t-elle.

A titre d'exemple, elle évoqua les liens du sang qui unissaient ce groupe itinérant :

— Quand les deux jeunes gens (deux ancêtres de son mari) furent en âge de se marier, ils se rendirent à Oxford — la ville du Mississippi, dans les collines à l'est du Delta, vaste plaine, alluviale et plate — et épousèrent deux filles des Tankersley, dont ils avaient fait la connaissance.

Les Tankersley étaient l'une des familles de ce fameux groupe.

— La région n'avait pas encore été défrichée et les trajets étaient pénibles. Alors quand ils sont arrivés là-bas, ils y sont restés.

» Mon grand-père avait seize ans quand il est parti se

battre pendant la guerre de Sécession ; il s'est battu à Shiloh, dans le Tennessee. Il a survécu et il est revenu dans le nord-est de l'Alabama pour fonder une famille. Après la guerre, la vie était très dure et puis mon grand-père est mort. Mon père est parti de chez lui à l'âge de quinze ans et il est allé vivre avec un oncle qui habitait la région du Delta, dans le Mississippi. Il avait déjà une certaine instruction et il a payé un pasteur baptiste pour lui apprendre la comptabilité, ensuite il a ouvert un petit magasin et s'est mis à acheter des terres dans le Delta. *Et c'était un pays splendide.* A présent c'est un gigantesque champ de coton, entièrement défriché et irrigué, mais à l'époque, c'était exactement comme dans *l'Ours* de William Faulkner, un de ses plus beaux textes. C'était un pays tout à fait sauvage, avec de grands chênes qui n'avaient jamais été cultivés. C'était avant les plantations. C'était tout bonnement merveilleux, une région de fleurs, avec toutes sortes d'iris et de violettes sauvages, de nénuphars et d'alligators. On commençait tout juste à créer des plantations dans le Delta. C'était très dur. Nous avions la malaria, voyez-vous. Quand j'étais petite, j'avais la malaria chaque été. Il a fallu un certain temps pour défricher le Delta. Chaque printemps amenait une inondation.

» Quand j'étais enfant, disons en 1915, on était encore en train de le défricher. Les gens arrachaient tout autour de ces énormes chênes, puis ils les laissaient mourir et ensuite les coupaient. A chaque fois qu'ils décidaient de défricher un champ, ils tuaient les arbres. Jamais je n'y ai prêté la moindre attention. C'était une chose qui se faisait ; pour moi, elle allait de soi. J'allais jouer dans les bois. Si on ne rentrait pas pour les repas, on était puni, parce qu'on était parti trop loin et qu'il avait fallu que tout le monde se mît à votre recherche, pour de bon. Les gens avaient un tel nombre d'enfants à l'époque, voyez-vous. Il n'était pas question de limiter les naissances. Nous en avions tant. Et beaucoup de familles en perdaient plusieurs.

La terre des pionniers, la région du Delta dans le Mississippi... Pourtant, cet Etat, à la frontière de la civilisation, connaissait la curieuse complication de l'esclavage, issue de l'époque des plantations de coton, au bord du fleuve. La « frontière », les pionniers, la solitude ; mais à cette époque, aussi, la main-d'œuvre noire peu coûteuse. Qu'en pensait Louise, à présent ? La population noire était désormais très nombreuse dans cette contrée où, enfant, elle s'était laissé charmer par les fleurs sauvages et les grands arbres de la forêt.

Elle dit :

— Il n'y avait guère de raisons d'aller s'établir dans le Delta, à moins d'être un grand propriétaire. Or vous ne pouviez pas défricher vous-même. Par endroits, il n'y avait que des cannaies.

— J'ai lu ce mot. Qu'est-ce que c'est ?

— C'est une espèce de canne à sucre sauvage, mais qu'on ne peut absolument pas cultiver. Nous avions des tas de gens pour nous aider, des domestiques. Une fois affranchis, ils sont restés là où ils se trouvaient, voyez-vous. Ils ont vécu et se sont multipliés partout. Devenus adultes, beaucoup de Blancs sont partis, mais les Noirs sont restés. Et l'une des raisons pour lesquelles ils se sont incrustés, même aujourd'hui, c'est intéressant de lire les rubriques nécrologiques, c'est que ce sont des gens pouvus d'un fort instinct grégaire. Ils ne se préoccupent guère de lignées par le mariage et tout ça, mais ils ont un sens très vif de la famille.

Et les Noirs aimaient à revenir là où ils se considéraient chez eux. Cette idée, concernant l'importance de la famille, j'en avais entendu parler en Afrique occidentale, en Côte-d'Ivoire. Elle primait sur l'autre idée (à supposer que celle-ci existât parmi les Africains), de la fidélité conjugale. On m'avait assuré qu'en Côte-d'Ivoire, quelqu'un qui aurait réclamé le divorce pour adultère aurait donné l'impression de se moquer du monde. Cela allait d'ailleurs de pair avec une autre idée africaine : on n'épousait pas une personne, on s'alliait à une famille.

Louise continua :

— Je suis très préoccupée par cette histoire de Noirs, par le problème noir. Ma bonne m'a dit ce matin que d'un bout à l'autre de leur rue, ils courent partout en tirant des coups de pistolet en l'air, ces jeunes Noirs.

Une version déformée de la « frontière » ici, à Jackson.

— Je ne sais vraiment pas comment nous allons nous en sortir. Certains d'entre eux sont très intelligents et ambitieux. D'autres sont de vrais rustres. Il y a aussi des Blancs qui le sont, mais peut-être pas autant. Nous ne nous multiplions pas aussi vite qu'eux.

Elle évoqua un souvenir qui n'avait aucun rapport, mais

au sein duquel l'idée de la vie de la « frontière » et celle du peuple noir se trouvaient mêlées :

— Quand j'étais petite, dans le Delta, j'avais une nounou, je suppose. Elle m'a même allaitée. Il n'y avait pas de lait en poudre à l'époque. Les médecins ne connaissaient rien du tout aux bébés. Pour tout dire, ils avaient un peu progressé au-delà des sangsues, mais pas beaucoup. Ils n'avaient guère de compétence.

Les merveilleuses forêts du Delta, où un enfant pouvait aller jouer parmi les fleurs sauvages, avaient été coupées. Et son père avait fondé une plantation. Qu'était-elle devenue ?

— Mon père est mort à cinquante ans. Il avait vendu environ cinq cents hectares juste avant la grande crise et il lui en restait à peu près trois cent cinquante.

Mais ce n'était plus des forêts.

— La boue l'hiver, la poussière l'été, soupira-t-elle. Mon père a acheté une automobile Chalmers. Je vous parle d'une époque où la radio n'existait pas encore. C'était une distraction.

Quelquefois, ils allaient tout simplement s'asseoir dans la Chalmers, pour le simple plaisir de monter dedans, sans se rendre nulle part.

— Nous vivions très paisiblement. Si une ville était à huit ou dix kilomètres, c'était très loin.

Mais plus tard, quand les routes se sont améliorées et les voitures aussi, les gens du Delta devinrent célèbres dans tout le Mississippi pour la facilité avec laquelle ils étaient prêts à couvrir de longues distances pour un simple dîner ou une soirée mondaine.

Louise aborda alors un sujet qui liait la région du Delta au Trinidad de ma propre communauté indienne. On avait importé des Chinois pour travailler dans le Delta ; exactement comme on avait fait venir à Trinidad et dans d'autres colonies de l'Empire britannique (y compris l'Afrique du Sud) des Chinois et des Portugais et, de façon plus durable, des Indiens, afin de travailler sur les plantations, après l'abolition de l'esclavage des Noirs.

Des Chinois ici, sur les rives du Mississippi !

— Les Chinois vivaient strictement en cercle fermé, déclara Louise. Et ils continuent. Il y en avait un à Vance et les Blancs des classes inférieures le chahutaient impitoyablement. Mon père le protégeait, s'ils allaient trop loin.

Après la mort de mon père, le Chinois a quitté Vance à son tour. On le faisait tourner en bourrique. Les écoliers qui rentraient chez eux chantonnaient en passant devant son magasin :

Chico le Chinois,
Mange des rats morts.
Il les croque comme
Des gaufrettes au gingembre.

» Et lui sortait, c'était peut-être pour s'amuser, et leur montrait le poing. Aussitôt, ils se mettaient à rire et décampaient !

Elle était fixée à jamais dans sa mémoire, cette petite comptine dépourvue de sens, venue manifestement d'un autre pays et adaptée aux Chinois du Delta. Aussi indéracinable que cette autre comptine logée depuis l'enfance dans ma cervelle, sur les Chinois de Trinidad ; c'était les petits Noirs qui la chantaient et elle était tout aussi inoffensive :

Chinois, Chinois ne meurt jamais.
Nez plat et œil bridé.

Qui en était l'auteur ? Un adulte ou un de ces enfants naturellement doués pour les vers ? Il devait bien y avoir un auteur, tant pour ma chansonnette chinoise que pour celle de Louise.

Il aurait été agréable de causer un moment des comptines des enfants du Mississippi, mais Louise avait d'autres souvenirs. Elle commençait à être fatiguée, à présent, et n'était plus aussi capable d'aller jusqu'au bout de ses pensées que lorsque nous avions entamé notre conversation.

Elle dit :

— Les Noirs étaient si opprimés à cette époque que c'était un endroit très paisible. Ils ne faisaient pas le genre de choses qu'ils font à présent. Nous avions très peu de problèmes. Ils allaient de leur côté, nous du nôtre. Nous étions habitués à avoir des domestiques. Pendant la grande crise, ma sœur avait quand même une bonne. Elle avait une fille du même âge...

Mais je ne connus jamais la fin de cette histoire-là. Peut-être était-elle trop douloureuse à évoquer ; peut-être

Louise souhaitait-elle la tenir enfouie au fond d'elle-même. De façon inattendue, elle passa à la pensée suivante :

— J'ai beaucoup de respect pour ceux que les Noirs appellent les pauvres Blancs. Je crois qu'ils ont souffert. Eux aussi ont besoin qu'on leur donne leur chance.

Puis Louise ajouta d'une voix lasse, comme accablée à présent par le poids de sa maladie et de son âge :

— Mais les besoins du monde sont si immenses qu'on se sent écrasé.

Ce mélange de pensées concernant les Noirs, les pauvres Blancs qui avaient autant besoin d'aide que n'importe qui, ainsi que sa sœur et la grande crise, fit resurgir des profondeurs l'histoire que voici :

— Au plus fort de la grande crise — jamais nous n'avons eu depuis quelque chose qui puisse s'y comparer, de près ou de loin — nous habitions à quelque distance d'un pénitencier.

Songeant à l'incident qu'elle allait me raconter, elle continua :

— Il s'est passé quelque chose de terrible. L'un des forçats, réputé pour sa bonne conduite, travaillait chez des employés du pénitencier. Ah, c'est une histoire qui a mis tout le Delta en ébullition ! La fille d'un des gardiens de la prison — on a raconté qu'elle avait une liaison avec un de ces prisonniers noirs. Du jamais vu. En tout cas, le prisonnier a tué son père. Alors, les gens sont partis le capturer ; il y avait une récompense de deux mille dollars, une grosse somme à l'époque ; et le jeune fils d'un planteur est entré sans hésiter dans une grange pour s'emparer de lui. Evidemment, le prisonnier lui a tiré dessus et l'a tué. Vingt-trois ou vingt-quatre ans, le plus beau garçon qui soit et il est allé au-devant de la mort, sans réfléchir. Ensuite, bien sûr, ils ont attrapé le Noir et l'ont tué. Ça s'est passé à une quinzaine de kilomètres de là où nous vivions. Et tout le monde a été vraiment bouleversé. Mais à présent nous avons des viols sans arrêt. A l'époque, c'était quelque chose de rarissime. De nos jours, on n'a pas l'air d'y attacher beaucoup d'importance. J'étais une jeune femme, d'une vingtaine d'années. Cela m'a profondément affectée. C'était tout à fait tragique. Mais, il y avait des cas de violence isolés comme celui-là.

Nous parlâmes de l'assassinat d'Emmett Till, en 1956. Emmett Till (que les noms des gens deviennent donc extraordinaires quand ils sont associés à de grands et tragiques événements !) était un jeune Noir accusé d'avoir sifflé au passage d'une Blanche ou de l'avoir importunée et que l'on avait tué. L'affaire avait encore accru la mauvaise réputation du Mississippi.

— Certaines branches de ma famille vivaient toujours dans le Delta, dit Louise. Et il ne s'est pas contenté de siffler. Mon frère avait un drugstore à Sumner, là où s'est déroulé le procès. Nous ne sommes pas des gens de cet acabit.

Louise voulait parler des distinctions sociales en vigueur dans le Delta. Un peu plus tôt, en évoquant la position de sa famille en tant que planteurs, elle avait déclaré :

— Il y a des classes sociales partout.

Et ce qu'elle voulait me faire comprendre à présent, c'était que la femme qui travaillait comme vendeuse au drugstore, de même que celle qu'Emmett Till avait prétendument sifflée ou importunée, appartenait à une catégorie sociale différente.

— Ma mère et mes sœurs n'ont jamais travaillé dans le dépôt de vivres. Nous avions des gens payés pour cela.

Le dépôt de vivres, un mot issu des plantations, désignait le magasin de la plantation, où les ouvriers achetaient des marchandises à crédit, sur leurs gages à venir.

— Mon père estimait que ce n'était pas un endroit convenable pour les femmes de sa famille. Toutes sortes de gens y venaient parfois ivres.

J'avais déjà été frappé, dans le récit qu'Ellen m'avait fait de son enfance, par les emplois modestes qu'occupaient des gens de bonne famille. L'une des tantes d'Ellen avait été receveuse des postes ; et à présent, Louise me signalait que son frère tenait un drugstore. On aurait dit que, dans la pauvreté du Sud, les classes existaient plutôt dans les esprits et la conscience d'une famille, liées à une notion de comportement vertueux et de convenances.

Louise reprit :

— Le mouvement en faveur des droits civils a tout changé. Il est à la fois bon et mauvais.

Elle ajouta, la pensée lui étant, semblait-il, venue par association d'idées :

— Je n'aimerais pas vivre quelque part où il n'y aurait pas de Noirs du tout. J'ai vécu parmi eux toute ma vie et je les aime bien. Et même maintenant... (Elle voulait dire en dépit de la criminalité à Jackson et bien que la ville se dirigeât vers une majorité noire et fût même proche, peut-être, d'avoir un maire noir.) Ils sont chaleureux et pleins d'humour. Ils me manqueraient. Seulement, nous en avons un si grand nombre, ici, à Jackson ! Et où qu'ils soient, ils sont en grand nombre, parce qu'ils aiment bien se retrouver entre eux et qu'ils ne veulent pas s'installer là où il n'y a pas d'autres Noirs, ils s'y sentent seuls. Je connais une femme qui était dans l'Iowa et elle y gagnait beaucoup plus d'argent, mais elle est revenue ici parce que là-bas, elle était trop isolée. A présent, ils forment des gangs à Jackson. Si seulement on pouvait les éparpiller à travers le pays, cela vaudrait mieux. Mais nous ne sommes pas en Russie. On ne peut pas faire ça.

Il était presque temps pour moi de partir. Elle souhaitait à demi être libérée de cette obligation de parler, mais en même temps, il y avait aussi chez elle une envie de poursuivre, à présent qu'elle avait commencé à raconter. Et une fois de plus, elle en revint à son enfance dans le Delta, lorsque la contrée était encore recouverte de forêts.

— Nous mangions à notre faim, mais nous vivions au-dessous de ce qu'on appellerait de nos jours le seuil de pauvreté. C'était un privilège de vivre dans le Delta. La nuit, on entendait les animaux dans la forêt. Une panthère. On aurait dit des pleurs de femme.

Proche d'elle à nouveau, dans sa vieillesse où elle vivait seule, elle retrouvait l'isolement de son enfance, la solitude du Delta.

— Ma belle-mère me racontait l'histoire d'une dame qui s'appelait Miss Sunshine Easterling, Sunshine Easterling ! et qui voulait aller à une réception. Seulement, il n'y avait aucun moyen de transport sauf le long de la voie ferrée. Alors, les voilà partis, sur les rails dans une voiture à bras ; pour avancer il faut pomper avec les bras, vous savez.

En fait, je ne savais pas vraiment, n'ayant vu les voitures en question que dans les films américains de série B, quand j'étais petit à Trinidad.

— Or, continua Louise, ils ont été broyés par un train de marchandises et Miss Sunshine Easterling est restée infirme à vie. Cette histoire était destinée à nous empêcher de soupirer indûment après une vie mondaine. Il n'y a pas à dire, nous étions très isolés dans le Delta à cette époque. Je me souviens d'un Noël où j'ai reçu en cadeau un chapeau en vrai castor tout à fait ravissant. Il devait venir d'un magasin style *Marshall Field,* parce qu'il n'y avait pas un seul magasin dans les environs où l'on pût trouver un article pareil. Mais il n'y avait pas le moindre endroit où aller avec mon chapeau de castor. Alors, je l'ai mis l'après-midi de Noël et je suis allée me promener le long de la voie ferrée, en espérant que quelqu'un me verrait. Mais je n'ai rencontré personne. J'avais douze ans à l'époque.

Soixante-sept ans plus tard, de nouveau seule, dans un Jackson dont le développement dépassait tout ce qu'elle aurait pu imaginer, veuve, ayant derrière elle presque toutes les aventures de la vie, elle n'avait pas oublié cet ancien souvenir de solitude. Dehors, son jardin envahi par la végétation, encombré d'arbres, le sol sec, jauni, attendait la pluie.

Quelques jours plus tard (la pluie étant arrivée), j'allai rendre visite à Eudora Welty et mentionnai l'histoire de Louise et de son chapeau de castor. Miss Welty n'avait qu'un an de moins que Louise et elle savait exactement quel genre de chapeau Louise avait pu recevoir à la Noël 1920.

— On les appelait des chapeaux à la Madge Evans. D'après une petite fille qui était actrice. On ne les vendait que dans un seul magasin de Jackson. Bien des années plus tard, j'ai rencontré la petite actrice. Bien sûr, ce n'était plus une enfant à cette époque-là, mais elle avait poursuivi sa carrière dramatique. J'ai fait sa connaissance à New York. Elle était un peu plus âgée que moi. Elle m'a dit : « Je connais vos œuvres, parce que dans une de vos nouvelles, vous aviez un chapeau à la Madge Evans. Madge Evans, c'est moi. » C'était une petite fille comme nous quand elle portait ce chapeau. Il avait un large bord tout autour, avec des rubans qui vous pendaient dans le dos jusqu'à la taille. C'étaient des chapeaux merveilleux. Et il y avait aussi des chapeaux de paille, pour l'été. A cette époque-là, on mettait tout le temps des chapeaux. On en portait même pour l'école du dimanche.

La forêt qu'avait connue Louise n'existait plus dans le Delta et à présent un remblai le long du Mississippi évitait que cette contrée plate ne fût inondée tous les ans.

Elle était si plate, cette terre, que les arbres paraissaient bas. Vus de la voiture, les champs de jeunes pousses de coton créaient de longues lignes aux perspectives hypnotiques, qui passaient en un éclair : le vert des pousses alternant avec le jaune ou le brun foncé du sol. L'agriculture, cependant, connaissait ses années de vaches maigres et, bien qu'il y eût de splendides plantations, comme celle qui s'appelait Egypt, le Delta n'était plus ce « gigantesque champ de coton » que m'avait décrit Louise.

Egypt, toutefois, donnait un aperçu du passé, des mœurs raffinées et des divisions sociales propres à la culture des plantations. Derrière la maison de maître et le dépôt de vivres se trouvait un fleuve très boueux, le Yazoo, le long duquel descendent toujours les péniches ; le dernier vapeur s'y est arrêté en 1932. Dans la grande demeure bien fraîche, au déjeuner, il y avait une sensation d'espace, de longues distances vous séparant de vos voisins. Les livres, l'intérêt pour l'histoire (Egypt était possession de la même famille pratiquement depuis le début du siècle), les tableaux (des originaux, des portraits pour la plupart, et des reproductions) et même la petite tête de Noir sculptée sur la cheminée du salon, tout cela suggérait une culture bien éloignée de l'univers laborieux si particulier du Delta.

Alors même que nous déjeunions, des préposés chargés de lutter contre les animaux nuisibles s'activaient au-dehors. Et juste au-delà des jardins de la maison s'étendaient les champs bien nivelés dont tout dépendait. Il y avait pour un million de dollars de machines destinées à labourer, moissonner et fertiliser ces vastes étendues. Il y aurait eu beaucoup moins de machines dans le temps ; et beaucoup plus d'ouvriers.

Sur cette étendue plate, l'unique rangée de maisons, largement espacées, où logeaient les quelques ouvriers noirs dont on avait désormais besoin, se détachait contre le ciel. Devant les maisons, sur la route — vus très nettement, comme s'ils étaient sur une scène, un effet créé par ce sol si plat et ce ciel immensément haut — jouaient des enfants noirs. Certains couraient, d'autres pédalaient, juchés sur des vélos. Dans la maison de maître, au déjeuner, on aurait pu se croire en Argentine, dans une *estancia*. Dehors, en observant les maisons de ces ouvriers, on avait plutôt l'impression de se trouver dans un pays d'Afrique — au Kenya, peut-être, s'il y avait eu des collines à l'arrière-plan.

Le coton, cependant, bien que les prix fussent un peu montés récemment, n'était plus le roi absolu du Delta. Ce que ce terrain plat cachait à qui circulait sur les nationales, c'était que des milliers d'hectares étaient désormais consacrés à l'élevage du poisson-chat, une entreprise aussi compliquée, aussi grandiose, aussi ingénieuse que seules peuvent l'être les entreprises américaines, aussi mécanisée et risquée, en outre, que tout ce que l'on avait jamais tenté dans le Delta.

Un matin, je quittai Jackson fort tôt, au volant de ma voiture, pour aller assister à la « récolte » de quelques étangs à poissons-chats. La veille au soir, on avait passé des sennes dans ces « étangs » mesurant chacun entre sept et dix hectares. Les sennes étaient pareilles à n'importe quelles autres, mais on avait fait appel à deux tracteurs, un sur chaque rive, pour les traîner et les berges étaient jonchées de poissons morts poussiéreux, qui maintenant ressemblaient davantage à des morceaux de cuir qu'à des poissons. Il y avait parfois des serpents dans les étangs ; ainsi que des poissons rouges, comme autant d'éclats écarlates dans la senne ou dans l'espèce de panier grillagé qui servait à sortir les poissons de l'étang pour les déposer dans les camions. Ces poissons rouges, si beaux quand on les apercevait seuls ou par deux, étaient devenus ici « du poisson au rabais » qu'il fallait séparer des poissons-chats à la fabrique, soit pour les jeter avec les autres poissons indésirables qu'attirent les étangs (parfois lâchés par des oiseaux), soit pour servir d'engrais, une fois réduits en poudre.

La nature, ainsi manipulée, avait quelque peu déraillé. Les poissons rouges avaient été introduits pour manger les algues qui donnaient mauvais goût au poisson-chat. Seulement, ces poissons rouges avaient beaucoup trop proliféré. On pensait automatiquement à la vigne ku-dzu, l'autre grand fléau du Mississippi, qui, importée du Japon ou de Chine pour empêcher l'érosion dans les zones accidentées de l'Etat, s'était tant plu dans son nouvel habitat qu'elle avait envahi des kilomètres carrés de terrain, grimpant à l'assaut des poteaux télégraphiques et les faisant tomber, tuant les arbres, jetant partout ses festons et ses guirlandes, tapissant les sous-bois d'une couche épaisse et régulière de verdure, presque littéralement indéracinable. (C'était d'ailleurs pour cette raison que l'on avait songé à la vigne ku-dzu, parce que ses étonnantes racines étaient si puissamment cramponnées au sol. A l'instar de l'eichornia au Congo, la vigne ku-dzu était devenue une étrangleuse.)

La saveur, voilà quel était le grand problème du poisson-chat, problème qui, jusqu'à présent, n'avait pas encore été résolu, malgré toutes les recherches menées par la fabrique et l'Institut du poisson-chat. La chair de cet animal, surtout l'été, avait tendance à prendre des goûts étranges : de boue, ou de bois brûlé, ou parfois une âcre saveur de pétrole.

Par conséquent, la fabrique effectuait cinq ou six vérifications du goût des poissons prêts à la récolte. On coupait la queue d'un poisson vivant, on la faisait cuire et on la goûtait. Le directeur commercial de la fabrique me dit :

— Nous coupons le poisson sans lui ôter la peau. Nous ne voulons pas risquer de le dénaturer de quelque façon que ce soit. On le prend dans le camion, on coupe la queue et direct dans le four à micro-ondes. On ne l'écorche pas, ni rien de pareil.

Un des employés ne faisait rien d'autre que de cuire et goûter.

— Notre spécialiste goûte facilement ses deux cents échantillons par jour. Ça dépend. Je l'ai vu goûter jusqu'à trois cent cinquante échantillons en une seule journée. Il a sa propre méthode pour se rincer le palais. Si un poisson a carrément très mauvais goût, il branche le ventilateur de sa cuisine, parce que cette bête-là va vraiment empester toute la pièce. Ces temps-ci, en plein été, nous ne pouvons passer que deux ou trois échantillons sur quinze. Le taux d'acceptation est plus élevé en hiver.

Et l'éleveur de poissons-chats ne pouvait qu'espérer que les étangs dont les échantillons avaient été rejetés s'assainiraient d'eux-mêmes et que les poissons qui s'y trouvaient passeraient à une date ultérieure le test du dégustateur.

Donc, les poissons que l'on chargeait ce matin-là dans les camions de la fabrique avaient passé tous les tests sauf un. Il devait y en avoir un ultime à la fabrique même. Durant les deux jours qui avaient précédé leur départ, ils n'avaient pas été nourris, de façon que rien ne pût risquer de leur donner mauvais goût. A présent, déclarées bonnes pour la consommation, ces bêtes qui pesaient chacune entre une livre et une livre et demie arrivaient presque au terme de leurs dix-huit mois d'élevage.

Dans la couveuse, un petit hangar fermé, on pouvait les voir au début de ce cycle : des œufs dans des bacs, plongés dans une eau maintenue à vingt-six degrés, une pale actionnée électriquement remplaçant la queue ondulante du poisson-chat mâle ; si l'eau n'était pas brassée ainsi, les œufs mourraient. En cinq jours, les œufs, qui ne sont d'abord que de petits points noirs, prennent vie ; ensuite les alevins sont lâchés dans les étangs, où ils vont passer leurs dix-huit mois d'existence.

Les étangs sont constamment aérés, car sans oxygène les poissons ne peuvent survivre. Le taux d'oxygène est testé toutes les deux heures, jour et nuit ; un éleveur de poissons-chats ne peut s'éloigner très longtemps de ses bêtes. La dose d'aliments ou de céréales donnée aux poissons est fixée par ordinateur. Elle tombe à intervalles fixes dans la partie profonde de l'étang. Les poissons s'y dirigent à l'heure des repas. Ils ont leurs habitudes. S'ils sont nourris à des heures irrégulières ou suralimentés, ils ne mangent pas. S'il n'y a pas assez de poissons-chats dans un étang, ils ne mangeront pas non plus suffisamment pour atteindre un poids respectable, car (à ce qu'il semble) la diminution de la concurrence les rend aussi « amorphes » que les poissons sauvages qui se nourrissent au fond des fleuves. Quelle somme d'efforts, donc, que d'innombrables tentatives, accidents et pertes représentent l'élevage de ces poissons que l'on chargeait, ce matin-là, dans les camions de la fabrique !

Celle-ci se trouvait dans la petite ville d'Indianola. Les employés de la salle de conditionnement étaient assis dehors pour déjeuner, à l'ombre irrégulière des grands pins, de l'autre côté de la route macadamisée. Ils portaient des blouses blanches souillées de sang et des couvre-chefs qui ressemblaient à des bonnets de douche en plastique blanc. La plupart d'entre eux étaient des Noirs parmi lesquels beaucoup de femmes. Ils étaient assis sur des tabourets en bois et mangeaient leur déjeuner. Plusieurs avaient des hamburgers ; ainsi les travailleurs d'une branche de l'industrie alimentaire consommaient-ils les produits d'une autre branche, selon la loi des échanges d'une société industrielle.

Une fois le déjeuner fini, le travail reprit. Les camions déchargeaient les poissons qu'ils apportaient (dans de l'eau de source, pour les garder le plus propre possible), dans une cage métallique au moyen de laquelle ils étaient soulevés et transvasés dans un étourdisseur électrique, une sorte de boîte peinte en vert. Ensuite, ils passaient le long des chaînes de conditionnement, à l'intérieur du bâtiment, dans une salle où l'on était assourdi par le bruit des machines, pour y être étêtés, éviscérés et écorchés.

Etêtés, éviscérés, écorchés, le directeur commercial, qui nous servait de cicérone, prononça ces mots difficiles aussi aisément qu'en d'autres temps on eût parlé de criminels qu'il avait fallu pendre et écarteler. Les deux processus n'étaient d'ailleurs pas entièrement étrangers l'un à l'autre. Toutefois, l'accent, à la fabrique de poisson, était mis sur la rapidité, afin de préserver la fraîcheur du poisson qu'il fallait garder en vie jusqu'au tout dernier moment, avant qu'il fût étêté, éviscéré et écorché en trois minutes et demie tout compris, puis aussitôt placé (du moins les filets ou darnes ou lamelles ou tronçons) dans de l'eau très froide additionnée de glace. Cette dernière avait son importance à ce stade : la méthode avait été mise au point jusque dans ses moindres détails. La glace, donc, expliqua le directeur commercial, frottée contre le poisson coupé ou débité en filets constituait un nouvel agent nettoyant. En l'espace de trente minutes, les poissons étaient entièrement conditionnés, prêts à la vente.

— Par conséquent, conclut le directeur commercial, le client peut manger au dîner un poisson qui était encore vivant le matin même. C'est un degré de fraîcheur qui ne saurait être égalé par aucun autre produit d'aquaculture. En ce qui concerne les produits de la mer, c'est du jamais vu. Certains d'entre eux stagnent dans les chalutiers quatre ou cinq jours avant que ceux-ci ne rentrent au port.

Etêter, je n'avais encore jamais entendu le mot dans un tel contexte, mais il me parut tout à fait approprié. Un homme, on le décapite ; on ne saurait l'étêter, de même qu'un poisson n'est pas décapité. En outre « étêté » évoquait parfaitement le processus industriel en question. La rapidité de la manœuvre dépendait en partie de l'adresse de l'étêteur ou, comme dit le directeur commercial, du scieur de têtes. Un bon scieur pouvait expédier cinquante-cinq têtes à la minute. Toutefois, le poisson devait être convenablement étourdi, de façon à ne pas se tortiller ; c'était le travail de l'étourdisseur contenu dans la boîte verte. L'étêtage était pratiqué aussi bien par des femmes que par des hommes. La femme que j'observai quelques instants portait des gants jaunes et faisait glisser à un rythme forcené les poissons étourdis contre une scie à ruban verticale. L'éviscération était ensuite pratiquée par succion, au moyen d'une machine telle que j'en avais vu près de vingt ans auparavant dans ce qui restait du Cannery Row de John Steinbeck, à Monterey en Californie. A l'extérieur, les entrailles et autres déchets sanguinolents des poissons conditionnés se déversaient depuis deux paniers dans des camions rouges qui les emporteraient quelque part, peut-être (mais je ne demandai rien) pour être transformés en engrais.

Dans les bureaux de la fabrique régnaient l'ordre et le silence ; les employées étaient blanches. Dans la salle d'attente figuraient une photographie en couleurs de deux jolies jeunes filles blanches : Miss Poisson-Chat 1985 et Miss Poisson-Chat 1986.

A Cannery Row, en 1969, l'homme qui avait acheté l'endroit et espérait le revendre m'avait fait voir des machines désaffectées et silencieuses. Il m'expliqua que ce matériel, même lorsqu'il était aussi compliqué et d'un fonctionnement aussi incessant que semblait l'être celui nécessaire à l'industrie de la conserve, n'était pas difficile à manipuler, une fois que l'on savait « respirer avec ». Et j'avais le sentiment que le président (et le directeur commercial) de la fabrique que je visitais « respiraient » ainsi avec le poisson-chat. Mais Cannery Row était un endroit mort, alors que Sam Hinote était en train d'édifier une nouvelle industrie.

Il avait quarante-cinq ans. Il était natif de l'Alabama et diplômé de l'université d'Auburn. Ce nom me rappela mes trajets en voiture jusqu'à cette ville et à la ville voisine d'Opelika, le soir, pour aller dîner, durant mon séjour à Tuskegee. Et, me remémorant une remarque que l'on m'avait faite à Tuskegee concernant les mérites comparés des services vétérinaires des deux universités, je dis :

— Auburn. Mais c'est l'établissement rival de Tuskegee, l'Université noire.

Sam Hinote sourit. J'étais un visiteur, il fallait être tolérant. Il répondit :

— Tuskegee est un établissement noir, mais Auburn n'est pas sa rivale. La rivale d'Auburn, c'est l'université de l'Etat d'Alabama.

Il avait commencé sa vie professionnelle dans le secteur économique, en tant qu'analyste de marché s'intéressant aux prix du grain et d'autres marchandises. Puis, en qualité de directeur de la recherche économique pour une grande firme d'Omaha, dans le Nebraska, il fut chargé de trouver de nouveaux débouchés pour cette entreprise. Ce fut ainsi qu'il se lança dans le poisson-chat.

— Nous avons fini par acheter, en 1969, une petite société qui s'intéressait au commerce du poisson-chat. Elle possédait une couveuse et une fabrique. Son boulot était de vendre des bébés-poissons aux éleveurs, de leur racheter ensuite l'animal adulte ayant atteint la taille voulue pour le marché, de le conditionner et de vendre le poisson préparé. J'ai trouvé que ça ressemblait beaucoup aux débuts de l'industrie du poulet.

Son analyse était exacte. La coopérative d'élevage de poisson qu'il avait montée à Indianola en 1981, avec un personnel de cinquante personnes, en employait désormais mille quatre cents et fournissait indirectement du travail à beaucoup de gens, dont bon nombre de Noirs qui, jusque-là, n'avaient pu trouver que des emplois saisonniers sur les plantations de coton, « coupant le coton » au printemps, éliminant les mauvaises herbes qu'on ne pouvait neutraliser au désherbant et actionnant les égreneuses durant l'automne. De nombreux fermiers avaient pu ainsi éviter de vendre leur exploitation.

— Beaucoup d'agriculteurs n'avaient aucune envie de se lancer dans le poisson-chat, mais il n'y avait guère d'autre possibilité. Une fois qu'on est devenu fermier, on a bien du mal à se recycler dans autre chose. Pour eux, c'est un mode de vie.

Sam Hinote avait fait une importante et très utile campagne publicitaire.

— Nous consacrons des sommes considérables à notre budget publicitaire, à la fois en tant que firme et en tant qu'industrie, afin d'améliorer l'image du poisson-chat. Nous avons engagé des grands chefs professionnels comme ce gars-là (il brandit un fascicule avec la photographie d'un cuisinier tenant dans chaque main un plat qui vous imposait le respect), pour nous aider à changer l'image de marque du poisson-chat.

Le poisson-chat par-ci, le poisson-chat par-là ; en homme passionné par son métier, Sam Hinote ne semblait jamais devoir se lasser de prononcer ces mots. L'Institut du poisson-chat, fondé en 1986, avait publié des petits guides. Sam Hinote m'en offrit un : *A la pêche aux compliments — Sachez cuisiner le poisson-chat.* C'était une campagne à l'américaine, avec des résultats en rapport. L'industrie du poisson-chat dans son ensemble faisait désormais deux cents millions de dollars de chiffre d'affaires ; près de la moitié de cette somme provenait de la fabrique d'Indianola. Et Sam Hinote estimait que, d'ici dix années, l'industrie atteindrait le milliard de dollars de chiffre d'affaires.

Et bien que les hommes ne pussent contrôler absolument les autres créatures vivantes (Cannery Row, d'ailleurs, est morte parce que la sardine avait disparu de ses côtes), bien que nul ne pût être tout à fait certain de ce qu'il adviendrait du poisson-chat, quelles mutations il subirait, quelles débilités l'atteindraient à la suite de son élevage intensif, il était néanmoins étrange qu'un tel phénomène se fût produit dans un endroit que Louise avait connu sauvage, hanté par la malaria, menacé par les inondations, mais plein de fleurs ravissantes, et où, à présent, à peine quelques heures après qu'ils ont quitté leur étang, les entrailles rouges des poissons ayant achevé le cycle de leur existence se déversent dans des camions rouges.

Il n'y a pas de paysage comparable à celui de notre enfance. Pour Louise, bien que son père eût été planteur, le « gigantesque champ de coton » qu'avaient créé les planteurs dans le Delta avait défiguré les forêts qu'elle avait connues enfant. Et pour Mary, née dans le Delta quarante ans plus tard, il n'y aurait jamais d'autre paysage comparable au terrain plat et nu où elle avait grandi.

Elle dit :

— Je trouve qu'il n'y a rien de plus beau qu'un pays plat, complètement plat, avec le ciel immense.

Elle me faisait visiter la petite ville de province nommée Canton, à un peu plus d'une vingtaine de kilomètres au nord de Jackson, donnant ainsi un sens à un paysage crasseux que j'avais déjà traversé une fois sans rien y comprendre. Je n'avais fait qu'enregistrer l'aspect délabré de la rue principale qui traversait la ville et remarquer le grand nombre de Noirs dans un endroit où il ne semblait pas y avoir grand-chose à faire. A présent, piloté par Mary parmi les rues proches de la grand-place, les couches d'histoire se révélaient à moi, comme cela arrivait dans tant de ces lieux du Sud.

Canton avait été fondée vers le milieu des années 1830,

mais la plupart des édifices qui bordaient la place avaient été élevés entre 1890 et 1910. Entre ces dates, il y avait eu la guerre de Sécession et dans une rue adjacente j'en apercevais le premier rappel.

C'était une rue bordée de jolies vieilles maisons, mais peuplée de Noirs. On en voyait certains assis sur les vérandas ouvertes. Au milieu de cette artère se trouvait un grand espace vert où se dressait un obélisque en marbre gris. Sur une face étaient inscrits ces mots : *Elevé par W. G. Howcott à la mémoire des bons et loyaux serviteurs qui ont suivi le sort des éclaireurs de Harvey, durant la guerre de Sécession.* Sur une autre face on lisait : *Hommage à mon fidèle serviteur et ami Willis Howcott, un garçon de couleur d'une loyauté et d'une fidélité rares dont je chéris le souvenir avec une profonde gratitude. W. H. Howcott.* Sur une troisième face : *Loyal, fidèle, intègre était chacun d'entre eux.* La quatrième face de l'obélisque était vierge de toute inscription.

Willis, l'esclave, avait pris le nom de son maître. Le « garçon de couleur » qui était parti à la guerre avec son propriétaire était-il vraiment un jeune garçon, ou bien s'agissait-il d'un homme fait qui était resté un simple domestique même dans la mort ? L'émotion était là, mais combien y avait-il eu aussi de défi, dans cet obélisque érigé après la guerre pour célébrer la loyauté des esclaves ?

Ce monument se dressait dans une rue du quartier noir. Celui élevé à la mémoire des éclaireurs de Harvey était ailleurs, dans le cimetière blanc. Et le monument aux esclaves était toujours bien entretenu. L'herbe qui entourait le pied de l'obélisque gris était soigneusement tondue ; sur le socle, il y avait une gerbe de fleurs artificielles. Des Noirs étaient assis sur leurs vérandas non loin de là. D'autres Noirs passèrent pendant que nous regardions. Cela leur était-il égal ?

Oui, selon Mary, ils ne s'en souciaient pas mais elle ajouta que l'on ne leur avait pas posé la question. Peut-être que cela ne leur serait plus égal un jour, si quelqu'un s'avisait de soulever certains problèmes avec eux.

Dans le cimetière blanc, à quelques rues de là et au centre des tombes, se trouvait le monument à la mémoire des éclaireurs de Harvey. C'était aussi un obélisque, mais pas aussi dépouillé que celui des serviteurs. Des drapeaux entrecroisés y étaient gravés, ainsi qu'une étoile et un croissant ; et il y avait sur le socle une plaque en métal. Gravés aussi ces quelques vers :

Depuis longtemps a résonné la dernière retraite
Et la paix règne à présent là où les soldats ont tiré
Leurs sabres étincelant pour de hardis exploits
Emmenés par Ad Harvey.

Ce dernier vers tronqué nuisait à l'ensemble ; il donnait l'impression que les trois premiers avaient été empruntés. Pourtant, le sacrifice avait eu lieu : AU CAPITAINE ADDISON HARVEY NÉ EN JUIN 1837 TUÉ EN AVRIL 1865. *Alors même que le drapeau du pays était replié pour toujours, la mort lui a épargné la douleur de la défaite.*

A l'extrémité la plus éloignée du cimetière, non loin du coin où étaient groupées les vieilles tombes juives, se trouvaient de petites pierres tombales, par rangées de cinq, parcourant toute la longueur du cimetière ; sur chacune était inscrit : SOLDAT CONFÉDÉRÉ INCONNU. Qu'elle était donc glaçante, dans le cimetière de cette petite ville, la pensée de tous ces jeunes gens dont personne n'avait réclamé la dépouille ! Les corps ou ce qu'il en restait, me dit Mary, avaient dû être rassemblés un certain temps après la guerre. Peut-être les pierres avaient-elles été installées dans les années 1870. Le monument à la mémoire de Harvey et celui élevé aux serviteurs noirs devaient être postérieurs.

Le cimetière était toujours utilisé. D'autres personnes, chargées de tâches plus lourdes, parcouraient ces allées en voiture, comme nous venions de le faire. Il y avait deux nouvelles tombes, sous des tentes vertes portant le nom de l'entrepreneur de pompes funèbres, Breeland. Et non loin de là on apercevait la propre concession de l'entrepreneur, avec une grande pierre où l'on pouvait lire *Breeland*. Mary dit :

— Il y en qui trouvent que c'est de la réclame.

Si petite que fût la ville de Canton, elle avait ses divisions sociales et raciales. La voie ferrée séparait le mauvais côté de la ville du bon. Du mauvais côté, le côté noir, un grand nombre de maisons étaient très délabrées ; et beaucoup d'entre elles étaient des maisons « fusils », une pièce devant, une derrière, les bâtiments tout proches les uns des autres. Il y avait d'autres zones noires, en meilleur état, mais même les nouveaux quartiers paraissaient être sur la mauvaise pente. Il ne semblait guère y avoir d'activités à Canton. Dans une partie plus ancienne de la ville se trouvaient les quartiers associés à l'industrie du bois, lorsqu'il y en avait eu une. Milltown était réservé aux travailleurs blancs. A côté, c'était la zone noire, dont le nom rappelait les cases des plantations esclavagistes : Sawmill Quarters (le quartier de la Scierie).

Il y avait toujours une fabrique de meubles à Canton et il en avait aussi deux ou trois autres en dehors de la ville. Mais la zone industrielle était dans un triste état. Elle ressemblait à un bidonville sous les tropiques. Il était bien difficile de se dire, lorsque nous arrivâmes aux alentours du country club — dont les membres exerçaient des professions libérales à Canton ou Jackson — que ces deux régions partageaient le même climat et la même végétation. Dans l'une, le soleil semblait faire partie de la sécheresse et de la torpeur. Dans l'autre, parmi les grands arbres et les allées bien tracées, l'ensoleillement paraissait n'être qu'un des nombreux privilèges de l'endroit.

Le soleil, l'ensoleillement, pour moi, il s'était toujours agi de deux mots bien distincts. L'ensoleillement était un joli mot. Le soleil était plus rude ; c'était ce que devenait l'ensoleillement du petit matin à Trinidad, sur le coup de huit heures, quand il était l'heure de partir à l'école. Lorsque j'étais petit, on pouvait lire, sur les étiquettes du jus de pamplemousse de Trinidad, le slogan suivant : « Des fruits mûris sous les rayons des tropiques. » J'avais toujours pensé que la formule était trop jolie. « Des fruits mûris sous le soleil brûlant » aurait mieux correspondu au climat dans lequel je vivais ; d'un autre côté, ce n'aurait peut-être pas été un très bon slogan. Les rayons des tropiques, c'était une formule pour touristes, avais-je toujours pensé ; et à vrai dire elle ne pouvait pas signifier grand-chose pour quelqu'un qui n'avait jamais rien connu d'autre.

Aujourd'hui, l'heure était à la crise agricole et industrielle ; vingt ou trente ans plus tôt, c'était le mouvement en faveur des droits civils ; avant cela, la grande crise ; et la reconstruction ; que précédait la guerre de Sécession. Il semblait, si l'on considérait les couches d'histoire dont les monuments commémoratifs ou les vestiges subsistaient dans un endroit tel que Canton, que le Sud était passé de crise en crise. Et derrière tout cela se trouvait l'institution qui contenait en germe la plupart de ces crises ou qui les avait aggravées : l'esclavage, à qui l'on devait l'actuel excès de citoyens de race noire, de gens dont on n'avait plus besoin à l'ère des machines.

— Il a été extrêmement frustrant pour moi de me dire qu'étant donné l'énormité du problème, je sais que je n'en verrai jamais la solution, me confia Mary. Cela vous fend le cœur de voir des gens vivre comme ça. Et cela empêchera la région de progresser. Aussi bien sur le plan économique que culturel. Ces gens ne lisent pas de livres, ni même de journaux. La télé, ils ne connaissent que ça. D'ailleurs, certains d'entre eux ne savent probablement pas lire. Pas comme vous ou moi. Ils sont capables de déchiffrer un panneau, mais pas une pensée ou une idée.

Durant notre trajet à travers la ville, elle m'avait indiqué un lycée en brique rouge, transformé en magasin de meubles après la déségrégation des écoles.

— La venue de l'enseignement public a rendu ce bâtiment superflu, remarqua-t-elle.

Elle voulait dire par là que les Blancs avaient retiré leurs enfants de l'école pour les envoyer dans des établissements privés et généralement religieux. A présent, cependant, cela commençait à poser des problèmes financiers et d'aucuns songeaient à réviser leur jugement concernant le système public.

— Je me suis sentie encouragée récemment, parce que certains des gens d'ici, qu'on ne saurait guère considérer comme des libéraux, comprennent enfin qu'une énorme partie de l'avenir de la ville est liée au système scolaire.

— Y a-t-il encore de l'amertume à l'égard de la déségrégation ?

— Une grande partie de l'amertume engendrée dans les années soixante s'est transmise à la deuxième génération. Seulement, à présent, c'est davantage un ressentiment d'ordre économique. Les gens sont mécontents de certains projets d'assistance sociale, les coupons alimentaires, par exemple ; il y en a aussi un pour fournir de la nourriture et du lait pour les bébés. Alors bien sûr, ceux qui ont travaillé dur pour leurs familles ne peuvent manquer d'être ulcérés quand ils en voient d'autres qui reçoivent gratuitement ce qu'ils ont dû se décarcasser pour gagner. Il y a aussi l'assistance médicale. Dans certains dispensaires les gens paient selon leurs revenus. Ce qui signifie qu'ils sont financés par le gouvernement fédéral, donc par les impôts que paient leurs concitoyens.

» Sur le plan racial, je ne suis pas du genre larmoyant qui croit à la fraternité universelle. Les gens sont trop différents. Je crois en Dieu, mais je ne suis pas pratiquante. Nous sommes ici dans la ceinture biblique. Pour une raison que j'ignore, les gens du Sud ont une immense capacité de foi, les Noirs et les Blancs. Quand j'assiste à un service religieux où les participants sont extrêmement pieux, j'ai l'impression de passer à côté de quelque chose. Mais ça ne dure pas. Ici, la religion a un aspect extrêmement social, avec les fraternités, les dîners de l'église, tout ce genre de choses... Et je suppose que je ne suis pas quelqu'un de très sociable.

— Quand avez-vous commencé à penser à vous-même sous les traits d'une Sudiste, de quelqu'un de différent ?

— Je l'ai toujours ressenti. Nous en sommes si fiers. Nous sommes tout imprégnés du sentiment que le Sud est spécial. Ma famille s'est toujours intéressée aux aspects littéraires. Nous étions très fiers de nos acteurs.

Mais que pensait-on de l'autre face ? Du fanatisme, de la violence. Existait-il donc un point de vue capable de tout réunir ?

— J'avais conscience de l'autre face. La violence, le dénuement. Il y a eu un incident particulièrement affreux lorsque j'étais petite fille. Ce fut l'assassinat d'Emmett Till. C'était un jeune Noir de Chicago, en visite dans la région. Il a été abattu à coups de pistolet pour avoir, paraît-il, sifflé une femme qui travaillait dans un petit magasin d'une zone rurale. L'affaire a eu lieu tout près de Greenwood, où j'habitais. C'était en 1956. J'avais onze ans. Je me rappelle avoir appris la chose par les journaux. J'avais une amie qui connaissait les gens du magasin et je me souviens qu'il y avait des camarades à l'école qui disaient que ce n'était pas vrai, qu'il vivait toujours à Chicago et que certaines personnes cherchaient à noircir le Mississippi. Même à onze ans, cependant, je savais bien que c'était une attitude minable et que les gens qui pensaient ainsi appartenaient à la même classe sociale que la femme du magasin.

Nous y revenions une fois de plus, à ces fameuses distinctions sociales. Comment fonctionnaient-elles dans la région du Delta où l'on menait des vies si isolées, si restreintes ?

— Ma grand-mère aurait dit de certaines personnes qu'elles n'étaient pas des gens bien, me répondit Mary. C'était probablement son expression favorite. Elle attachait beaucoup d'importance à établir qui étaient ou n'étaient pas des gens bien.

— Qui étaient les gens bien ?

— En général, les gens qui n'étaient pas de passage mais établis ici depuis un certain temps. On connaissait leurs familles. Et s'ils étaient venus disons du comté de Lafayette, on connaissait quand même leurs familles.

— Mais à l'exception de certains habitants de Natchez, personne n'habite ici depuis plus de cinq générations.

— Non. Cela signifiait simplement que l'on savait qu'ils étaient des gens dans notre genre. Ils savaient se tenir. Ils ne disaient pas « nègres ». Ni « c'est pas ». Les gens qui disaient « c'est pas » et « nègres » n'étaient pas des gens bien ; ce vocabulaire vous mettait irrémédiablement et séance tenante au ban de la bonne société. Ma grand-mère était très à cheval sur les bonnes manières. Si vous mettiez les coudes sur la table, elle prenait un de ses lourds couteaux d'argent et vous en assenait un bon coup sur les coudes, s'il n'y avait pas d'invités. A cette époque on utilisait des couverts en argent massif, pas de l'acier inoxydable. Je crois qu'elle se comportait ainsi parce qu'elle croyait sincèrement que le Sud était le plus bel endroit du monde. Si vous tenez à entrer dans le détail, ma grand-mère était originaire d'Alabama. Elle vivait dans le Mississippi depuis son mariage. Je revois encore mes parents en train de me parler et d'essayer de m'expliquer le problème racial. Et comme personne ne le comprenait vraiment...

Cette idée m'intéressa. Je remarquai :

— Personne jusqu'ici ne m'a présenté la chose ainsi.

— Je crois pourtant que c'est vrai. Ils ne comprenaient pas le problème racial. Je crois qu'ils ne le comprennent toujours pas. Je sais que les gens plus ou moins de la même génération que ma grand-mère et les Noirs du même âge étaient unis par des liens qui n'existent plus. A cette époque, personne n'avait d'argent. A cause de la grande crise, voyez-vous, et tout ça. Les emplois des Noirs dépendaient en grande partie des Blancs ; ils travaillaient dans leurs maisons, leurs jardins et ainsi de suite. Mais les Blancs eux aussi dépendaient des Noirs. Il me semble qu'il y avait dans ce temps-là davantage de respect entre les races.

— Les gens de l'extérieur n'avaient pas cette impression. Il y avait les lynchages.

— Il y en avait, c'est exact. Seulement les gens dont je vous parlais — et je suis sûre que les gens sont beaucoup plus capables de violence que je ne l'imagine — les gens qui perpétraient ces atrocités n'étaient pas représentatifs de la population.

— Quel effet produit sur vous l'aspect physique de Canton ? La ville que vous m'avez fait visiter.

— Ce genre de question nous met sur la défensive.

— Non, non. Ce n'est pas ce que je cherche.

— Qu'est-ce que je vous ai montré ? Des bâtiments et des champs.

— Vous m'avez montré beaucoup de choses délabrées. Ce n'est pas digne de l'histoire de la région.

Je voulais dire, mais sans formuler précisément ma pensée, que si l'on ôtait le cimetière et la grand-place, il ne restait pas grand-chose à Canton qui n'entrât pas dans la catégorie des bidonvilles contemporains. On avait du mal à associer le terrain et le décor à une histoire grandiose et pénible. Sur quoi donc, dans un tel cadre, s'appuyait son sens de l'histoire ?

— Peut-être n'en est-ce pas digne, répondit-elle, mais je ne crois pas que la pauvreté et le fait d'être défavorisés soient l'apanage du Sud. J'ai l'impression que nous nous penchons sur les problèmes économiques plus que nous ne l'avons jamais fait. Les gens s'attaquent aux problèmes des Noirs et des Blancs comme étant ceux d'un seul groupe.

— Qu'est-ce qui vous plaît dans le Sud ?

— C'est un endroit très nourrissant quand on y vit. J'aime les gens d'ici, bien que je n'en sois pas proche. S'il y avait une tragédie quelconque, les gens se serreraient les coudes, même s'ils ne faisaient pas partie de ma famille. Et le sens du passé peut être gratifiant, encore que ma famille ne soit pas d'ici. Qu'est-ce donc qu'a dit Faulkner ? Le passé est plus réel que le présent ? Je ne me rappelle pas les paroles exactes. Mais en tout cas, c'est pour dire que le passé est une chose avec laquelle nous vivons tous. Peut-être que dans des lieux plus vastes, on n'attache pas tant d'importance au passé. Nous sommes préoccupés par le passé. Il y en a qui pensent que c'est parce que nous avons perdu la guerre.

Ainsi, nous étions presque revenus à notre point de

départ. J'avais demandé, en apercevant une silhouette d'aspect martial sur un monument du cimetière, s'il portait l'uniforme confédéré. Mais le monument commémoratif n'était pas ce que j'avais cru. Et Mary avait dit :

— Il n'y avait pas d'uniforme. Vers la fin, ils étaient déjà bien heureux d'avoir des souliers.

William dit :

— Les gens dans le Nord croient en savoir plus long que nous sur les problèmes et sur les gens d'ici. Ils croient savoir ce que pensent les Noirs et ce que pensent les Blancs. Ils se sont lamentablement plantés sur le compte des Noirs. Le Nord avait en 1860 ruiné le Sud, plus actif sur le plan économique, et il avait récidivé après la Seconde Guerre mondiale.

Je souhaitais l'entendre développer sa pensée.

— Faisons d'abord le tour de certaines choses, avant que vous ne preniez des notes, dit-il.

Je rangeai mon calepin et nous nous mîmes à bavarder à bâtons rompus. Mon interlocuteur était un homme d'affaires, issu d'une éminente famille du Mississippi. Il avait entre quarante et cinquante ans et adorait la vie de plein air ; c'était d'ailleurs un bel homme athlétique. Il paraissait gâté par le sort sur bien des plans. Pourtant, ce qui émergea au bout de quelques minutes d'entretien, c'était que j'avais devant moi un homme pour qui la religion était d'une importance suprême. Ses jugements, même ceux assez durs qu'il avait portés au début de notre conversation, faisaient partie de son idée de la vie religieuse. Et ce fut de là que nous repartîmes.

Nous étions installés dans des fauteuils à bascule devant sa table de travail : la tradition de la véranda ouverte, transférée ici, dans un bureau climatisé.

William reprit :

— La Bible nous dit : « Aide-toi, le Ciel t'aidera », et c'est une chose que je crois fermement. Il me semble qu'il n'y a pas assez de gens qui tentent de s'aider. Et je ne pense pas non plus que l'aide dont ils ont besoin soit une allocation quelconque.

Je l'interrogeai sur l'évolution de sa foi.

— Mes deux couples de grands-parents étaient extrêmement actifs au sein de l'Eglise baptiste. Mes parents étaient et sont toujours des piliers de cette Eglise. Je ne me souviens pas que nous ayons jamais omis les prières ou la lecture de la Bible. J'ai fait ma profession de foi à l'âge de sept ans. J'imagine que j'ai d'abord dû aller trouver mes parents, après avoir entendu les personnes qui nous enseignaient à l'école du dimanche parler de Jésus et du Seigneur ; je crois qu'il est descendu du ciel pour vivre parmi nous et qu'il est mort pour nous, afin de nous permettre d'aller le rejoindre au ciel. Finalement, j'ai déclaré ouvertement : « Je veux accepter le Christ. » Et ils ont dit : « Parfait, allons trouver le prédicateur. » Et ce dernier m'a parlé. Je suppose qu'ils ont estimé que ce que je ressentais était assez fort et on m'a baptisé à sept ans. J'ai grandi avec ces convictions, je les ai acceptées et j'ai prononcé cette profession de foi.

» Vers cette époque, j'ai fait un rêve, mais ce n'est que bien des années plus tard que cela m'a traversé l'esprit. J'étais allé passer la nuit chez ma grand-mère. Je dormais sur la véranda ouverte. Je me rappelle m'être assis dans mon lit, réveillé en sursaut, et j'ai cru voir Jésus-Christ entrer dans la maison par la porte de derrière. Elle avait un petit heurtoir, une boule en bois au bout d'une ficelle, et je me rappelle avoir entendu le bruit du heurtoir et la porte qui s'ouvrait. Et puis j'ai eu cette vision de Jésus-Christ passant la porte. Et je me rappelle avoir veillé toute la nuit pour voir s'il allait ressortir par la même voie. Mais il n'a pas reparu. Je n'ai jamais tellement pensé à ce rêve jusqu'à il y a six ou sept ans. Je roulais sur la nationale et il m'a traversé l'esprit comme un éclair. A ce moment-là, je me suis rendu compte que c'était en fait Jésus-Christ pénétrant dans mon cœur. Et la raison pour laquelle je ne l'avais pas vu ressortir, c'était qu'il ne nous avait jamais quitté. Je n'ai jamais discuté cet incident avec ma famille, mais je me rappelle ce rêve et toute cette nuit, comme si c'était hier. J'ai le sentiment que Jésus-Christ a pénétré dans mon cœur cette nuit-là et qu'il n'en est jamais sorti.

— Est-ce que cela a modifié votre attitude envers votre prochain ?

— J'espère être plus patient envers autrui. J'espère être plus prompt à voir ce qu'il y a de bon que les travers. Je m'efforce en tout cas d'avoir la mémoire courte quand il s'est passé quelque chose de désagréable. J'essaie d'oublier et de pardonner.

— Et les gens irréligieux ? Qu'en pensez-vous ?

— Ecoutez, je me dis que si je peux leur donner l'exemple, je les encouragerai peut-être à devenir moins irréligieux. Et je n'ai pas mauvaise opinion des gens, parce qu'ils ont une religion différente de la mienne.

— Avez-vous le sentiment d'appartenir à une communauté religieuse ?

— Je crois que oui. Je ne suis pas sûr que la partie religieuse de la communauté suive la croissance démographique. Pas sûr non plus que le nombre de *pratiquants* à l'église en fasse autant. Mais je sais néanmoins qu'il y a beaucoup de chrétiens. J'ai été content de voir que les gens n'étaient guère prêts à tolérer l'affaire Gary Hart-Donna Rice. Je peux vous certifier en tout cas que je suis encouragé par le christianisme dans notre pays et par l'œuvre du Seigneur.

— Pourquoi n'êtes-vous pas resté dans l'Eglise ?

Il se méprit sur le sens de la question :

— J'y suis resté jusqu'à neuf heures, hier soir.

— Non, non. Je demandais pourquoi vous n'étiez pas dans les ordres.

— Je crois que le Seigneur veut quelque chose pour chacun de nous, qu'il a un projet pour chacun. Il sait ce qu'il veut nous voir faire. Si nous étions tous architectes, nous aurions tous de beaux édifices, mais il n'y aurait pas d'agriculteurs pour faire pousser de quoi manger. Je crois que son projet, lors de la Création, prévoyait des tas de sortes de gens pour bâtir le monde. Et il a besoin de travailleurs dans tous ces domaines.

— C'est pour cela que vous éprouvez cette attitude envers les gens qui ne travaillent pas ?

— Je n'ai jamais exprimé la chose ainsi, mais il me semble que cela explique mes sentiments.

— Pensez-vous que les hommes aient besoin de travailler ?

— La question ne se pose pas. Le Seigneur a créé le paradis terrestre, il y a mis Adam et Eve et quand ils ont péché, il les a chassés de l'Eden et leur a dit de travailler à la sueur de leur front.

— Vous pensez que les hommes en sont toujours à expier ce péché ?

— Je ne pense pas que moi, je suis toujours en train d'expier leur péché, mais je crois que nous commettons tous des péchés. La race humaine est une race de pécheurs. Et voici où nous en sommes et voici ce que nous devons affronter à l'heure qu'il est. J'ai la conviction très ferme que nous devons travailler six jours et nous reposer le septième. Le Seigneur a parlé de donner à chacun des talents divers et il nous a dit de les mettre à profit. Or, il me semble que le travail entre pour une grande part dans cette mise à profit. Certaines personnes sont des écrivains, des agriculteurs, des architectes. Ce sont les dons que le Seigneur leur a donnés.

» Quelqu'un a écrit à mon père, il y a plusieurs mois. Dans sa lettre, il déclarait : Je prends plaisir à mon travail : comment un homme d'affaires qui réussit peut-il continuer à être un chrétien ? Doit-il poursuivre ses affaires ou bien réintégrer l'Eglise ? Mon père lui a répondu afin d'expliquer pourquoi il est nécessaire à un homme d'affaires chrétien de tenir son rôle dans la société. Notre prédicateur, ici même, a précisé plusieurs fois qu'avec ces pasteurs de la télévision qui se mettent dans de si mauvais draps et donnent une si triste image de l'Eglise, il a vu certaines portes se refermer devant lui ; et que la responsabilité d'amener les gens au christianisme repose davantage sur les épaules des laïcs.

J'objectai :

— D'aucuns disent que c'est l'œuvre du diable, si ces pasteurs de la télévision ont des ennuis.

— Quand j'échoue dans un domaine quelconque, c'est moi qui échoue, riposta William. J'ai le sentiment d'être obligé de subir les conséquences de mon échec. Je sais aussi qu'il y a des forces extérieures qui travaillent contre moi. Cela, cependant, je le sais avant même de commencer. Alors, je ne peux pas accuser qui que ce soit. C'est peut-être le diable qui m'a poussé à commettre tel acte, mais il n'en reste pas moins mon problème, ma responsabilité. En dernier ressort, c'est à moi seul de rendre des comptes.

Je lui demandai de s'expliquer sur les comptes à rendre.

Il inspira bruyamment.

— Hou ! c'est bien difficile de s'expliquer publiquement là-dessus. Je suppose que ça doit remonter à ce que m'ont appris ma mère et mon père. Que si l'on a des responsabilités, on a aussi des comptes à rendre. Plus les responsabilités sont lourdes, plus grand est le nombre de gens affectés. Or je crois que les comptes que je dois rendre au Christ représentent ma responsabilité suprême. Cela me permet aussi de replacer dans un certain cadre ce que ma mère et mon père m'enseignaient quant à la responsabilité et aux comptes à rendre. Peut-être que ceux qui dépendent le plus de moi sont les membres de ma famille. Ensuite viennent les gens avec qui je traite mes affaires. Ils m'ont donné une certaine responsabilité et j'ai des comptes à leur rendre. Nous nous lançons dans les affaires pour servir notre clientèle. Et voilà un autre secteur de la population envers qui nous sommes engagés, des gens que nous ne verrons jamais.

» Vous m'avez raconté votre voyage dans les élevages de poissons-chats. Ces poissons vont être exportés dans le monde entier. L'éleveur doit donc veiller à ce que son produit ait bon goût, pour celui qui va consommer le produit, pour l'endroit où il aboutira finalement. Si nous faisons bien les choses, ils en redemanderont. Si nous les faisons mal, nous ne les reverrons plus.

Ainsi les idées religieuses de dons accordés par Dieu, de labeur et de comptes à rendre coïncidaient-elles avec d'excellentes méthodes commerciales. Elle s'appliquait d'ailleurs à d'autres groupes religieux, cette concordance de la ferveur religieuse et du sens des affaires : un type de piété en encourageait, en devenait même un autre. C'était valable pour certaines castes hindoues et certaines sectes minoritaires ou hérétiques de l'islam. Toutefois, les religions et les cultures possèdent leurs propres identités. Aucune ne ressemble simplement aux autres. L'idée du don accordé par Dieu est contenue dans l'idée hindoue du *dharma* ; néanmoins, la ferveur religieuse et commerciale des hindous est différente de celle dont me parlait William. Pour autant que l'idée de service paraisse inhérente à ses pratiques commerciales, l'homme d'affaires hindou n'est engagé que vis-à-vis de Dieu seul, pas vis-à-vis de moi.

Et ce fut sur son engagement vis-à-vis d'autrui que William enchaîna. Il dit :

— Pour moi, si la religion n'existait pas, ma vie n'aurait aucun but. C'est la religion qui donne un but à notre passage sur la terre. Le but de notre existence est de servir le Seigneur. Et notre seul moyen de le faire est de servir notre prochain. Nous ne pouvons rien donner à Dieu qu'il ne possède déjà. Nous ne pouvons rien y changer. Rien qu'il ne possède déjà, sinon notre cœur.

William consacrait une certaine partie de ses loisirs

aux œuvres de l'Eglise. Il organisait parfois des « dévotions » ; il enseignait de temps en temps à l'école du dimanche ; il travaillait avec les scouts. Lui qui était si plein de son église, jugeait-il les gens selon le degré de leur foi ?

Il interpréta cette question comme à demi politique, liée au problème des « chances égales pour tous » et au problème racial. Il me fit une réponse un peu déconcertante, à moins de comprendre la question semi-politique à laquelle il croyait répondre :

— Je m'efforce de ne pas juger l'individu en tant qu'individu. Je ne dispose pas de faits pour étayer un tel jugement. J'essaie plutôt de juger et de peser ses actions par rapport au travail à fournir, d'évaluer ses forces et ses faiblesses telles que je puis les interpréter. Pourtant, c'était ce qu'on m'avait dit qui primait : que telle personne convenait pour un emploi donné. C'était peut-être vrai et peut-être pas. Mais ce qui se passe dans une telle situation, c'est que la personne en question sait intuitivement : « Je suis ici parce qu'on t'a dit de m'y mettre. La façon dont j'accomplis ma tâche n'a aucune importance. Donc ce que je fais ici n'en a pas non plus. » Et arrivée là, la personne perd ses raisons d'agir et toute motivation valable.

William, toutefois, me parlait de tout ceci avec lassitude, comme s'il en avait déjà souvent parlé auparavant et n'avait désormais plus la moindre certitude de voir prendre en considération les choses banales et évidentes qu'il avait à dire.

Puis, en se balançant, il ajouta, laissant de côté le sujet des chances égales pour tous :

— J'ai le plus complet respect pour les premiers indigènes d'Amérique. J'ai vraiment l'impression qu'ils croyaient que le Seigneur vivait dans tout ce qui existe sur terre, les rochers, les arbres, la brousse, les animaux — le Seigneur vivait dans l'univers entier — et ils en faisaient partie. Et je pense aussi que ces indigènes avaient pour la nature un respect qui était presque de la révérence. Pour eux, la vie d'un brin d'herbe était aussi importante que celle d'un énorme buffle. Ils ne faisaient aucune distinction. Et ils comprenaient sans doute mieux que le plus grand savant vivant à l'heure actuelle que tout ce qui se trouve sur terre est absolument indissociable. Ils comprenaient la réaction en chaîne qui s'installe lorsque l'on met un des éléments de la nature en déséquilibre par rapport aux autres. Et je crois qu'en raison de cette révérence qu'ils éprouvaient pour tout ce qui vit, ils avaient une révérence envers l'humanité, que, je le crains, nous ne reverrons pas.

— Comment avez-vous découvert tout cela sur les Indiens ?

— J'ai lu quelques livres. J'ai fait des voyages dans l'Ouest et j'ai parlé à des Indiens rencontrés sur le bord de la route. J'ai été impressionné par la minutie de leur attention aux moindres détails. A chaque action sa réaction. Et ce qui m'inquiète le plus à présent, c'est que là où je vois une nouvelle route nationale ou un nouveau morcellement de terrain, là où on défriche de nouvelles terres, il y a une importante destruction de la flore et de la faune qu'on ne peut pas remplacer. Ce qui me trouble le plus à ce sujet, c'est que les gens qui le font n'ont pas l'air d'en avoir conscience, ni de s'en préoccuper. Leur unique souci est le dollar.

» Mettez-vous à plat ventre par terre, observez trente centimètres carrés d'herbe pendant environ trois quarts d'heure. Regardez la vie, les insectes. Et amplifiez la chose jusqu'à la taille d'un projet d'exploitation.

— Mais le Mississippi a besoin d'investissements.

— Je ne sais pas comment on peut régler le problème. Plus vous vous souciez de ces petites choses et de cet aspect de la vie, plus vous vous soucierez de votre prochain.

L'engagement envers autrui, le service de Dieu à travers celui de l'humanité, William en revint à ces thèmes.

— Je pense que l'homme et la nature doivent marcher ensemble. Le Seigneur nous a mis sur terre pour prendre soin de tout. Mes pensées se rattachent en grande partie à la religion et à la création du Seigneur.

Il me sembla que nous pouvions désormais en revenir à ce qu'il avait dit au début, concernant le désir historique chez les gens du Nord de perturber l'économie du Sud. Mais à ce moment précis, il ne souhaitait pas étudier cet aspect des choses. Il voulait s'attarder encore un peu sur des réflexions plus mystiques.

J'avais le sentiment d'avoir commencé à comprendre que sa foi fondamentaliste, si contraignante vue de l'extérieur, était en réalité complète et souple. Le mélange d'Ancien et de Nouveau Testament, de la vie de Jésus et de la Genèse, constituait un tout. Le caractère sacré du monde créé par Dieu, la vie vertueuse de la conscience, l'amour du prochain aussi fort que l'amour de soi-même, tout cela allait de pair et semblait adapté au caractère et à l'histoire du Mississippi : le goût de la nature et de la vie de plein air, l'admiration pour le panthéisme des Indiens, l'amour de la famille et de la communauté, le ressentiment envers les ingérences extérieures qui quelquefois pouvaient presque apparaître comme des empiétements vis-à-vis d'un code religieux.

William poursuivit, parlant de sa foi :

— Je ne l'affiche pas. J'espère bien ne pas la brandir à tout bout de champ. Elle fait partie de moi, voilà tout. Je ne veux pas être un petit saint de plâtre, ni un donneur de leçons, parce que je n'ai pas du tout le sentiment d'être ainsi. Je veux simplement faire partie de la création de Dieu. Son œuvre est dans tout. Et plus nous avons de respect pour sa création, plus nous en avons pour notre prochain.

Après Tallahassee et Tuskegee, je souhaitais profiter de mon séjour dans le Mississippi pour voir les choses du point de vue blanc, dans la mesure du possible. On me fit cependant observer peu après mon arrivée qu'étant donné le fort pourcentage de Noirs habitant l'Etat et la possibilité de voir Jackson élire prochainement un maire noir, je devrais quand même rencontrer quelques hommes politiques noirs.

Andrew, jeune politicien du Mississippi, m'en fit la remarque un jour à déjeuner ; et il estimait que l'homme à voir était Willard. Andrew devait en personne faire sa connaissance le jour même, après le déjeuner, et il me suggéra de l'accompagner.

— Si la rencontre se passe bien, me dit-il, je pourrai vous laisser ensemble et vous lui parlerez. Moi, j'aurai toujours une autre occasion de m'entretenir avec lui.

Andrew n'était pas en quête de voix noires aux élections. Son ambition de politicien était de faire réviser la Constitution de l'Etat du Mississippi, datant de 1890 ; dans ce but, il avait besoin de tous les soutiens politiques qu'il pourrait gagner à sa cause. Pour sa première entrevue avec Willard, il s'était donc mis sur son trente et un et portait un costume en coton gaufré bleu pâle.

La rencontre devait avoir lieu dans un hôtel voisin. Nous quittâmes la fraîcheur du restaurant pour descendre dans la clarté aveuglante du parking. La voiture était brûlante. Le climatiseur, monté au maximum, rugissait et il ne tarda pas à faire plus chaud à l'intérieur qu'au dehors. L'air commençait tout juste à se refroidir lorsque nous atteignîmes l'hôtel et dûmes ressortir dans la clarté aveuglante d'un autre parking. Toujours ces rappels de l'inconfort enduré par les précédentes générations ; cet étonnement devant l'énergie dont elles avaient fait preuve ; et cette stupeur plus grande encore à l'idée qu'on avait pu livrer une guerre importante par des températures pareilles.

Assis dans le hall, nous attendîmes Willard. La conversation ne manqua pas d'aisance jusqu'au moment où ce dernier aurait dû arriver. Après cela, elle devint ampoulée, car nous guettions tous deux Willard. Andrew expliqua :

— Je ne l'ai jamais vu.

Il répéta cette phrase deux ou trois fois. A un moment, il se leva et traversa le hall pour aller saluer quelqu'un de sa connaissance : manières irréprochables, charme intarissable, son rôle de politicien était désormais devenu pour lui, semblait-il, une seconde nature.

Et puis, au moment où nous avions renoncé à l'espoir de le voir, un quart d'heure s'étant écoulé depuis l'heure fixée, Willard se présenta devant nous. Il était en chemise et pantalon, sans cravate, avec un physique dont la banalité m'étonna. Aucun rapport avec le leader ou aspirant leader noir que j'avais imaginé en relation avec un homme tel qu'Andrew. J'avais attendu un Noir au charme troublant. Willard n'en avait aucun. C'était un quadragénaire replet, puissant, qui ne paraissait avoir subi aucune vicissitude physique. Pour cette entrevue, il arborait un air sérieux de circonstance. Qui n'aurait pas su qu'on le considérait comme un homme politique n'aurait pas remarqué la rage dans ses yeux, ou bien aurait pu prendre ce regard délibéré pour un reflet de sensualité.

Willard était le type même du politicien local. Dans le Mississippi, à cause de la Constitution de 1890, les postes subalternes de la fonction publique sont pourvus par élection. Cette clause, destinée à empêcher tout gouvernement d'acquérir trop de pouvoir et aussi à interdire aux Noirs l'accès à tous les échelons de la fonction publique, si modestes fussent-ils, jouait désormais en faveur des Noirs ; et elle politisait des fonctions qui, ailleurs, eussent été purement professionnelles ou techniques. Willard s'occupait de l'état des routes d'un secteur particulier d'un certain comté : c'était vraiment un tout petit poste.

Je pris congé pratiquement dès que j'eus fait sa connaissance. En partie grâce aux bons offices d'Andrew (leur rencontre avait dû bien se passer), une entrevue avec Willard me fut ménagée quelques jours plus tard.

Elle était fixée en début de matinée. J'avais cru, me fiant aux indications que l'on m'avait données, que l'endroit où je devais me rendre était à Jackson même et n'avais donc pas demandé à quelle distance il se trouvait. Toutefois, au bout d'une vingtaine de minutes sur une grand-route inter-Etats, je commençai à avoir l'impression d'être reparti pour l'Alabama.

Finalement, alors que l'heure de mon rendez-vous était déjà passée, je vis apparaître la sortie indiquée. Ce ne fut qu'à ce moment-là que je me rendis compte qu'on ne m'avait rien communiqué qui ressemblât à une adresse précise et que j'avais fait tout ce chemin avec pour unique renseignement concernant ma destination un numéro de district du comté. Je poursuivis néanmoins ma route, en me disant que je pourrais toujours demander mon chemin quand j'aurais franchi la limite du comté. Je passai devant un panneau. Il indiquait le nom du comté et le numéro du district. Ce n'était pas celui qu'on m'avait donné, mais je me dis que j'allais quand même m'arrêter pour questionner les gens de l'immeuble situé derrière. Il y avait des voitures garées tout autour et quand j'atteignis le bâtiment, je vis qu'au milieu des voitures en stationnement, il y avait un espace vide, réservé à Willard. J'étais arrivé par hasard à la bonne adresse, mais il n'était pas là.

J'ouvris la porte et me retrouvai dans un hangar divisé en bureaux. Il était plein de Noirs. Dans le bureau, ou plutôt le cagibi de devant, j'aperçus une jeune Noire avec un téléphone et d'autres Noirs autour d'elle.

Avec un sourire éclatant, elle me demanda mon nom, que je lui donnai. Elle m'annonça alors qu'elle avait essayé de me joindre toute la matinée, et Mr. Willard toute la journée de la veille, pour me dire qu'il ne pourrait pas se rendre à l'adresse indiquée, mais qu'il serait libre pour me rencontrer à une heure plus tardive que celle qu'il avait donnée, à Jackson même. Il viendrait me voir à mon hôtel. Ils avaient téléphoné à tous les hôtels de Jackson pour me trouver, mais sans succès. Ils avaient téléphoné au *Shera-*

ton, à l'*Holiday Inn.* Où étais-je donc descendu ? Je le lui dis. Elle m'assura que Mr. Willard y serait dans une heure. Comment allait-elle lui faire parvenir le message ? Par radio, expliqua-t-elle, et j'eus le sentiment que cette radio était importante, un emblème de ses fonctions.

Je demandai à la jeune fille de passer son message tout de suite, afin d'être sûr que Willard l'aurait. Elle me dit de ne pas m'inquiéter. Je regagnai donc Jackson, en suivant la route qui m'avait paru si longue et si peu prometteuse un peu plus tôt et qui, vers la fin, m'avait même mis dans tous mes états, car je craignais d'être en retard à mon rendez-vous.

Lorsque j'arrivai au *Ramada Renaissance,* pas de Willard. L'après-midi, toujours pas de Willard. Je téléphonai à son bureau et la jeune fille me dit qu'il lui avait parlé à la radio et qu'il avait manifesté l'intention de se rendre à notre rendez-vous. Il connaissait même le numéro de ma chambre, me dit-elle. Pourtant, Willard ne vint jamais et le lendemain, je n'eus aucun message, ni de lui, ni de son bureau.

Plus tard, je signalai à Andrew le bon (ou le mauvais) tour que m'avait joué Willard. Il répondit :

— Je ne le connais pas vraiment. Je l'ai vu pour la première fois le jour où nous avons déjeuné ensemble.

Et quand je demandai si la politique de coopération telle qu'il l'envisageait était réellement possible, Andrew déclara qu'il devait absolument se montrer optimiste. Les problèmes noirs étaient graves et il y avait beaucoup de Noirs dans le Mississippi. S'il n'était pas optimiste, me dit-il, mieux vaudrait pour lui partir en Oregon, où dix pour cent seulement de la population était noire.

Andrew ajouta :

— Tout le monde commence à s'apercevoir qu'un désastre est en cours dans la communauté noire et que nous devons en parler. Désormais, l'attitude de la presse polie et réservée n'est plus de mise.

Andrew, cependant, ne savait que ce qu'il avait appris.

— Je régurgite davantage ce que j'ai lu sur la société que ce dont j'ai fait l'expérience. Je pioche mon savoir dans les documentaires et les émissions spéciales de la télévision. Je n'en ai pas vraiment fait l'expérience. Je n'ai pas parlé aux Noirs ni aux cous-rouges. Je suis obligé de survoler certains de ces problèmes fondamentaux. Si nous ne parvenons pas à nous réunir, nous sommes fichus.

Derrière l'optimisme au premier plan subsistait l'irrationalité.

L'histoire de ma mésaventure avec Willard dut se répandre, parce qu'un jour je reçus un coup de téléphone d'un certain Lewis. Il m'annonça qu'il était noir et voulait me faire connaître la véritable culture noire. Il travaillait dans la section du matériel d'un service de comté (comme celui que dirigeait Willard). Il commença à m'expliquer comment arriver jusque chez lui, puis il déclara brusquement qu'il viendrait me chercher à mon hôtel. Il serait là dans l'heure qui venait.

Il tint parole. Je le reconnus dès son entrée dans le hall du *Ramada.* Il était à l'aise, léger, amical. Ses façons étaient si engageantes que j'étais prêt à n'entendre que des généralités ou des banalités, du moins au début, mais dès que nous nous retrouvâmes dans l'intimité de sa voiture, avant même d'être sortis du parking du *Ramada,* il m'assura que dans le temps, il lui aurait été impossible de vivre là où il habitait. Il avait contribué à la « déségrégation » de son quartier, lequel s'avéra être tout à fait modeste. Les maisons étaient petites et proches les unes des autres. La surprise, après ce qu'il m'avait confié, vint de son jardin. Il était envahi par la végétation et tranchait sur ceux, mieux entretenus, de ses voisins.

A l'intérieur régnaient le désordre et une atmosphère oppressante, renfermée. Il ne fit aucune allusion au capharnaüm (ni même à quelques tasses et assiettes sales dans le salon), se contentant de m'expliquer que sa femme était allée passer quelques jours chez sa mère, avec les enfants ; sous la pagaille, on discernait d'ailleurs une espèce d'ordre.

Au mur du salon étaient accrochés des agrandissements de deux vieilles photographies en noir et blanc, prises dans un studio. Elles représentaient ses grands-parents. Les vêtements d'époque, les cous engoncés dans des cols durs et des collerettes, les regards fixes et les expressions figées par l'objectif étaient curieusement émouvants. Au cours de l'agrandissement ou de l'impression du cliché, les tons avaient pâli, si bien que les deux personnages paraissaient blancs avec des yeux noirs. Les photographies portaient le cachet d'un studio de Memphis.

Lewis dit :

— Originaires du Mississippi, ils sont partis pour Memphis. Tout le monde y allait. Mon père est revenu dans le Mississippi après la guerre. Savez-vous ce qu'ils faisaient ? Les gens de la photo. Vous voulez que je vous le dise ? Ils étaient domestiques. Je dois la vie à ces deux personnes. Aucune haine ne s'est implantée en moi, parce qu'ils m'ont appris à ne jamais haïr. C'était un mot qu'on ne prononçait jamais chez eux. « Sois sage. » Telle était leur devise. « Sois gentil avec tout le monde. » On entendait ça tous les jours. C'est ce qu'on m'a appris — à être sage et gentil avec tout le monde.

Il faisait chaud dans le salon, car le climatiseur était en panne. Je lui demandai s'il pouvait ouvrir une fenêtre. Il me dit que non ; les insectes entreraient. Nous restâmes donc assis dans cette atmosphère forte, chaude, moisie.

— Quand mon grand-père est mort, reprit-il, ma grand-mère a envoyé une partie de ses vêtements à mon père. Des habits de domestique, des costumes. Ils étaient encore en très bon état, voyez-vous. Encore bons à porter. Et mon père m'en a laissé un. Je l'ai enfilé un jour. Ce n'était que du drap, mais j'ai eu l'impression qu'il me brûlait la peau.

— Vous l'avez encore ?

— Je ne sais pas où il est.

— Tout cela est tellement vieux, cependant.

— Oui, mais le passé est toujours intéressant. Connaître le passé. Ça m'aide dans mon travail. Pour moi, c'est comme un réveil de songer au passé. Un réveil parfois brutal. Penser à certaines des choses qui se sont passées, me dire que je n'aurais pas pu vivre où je vis à présent et que je n'y aurais même pas songé. Que j'aurais dû m'asseoir tout au fond de l'autobus. Que ma grand-mère lavait le linge des Blancs pour cinquante *cents* le panier. Pourquoi ne la payaient-ils pas mieux ? Pourtant, je n'ai pas protesté quand je l'ai appris. C'est aujourd'hui que le réveil est brutal. Enfin, ils m'ont protégé de la haine. Elle existait. Moi, je vivais dans mon quartier noir. Eux, dans leur quartier blanc. Cette haine existait, tout autour de moi, et je ne la sentais pas. Ce sont mes grands-parents et mon père, après eux, qui m'en ont protégé. J'entendais parler de Noirs qui se faisaient tuer, mais mon père ne nous permettait jamais d'en parler beaucoup. Et laissez-moi vous dire une chose. Jusqu'au jour de sa mort, mon père disait aux Blancs : « Oui, monsieur ! » « Non, monsieur ! » Quel que fût leur âge.

— Que pensez-vous de cela à présent ?

— Ça ne me fait ni chaud, ni froid. C'était mon père. Il nous a fait la vie belle, à nous, sa famille. Alors, je ne lui disais pas : « Ne parle pas comme ça. »

Il continua.

— Moi-même, je lutte tous les jours pour être heureux. Tous les jours. C'est la seule chose pour laquelle je me donne du mal. Etre satisfait, être content de moi.

Qu'entendait-il par là ?

— Je ne peux pas changer mon environnement, mais je peux avoir le respect de moi-même. Que je vous raconte une histoire. Un jour, je suis allé chez la sœur de ma mère. Des soldats noirs fréquentaient la maison d'en face et ils étaient reçus par la jeune personne qui y vivait. Or, un jour, un des soldats s'est plaint d'avoir perdu son portefeuille. Le policier chargé de l'affaire est venu chez la sœur de ma mère, parce que la jeune personne en question était assise sur la véranda ouverte à son arrivée. Il s'est approché d'elle et lui a dit : « Alors, ma petite, c'est toi qui as pris le portefeuille de ce garçon ? » Elle a répondu : « Non, monsieur. » Il a dit : « Grimpe dans la voiture. » Et quand elle s'est penchée pour entrer dans la voiture, il lui a botté le derrière de toutes ses forces. Ça, je ne l'ai jamais, *jamais* oublié.

— Qu'est-ce que ça vous a fait ?

J'étais curieux de le savoir, parce que je n'étais plus très sûr de la raison pour laquelle il me racontait certaines de ces choses, des souvenirs avec lesquels il jouait. En outre, le jour tombait dans la petite maison étouffante (il y paraissait aussi indifférent qu'au désordre et à l'atmosphère renfermée), et je commençais à avoir du mal à discerner l'expression de son visage quand il parlait. Il rapprochait un certain nombre d'idées. Il voulait être heureux, satisfait ; il avait été protégé de la douleur ; et imbriquée dans tout cela, il y avait une espèce d'admiration pour les grands-parents qui avaient fondé sa lignée et qui lui avaient appris à ne pas avoir d'ennuis dans un monde irrationnel.

— Qu'est-ce que je pense du policier et de la femme ?

Je n'en sais rien. J'étais si jeune. Je n'en ai parlé à personne. J'ai juste vu la chose. C'était d'une grande cruauté. Mais je ne sais pas ce que j'ai vraiment éprouvé au sujet de cette cruauté. De temps en temps, l'incident me traverse l'esprit. Même aujourd'hui. Je le revois. Mais je ne sais pas ce que j'en pense.

N'était-ce pas une certaine faiblesse, de vivre autant dans le passé, surtout maintenant que les temps avaient changé ?

— Oui, c'est moi qui récolte les fruits à présent. Mais je ne crois pas avoir fait grand-chose en tant que combattant, en tant que militant pour la cause de la liberté.

— Cela vous gêne ?

Il ne dit rien. Puis il se mit à rire :

— Je ne sais pas quels sont mes sentiments à ce sujet. Je suppose que je vis dans mon propre petit monde. Et que je suis un égoïste, claquemuré dans mon univers. Je devrais être furibond, en rage, en lutte. Mais je ne me fâche jamais.

— C'est une question de religion ? Ce sont vos grands-parents qui vous ont inculqué cette attitude ?

— Je ne suis pas religieux. Je ne suis pas de ces gens qui vont à l'église tous les dimanches et veulent devenir un des anciens de leur congrégation.

— Pourquoi vous tournez-vous tant vers le passé si vous ne savez pas ce que vous en pensez ?

— J'adore parler du passé.

Jusqu'où remontait-il vraiment, ce passé ? Jusqu'à l'époque de l'esclavage ? Non, bien sûr. Le passé dont il aimait parler était celui qu'il pouvait se rappeler, ce passé curieusement protégé.

Il dit :

— Puisque ma grand-mère gagnait cinquante *cents* par jour, moi je devrais être heureux de ce que je gagne aujourd'hui.

Qu'y avait-il chez ses grands-parents dont il avait gardé un souvenir particulier et qu'il aimait ?

— La fierté. Oui, la fierté. Ma grand-mère se tenait assise très droite à l'église, cambrée dans son corset. Très fière, l'air très cultivée. La grande classe. Je ne sais vraiment pas où elle, et les autres, allaient chercher cette allure. Probablement chez les Blancs. De nos jours, on ne voit plus ça. Les gens sont charmants, mais ils n'ont pas ce petit quelque chose. Moi non plus, je suppose. Sachez bien, cependant, que j'ai un vrai respect pour mon passé, tout marqué qu'il ait été par la ségrégation, tout rempli de racisme, tout... ce que vous voudrez. Parce que j'ai le sentiment d'avoir une place dans le monde et cette place, je l'occuperai.

Le téléphone sonna. Il décrocha dans la pénombre. Il écouta plus qu'il ne parla. Il se faisait attraper par quelqu'un pour avoir manqué un rendez-vous.

— Je vais vous raccompagner au *Ramada,* dit-il après avoir raccroché.

C'était là qu'il avait demandé à son interlocuteur de le retrouver.

— Nous reparlerons demain. Je viendrai vous chercher à six heures, ajouta-t-il.

Ce fut un soulagement de quitter la maison et de me retrouver au grand air, bien qu'il fît très chaud.

A présent, en route pour le nord de Jackson, Lewis paraissait vouloir modifier certaines des confidences qu'il m'avait faites chez lui. Dans sa maison, il avait semblé incapable de rassembler ses pensées concernant le mouvement en faveur des droits civils. Maintenant, il me parlait avec révérence de Martin Luther King.

— S'il n'avait pas donné au mouvement un tour non violent, dit-il, ils auraient tué *tous* les Noirs du Mississippi. Tous les Noirs du Sud.

Je distinguai dans ces paroles une authentique panique.

Je le questionnai à nouveau sur son « petit monde ». L'avait-il vraiment protégé ?

Il dit :

— Je pense que j'avais conscience de tout ce qui se passait au-dehors. J'en avais peur... je crois.

Et puis, sans y être poussé, il se mit à parler de Dieu. Chez lui, il m'avait dit qu'il n'était pas religieux à la façon dont l'étaient la plupart des gens. A présent, il me disait que sans Dieu, il n'aurait rien fait ; sans Dieu, il n'aurait rien été ; sans Dieu, il ne savait pas comment il aurait pu supporter de vivre.

Dans le parking du *Ramada Renaissance,* il gagna le bout d'une rangée de voitures. Dans un des véhicules garés là, je vis un autre Noir. Lewis me présenta. L'homme eut comme un geste de recul.

A six heures, le lendemain, Lewis ne parut pas, ni à six heures et demie. Mon coup de téléphone resta sans réponse. Vers huit heures, il répondit. Sa voix me parut lasse, distante.

— J'ai été souffrant. Je suis allé voir le médecin. Je ne suis pas allé travailler aujourd'hui.

— Je vous ai téléphoné plusieurs fois, ça n'a pas répondu.

— Je suis resté très longtemps chez le médecin.

Il me demanda de passer le voir tout de suite. Je pris un taxi. Chez lui, le système de ventilation marchait mieux, mais le désordre était toujours aussi grand. Lewis lui-même offrait un aspect extraordinaire. Il était pieds nus, avec un peignoir ouvert sur sa poitrine nue et une voilette noire sur les cheveux. Cet attirail ressemblait à une version noire du bonnet de douche et de la blouse blanche des employés de la fabrique de poissons-chats.

— La voilette, c'est pour que mes cheveux restent bouclés, m'expliqua-t-il.

Je commençai à débiter des politesses concernant son indisposition. Il écourta d'un geste. Parcourant pieds nus son salon, il me dit :

— Je vais vous parler de mon grand-père. Je crois que c'était le genre d'homme qui savait prendre les gens, surtout les Blancs du Sud. « Oui, Monsieur ! », « Non, Monsieur ! » Et je te soulève mon chapeau et je fais un grand sourire. Mais il a réussi pour son époque. Même si cela peut paraître tout à fait médiocre aujourd'hui, et même hier, c'est arrivé. Et c'est ça qui compte.

— Cela vous gêne de ne pas avoir participé davantage au mouvement pour les droits civils ?

— Les chiens ne m'ont jamais mordu. Est-ce que cela me gêne ? Je n'en sais rien. A vous de décider pour moi.

Le téléphone sonna.

C'était de nouveau son ami, celui de la veille au soir.

Lewis dit dans l'appareil :

— Il est ici. Nous avons besoin de ton apport.

Il rit et perdit légèrement le contrôle de lui-même, riant dans l'écouteur, tapant de ses pieds nus, en rajoutant quelque peu à mon intention.

— Mon ami a peur de vous, me confia-t-il en raccrochant et en s'esclaffant à nouveau. Enlevez donc votre veste. Enlevez-la et laissez-moi vous montrer comment vivent les Noirs en réalité. Je vais vous emmener dans certains endroits. Vous pourrez respirer l'odeur de la corruption.

Il esquissa un geste de la main, comme un cuisinier évoquant un séduisant fumet. Et je compris alors, en faisant concorder certains détails, qu'il ne parlait pas métaphoriquement. L'évolution commencée avec son grand-père s'achevait avec lui : son propre petit monde, différent aujourd'hui de celui dans lequel il avait grandi.

Il commença à se vêtir pour la venue de son ami. Il dit, alors que j'étais arrivé depuis si peu de temps :

— Je vais vous raccompagner à votre hôtel.

Il enfila son pantalon et sa chemise et nous sortîmes. Il ne ferma pas sa porte à clef. Je le lui fis remarquer.

— J'ai quelque chose à faire, répondit-il. Il faut que je retourne à l'intérieur.

Je l'attendis un bon moment. Quand il ressortit, il avait une crème blanche sur le menton, qui luisait dans la pénombre contre sa peau noire.

— Les Noirs ont des poils bizarres, expliqua-t-il. Vous le saviez ? Ils poussent sous la peau. On a beaucoup de mal à se raser. Cette crème que je viens de mettre ramollit les poils. Le temps que je revienne, ils seront prêts à raser et je pourrai opérer en douceur.

Et ce fut ainsi qu'il me raccompagna jusqu'au secteur blanc et, pour lui, étranger de la ville, avec une voilette sur la tête et de la crème blanche sur le menton et la lèvre supérieure.

Il me fixa rendez-vous un autre jour, mais il ne put venir Cela ne m'étonna nullement. Quand je lui téléphonai, il me parut très las, très lent, loin de tout. Il me demanda de le rappeler dans la soirée. Je n'obtins pas de réponse.

Tout comme il est difficile de bien se rendre compte des distances américaines et de la chaleur de l'été du Sud tant qu'on n'en a pas fait l'expérience, dans le Mississippi et à Jackson, j'avais du mal à comprendre que des gens de soixante-dix ans avaient traversé tant de mondes différents ; que les enfances de citoyens ayant pignon sur rue avaient pu laisser des souvenirs de la vie de la « frontière », de conditions primitives et de communautés fermées, autant de choses que l'on avait désormais peine à saisir.

La ville d'Europa, jadis sur les hauteurs qui s'élevaient à l'est du Delta, se situe à présent en bordure de la Nationale 82. Pourtant, un homme comme le juge Sugg, né en 1916 et retraité de la Cour suprême de l'Etat du Mississippi en 1983, se souvient qu'aux jours de son enfance à Europa il n'y avait pas de pont pour franchir la Big Black River, mais seulement un gué. Si bien que lorsque la rivière était en crue, il n'y avait aucun moyen de passer de l'autre côté et les gens restaient où ils étaient, dans leurs petites communautés, jusqu'au reflux des eaux.

— Nous avions des routes en terre battue. Pas d'électricité. J'ai vu toutes sortes de choses merveilleuses se passer dans le monde. J'apprécie le luxe de la civilisation moderne. La télévision instantanée, les spectacles instantanés. Tout instantané. Je savoure tout cela. Dans le temps, la vie était dure pour nous. A la fin de la guerre de Sécession, nous étions dans le dénuement. Et les esclaves que l'on avait affranchis n'avaient aucune formation. Il nous a fallu cent ans pour reconstituer nos fonds. Nos esclaves n'avaient pas de capitaux. Nous étions un Etat agricole.

Les dates sont relatives. Pour moi, 1890, si je l'applique à un endroit tel que Trinidad, me reportant donc à l'époque où mes ancêtres indigènes émigraient tout juste vers le Nouveau Monde, pour moi cette date correspond à une période d'obscurité, à quelque chose de mythique, de très éloigné. Que je l'applique à l'Angleterre, et je songe au monde moderne : Oscar Wilde, le jeune Kipling, Ghandi (de quatre ans son cadet), étudiant le droit à Londres. Dans le Sud, les dates étaient ainsi relativisées. Et je comprenais que beaucoup des gens d'un certain âge que l'on croisait avaient à raconter l'histoire très spéciale d'une réussite. Beaucoup d'entre eux avaient commencé avec si peu, avaient débuté à l'état sauvage, guidés seulement par une idée de la civilisation. (Beaucoup d'entre eux avaient dû commencer avec un acquis aussi minime que celui de mes grands-parents à Trinidad ; mais — surcroît de relativité — ils s'étaient trouvés dans un endroit au potentiel plus vaste.)

— Tout le monde était pauvre. J'avais de la chance. Mon père était un négociant. Il fut aussi shérif, le temps d'un mandat. Il dirigeait un magasin où l'on trouvait de tout. Les commerçants prêtaient aux fermiers. Ils leur fournissaient la marchandise et à la fin de l'année, quand les fermiers vendaient leur récolte, du coton principalement, ils réglaient leurs comptes. Si c'était une mauvaise année, les commerçants en souffraient avec les fermiers, parce que si ces derniers ne pouvaient pas payer, les marchands ne pouvaient rien espérer. Rien ne se faisait par écrit, il n'y avait pas de billets de commerce, ni quoi que ce fût d'analogue. On disait : ma parole est une garantie.

Le juge avait réussi. Mais durant les soixante-dix ou quatre-vingts années qui avaient précédé sa naissance, ses aïeux avaient mené une vie qui ne progressait guère. Cela, aussi, vaut la peine qu'on y réfléchisse.

— Ma famille, des deux côtés, est venue dans le Mississippi entre 1830 et 1840. Mon grand-père Sugg a perdu une jambe durant la guerre de Sécession. Il savait à peine lire et écrire. Quand il a été démobilisé, il a bien compris qu'un unijambiste ne pouvait pas gagner sa vie dans l'agriculture. Il a repris l'école pendant trois ans et puis il a enseigné pendant trois ans. Ensuite, il est devenu trésorier du comté de Calhoun pour quatre ans, puis employé du comté de Webster pour quatre autres années. Il a acheté une ferme. Il avait sept enfants, qui ont tous atteint l'âge adulte, et quelques familles de locataires. Ces derniers étaient des Noirs, d'anciens esclaves. Je suis allé là-bas, il y a environ dix ans, et j'ai rencontré des vieilles gens qui descendaient des locataires de mon grand-père. Quand j'ai quitté le comté de Webster, un tiers des habitants, environ, était noir. Je suis un gars de la campagne, vous savez. Je ne suis pas encore habitué à vivre en ville.

» Une fois par an passait une tournée sous chapiteau. On les appelait des *chatauquas*. Ils restaient en ville à peu près une semaine. Ils présentaient des spectacles musicaux ; parfois un homme donnait des conférences ; et il y avait aussi des pièces de théâtre, des drames. C'étaient nos distractions extérieures. Ils arrivaient par le train. C'était le seul moyen d'arriver jusqu'à nous. Le dimanche après-midi, un train de voyageurs traversait la ville. Il y en avait quatre par jour, mais le dimanche, à quatorze heures trente, c'était un train de voyageurs en route vers l'est. Un tiers de la ville se rendait jusqu'à la gare pour le regarder passer, pour voir qui se trouvait dedans, qui en descendait, qui quittait la ville. Tout le monde passait un excellent moment — c'était un plaisir à savourer d'avance.

» Je me rappelle, quand j'étais tout petit, on a signalé que le cirque des frères Ringling allait traverser la ville après minuit. Une bonne moitié des habitants se sont levés pour aller regarder passer le train du cirque. On voyait bien que nous étions assoiffés de distractions. Il comptait plus de cent wagons — en tout cas, c'est ce qu'il m'a semblé à l'époque.

» A l'encontre du Delta, où il y avait des riches et des

pauvres, avec des castes ou des distinctions de classes, dans les collines, il n'y avait aucune distinction sociale, sinon entre Noirs et Blancs.

» Nous n'avions pas d'écoles privées. Tout le monde allait à l'église. Nous n'avions pas de club social. Ni de bottin mondain. Nous étions des gens ordinaires. Il y avait des tas de Blancs illettrés. Durant la grande crise, il y eut une année où nous n'avons eu que six mois d'école ; d'autres fois, c'était huit mois. Il n'y avait pas assez d'argent pour payer les enseignants. L'instruction officielle en a souffert. Cela dit, un grand nombre de gens plus âgés s'étaient instruits tout seuls, comme mon père. Il avait une très belle écriture. Il utilisait un anglais châtié.

» J'avais un vif désir de voir les choses dont j'avais entendu parler dans les livres. Pour moi, New York n'était qu'un endroit sur la carte. Je n'imaginais pas un instant que j'irais un jour. Je savais que la Chine était de l'autre côté du Pacifique et l'Europe de l'Atlantique, mais jamais je n'ai rêvé de m'y rendre. Ou plutôt si, j'en ai rêvé, mais je ne pensais pas que le rêve se réaliserait.

» La plupart des gens, cependant, se contentaient de rester où ils se trouvaient. Nous étions un groupe étroitement soudé. Nous n'avions que treize ou quatorze cents habitants en ville. Le seul et unique moyen de transport était le chemin de fer et il était impossible de garder un secret dans un endroit pareil.

» Je crois que cette proximité est en partie responsable du caractère des gens du Mississippi. Quand on vit aussi près les uns des autres, il faut s'entendre avec les gens, sans quoi on est frappé d'ostracisme. On apprend à accepter les gens tels qu'ils sont. Nous avions beaucoup d'excentriques, des individualistes forcenés. L'autre jour, un de mes amis m'a dit : On dirait que nous ne produisons plus de ces sacrés numéros, comme autrefois. Et moi, j'ai répondu : Aujourd'hui, les numéros, c'est nous.

» L'intimité de cette communauté, défavorisée et peu instruite, avait mené à la violence. Les gens n'éprouvaient peut-être pas le besoin de réclamer des billets de commerce, ils ne fermaient peut-être pas leur porte à clef, ils n'avaient peut-être même pas de clefs pour certaines de leurs portes, mais les têtes risquaient d'être près du bonnet. Il y avait des homicides, des crimes passionnels.

» Ils se fâchaient, voilà tout, commençaient à se disputer et se mettaient en colère. Certains étaient ivres. Alors, il leur arrivait de se quereller et d'en venir aux mains et quelqu'un finissait par être tué. Ils étaient lents à s'énerver, mais une fois qu'on avait fait sortir de leurs gonds des gars de cette trempe, ça ne pouvait que mal finir. Autrement, c'était des gens toujours prêts à vous aider, des gens adorables.

L'autonomie était un autre aspect du caractère de ces campagnards du Mississippi.

» Nous avions un hectare et quart de terrain derrière la maison. Pour en tirer parti, il faut boulonner dur. Cela vous aide à vous rendre compte qu'il faut travailler pour obtenir ce que l'on désire. Et tout cela se rattache à la religion, parce qu'on nous apprenait, à l'église, que le travail était honorable et qu'il ne fallait pas être paresseux ni compter sur autrui pour vous faire vivre. Dans le livre des Proverbes, il y a de nombreuses références au labeur, à la discipline, à la récompense.

Et nous y revoilà ; toujours cette idée de la religion imbriquée dans celle du passé des pionniers.

— J'imagine que j'appartenais à la troisième ou quatrième génération depuis les pionniers. Et qu'il en restait encore quelque chose. Mais je n'en avais guère conscience. Quand je repense à mon enfance, ça me fait songer à ce que je lis sur des pays qui viennent tout juste de naître. Certains d'entre eux commencent à peine à se rendre compte qu'ils peuvent connaître une vie meilleure, mais qu'ils devront démarrer avec ce qu'ils ont, et pour cela il faut de l'instruction et de la formation. Notre pays a été bâti à la force du poignet.

» L'autre jour, j'ai fait un petit voyage, avec ma femme, jusqu'en Arizona. J'y étais déjà allé. Le désert a un charme très particulier, avec ces grands espaces, et nous nous sommes baladés en voiture pendant quatre jours. Et je me suis mis à penser aux premiers immigrants qui sont allés s'installer en Arizona et au mal qu'ils avaient eu pour franchir les canyons, les fleuves, pour trouver de l'eau et se protéger des Indiens qui leur étaient hostiles (ils ne l'étaient pas tous, mais certains, si). Et je rends grâce à Dieu de vivre dans un pays qui a reçu en héritage des ancêtres disposés à aller voir au-delà de l'horizon pour y saisir la vision d'un pays neuf à découvrir afin que les autres profitent d'une vie meilleure.

» Je crois que la religion joue un grand rôle dans l'esprit pionnier. Parce que c'est un esprit qui garde, au fond de vous, la conviction que vous allez améliorer la vie des générations à venir. Or, pour ce genre de chose, une partie de la motivation est directement issue de la religion. Je crois qu'elles sont si étroitement entremêlées qu'on ne saurait les séparer.

La « frontière », la nature, la foi, le labeur, le contrat passé avec d'autres hommes — dans l'image que créaient les paroles du juge Sugg, les idées étaient aussi solidaires les unes des autres que dans celle qu'avait tracée William, l'homme d'affaires. La foi baptiste donnait à ces deux hommes une plénitude, chacun à sa manière. Toutefois, le juge Sugg avait aussi été amené par sa foi et son passé (les deux choses n'en faisant presque qu'une) à nourrir une compassion inattendue envers les Noirs qui avaient constitué trente pour cent de la population de sa petite ville natale.

— J'ai grandi avec des Noirs que je connaissais intimement, et avec qui je jouais, me confia-t-il. Beaucoup de Noirs de mon âge. Et je trouvais qu'ils étaient pour la plupart un peuple profondément spirituel. A la fin de notre service religieux, le dimanche soir, nous allions jusqu'aux églises noires et nous restions au-dehors pour les écouter chanter et aussi pour les regarder. Nous prenions plaisir à les entendre et à les voir. Je me rappelle un vieux Noir, qu'on appelait oncle Steve. J'ai oublié son nom de famille. Il jouait du tambourin. Et bien souvent, c'était l'unique accompagnement, mais cela suffisait. Ils avaient du rythme. On avait du mal à rester en place, en entendant leurs chants. Ils en inventaient énormément. Ces chants portent un message superbe.

Cela devait donc le rendre malheureux, ce qui était arrivé aux Noirs dans les villes, à Jackson notamment ?

— Ce n'est pas parce qu'ils sont noirs, dit-il. Il y a aussi beaucoup de Blancs dans la même situation. La raison, c'est qu'ils n'ont aucune valeur spirituelle. Un jour, quelqu'un a demandé à Jésus quel était le plus grand commandement. Le premier était : Aime Dieu. Le deuxième : Aime ton prochain comme toi-même. Et cela, pour moi, c'est l'effet des principes chrétiens appliqués chaque jour.

La réputation de violence du Mississippi envers les Noirs était méritée.

— Surtout dans les années soixante, beaucoup de gens se refusaient à reconnaître que les Noirs avaient les mêmes droits et privilèges que les gens des autres couleurs. Je crois que c'était un vestige de l'époque de l'esclavage, quand les Noirs étaient des serviteurs et qu'on les considérait comme des biens et non comme des hommes. Les Blancs doivent accepter le fait que Dieu aime *tout le monde.*

Je lui parlai de ma conversation avec Alex Sanders, le juge de la Cour suprême de Caroline du Sud. Le juge Sanders m'avait dit que le changement de mentalité dans le Sud, l'acceptation par les Blancs des droits des Noirs, avait peut-être une origine divine.

— Je crois que c'est Dieu qui doit créer un changement de mentalité et nous éloigner des principes que j'ai mentionnés, me répondit le juge Sugg. C'est lui qui a établi les principes là-bas et je dois les accepter. Il ne m'a pas frappé de la foudre en criant : Hep ! mon fils, aime cet homme noir. Rappelez-vous que j'ai grandi dans une société où les Noirs n'avaient pas le droit de franchir votre porte de devant. C'étaient des serviteurs. J'ai dû m'astreindre à de rudes examens de conscience.

— Quand avez-vous commencé à le faire ?

— Assez vite. Avant les années soixante. Et pour finir, j'en suis venu à la conclusion que quand Dieu nous disait d'aimer notre prochain comme nous-mêmes, eh bien, les Noirs aussi étaient notre prochain. Et je crois avoir triomphé de quatre-vingt-dix-neuf virgule neuf pour cent des préventions que pourrait avoir quelqu'un qui a grandi dans une société de partisans de la suprématie blanche.

» Or, voyez-vous, là non plus, ça ne m'est pas venu comme un coup de foudre. Ce fut plutôt une lente et régulière acceptation de la vérité qui est parmi nous depuis le commencement du monde. Par exemple, en ce moment j'apprends à lire et à écrire à un Noir. Il a trente-neuf ans. Je le considère comme un ami. Nous allons pêcher ensemble. Il a été à l'école jusqu'en quatrième, mais il vivait dans une communauté rurale. Son père était agriculteur, si bien qu'à l'époque de la rentrée scolaire, en septembre, mon ami devait rester à la maison pour ramasser le coton, récolter le maïs et les autres produits. Par conséquent, lorsqu'il pouvait enfin aller à l'école, en novembre, tous les livres avaient été distribués et il devait se contenter de rester assis en classe, incapable de suivre. De temps en temps, il était obligé de rater l'école pour couper du bois. Au printemps, il ne pouvait pas y aller parce qu'il fallait préparer la terre avant de planter. Résultat : il manquait l'école pendant la moitié de l'année scolaire. Il savait un peu lire, un peu écrire, mais pas suffisamment pour pouvoir fonctionner dans notre société. C'est un type bien ; il a un bon boulot. Il travaille dur. Il est profondément religieux, marié, trois enfants. Les gens illettrés ne sont pas bêtes. La plupart d'entre eux ont la tête fort bien faite.

Ce fut ainsi que le juge Sugg fit allusion au travail qu'il accomplissait depuis sa retraite : l'enseignement de l'anglais à des gens illettrés et aux « internationaux ».

— Je considère qu'il s'agit d'une mission religieuse. Cela me fournit une occasion de partager ma foi avec mes élèves. La foi chrétienne est fondée sur le grand principe que nous devons aider les autres hommes.

A l'âge de soixante ans, alors qu'il était encore un juge en exercice, il avait organisé un stage baptiste d'enseignement de l'anglais en seconde langue. Il l'avait fait encouragé par son épouse.

— Deux mois après le stage, un jeune homme a comparu devant moi, accusé de cambriolage. Il avait quinze ans. Je l'ai condamné à la maison de correction. Le lendemain, une de ses sœurs s'est présentée et m'a confié qu'il avait eu des ennuis parce que son frère aîné l'avait entraîné à lui prêter main-forte dans ses entreprises criminelles. Ce frère avait déjà fait de la prison. Le père et la mère du jeune garçon étaient tous deux alcooliques et il n'avait pu fréquenter l'école qu'une partie d'une année scolaire. C'était là toute l'instruction à laquelle il avait eu droit dans sa vie. Sa sœur m'a dit que si je lui laissais une chance de se racheter, elle l'accueillerait chez elle et lui trouverait du travail. J'ai répondu que si elle lui donnait un toit, moi je lui apprendrais à lire et à écrire. Et c'est ce que j'ai fait. Son père n'était plus alcoolique, alors j'ai autorisé le garçon à retourner au Texas auprès de ses parents.

Il y avait une émouvante symétrie dans la carrière du juge. L'homme qui avait grandi dans une communauté isolée, repliée sur elle-même, s'était à présent, à l'âge de la retraite, découvert une mission. Sa foi l'avait soutenu tout au long des changements survenus dans sa situation. A chaque instant, cette foi avait fait partie de la plénitude de son univers.

J'avais une très vague idée de ce qu'était un cou-rouge. Quelqu'un d'intolérant et d'ignorant, voilà ce que suggérait l'expression. Et cela cadrait avec ce qu'on m'avait dit à New York : que certains clubs d'automobilistes fournissaient à leurs membres des cartes indiquant les routes sûres pour traverser le Sud, afin de leur éviter les zones infestées de cous-rouges. Ensuite, je me rendis également compte que le mot « cou-rouge » avait pris chez certains membres des classes moyennes des connotations romantiques ; et que, dans leur esprit, il désignait un homme anti-intellectuel, physique, viril, quelqu'un qui n'hésiterait pas (par exemple) à dire « merde » devant tout le monde.

Il me fallut, toutefois, attendre de faire la connaissance de Campbell pour entendre sur ce sujet un compte rendu superbe et lyrique, un compte rendu qui dressait un tableau d'ensemble, prononcé par un homme qui tout à la fois méprisait et aimait le cou-rouge et qui, lorsqu'il se mit à me parler des plaisirs du cou-rouge, se sentit tenu de m'avouer qu'il était lui-même à demi cou-rouge.

Ce n'était pas, à strictement parler, pour son côté cou-rouge que l'on m'avait présenté Campbell. On m'avait déclaré qu'il représentait une nouvelle sorte de jeunes conservateurs, avec des opinions très arrêtées sur la race et l'assistance sociale. (Le juge Sugg m'avait confié que les gens de cette espèce continuaient à se manifester, mais que c'était sa propre manière, comprendre et aider, qui préfigurait l'avenir et qu'adopteraient finalement la plupart des gens.) Campbell était aussi l'homme qui représentait l'autre face du Sud religieux : la face autocratique. Ce fut d'ailleurs de la famille, des valeurs et de l'autorité que nous parlâmes, de façon tout à fait dépourvue d'imprévu, jusqu'au moment où l'idée me vint de demander :

— Campbell, que signifie pour vous le mot « cou-rouge » ?

Et comme si tout avait été préparé d'avance, un grandiose « caractère » digne de Théophraste, un portrait presque dans le style des auteurs du XVIIe siècle surgit des lèvres de Campbell. On aurait presque dit une version modernisée d'un extrait de quelque écrit élisabéthain la vie vulgaire, de la *Microcosmographie* de John Earle ou d'une œuvre de Sir Thomas Overbury. (Citons Sir Thomas

Overbury sur le *gentleman* campagnard, en 1616 : « Ses voyages le mènent rarement au-delà du bourg voisin et ce pour s'enquérir du prix du blé. Lorsqu'il se déplace, il se détournera de deux bonnes lieues hors de son chemin pour s'arrêter chez un sien cousin afin de ménager sa bourse ; et il récompense les domestiques en leur serrant la main lorsqu'il repart. »)

Campbell dit :

— Un cou-rouge, c'est un ouvrier du bâtiment au petit pied, résolument hostile aux Noirs. Il aime boire de la bière. Il portera des bottes de cow-boy...

Telle était la façon concrète, lyrique, dont s'exprimait Campbell, mais mieux vaudrait, momentanément, faire un petit retour en arrière et entendre ce qu'il avait à dire de lui-même.

— Mon père est né en Alabama et sa famille a pris ses cliques et ses claques, quitté la ferme qu'elle possédait, une ferme de cent soixante hectares, pour venir dans le Mississippi afin d'y recevoir un peu d'instruction. Son père, le père de mon père, et sa mère ont dit : « Il faut que nous vous emmenions là-bas, vous autres, pour vous faire donner une bonne éducation. Ils avaient manifestement mis de l'argent de côté dans ce but, pour aller s'installer plus loin. Ils ont gardé la ferme. Papa l'a vendue il y a cinq ou six ans. Quand ils sont arrivés dans le Mississippi, tous les frères qui n'allaient pas à l'école ont pris des boulots. Mon père a quitté l'Alabama en 1923-24. Il a obtenu son diplôme de fin d'études en 1928. Il est devenu propriétaire d'un garage et d'une station-service. Mais ils étaient heureux. Jamais je n'ai entendu mon père proférer un juron de sa vie, c'est la pure vérité. Il passait tout son temps à boulonner. Nous n'avons jamais été très proches. Il n'avait pas le temps d'être proche de nous.

» Ma mère était maîtresse d'école. J'ai grandi dans la foi baptiste. J'en ai même été quelque peu gavé. Nous allions à l'église dès l'ouverture des portes. Nous y allions le mercredi pour la séance de prières. Nous y allions pour les grandes réunions de l'été. Et puis tous les soirs, c'était d'un rasoir.

Après quoi, sans le moindre temps d'arrêt, Campbell poursuivit :

— Au bout du compte, c'est ce que j'ai eu de mieux. Ma mère et mon père m'ont inculqué des valeurs qui me sont revenues quand j'ai eu vingt ans. Mais je m'étais rebellé. La plupart des enfants se conformaient à l'ordre établi. Moi, je voulais vraiment faire les quatre cents coups. Je buvais davantage, courais davantage. J'ai commencé à bosser dans une épicerie quand j'avais douze ans, c'est la pure vérité. J'adorais ça. On rencontrait tous les originaux. On avait toute la clientèle noire. Ils s'asseyaient sur les sacs de marchandises ; la maman venait en ville avec quatre ou cinq moutards et il fallait qu'elle en nourrisse un ou deux. J'aimais bien travailler là. Il y avait toujours du monde. Tout le temps en train de rigoler. On connaissait tous les gens qui entraient. C'était un excellent magasin. Je boulonnais le samedi. Et j'étais content d'avoir de l'argent. Au début, je gagnais quatre dollars dans la journée et quand je suis parti, j'étais monté aux environs de sept.

» J'ai complètement coupé les ponts. L'été, je conduisais un fichu camion à bascule. On était en train de construire une route inter-Etats et il y avait besoin de quelqu'un sachant lire et écrire, pour compter les sacs de fertilisant qu'on chargeait dans l'avion. Ils en mettaient sur les bas-côtés, du fertilisant, pour faire pousser l'herbe. C'était ultra-emmerdant. Mais il y a belle lurette tout ça. C'est drôle comme on peut changer et mûrir. Je voulais faire les quatre cents coups. Et je me suis bien marré.

— Vous vouliez être un joyeux luron ?

— C'est important à Jackson-nord-est, comme nous disons, d'être populaire, d'être bien vu. Mais j'étais en complète rupture avec l'église. J'y allais avec ma mère, à Noël, mais je me rasais à cent sous de l'heure. Vous savez, les valeurs de l'Eglise (fais le bien, sois comme il faut, ne bois pas, ne tue personne, ne vole pas, les dix commandements, ne désire pas la femme de ton prochain), je ne crois pas que dans certaines parties de notre culture on cherche à les inculquer. Ces gosses qui courent partout — j'ai bossé dans un camping pour caravanes et on y voyait des gus drôlement louches —, ils auraient eu bien besoin qu'on leur botte les fesses, comme on me les a bottées.

» Je crois que la raison de tout ça, c'est l'effondrement de la famille, quand le père et la mère ne sont pas là tous les deux à faire leur boulot. J'apprends à mes enfants à me respecter. Je crois que mon fils a peur de moi et je trouve que c'est une bonne chose, parce qu'il sait que je ne suis pas prêt à tout supporter. Tous les jours, je le serre dans mes bras et je l'embrasse. Il y en a qui disent que j'ai raison, d'autres que j'ai tort. Moi, j'avais peur de mon père. J'avais peur de me faire botter les fesses. Il n'y a que ça de vrai. Ces gens qui disent « Ouais », « Non », ces gosses qui font les malins, je trouve que ça vaudrait beaucoup mieux s'ils travaillaient dur ne serait-ce que dix minutes de plus par jour et s'ils disaient « Oui, monsieur » et « Non, monsieur », et si on leur bottait le cul jusqu'à ce qu'ils répondent correctement.

» Il me semble que tout vient du fait d'avoir été bien élevé. Il faut réinstituer certaines valeurs dans les familles. C'est des Noirs que je parle à présent. Il faut les obliger à rester à l'école et à faire gaffe à leurs fesses. Moi, j'aimerais être un dictateur et remettre un peu d'ordre dans le coin. Je suis tout simplement un partisan de la loi et l'ordre, un gars qui croit qu'il faut se sortir les tripes.

Campbell avoisinait la quarantaine. Il était petit et robuste, un homme puissant. Il portait des couleurs vives. Il parlait comme un homme qui a une réputation à défendre ; mais il n'y avait pas le moindre soupçon d'humour dans sa voix ni sur son visage.

Il avait vu s'étendre la zone noire de Jackson. Il en avait d'ailleurs tiré un profit pécuniaire, achetant aux Blancs qui décampaient et revendant avantageusement aux Noirs qui s'installaient. Une année, il avait vendu ainsi dix maisons et empoché soixante mille dollars.

— Ce n'était pas mal. J'ai joué les profiteurs. On aurait dû me fusiller.

Je n'arrivais pas très bien à démêler ce qui relevait du « personnage » qu'il jouait et ce qui était vrai. Ce fut alors que je dis :

— Campbell, que comprenez-vous quand je prononce le mot « cou-rouge » ?

Aussitôt, l'homme fut métamorphosé.

— Un cou-rouge, c'est un ouvrier du bâtiment au petit pied, résolument hostile aux Noirs, déclara-t-il. Il aime boire de la bière. Il portera des bottes de cow-boy, mais pas nécessairement le chapeau assorti. Il vit dans une roulotte quelque part au fin fond du comté de Rankin, il fume environ deux paquets et demi de cigarettes par jour et boit à peu près dix boîtes de bière chaque soir ; il deviendra fou furieux s'il n'a pas dans son assiette du pain de maïs, des petits pois, des gombos frits et des côtes de porc sautées. Je n'ai encore jamais rencontré un de ces asticots qui n'aime pas les côtes de porc sautées. Et il aura du retard dans le paiement de sa roulotte.

» C'est comme ça qu'il a été élevé. Son père était exactement comme lui. Et le saligaud adore la musique « country ». Ils aiment aussi chasser et pêcher. Ils peuvent passer toute une nuit sur les bords de la Pearl River. Ils jettent une ligne — une longue ligne qui traverse le fleuve avec des hameçons tous les mètre vingt ou mètre cinquante. Comme appâts, ils se servent de sales vieux bouts d'écrevisse ; leur ligne coule jusqu'au fond et eux gagnent la rive et ils chient et boivent toute la nuit, et ils font un énorme feu. Ils vérifieront deux ou trois fois durant la nuit, pour voir s'ils ont pris un poisson-chat. Ce sera du bon poisson. Ces saligauds de cous-rouges disent qu'ils préfèrent les poissons-chats des rivières à ceux qu'on élève dans les étangs. Ils disent qu'ils ont meilleur goût.

» Vous savez, je les aime bien, les cous-rouges. Ils sont tellement relax. Ils se foutent de tout. De tout, je vous dis.

— Vous croyez que c'est parce qu'ils descendent des pionniers ?

— Ça ne fait aucun doute. Ce sont les descendants des pionniers. Ils ne demandent pas mieux que de vivre dans leurs caravanes. Je n'ai jamais compris comment mon père pouvait être si cultivé. Si vous voyiez l'endroit d'où il vient, il sort du coin le plus parfaitement désolé, au milieu des bois, à la frontière du Mississippi et de l'Alabama. Pour ça oui, les cous-rouges ont des mentalités de pionniers. Ils n'ont aucune envie de fréquenter tous ces foutus country-club pour jouer au golf. Ils n'ont pas vingt sous en poche et ça les fait mourir de rire.

» Ils sont d'origine écossaise-irlandaise. Beaucoup viennent de familles qui se sont mariées entre elles. Là, je vous parle des bons vieux cous-rouges. Lui aura un boulot de huit à dix-sept heures. Mais il y a aussi le cou-rouge haut de gamme, qui voudra un peu nettoyer son image. Avec une pelouse tondue, un petit jardin bien tenu derrière. Bobonne portera des jeans de marque et toutes les trois semaines, ils iront manger chez *Shoney's.*

J'avais vu des restaurants à ce nom par dizaines, le long des nationales, mais je n'y étais jamais entré. Etait-ce le genre *McDonald's ?*

— Chez *Shoney's,* dit Campbell, vous aurez de la sauce

partout. Et ça, c'est le pied. Ils adorent. Je les connais, ces saligauds.

» Si il ou elle va s'installer à Jackson-nord, il devient haut de gamme. Il va perdre un peu de son accent nasillard. Mais le brave vieux mec, il se contentera de travailler six ou huit mois par an. Il dira à sa bobonne : « Je vais au boulot. » Et il n'ira pas. S'il pleut, il n'ira pas bosser, bon Dieu ! Il ira au troquet le plus moche qu'il pourra trouver et il se mettra à boire de la bière et à jouer au billard. Quand il rentrera chez lui, il aura une petite prise de bec avec sa femme ; il sera à moitié bourré, mangera un peu de pain de maïs et s'écroulera, endormi .Ça, c'est la pure vérité. Et la femme comprendra, parce qu'elle y est tellement habituée.

» Elle boit pas, elle. D'ordinaire, ce sont les mecs cous-rouges qui boivent, du whisky ou de la bière. Elle, elle a un petit boulot miteux. Elle fournit probablement le revenu de base. Elle essaiera d'aller au travail tous les jours, mais lui, il attend toujours le super-boulot, à quinze dollars de l'heure, qui ne viendra jamais. Une fois, il a eu un boulot syndiqué à douze dollars de l'heure, et il croit qu'il va retrouver le même. Il attendra quinze ans un boulot à douze dollars et il l'aura pas, à moins de se bouger le cul et de filer à Atlanta, en Géorgie, ou à Nashville, dans un endroit où ça barde. Pour sûr que par ici, ça barde pas, ce qui l'empêche pas d'être vachement content de son sort. Il est vachement content, ce saligaud. Quand on lui offre un boulot à quatre dollars : Non, j'ai autre chose à faire. Moi, je pourrais donner du boulot à cinq types aujourd'hui, au tarif minimal : trois dollars trente-cinq de l'heure. Mais je les trouverais pas les cinq saligauds, même si je passais toute la foutue journée à les chercher. Vous voulez bosser pour trois dollars trente-cinq ?

» — Non. Je vais pas me crever la patate pour trois dollars trente-cinq, bordel.

» Alors, en moyenne, il va se faire dans les six dollars, six dollars à six dollars et demi de l'heure. Et juste pendant six ou huit mois par an. Vous comprenez, il veut pas bosser toute la journée. Ça lui suffit d'avoir de quoi vivoter. Ils aiment pas qu'on leur dise ce qu'il faut faire. C'est leur esprit d'indépendance. La vieille mentalité du pionnier : « J'ai de quoi manger et boire, un toit sur ma tête. Qu'est-ce qu'il me faut de plus ? »

» Et la religion ? Il ira à l'église quand sa bourgeoise lui flanquera une rouste de tous les diables, mais pas question qu'il mette une veste, ni une cravate, ni quoi que ce soit. Ça, y a rien à faire. Il lui bottera le cul, à sa femme.

» Ils ne sont pas très portés sur le sexe. Ils préfèrent s'envoyer une flopée de bières. Traîner avec leurs potes et aller à la chasse ou à la pêche. Là, je vous parle des bons vieux cous-rouges à l'ancienne. Pas du haut de gamme. Ils ont encore quelque chose dans le calbard. C'est la pure vérité.

» Les cous-rouges, c'est soixante à soixante-cinq pour cent de la population blanche. Je vous groupe les bons vieux cous-rouges à l'ancienne et le haut de gamme, sans compter tout un tas d'autres cous-rouges très petits-bourgeois. Ils ont exactement la même vieille mentalité que les Noirs. Papa est à la maison un petit peu plus souvent. Mais ils sont aux anges à l'idée de pas avoir vingt sous en poche. Vous pouvez pas savoir.

Je l'interrogeai sur leur façon de s'habiller et surtout sur ces bottes de cow-boy. Pourquoi étaient-elles si importantes ?

— C'est à cause de l'image qu'ils veulent donner d'eux-mêmes. Ils auront aussi une vieille casquette de base-ball, avec la visière inclinée pile comme il faut et pas autrement. Le chapeau de cow-boy, ils n'en veulent pas. Ce qu'ils cherchent, c'est ce style cou-rouge bien particulier. Ils veulent que les gens sachent qu'ils n'en ont rien à foutre. Ils veulent que les gens sachent : « Je suis un cou-rouge et fier de l'être. »

» Ce qu'il faut que vous écriviez aussi, n'oubliez surtout pas de le noter, c'est que ces saligauds *adorent* le country-et-western. C'est la musique de chez nous. Celle qui fait chialer. Quelqu'un s'est cassé la figure en camion. Ou un train lui est passé dessus. Ou bien un type a filé avec la femme d'un autre.

» Presley, c'était un cou-rouge à un point que vous n'imaginez pas. C'est un cou-rouge puissance deux. Y a des femmes ici qui vous arracheraient la peau des fesses pour avoir dit un truc pareil. Faut croire que moi aussi, je suis un cou-rouge.

Et ce fut en disant cela que Campbell me mit dans sa poche.

Il continua :

— Je m'habille autrement, c'est tout. Polo et pantalon Corbin.

Ces détails concrets que me donnait Campbell me plaisaient, les noms de marque, cette révélation d'un code vestimentaire là où je n'avais vu que des couleurs criardes.

Et puis, brusquement, il prit une tangente.

— Si mon père avait pas boulonné si dur — et je sais que c'était important. Travailler dur et s'efforcer de réussir...

Je parvins à le remettre sur le sujet de la vie sexuelle des cous-rouges.

— Quand ils sont jeunes, ils pensent qu'à ça. Mais plus ils vieillissent, plus ils boivent, et alors ça ne les tracasse plus guère. Quant à la femme, elle est toujours là, elle va faire sa lessive à la laverie automatique, une fois par semaine. Elle s'assoit et regarde tourner son linge en grillant des cigarettes, eh oui, c'est comme ça, voilà comment elle passe son temps.

» Je vais vous dire. Mon fils, il n'ira pas déconner avec une fille de cou-rouge dans le comté de Rankin. On ne peut pas se cacher. Tout le monde se connaît. Et je vais vous dire autre chose. Ils ne parlent pas comme nous. Et je veux que mes enfants restent dans leur milieu social et ils y resteront. Je lui dirai : Keith, on t'a pas élevé comme ça. Tire-toi de ce merdier. Tu es à cent coudées au-dessus de ces gens-là et on va rester à cent coudées au-dessus. Mais y a pas de problème avec Keith. Il aime être bien sapé ; être à son avantage ; il veut gagner du fric. Nous, on fréquente les gens de Jackson-nord-est. C'est comme qui dirait le haut de gamme.

J'objectai :

— Mais la beauté, c'est la beauté. Une belle femme aura des admirateurs partout.

— La beauté, c'est la beauté, d'accord. Mais quand elle ouvre la bouche et se met à causer et à dire qu'elle vit dans le comté de Rankin, patatras ! elle perd tout son charme. Notez qu'avec moi, le cas ne se présentera probablement jamais. Et jamais non plus avec mon fils, parce qu'il sait déjà ce que c'est qu'un cou-rouge. Vous savez d'où vient l'expression ? C'est un type qui a le derrière du cou rougi par le soleil...

Malheureusement, il se passa quelque chose ; quelqu'un entra dans la pièce ou posa une question et Campbell n'acheva pas sa phrase. Elle ne fut terminée que quelques jours plus tard, lorsqu'un vieil habitant du Mississippi m'expliqua que le mot « cou-rouge », quand il était petit, n'était pas du tout péjoratif ; que c'était en fait tout le contraire et désignait un homme qui vivait à la sueur de son front ; et que ce n'était que dans les années cinquante, au moment où la vie de la « frontière », la vie des pionniers avait changé, que le mot avait commencé à prendre un tour peu flatteur.

Campbell déclara :

— Je les admire à cause de leur indépendance. Mais ça ne convient plus à la société d'aujourd'hui. Ça ne se discute pas. Il y a longtemps, c'était super. Mais plus aujourd'hui. Pas moyen de faire des affaires dans une ville moderne avec ce genre de mentalité. Il faut changer la société cou-rouge et la société noire, sinon les richesses vont rester accumulées entre les quelques mains où elles ont toujours été. Notez qu'en ce qui me concerne, j'espère bien que ça ne bougera pas. On devrait me fusiller.

Il ferma cette parenthèse politique pour ajouter :

— Les cous-rouges aiment les bagnoles à quatre roues motrices. Ou plutôt les camionnettes ouvertes à quatre roues motrices. Comme ça, ils peuvent se faufiler partout, à travers les marais. Il y en a aussi qui préfèrent les vieilles camionnettes fermées, à moitié peintes. Je dis à moitié, parce que le gars, il va arranger un côté, mais il ne passera jamais à l'autre. Et cette saloperie, il la conduira *ad vitam aeternam,* jusqu'à ce qu'elle tombe en morceaux, ou qu'elle ait un pneu crevé, et alors il l'abandonnera. Il n'aura pas de roue de secours, voyez-vous. Mais il reviendra l'après-midi même pour la réparer. Il demandera à un de ses potes de lui procurer un vieux pneu et ils iront la réparer. Ces saligauds savent tout réparer sur une bagnole. Ils savent tout faire, ces sagouins-là. Ils sont capables de tirer la bagnole sur le bas-côté de la nationale, de la monter sur le cric et de la réparer sur place.

La matinée était finie. Campbell avait un déjeuner d'affaires. Il comptait s'y rendre tel qu'il était, avec son polo coloré, à raies horizontales vertes et jaunes, de hauteurs variées. Mais il avait pris un tel plaisir à me parler de la vie des cous-rouges ; cela lui avait rappelé tant de souvenirs des « quatre cents coups » de sa propre jeunesse et avait éveillé une telle nostalgie qu'il voulait me parler encore un peu. Il promit donc de revenir l'après-midi, entre son déjeuner et un voyage d'affaires qu'il devait faire en Floride.

Il me téléphona après le déjeuner. Je lui demandai comment ça s'était passé.

— Je pue que c'en est une infection. Des kilos d'ail au déjeuner. Mais j'ai gagné des ronds. C'est rare, un repas d'affaires où je ramasse bel et bien du pognon.

Nous nous revîmes plus tard, dans le bar d'un hôtel. Il avait éclusé quelques verres, pour fêter sa transaction. Il avait les yeux humides et légèrement injectés de sang. Le matin, il m'avait parlé avec le plus grand sérieux et il continua, mais ses libations avaient châtié son langage. Il ne proféra pas le moindre juron, aucun mot inutile ou blasphématoire.

Je lui dis que j'avais réfléchi à tout ce qu'il m'avait expliqué sur les cous-rouges. D'après la façon dont il me les avait décrits, ils faisaient pour moi figure de tribu, presque comme une tribu indienne, des esprits libres errant à leur guise au milieu de vastes espaces vides. Mais n'étaient-ils pas de nos jours un peu à l'étroit, même dans le Mississippi ?

— C'est une belle vie, mais qui dépend des débouchés qu'offre une vie proche de la nature, répondit Campbell. Je dirais que si les cous-rouges n'avaient pas cet environnement naturel qu'ils ont dans le Mississippi, du fait que les activités de plein air sont leurs passe-temps favoris, ils s'embêteraient à mourir. Mais de nos jours, les droits de chasse deviennent si exorbitants qu'ils vont être éjectés du marché par la force, avant cinq ans. On a beaucoup de gens de Louisiane qui montent jusque par ici, parce qu'il y a beaucoup de cerfs, des grands cerfs, et ils paient des fortunes pour avoir les droits de chasse. Je vous parie qu'à quarante-cinq minutes de voiture de Jackson, à peine, vous ne pourriez pas trouver un terrain qui ne soit pas loué. Y aura un écriteau marqué : « Avis : Ce terrain est loué au Club de chasse Untel. Entrée interdite. » Un jour, il y aura un meurtre à cause de ça, je vous le dis. Ils ont déjà eu un ou deux meurtres dans l'Etat. Surtout pour la chasse au canard ; c'est une telle rivalité dans le Delta, c'est si précieux, si cher pour obtenir un bail là-haut. Il faut vraiment être pourri de fric. Ça vous coûtera dans les trois mille dollars par an, pour chasser un canard. Quoique la chasse au canard, ce soit davantage un truc de gens chics. Les cous-rouges, ils chassent plutôt la viande.

» Notez, y a beaucoup de terre, dans le Mississippi. Ils

iront toujours braconner chez quelqu'un. Autrement, ils seront plus rien que des buveurs de bière, ils n'auront nulle part où aller et rien à faire. C'est ça qui m'inquiète pour les cous-rouges. Ils ne s'adaptent pas et ils restent à la traîne. A mesure que la population s'accroît, ça va devenir de plus en plus cher pour eux d'aller chasser et ils ne vont plus pouvoir s'offrir ce luxe.

» Pour le moment, ils ont des clubs de chiens. Ils se faufilent quelque part pour vraiment pas cher et puis ils font affaire, ils concluent un marché avec une famille — il y aura des quinze, vingt, trente gars dans un marché de famille, tous cousins sur les terres de la famille, qui se réunissent tous dix ou douze fois par an. Et ils font la fête.

— Et les femmes ? Elles en sont, de ces voyages ?

— Non, elles restent à la maison. Elles sont là à s'inquiéter de savoir d'où viendra le prochain sac de patates. Notez qu'elles peuvent vivre avec cent dollars par semaine. Moins cher que vous et moi. Et avec ça, elles ne font pas pitié. Il y en a qui sont grandes et grosses. Qu'est-ce que je raconte ! Elles sont *toutes* grandes et grosses.

» Après le déjeuner, figurez-vous, je suis retourné au bureau. La secrétaire est une femme de cou-rouge. Je lui ai parlé de notre entretien de ce matin. Concernant les cous-rouges et la mentalité de la « frontière ». Je lui ai dit que ce n'était plus aussi chouette, de nos jours, vous savez. Les temps ont changé. Elle a répondu : « Mr. Campbell, à une certaine époque, je vous enviais. Je voulais avoir ce que vous aviez. Mais à présent, je me dis que je suis différente, voilà tout. Je suis née comme ça. Je n'ai rien à moi et je sais que je n'aurai jamais rien à moi. » Moi, j'ai dit : « C'est parce que vous n'avez pas le mari qu'il faudrait. Pourquoi vous ne lui bottez pas les fesses, à votre mari ? » Et elle a dit : « Voyons, Mr. Campbell, je pourrais pas. C'est rien qu'un vieux cou-rouge. Et ses enfants, c'est leur père craché. »

» Presley, c'était le cou-rouge dans toute sa splendeur. Et ce type là-bas, ce type à la réception avec les cheveux longs et la barbe.

Il parlait d'un homme dont la chemise écossaise dans les tons de rouges pendait hors de son pantalon. Il s'avançait délicatement sur le sol dallé, comme s'il avait peur de glisser sur la semelle de cuir de ses bottes de cow-boy.

Campbell reprit :

— Avec ses cheveux et sa barbe, il se prend sans doute pour un cadeau de Dieu au genre humain. Mais ce n'est rien qu'un cou-rouge. Il est complètement paumé. Il n'a jamais marché sur un sol dallé de sa vie. Il est entré ici en croyant que c'était juste un motel. Il ne sait pas quoi faire. Il est complètement paniqué : « Oh ! merde, oùsque je suis ? »

L'art sanctifie, crée, permet de voir. Et bien que d'autres personnes m'aient dit d'autres choses sur les cous-rouges ; bien qu'un homme m'ait assuré que la meilleure façon de les traiter était de ne rien avoir à faire avec eux ; que la moutarde leur montait trop vite au nez ; qu'ils n'étaient pas assez instruits pour supporter ce qu'ils considéraient comme des affronts, trop peu instruits aussi pour comprendre le comportement humain ou les gens qui n'étaient pas comme eux ; que leur sens exagéré de l'insulte et de l'honneur pouvait les pousser à vous parler et à vous sourire alors même qu'ils projetaient de vous brûler la cervelle ; bien que tout cela appartînt désormais à la sagesse populaire, la description que m'avait faite Campbell de leur mode de vie m'incitait à voir de la fierté, un certain style et une mode vestimentaire là où je n'avais rien vu du tout, m'incitait à remarquer ce que je n'avais pas suffisamment noté jusque-là : les camionnettes ouvertes conduites avec panache, les casquettes de base-ball portant le nom d'une firme quelconque.

Le lendemain, un samedi, il y avait foule dans l'hôtel et dans le restaurant, situé de l'autre côté du parking par rapport à l'hôtel. Et, comme pour concrétiser l'image que m'avait donnée Campbell du style « cou-rouge », trois hommes descendirent d'une voiture cabossée et poussiéreuse, dont ils ouvrirent le coffre pour sortir leurs bottes de cou-rouge, qui s'y trouvaient. Ils étaient arrivés en tennis qu'ils retirèrent pour enfiler les bottes de cow-boy avant de pénétrer dans l'hôtel. L'un d'eux était en train d'ouvrir une canette de bière avec les dents. Je me dis aussitôt, après mon entrevue avec Campbell, que l'homme qui faisait ce geste typiquement cou-rouge avait peut-être besoin de se donner un peu de courage. Peut-être qu'en entrant dans l'hôtel et en marchant sur le sol dallé, il allait se sentir « complètement paumé ».

Pendant plusieurs jours, les mots et les expressions de Campbell me trottèrent dans la tête et je les répétai à d'autres. Un après-midi, je me rendis dans une ferme juste en dehors de Jackson. Quelqu'un qui s'y trouvait, connaissant ma nouvelle marotte, vint m'annoncer :

— Il y a trois de vos cous-rouges en train de pêcher dans l'étang.

Je me précipitai pour aller les voir, comme j'aurais pu aller examiner une espèce d'oiseau rare ou un cerf. Et en effet, ils étaient là, torse nu, mais coiffés des inénarrables casquettes de base-ball, assis dans un bateau au milieu des roseaux, par un après-midi de semaine — ces gens dont j'aurais pu avoir, avant d'entendre Campbell, une vision plate devenaient désormais des êtres nantis d'un certain passé, vivant selon un certain code, une espèce menacée.

Cela donnait une poésie nouvelle à ce que j'observais à présent sur les nationales : les casquettes de base-ball, avec la visière inclinée « juste comme ça et pas autrement », les bandeaux autour du front des conductrices de camionnettes ouvertes style cou-rouge. Il n'y avait pas jusqu'aux annonces dans les journaux concernant ces camionnettes (et au prix : environ huit mille dollars), qui ne prissent un sens nouveau.

Et ce fut du cou-rouge, improbable descendant du pionnier de la « frontière », que je parlai avec Eudora Welty lorsque j'allai lui rendre visite. J'étais arrivé trop tôt et j'attendis dans la rue, sous les arbres dégoulinants. Elle fut très vite prête, comme on pouvait le discerner clairement à travers sa fenêtre de devant, vierge de rideaux. Mais je n'osai pas frapper avant l'heure dite.

Donc nous attendîmes quelque temps sous les grands arbres d'où gouttait l'eau, dans la pénombre d'après la pluie, elle derrière sa fenêtre au bout de son jardin inondé, moi dans ma voiture. Et lorsque j'eus estimé qu'il était temps, je remontai l'allée détrempée qui menait à sa porte d'entrée. Une note, de la puissante écriture d'Eudora, était fixée au battant, demandant aux gens de ne plus lui apporter de livres à signer. Elle souhaitait épargner au maximum son énergie pour son travail. Je frappai et elle ouvrit, comme quelqu'un qui attendait précisément pour le faire. Ses photographies me l'avaient rendue extraordinairement familière.

La « frontière » faisait partie de ses histoires à un point dont je commençais à peine à mesurer l'importance. Et elle était toute disposée à parler du caractère de l'homme de la « frontière ».

— Ce n'est pas un sale type, mais il a tout un côté *rusé*. Parfois, il dépasse les bornes et devient un parfait gredin. Les Noirs n'ont jamais habité cette partie de l'Etat. Ils sont venus travailler sur les plantations. La plupart des cous-rouges ont grandi loin des Noirs et pourtant ils les haïssent. C'est là l'origine de tous les maux ; c'est par là qu'ils séduisent. Les cous-rouges travaillaient dans les scieries et tous les endroits de ce genre. Et ils avaient des petites fermes. Ils sont tous d'une fierté féroce. Ce sont eux qui dictent la politique de l'Etat. Ils se donnent du bon temps (dans les petites villes), quand les politiciens et les évangélistes passent chez eux. Faire peur aux autres, les berner, les rosser, les tuer, voilà la mentalité de l'homme de la « frontière ».

J'évoquai l'histoire qu'avait entendue Ellen enfant : celle des cous-rouges, au sud de la ville où elle allait passer l'été, malmenant un voyageur de commerce, l'attelant à une charrue et l'obligeant à labourer un champ. Ellen m'avait dit que l'histoire remontait à des temps assez anciens et j'y avais vu une anecdote romancée sur la perversité d'antan, un récit exagéré concernant des gens sans loi. Mais Eudora Welty la prit au sérieux.

— Je n'ai aucun mal à croire à cette histoire de voyageur de commerce, déclara-t-elle. J'ai entendu dire qu'on châtiait des gens en les obligeant à labourer des terres.

Nous parlâmes du Mississippi et de sa réputation.

— A l'époque des émeutes, beaucoup de gens de passage sont venus me rendre visite. Ils voulaient m'entendre confirmer ce qu'ils pensaient. Et ils pensaient tous que je vivais dans un état d'abjecte terreur. « Vous n'avez donc pas tout le temps peur d'eux ? » s'étonnaient-ils. Un jeune homme est venu me raconter qu'on lui avait dit qu'un certain Mr. Untel, qui était un raciste forcené, était propriétaire de toute la ville de Jackson, de toutes les banques et de tous les hôtels et qu'il faisait aux Noirs des choses épouvantables. C'était une fable. C'était archi-faux. La violence d'ici est loin d'être aussi terrifiante que celle du Nord, la violence urbaine.

Un Etat de la « frontière », limité sur le plan culturel, cela lui avait-il posé des problèmes en tant qu'écrivain et que femme écrivain ? La richesse d'un auteur dépend, dans une certaine mesure, de la société qu'il ou elle dépeint.

— Il y a beaucoup de choses derrière la façade, dans la vie de notre Etat, dit-elle. Il y a la grande variété des gens qui sont venus peupler les différentes zones. C'est un fait dont on devient très conscient en vieillissant, on voit d'où les choses sont issues. La grande réalité que j'ai apprise ici, en tant qu'écrivain, c'est un sens de la continuité. Dans un endroit qui n'a guère changé, on peut en venir à connaître les générations. On peut voir se dérouler tout entier le fil de l'histoire d'une ville ou d'une famille.

J'entendais de plus en plus souvent parler de la Constitution inhabituelle de l'Etat du Mississippi, rédigée en 1890, après la guerre de Sécession et la reconstruction. On m'avait dit qu'elle était responsable d'une bonne partie de ce que l'on pouvait encore voir dans cet Etat ; j'allai donc consulter à ce sujet l'ancien gouverneur, William Winter. Il jouissait d'une excellente réputation dans le Mississippi, aussi bien en tant que gouverneur qu'en tant que spécialiste érudit de l'histoire de l'Etat.

Mr. Winter me reçut dans son bureau, en fin d'après-midi, après une journée bien remplie ; le matin même il s'était rendu en avion à Little Rock, dans l'Arkansas. L'ancien gouverneur était désormais un des associés d'un cabinet d'avocats de Jackson. Il parlait d'ailleurs avec une précision toute légale ; il avait préparé des livres et une carte et, tout au long de notre entretien, il chercha des références dans ses volumes.

Au mur de son bureau, parmi des photos de famille en couleurs, s'étendait une grande carte ancienne de l'Etat. Lorsque mon hôte partit me chercher un verre de Coca-Cola de régime bien frais, je me levai pour aller l'examiner. Elle était montée sur toile, encadrée et on l'avait offerte à Mr. Winter. C'était une carte française, de 1830 peut-être, car elle indiquait les seuls comtés méridionaux comme étant déjà peuplés. Une vaste zone centrale avait été délimitée pour l'implantation d'immigrants de race blanche. Bien qu'elle fût presque aussi vaste que tous les comtés peuplés mis ensemble, cette zone était simplement baptisée comté de Hinds (une partie de ce comté devait devenir le comté de Rankin dont Campbell m'avait parlé avec tant d'émotion). Les zones situées à l'est et au nord étaient encore, en 1830, territoire indien : les Choctaws et les Chickasaws.

Donc, en 1830, la moitié de l'Etat appartenait aux Indiens ; en 1860 la guerre de Sécession était sur le point d'éclater ; en 1890, après la guerre et la reconstruction, une nouvelle Constitution fut imposée. L'histoire semblait arriver ici par segments de trente ans. Ajoutons à cela les épidémies de fièvre jaune en 1873, 1874, 1878 et 1903, puis la grande crise économique. Il n'y avait rien d'implanté, rien de stable.

— L'atmosphère dans laquelle la Constitution de 1890 a été rédigée était dominée par le besoin qu'avaient les Blancs de trouver un moyen de rétablir un contrôle sur le processus politique de l'Etat, m'expliqua l'ancien gouverneur. La Constitution de 1861 ne leur fournissait pas le véhicule voulu pour éliminer les électeurs et les fonctionnaires de race noire. L'Etat comptait d'ailleurs de nombreux fonctionnaires noirs lorsque fut écrite la Constitution de 1890.

Il y avait deux sénateurs noirs, un membre du Congrès noir, un gouverneur adjoint noir, ainsi qu'un inspecteur de l'éducation noir.

— La Constitution du Mississippi datant de 1890 a servi de modèle aux autres Etats du Sud par ses clauses pleines d'habileté pour décourager le vote des Noirs.

» Presque aussi importantes que les clauses racistes étaient celles visant à museler les entreprises commerciales. Les rédacteurs de ce document voulaient que l'Etat restât « un Etat pastoral et agricole ». Ils ne voulaient pas voir arriver de grosses affaires ni de vastes entreprises, encourageant « une rivalité pour les emplois au détriment de la communauté agricole ».

» Nous avons donc dressé divers obstacles sur la route du développement des entreprises. Ils ont eu pour effet de décourager les investissements et la construction d'installations industrielles dans notre Etat. Une grande firme de fabricants de papier, la Gaylord Corporation, désirait s'implanter à Pearl River dans le Mississippi. A cause des contraintes constitutionnelles qui existent ici, la fabrique a été bâtie de l'autre côté du fleuve, en Louisiane, à portée de vue du comté de Pearl River, et elle a pour ainsi dire donné naissance à une nouvelle ville de Louisiane, Bogalusa. Dans le

Mississippi, il y avait une limite à la somme de biens que pouvait posséder une entreprise, une limite quant à la structure capitaliste d'une entreprise. Dès 1890, cette Constitution nous a signalés à tous comme un Etat incapable d'entrer en compétition sur le plan du capital.

» Le ton du document tout entier est empreint d'archaïsme. Nous avons désormais besoin des avantages psychologiques d'un document de la fin du XXe siècle. Et, secundo, nous avons besoin de restructurer la manière dont nous gouvernerons l'Etat. Il faut éliminer un grand nombre des processus conçus pour décentraliser et fragmenter le pouvoir. En 1890, il y avait une profonde méfiance envers la concentration du pouvoir aux mains d'un seul individu, quel qu'il fût. Résultat : pas une seule des lois ratifiées par le pouvoir législatif du Mississippi n'est strictement conforme à la Constitution de 1890.

Il empoigna un volume de droit impressionnant et me fit lire l'article 59 de la Constitution de 1890.

« Les projets de loi peuvent être présentés dans l'une ou l'autre chambre et être amendés ou rejetés dans l'autre ; tout projet sera lu trois jours différents dans chaque chambre, à moins que les deux tiers de la chambre devant laquelle ledit projet est en instance ne renoncent à faire appliquer cette règle ; et chaque projet sera lu dans son entier immédiatement avant le vote lors de son dernier passage ; chaque projet, ayant été ratifié par les deux chambres, sera signé par le président du Sénat et celui de la Chambre des représentants, au cours d'une séance ouverte ; mais avant que l'un ou l'autre ne signe un projet quelconque, il le fera expressément savoir, suspendra les activités de la chambre qu'il préside, fera lire le titre du projet et, à la demande d'un membre, quel qu'il soit, le fera lire dans son entier ; et toutes ces opérations seront notées dans le journal. »

L'article prévoyait une possibilité d'amendement, afin que les lois pussent être ratifiées. Toutefois, un membre désireux de mettre des bâtons dans les roues pouvait quand même provoquer un retard.

— J'ai vu des choses de ce genre. J'ai vu un membre se lever et réclamer la lecture du projet.

Y avait-il un grain de folie dans les esprits de ceux qui avaient conçu cette constitution ?

— Il s'agissait d'une législation antigouvernementale. Elle était destinée à compliquer au maximum la ratification de quelque loi que ce fût. L'attitude de ces gens était : moins nous aurons de projets de loi, mieux nous nous porterons. Plus réduit sera le gouvernement, mieux ça vaudra ; parti pris racial chez tous les membres. Ils étaient bien

— De quelle espèce d'hommes s'agissait-il en 1890 ?

— Ils représentaient les intérêts agricoles des planteurs ultra-conservateurs. Beaucoup d'entre eux étaient d'anciens combattants de la guerre de Sécession. Il y avait un violent parti pris racial chez tous les membres. Ils étaient bien décidés à éliminer la présence noire du processus politique.

— Pensez-vous qu'il existait un sentiment s'apparentant à un amour sentimental pour la terre ?

— C'était l'amour qu'a le propriétaire pour sa terre, pas le travailleur. Le fermier n'était pas le personnage dominant de la convention. La Constitution mentionnait les intérêts économiques de ceux qui l'avaient rédigée. Par exemple, elle faisait état de l'entretien d'un système d'endiguement le long du Mississippi, du fleuve, ce qui n'avait vraiment pas sa place dans une constitution.

» L'histoire est la suivante. Au printemps de 1890, les digues cédèrent et certaines parties du Delta furent inondées. Pour faire face à la situation, les rédacteurs de la constitution introduisirent plus tard cette année-là, dans le document qu'ils étaient en train d'élaborer, un article entièrement conçu pour affronter ce genre de désastre, l'article 11.

Il me le montra. Il s'étalait sur huit pages. Il traitait en détails, techniques et fiscaux, la façon dont il fallait entretenir les digues ; il traçait les grandes lignes de la taxation permettant de régler les frais encourus ; il mentionnait le nom de compagnies de chemin de fer désormais disparues.

— Un article tel que celui-là n'a vraiment pas sa place dans la Constitution d'un Etat, mais on saisit bien la préoccupation des rédacteurs. Ils veillaient à préserver leurs exploitations là-haut, dans le Delta.

Peut-être n'y avait-il eu aucun amour sentimental pour la terre. Mais comment l'ancien gouverneur expliquait-il le ton antigouvernemental du document ?

— Il reflétait la mentalité fondamentale de l'Etat, c'est-à-dire celle de la « frontière ». Ces gens disaient : « Nous allons nous servir du gouvernement pour résoudre les problèmes qui nous paraissent importants, mais nous ne le laisserons pas s'ingérer dans nos existences. » Telle qu'elle fut utilisée, la Constitution agissait contre ceux qui n'avaient aucun pouvoir dans l'Etat. Mais cette objection n'est désormais plus valide. On a rectifié le tir.

La Constitution a laissé sa marque.

— Les deux Carolines et la Géorgie avaient des manufactures de tabac et des filatures. L'Alabama possède une base industrielle bien établie qui remonte au XIXe siècle. Jamais le Mississippi n'a su mettre sur pied ce genre d'entreprises.

Sur le bureau de l'ancien gouverneur, sortie tout spécialement pour notre entrevue, se trouvait une carte des Etats-Unis indiquant, pour 1984, les comtés « compétitifs sur le plan économique » et les comtés « défavorisés ». Les premiers étaient colorés en bleu ; les autres en rose. La carte montrait trois zones concentrées de comtés frappés par la crise : à la frontière mexicaine ; dans la zone indienne à l'ouest ; et, constituant une zone presque entièrement rose, la ceinture noire du sud de l'Alabama et la majeure partie du Mississippi. Seule la région autour de Jackson était colorée en bleu.

Et pourtant, bien que le dénuement existât — relativement parlant, car on ne peut comparer le dénuement américain avec celui d'autres pays — et même si beaucoup de gens étaient prêts à convenir, avec l'ancien gouverneur, de la nature archaïque de leur Constitution on remarquait aussi chez certains une sorte de crainte du changement. La Constitution de la « frontière » en était venue à représenter quelque chose d'authentique pour l'Etat du Mississippi. De nombreuses personnes pleuraient aujourd'hui le passé qu'avait assuré un tel document, à l'époque où la vie était « plus facile », plus rurale ; où les communautés étaient petites et où tout le monde se connaissait ; où le temps n'était pas de l'argent.

Sur la carte de 1830, dans le bureau de l'ancien gouverneur, « le comté de Hinds » avait été délimité pour être peuplé par des gens dont les descendants devaient devenir les cous-rouges de l'épopée de Campbell. A présent, les cous-rouges, de même que les Indiens avant eux, s'apercevaient que leur terrain de chasse rétrécissait comme une peau de chagrin.

Le Mississippi avait été un Etat de la « frontière », mais toujours avec cette composante contradictoire qu'était l'esclavage. C'était de ce dernier que parlait l'ancienne région de plantations autour de Natchez. Cette contrée, aussi plate, chaude et douce que les rizières de Caroline du Sud, évoquait la richesse et le besoin d'esclaves noirs, de Noirs par milliers. Cependant, Natchez avait aussi ses vastes demeures de planteurs, aujourd'hui lieux de « pèlerinages » bi-annuels : la vieille sentimentalité du Sud, le clivage des esprits, la beauté et le chagrin du passé contenant l'indicible, loqueteuse et noire réalité de l'esclavage.

C'était une petite ville minable, exhalant des nuages de vapeur après les pluies qui s'étaient abattues sur son « versant » (de taille assez modeste), au bord du fleuve boueux. La pluie dégoulinait des lourdes branches des myrtes rouges et blancs. La ville avait connu un boom pétrolier, lequel, comme tant de ceux qui surgissaient dans le Sud, s'était calmé.

De l'autre côté du fleuve, c'était la Louisiane. Je m'y rendis d'un coup de volant, espérant y trouver un endroit solide, réel pour déjeuner, plutôt qu'une émanation de l'industrie touristique. C'était un plat paysage de delta. L'air qui me parvenait par le climatiseur de la voiture sentait l'oignon. Ce fut cette odeur entêtante, tout autant que le manque de relief du pays et le caractère apparemment désespéré de ma quête (au bord de la nationale seul fleurissait le *fast-food* : de haute enseignes racoleuses en haut, des bâtiments tout simples en bas, des couleurs vives contre les plates étendues vertes), qui me fit rebrousser chemin jusqu'à Natchez.

La ville de Louisiane s'appelait Vidalia. C'était aussi le nom d'une variété d'oignons. Ce devait être une des spécialités du Sud ; dans de nombreux endroits, j'avais vu au bord de la route des écriteaux écrits à la main, proposant des oignons de Vidalia. Je fus donc poursuivi par des effluves d'oignons jusqu'à mon retour à Natchez, où j'eus droit à l'odeur d'égout de la jungle, l'odeur du fleuve, qui était presque exactement celle que dégageait l'Amazone à Manaos, au Brésil. De la même façon, les toits rouillés en tôle ondulée et les Noirs détendus que l'on apercevait assis ou debout dans leurs vieilles maisons de bois, se balançant ou regardant fixement, faisaient songer aux Antilles, ce qui était aussi troublant pour mon sens du lieu géographique qu'avaient pu l'être les courts de tennis du Tuskegee, envahis par les mauvaises herbes.

Et je me trompais au sujet de la ville de Vidalia, en Louisiane. Une femme qui tenait une boutique de souvenirs, avec vue sur le fleuve, me l'expliqua. Le Vidalia des oignons se trouvait en Alabama ; en dépit des effluves d'oignons qui m'avaient poursuivi à Vidalia, en Louisiane.

Cette femme, déprimée (les affaires ne marchaient guère), me dit :

— Mon mari adore les oignons de Vidalia. Le dimanche (ils vivaient de l'autre côté du fleuve), quand nous allons au club, il me dit : « Susan, prends un ou deux oignons de Vidalia. » Et moi, je réponds : « Pour emporter au club ? Un dimanche ? » Et il insiste : « Apporte-moi donc ces oignons. » Il connaît une Noire, là-bas, au club, qui le gâte. Il adore le pain beurré avec du ketchup et des monceaux de tranches d'oignons de Vidalia et elle lui en prépare.

Il y eut une averse. J'examinai ses marchandises. Elle vendait de grosses mamas noires portant une robe rouge longue par-dessus un corsage blanc.

— Le jour où je les ai achetées, me confia-t-elle, j'ai dit à Pearlene, notre cuisinière : « Pearlene, savez-vous ce que j'ai fait ce matin ? Je vous ai achetée en double exemplaire. Ça l'a fait se tordre et elle a répondu : « Eh bien, vous auriez au moins pu m'acheter la robe qui va avec. »

Le ciel se dégagea, mais dès que je mis le nez dehors, il recommença à pleuvoir. Je rentrai dans la boutique.

— Je ne voudrais pas m'enrhumer, expliquai-je.

— La première année où j'ai tenu ce magasin, j'avais de la bronchite presque tous les jours. S'il n'y avait pas eu mon mari, je n'aurai pas pu tenir. Mais, Dieu sait comment, j'ai fini par être immunisée. Avec un temps comme on a ici, l'argent se ternit en trois jours et ça ne peut pas lui faire de bien d'être fourbi tous les trois jours.

La pluie tombait de plus belle, de grosses gouttes qui éclaboussaient. La femme continuait à parler, ravie d'avoir de la compagnie, au milieu de ses souvenirs de Natchez. Le Mississippi était voilé de brume et de pluie ; le pont n'était plus qu'une forme indistincte ; on ne voyait plus la rive située en Louisiane.

Lorsque je regagnai Jackson, le long d'une route touristique, la piste indienne de Natchez, je découvris que la pluie, la chaleur accablante et ma propre ignorance des beautés à rechercher m'avaient privé de l'autre prodige de Natchez. Le fleuve était en train de changer son cours ; à certains endroits, la rive était emportée par les eaux et certaines des ravissantes vieilles maisons de l'époque des plantations s'effondraient dans le Mississippi.

Et chaque fille sur le versant de Natchez
Pleurera en nous voyant passer, oh.

Ces vers m'avaient été remis en tête par la pluie, la chaleur et la pensée du pénible labeur sur les plantations : des vers, mutilés peut-être par ma mémoire, extraits d'un long poème narratif sur la guerre de Sécession, écrit par Stephen Vincent Bénet, que j'avais lu quarante ans auparavant.

6

NASHVILLE

LIEUX SACRÉS

Par un après-midi orageux dans le Mississippi, roulant vers Jackson en provenance du Delta, excité par le ciel assombri, la pluie, les éclairs, les phares des voitures et camions, les gerbes d'eau que les lourdes roues faisaient gicler jusqu'à mes vitres, je commençai à prendre conscience du grand plaisir que j'avais éprouvé à voyager dans le Sud. Une aura romanesque, une lueur d'espoir et de liberté avaient déjà nimbé les premières étapes de ce périple : mon arrivée à Atlanta, le trajet jusqu'à Charleston. Désormais, j'avais quasiment oublié les angoisses d'écrivain qui m'avaient tenaillé en ces deux occasions.

L'après-midi en question, je me disais même que mon plaisir aurait été complet si je n'avais pas eu à écrire du tout ; si je n'avais pas à m'inquiéter de savoir ce que je devais faire à présent et qui je devais voir ; si je pouvais tout simplement m'abandonner à cette expérience. Seulement, si je n'écrivais rien, si je n'avais pas de but et si je n'étais pas poussé, parfois, par un sentiment d'urgence, si la rédaction d'un ouvrage ne m'avait pas imposé un programme, des endroits à visiter, à quoi aurais-je occupé mes journées à l'hôtel *Ramada Renaissance* de Jackson, en bordure de l'autoroute ? Serais-je même venu dans le Mississippi ?

La contrée était vaste et variée, sauvage par endroits, mais elle avait presque partout été rendue uniforme et facile pour le voyageur. Un résultat de cet état de choses était qu'aucun livre de voyage (à moins que l'auteur n'écrivît au sujet de lui-même) ne pouvait porter uniquement sur les routes et les hôtels. Ce genre d'ouvrage, on aurait pu l'écrire il y a cent ans. (Le récit laissé par Fanny Kemble d'un voyage de Philadelphie aux îles situées le long de la côte de Géorgie, par chemin de fer et diligence, effectué en 1838 sur une route en partie tapissée de rondins, voilà une véritable aventure !)

On pourrait encore écrire un tel livre au sujet de certains pays d'Afrique, par exemple. Dans ce genre d'endroits, il suffit souvent à un voyageur de dire, plus ou moins : « Me voilà à pied d'œuvre. Là, c'est moi en train de descendre du vieil autocar indigène et d'être entraîné vers un logis sordide par des jeunes garçons inconnus, qui me font des propositions inconvenantes. Là, c'est moi en train de boire un verre dans un bar avec des types du coin. Là, c'est moi en train de me perdre, un peu plus tard ce soir-là. »

Ce type de voyageur n'est pas vraiment un découvreur. C'est plutôt un homme occupé à se définir par rapport à un cadre étranger ; et, selon sa propre personnalité, son livre peut être attrayant. Toutefois, un tel ouvrage ne peut être écrit sur les Etats-Unis que si l'auteur, mettant le lecteur dans le secret, se pose en personnage étranger ou déplacé sous un rapport quelconque. En règle générale, cependant, ce genre de technique ne saurait fonctionner pour les Etats-Unis. C'est un pays qui n'est pas et ne peut pas être étranger comme peut l'être, très simplement, un pays africain. Il est trop connu, trop photographié, trop souvent décrit ; en outre, étant plus organisé, moins anarchique, il n'est pas aussi ouvert à un examen fortuit.

Je m'étais préoccupé, dès le début de mes pérégrinations, d'établir certains fils conducteurs, de définir un thème. Cette méthode n'allait pas sans difficultés. A l'arrière-plan, une sourde hantise d'arriver quelque part pour m'apercevoir que tous mes contacts s'effondraient et qu'il m'était impossible de percer au-delà de l'uniformité des routes nationales et des chaînes d'hôtellerie (le fantasme dont je m'étais justement bercé l'après-midi même, dans le Delta) me trottait par la tête. Si vous voyagez autour d'un thème, celui-ci doit se développer au fil de vos déplacements. Au départ, vos intérêts peuvent être vastes et éparpillés, mais ensuite, ils doivent se concentrer progressivement ; les différentes étapes d'un voyage ne peuvent être tout simplement plusieurs versions d'un même modèle. Et, davantage encore que l'autre espèce de voyage, cette espèce-là est tributaire de la chance. Le voyage thématique dépend des gens que vous rencontrez, des petites lueurs qui surgissent dans votre esprit. Pareille au prochain numéro d'un quotidien aux aguets de l'actualité, la forme du chapitre en cours était constamment modifiée par les accidents, incidents qui survenaient.

C'était la chance pure — car notre conversation avait débuté on ne peut plus banalement — qui m'avait fourni, par le truchement de Campbell, la description lyrique des cous-rouges du comté de Rankin : la vie de plein air, vestige d'une autonomie remontant à l'époque de la « frontière », s'ajoutant à une antipathie envers les Noirs, le tout allant curieusement de pair avec l'amour de la musique country, « la musique de chez nous, celle qui fait chialer » et le culte d'Elvis Presley.

Cette rencontre avec Campbell (chassant de mon esprit les idées concernant Faulkner et la ville d'Oxford, dans le Mississippi) m'avait soufflé une marche à suivre. Pourtant, je ne connaissais pas grand-chose à la musique et la réussite d'Elvis Presley, de son vivant, ne m'avait pas touché.

La maison natale de Presley se trouvait dans la petite ville de Tupelo, dans le nord du Mississippi.

L'homme d'affaires qui m'y conduisit déclara :

— C'était le dernier des derniers.

Il s'exprimait gravement, sans compassion, avec un très léger mouvement méprisant de la tête. Son dégoût pour l'abaissement dont il parlait était teinté de quelque chose qui ressemblait fort à de la révérence.

Je me remémorai les paroles de Campbell et les citai :

— Un cou-rouge dans toute sa splendeur.

— Pire que ça.

A l'hôtel de Jackson, j'avais vu, dans un magazine, une photographie de l'étroite maison « fusil », avec ses deux petites pièces, la véranda ouverte sur le devant, donnant sur une chambre à coucher qui donnait à son tour dans la cuisine. Me fiant à ce cliché, je m'étais attendu à trouver un bâtiment protégé dans un désert urbain, mais Tupelo était une petite ville débordante d'activité, l'un des centres d'affaires les plus animés du Mississippi, et la zone où était né Elvis Presley faisait désormais partie de la banlieue, la maison elle-même n'étant pas sans rappeler une habitation réservée aux domestiques (une « dépendance ») à l'ombre d'un arbre, environnée de gazon.

Sur la véranda ouverte se trouvait une balancelle pour deux personnes, maintenue par des chaînes qui pendaient du plafond. La pièce de devant faisait office de chambre à coucher. Les murs avaient été fraîchement tapissés de papier peint, un dessin floral très simple ; à l'un des murs était accroché un cadre contenant une copie imprimée du poème de Kipling *Si.*

Je demandai à la personne de service si ce poème s'était trouvé là à l'époque de Presley, à l'époque du père de Presley, plus exactement, qui avait, disait-on, construit la maison. C'était une question idiote et la femme ne répondit pas. L'homme d'affaires fit observer que dans le temps, le papier aux murs aurait été du papier journal.

Bien entendu, on s'était efforcé de rendre l'endroit le plus joli possible, avec la balancelle, le bois de lit et le mobilier ancien dans la cuisine, le tout ayant l'air de sortir tout droit du musée de l'Agriculture et des Forêts à Jackson, où des objets, des ustensiles de cuisine, vieux de quelques années à peine, étaient religieusement exposés, parce que, bien qu'ils fussent si récents, ils faisaient partie d'un passé rural bien particulier que beaucoup de gens avaient connu et qui avait désormais disparu. (En Angleterre, les années vingt sont à portée de main, elles remontent à avant-hier, alors qu'au Mississippi, elles sont très éloignées, plus proches du commencement des temps.)

Dans le musée du Mississippi, on sentait que le passé ainsi mis en vitrine s'apparentait à une espèce de religion, à un lien. Et, un sentiment analogue s'attachait à la petite maison « fusil » si coquettement arrangée. (Il était dur, cependant, d'imaginer des gens vivant dans cet espace étriqué : quelle bousculade, quel désordre !) La bassesse même des origines du chanteur l'avait rendu d'autant plus sacré aux yeux des gens (grassouillets) qui s'asseyaient sur la balancelle pour se faire photographier.

A l'arrière de la maison se trouvait une salle où l'on vendait des cartes, des souvenirs et des exemplaires de journaux de Memphis datant du lendemain de la mort de Presley, en 1977 ; il y avait aussi une petite chapelle neuve, avec des vitraux. Sur le côté de la maison s'étendait un jardin public. C'était l'argent de Presley qui avait accompli ce tour de magie. Cela faisait penser aux histoires — toujours touchantes, puisqu'il s'agissait de la réalisation de tant d'espèces de fantasmes — d'infirmières dans les hôpitaux et d'autres gens très simples à qui Presley avait fait la surprise de leur offrir une Cadillac.

Dans la boutique de souvenirs, l'homme d'affaires me dit :

— Vous avez remarqué l'accent de cette femme ? Ecoutez.

Sa voix était teintée de la même révérence que lorsqu'il avait mentionné les origines de Presley, mais mes oreilles n'avaient pas la finesse de celles des gens du cru. Elles ne discernaient pas ce qu'entendait l'homme d'affaires.

L'attitude de ce dernier était historique. Elle avait des précédents presque aussi anciens que l'Etat du Mississippi. Fanny Kemble, en personne, face aux « sapiniers » de Géorgie, en 1839, est envahie par la rage et le mépris, rejetant comme des êtres innommables ces gens de sa propre race qu'elle considère comme dégénérés. On imagine toujours une Fanny Kemble douce, haïssant l'injustice, mais en sa qualité d'ancienne actrice, issue d'une des grandes dynasties du théâtre anglais, elle attachait aussi de l'importance à l'aspect des gens. Elle abominait l'esclavage, mais n'aimait guère l'apparence physique des Noirs des plantations américaines (elle trouvait ceux des Antilles plus plaisants à voir). Le passage qu'elle a écrit concernant les sapiniers doit être cité *in extenso*. Par ses répétitions mêmes, il rend bien le trouble et la honte de celle qui l'a écrit.

« Ce sont les gens qu'on appelle les sapiniers de Géorgie, qui constituent, à mon avis, la race la plus avilie d'êtres humains se réclamant d'une origine anglo-saxonne que l'on puisse trouver sur la planète — des sauvages repoussants de saleté, paresseux, ignorants, brutaux, orgueilleux, sans le sou, dépourvus du moindre des attributs plus nobles que l'on trouve parfois associés aux vices de la nature sauvage. Ils ne possèdent pas d'esclaves, car ils sont, presque sans exception, d'une abjecte pauvreté ; ils refusent de travailler, car cela les ravalerait, croient-ils, à un pied d'égalité avec ces Noirs qu'ils abhorrent ; ils s'approprient des terres, volent et meurent de faim aux limites de cette société, la plus vile de toutes les sociétés civilisées, et leurs mines donnent la preuve de l'ignominie de leur condition et de la totale dégradation de leur nature. Quant au crime de l'esclavage, bien qu'ils n'en aient aucune part profitable, ils en sont les complices forcenés, parce que c'est la barrière qui sépare les races noire et blanche, au pied de laquelle ils gisent vautrés dans une dégradation innommable, mais tirant néanmoins un immense orgueil de la vile liberté qui les distingue encore des travailleurs du sol aiguillonnés à coups de cravache. »

La Géorgie avait été établie en 1733 et devait être une colonie d'hommes libres. Néanmoins, en l'espace de seize années, les propriétaires d'esclaves avaient changé tout cela et des communautés de Blancs pauvres, tels ces sapiniers, venus d'autres Etats, s'étaient créées. Il n'y avait pas, dans les colonies esclavagistes des Antilles, de groupes de Blancs miséreux d'une taille comparable. Il n'y avait, en gros, que les planteurs et les esclaves, si bien qu'après l'émancipation, ces îles étaient devenues quasiment noires ; et, en l'absence de cous-rouges, il n'y avait pas eu, dans ces régions, d'après-reconstruction, d'histoire dans le style « sudiste ». La colonisation du Nouveau Monde, et celle d'autres endroits nouveaux sur d'autres continents, ont été marquées d'affreuses cruautés, non seulement envers les populations indigènes, mais aussi envers celles qui y furent déportées. Bien longtemps après qu'un groupe quelconque peut être considéré comme responsable, les générations qui se succèdent continuent à être les victimes ou les héritières de l'histoire ancienne.

Je commençai à éprouver des sentiments nouveaux envers le culte de Presley à Tupelo : le lieu natal de cet homme du peuple, de ce saint du peuple, embelli, respectabilisé, devenu un lieu de pèlerinage. J'étais à demi préparé à ce que je vis par la suite, lorsque je me rendis au Centre pour les Etudes de la Culture du Sud, à Oxford, Mississippi, dans la collection sans prétention que Charles Wilson avait réunie en souvenir de Presley.

L'article le plus frappant était une affiche montrant un Presley, dont le derrière rebondi était étroitement moulé dans son pantalon, en train de jouer de la guitare dans le coin en bas à gauche, au pied d'un vaste escalier menant à sa mère et à « Graceland », la maison des Presley à Memphis, qui planaient dans le ciel. C'était l'apothéose du cou-rouge : à un certain niveau, le pathétique social ; à un autre, une sorte d'art religieux, avec des emprunts au christianisme : la béatification du personnage central, dans toute sa sexualité, et Graceland qui n'était pas sans rappeler une version de la nouvelle Jérusalem dans un tableau médiéval du Jugement dernier.

Graceland se dressait aux abords de Memphis. Sur la nationale, des panneaux annonçaient le nom. Une voie publique séparait la maison et son parc du parking, de la salle où l'on vendait les billets et de l'endroit où étaient désormais rangés les deux avions de Presley, emblèmes de sa majesté.

Les visites de la demeure et du parc étaient organisées. Pas question pour le visiteur d'errer à sa guise ; il devait partir du guichet par autocar spécial. L'après-midi où j'y allai, il fallait attendre une heure et demie pour avoir le droit d'embarquer à bord d'un de ces véhicules, si bien que je ne vis pas la maison et dus me contenter des histoires de téléviseurs dans tous les coins, de décorations s'inspirant de celles des chambres de motel de Las Vegas, des mesquines extravagances d'un homme dont les plaisirs, y compris ceux de la table, étaient restés modestes, qui ne savait guère comment dépenser tout l'argent qu'il gagnait et qui se fourvoya lorsqu'il voulut aller chercher au-delà des choses toutes simples qu'il préférait, estimant qu'il méritait mieux.

Il était aisé dans l'agitation de la salle des billets — où des haut-parleurs déversaient les chansons de Presley, d'une troublante vitalité : l'immortalité du saint — de ressentir l'éclat, la magie de cette voix et de la richesse incompréhensible qu'elle avait apportée. Cette richesse (dépensée de la façon que l'on savait : la simplicité magnifiée, puis remagnifiée) était comme une richesse générale, celle de tous les gros de cette race qui, selon le même principe que Presley, mais en se confinant à ce qui était dans leurs moyens, à savoir la nourriture des *fast-food* éternellement tentante, luxueuse et facilement disponible, comme une espèce de manne céleste ou une version moderne d'un aliment sorti tout droit d'une légende de l'Antiquité, avait transformé l'épanouissement et la gloire de l'abondance en graisse personnelle, la graisse en tant que signe extérieur de richesse.

Depuis l'hôtel de Charleston (et surtout après les hommes et femmes d'affaires débordant d'activité de l'hôtel d'Atlanta), j'avais particulièrement remarqué les gens très gros, ceux qui avaient levé comme de la pâte, pour atteindre les sphères spéciales de l'obésité. Il n'y en avait pas un ou deux ; ils constituaient presque une classe. Charleston était une station balnéaire. Ils y avaient évolué, à l'hôtel, en joyeuses tenues de vacanciers, qui, sur eux, étaient doublement, voire triplement outrées : et ils y avaient aussi, bizarrement, évolué par paires. A un moment donné, il y avait eu au moins quatre de ces couples à l'hôtel, des couples gargantuesques, à boucher les couloirs, et (sans nul doute par l'effet du nombre) non dépourvus d'agressivité.

Après cela, j'en avais remarqué ailleurs, mais ce fut Campbell qui le premier me parla de la grosseur des femmes cous-rouges et la désigna comme la caractéristique d'une région ou d'un groupe. C'était parfois avec plaisir et un frémissement d'excitation que je les voyais, que j'observais la façon propre à chaque individu dont le squelette humain répartissait ou disposait ses kilos en trop : un renflement par-ci, une poche par-là, une plaque à droite, un bourrelet à gauche. Une espèce de suicide, aurait-on pu croire, mais je commençai aussi à me demander — dans la salle des billets de Graceland, parmi tous ces gens fiers et surexcités — si pour ces descendants des gens de la « frontière » et des sapiniers, il n'y avait pas, dans cette opulence, un simple élément d'affirmation de soi.

Comment fallait-il comprendre l'adoration pour le chanteur ? Ces gens avaient des dirigeants politiques, des champions sportifs, des vedettes de cinéma ; ils avaient des héros à la pelle, mais ceux-ci étaient observés à distance ; le chanteur, lui, était un être pareil à ses admirateurs. C'était une personne à travers laquelle ses fans pensaient pouvoir vivre par procuration : il faisait l'expérience du succès pour eux, en leur nom.

Aux Antilles britanniques, à l'époque coloniale, pendant une centaine d'années après l'abolition de l'esclavage, les Noirs n'avaient pas eu de héros. Ils commencèrent à en avoir très tardivement et ces héros étaient des champions sportifs, principalement des joueurs de cricket. Mais ensuite, vers la fin de la période coloniale, lorsque la vie politique prit son essor, les Noirs antillais acquirent des chefs, bien souvent des syndicalistes, qui devinrent ensuite dirigeants politiques et plus tard, avec l'indépendance, Premiers ministres. Envers ces premiers chefs de file qui leur appartinssent en propre, les Noirs antillais éprouvaient davantage que de l'adulation. Ils voulaient que ces hommes les représentassent et d'une façon qui allait au-delà du parlementarisme. Ils voulaient que leurs chefs (nés pauvres comme tout le monde) fussent riches (par n'importe quels moyens), puissants et glorieux. La gloire du dirigeant noir devenait celle de son peuple. Le dirigeant vivait (ou faisait la vie) au nom de son peuple et celui-ci vivait à travers son chef. Les idées ordinaires de moralité et de convenances n'entraient pas en ligne de compte. On ne demandait pas à un chef d'être modeste et correct ; ces vertus étaient celles d'un autre monde. En tant que Noir, le chef était investi d'une responsabilité : être grandiose, plus grand que nature, pour tous les autres Noirs. Cette idée du chef (qui a causé de tels ravages aux Antilles) a changé récemment, mais elle existe encore.

Un sentiment proche de cette adulation politique des Noirs paraissait sous-tendre le culte Presley. Il était étrange (à mes yeux) que la musique eût véhiculé une si grande partie des besoins émotionnels d'un peuple. Lorsque je me rendis, à Nashville, dans le Tennessee, à un concert du Grand Ole Opry, une très ancienne émission de radio spécialisée dans le country, je me sentis tout à fait étranger à ce dont j'étais témoin. C'était comme un rite tribal, il aurait pu s'agir d'une manifestation en langue étrangère.

Dans quelle mesure le talent entrait-il en jeu ? D'ailleurs, le talent comptait-il dans un tel cadre ? Il suffisait à ces gens célèbres et adorés de se montrer tout simplement à leur public. L'auditorium était bondé, les allées pleines de spectateurs brandissant des appareils de photo. Les chapeaux de cow-boy et les bleus de travail de certains des exécutants, leur uniforme professionnel, fournissaient un indice : le style country créait et exprimait une communauté.

Nashville était le centre de l'industrie du country. Car c'était une industrie, même si les rues du quartier des musiciens étaient envahies de gens en tenues de vacanciers.

Un jour, un Noir assez âgé, qui me reconduisait à mon hôtel, dit de ces visiteurs :

— Ils sont tous blancs. Vous avez vu ? Les Noirs détestent le country. Pour eux c'est de la musique cou-rouge. Il symbolise tout ce qui les a opprimés et qu'ils haïssent.

Je demandai si Presley avait eu cette attitude envers les Noirs.

Le vieux répondit :

— Parler des Noirs à Presley, c'était comme de parler des juifs à Adolf Hitler. Vous savez ce qu'il a dit : Tout ce que je demande aux Noirs, c'est d'acheter mes disques et de cirer mes godasses. C'est authentique.

Lorsque je rapportai cette réflexion à Allen Reynolds, un producteur de disques, il s'écria :

— *Mais non ! Mais non !*

Allen était originaire de l'Arkansas. Il avait quarante-neuf ans et j'eus l'impression qu'il en avait peut-être un peu assez de défendre le Sud contre les accusations de racisme.

— Je me suis trouvé à l'hôpital baptiste de Memphis en même temps qu'Elvis, me déclara-t-il. Il n'y était peut-être pas en tant que patient, peut-être que sa femme était hospitalisée. Je faisais partie d'un groupe massé près de l'ascenseur. Deux infirmières noires sont passées en trombe, come des possédées. Elles disaient : Il est là, il est là. La main sur le cœur, elles filaient voir Elvis. Je raconte cette histoire, parce qu'elle m'incite à contester la théorie selon laquelle les Noirs détestaient Elvis.

Allen avait été élevé à Memphis. Il avait adoré sa ville « sur le plan musical et tous les autres », jusqu'à l'assassinat de Martin Luther King, en 1968. Cet attentat avait gâté les rapports avec les musiciens noirs et leurs frères de race. On n'avait peut-être rien dit ouvertement, mais le meurtre était là, à la fois barrière, source de gêne et cause de silence. (J'eus d'ailleurs conscience, durant mon propre séjour à Memphis, de l'atmosphère aigrie qui y régnait, avec cette ville noire, en proie à une vaste et irrémédiable désolation, et les Blancs, en état de siège, retranchés loin vers l'est.)

Allen avait pourtant encore des amis dans les milieux musicaux de la ville.

— Notamment Sam Phillips, un créateur indépendant. C'est une espèce d'idole pour moi. Je suis encore éperdu d'admiration pour ce qu'il a fait. Il s'occupait de Presley à la fin des années cinquante. Il a grandi dans le Mississippi ou en Louisiane. Quand il était gamin, il a été très influencé par la musique noire. A Memphis, nous avions cette fusion des genres musicaux. Sam adorait la musique noire et il cherchait activement un Blanc ayant une (il réfléchit pour trouver le mot juste) attitude noire. Une énergie noire.

Je demandai à Allen ce que représentait pour lui la musique country.

— J'ai grandi très proche de cette musique et je ne connais personne qui sache la définir. Mais pour moi, c'est la vraie musique populaire, sur le plan lyrique et mélodique. Et elle est directement issue de la vie quotidienne.

» Tous les dimanches soir, mes grands-parents écoutaient le Grand Ole Opry. Ma grand-mère venait d'une famille de quatorze enfants. Il y avait un type qui s'appelait Little Jimmy Dickens et qui chantait une chanson intitulée *Dormir au pied du lit.* Ma grand-mère disait : « C'était comme ça que ça se passait. Quand des gens venaient en visite, il n'était pas question de se procurer un lit de plus. Les adultes dormaient côte à côte et on mettait les enfants au pied du lit. » A son meilleur, le country provient des émotions de la vie de tous les jours.

» Dans le country, la mélodie n'avait guère d'importance. Ce qui comptait, c'étaient les paroles, lesquelles étaient pourtant rares et simples, alors que les thèmes étaient très stylisés.

Etait-il difficile de juger de la qualité d'une chanson ? Pouvait-on se laisser abuser par de la pacotille ?

— Moi, je peux dire assez vite ce qu'il en est, m'assura Allen. Ainsi, en ce moment, je travaille sur un album avec une chanteuse qui s'appelle Kathy Mattea. C'est une nouvelle venue ; ce n'est que son quatrième album. La façon dont ça fonctionne est la suivante : il existe un certain nombre de firmes de disques, qui emploient des musiciens dont le travail quotidien consiste à se rendre à leur bureau pour écrire des chansons. Je ne crois pas que ce soit toujours un système très satisfaisant. Il produit une bonne quantité de textes à l'eau de rose. Quand j'ai annoncé que nous cherchions des chansons pour l'album de Kathy, j'ai reçu de la part des firmes et des musiciens une énorme quantité de propositions... dont la plupart sont inacceptables.

Voilà qui m'expliquait la note dactylographiée que j'avais remarquée sur la porte d'entrée, demandant aux visiteurs de déposer simplement leurs cassettes dans la boîte à lettres, sans chercher à entrer pour avoir un entretien.

— Je suis obligé d'écouter un plein panier à provisions de cassettes par semaine. Nashville, c'est comme La Mecque pour tout un tas de rêveurs. Mais en même temps, je continue à rencontrer des éditeurs et des musiciens, parce que je cherche des chansons et que la seule véritable difficulté est de trouver des œuvres dignes de ce nom. Alors la note que vous avez vue sur la porte ne fonctionne que partiellement.

— C'est une chanson que vous cherchez, ou un compositeur ?

— Les deux. Je suis toujours en quête de vrais musiciens. Nous en avons qui sont excellents. La plupart de ceux que je connais sont issus de milieux très simples, de milieux ruraux. Ce qui ne veut pas dire qu'ils n'ont aucune instruction. Ils viennent de tous les Etats-Unis, mais en général, ils sortent d'un milieu qui n'est qu'en partie urbain. Ils ont des liens très solides avec les petites villes et leurs habitants.

Je songeai à d'autres formes d'écriture stylisée — les comédies de la restauration *, la haute société fantaisiste de P.G. Wodehouse — où une spirituelle manipulation de la forme était un art en soi.

— Je connais un type qui vient de l'autre bout du pays, me dit Allen. Il écrit des musiques extrêmement variées. Il a connu un certain succès dans le style country avec des œuvres qui sont, je le sais, de pure imagination, fondées sur son sens des éléments stylisés. Et pourtant, certaines sont de très bonnes œuvres.

— Mais vous diriez quand même que souvent le meilleur travail est issu d'une connaissance véritable.

— Et d'une certaine originalité.

— Est-ce encore possible ?

— Oui, mais l'industrie ne l'encourage guère. Comme pour les autres formes d'écriture, il y a dix pour cent d'œuvres vraiment originales et une majorité de morceaux qui ne font que passer.

Nous montâmes écouter quelques-unes des bandes qu'on lui avait fait parvenir pour le nouvel album de Kathy Mattea. Dans la salle d'écoute se trouvait bel et bien le panier à provisions dont il m'avait parlé.

— La première chose que je remarque dans la plupart de ces bandes, c'est à quel point elles sont peu originales, reprit Allen. Même les titres sont parfois les mêmes. Je ne vous dis pas combien il y a de chansons sur les feux de l'amour, quand ce ne sont pas ses flammes. On ne compte

* La restauration de Charles II d'Angleterre, en 1659-1660. *(N.d.T.)*.

plus les titres de cet acabit. Les feux de l'amour que rien ne peut éteindre.

La chanson que nous écoutâmes parlait justement d'amour, de façon sentimentale, générale, sans aucun détail concret permettant de la rattacher à un cadre ou une personne donnés.

— C'est une espèce de ritournelle publicitaire, constata Allen. Bonne pour les cartes de vœux. Ils s'y sont mis à trois pour pondre ce texte et on sent bien qu'ils n'avaient qu'un seul but en tête : faire des ronds. La musique aussi. Elle est hybride. Un petit peu de pop, un petit peu de country, un zeste de guimauve. Et pas une once d'âme. Alors, retour au panier.

Les étagères de la salle étaient garnies de bandes et sur le dessus, on avait posé des clowns en porcelaine.

Nous écoutâmes une des chansons qu'Allen avait retenues pour l'album.

— Elle s'appelle *Dix-huit roues et une douzaine de roses.* Lui, le camionneur, est sur le chemin du retour avec une douzaine de roses pour elle. A présent, ils vont pouvoir se rattraper de son absence. Il n'y a pas du tout de lourdeur. Ça me plaît énormément. Dans le country, il y a eu toute une veine d'œuvres ayant trait au monde des routiers. Une grande partie du public country est lié aux voitures et aux camions.

Je relevai plusieurs vers de la chanson, remarquant au passage les jeux sur les chiffres. « Dix-huit roues et une douzaine de roses. » « Encore quelques chansons à la radio de nuit. » « Encore quinze kilomètres sur une course de quatre jours. »

Allen précisa :

— Dix-huit roues. Tout le monde sait que c'est un mastodonte.

Il me passa une autre chanson qu'il avait choisie. Elle s'intitulait *En fin de journée.*

— C'est une œuvre songeuse, triste. Qui parle d'une affection perdue, d'un amour enfui, remarqua-t-il en me citant un passage : « On ne sait pas que c'est bon tant que ça ne vous file pas entre les doigts. »

Et nous écoutâmes une deuxième fois :

A présent je verse du whisky, brise la glace,
Je m'allonge et je ferme les yeux

Et je m'efforce d'écouter ce que mon cœur pourrait dire,
De trouver la rime qui me fera remonter le temps
Pour être ici avec toi, en fin de journée.

— J'adore cette chanson, parce qu'elle évoque un climat et des images qui me parlent, affirma Allen. Et la mélodie elle-même me plaît, je la trouve belle.

Nous parlâmes de sa découverte de la musique.

— Dans ma vie, il a toujours été naturel d'avoir des instruments de musique à la maison et de faire de la musique pour nous distraire et distraire nos amis. Quand j'étais petit en Arkansas, les voisins venaient passer la soirée avec des guitares, des violons, des harmonicas, des mandolines et ils restaient assis à chanter pendant des heures. Ils adoraient ça. Du temps de ma grand-mère, l'été, il y avait des professeurs de musique qui allaient de communauté en communauté. Ils organisaient des classes de chant auxquelles les enfants et les adultes assistaient tous les jours pour apprendre à chanter à plusieurs voix. Et puis à la fin de la semaine, il y avait une « grande journée à chanter », comme ils disaient.

» Dans le Sud, une partie de l'attrait de l'église vient de la musique. Ce qui plaisait aux fidèles, c'était la musique, les chants, les harmonisations. Pour les Blancs comme pour les Noirs, l'influence de l'église et des *gospel songs* me paraît tout à fait évidente dans la musique profane. Certaines des chansons favorites d'Elvis, celles qu'il préférait chanter, étaient destinées à l'église. Il incarne le point de rencontre du profane et du *gospel,* de la musique blanche et de la noire.

Kathy Mattea, dont Allen devait produire le prochain album, appartenait à ce qu'il appelait « le côté folklorique » du country. Il y avait une autre facette.

— L'une de nos plus grandes chanteuses et compositeurs est Loretta Lynn qui est une des créatrices les plus proches de la terre et une légende vivante. Sa musique est davantage associée aux bars et aux orages conjugaux. Elle a commencé à chanter à une époque où elle avait une maison pleine de bébés. C'était la manifestation d'un talent inné, d'une façon naturelle de se distraire, de s'exprimer. Elle était pauvre. Elle n'avait rien d'autre qu'une radio et une guitare. Elle a eu une vie dure, une vie de misère.

Bien que les chanteurs fussent pour la plupart des gens

pieux (la religion faisant naturellement partie de l'univers des habitants du Sud), et bien que les auditoires, non moins pieux, s'attendissent à entendre leurs chanteurs défendre les valeurs familiales, il y avait toujours, parallèlement, un courant contraire.

— Le public voit les chanteurs lutter contre leurs propres *démons*. Et il s'identifie à ces luttes, m'expliqua Allen.

Cela rendait les auditoires compatissants, réceptifs, loyaux et prêtait à la vie et aux chansons de certains artistes des éléments dignes des vieux Mystères de la Passion.

Le révérend K. C. Ptomey, pasteur presbytérien de l'église de Westminster, dans l'un des quartiers les plus prospères de Nashville, définit ainsi le country :

— C'est le *soul music* des Blancs. Son rôle est comparable à celui qu'a joué cette musique pour les esclaves au siècle dernier. Il crée une communauté parmi les opprimés. Le country me plaît. Je l'écoute parce que j'entends dans les paroles une protestation contre les aspects oppressifs de la vie telle que la connaît un Blanc pauvre.

Quant à la foi religieuse de certains chanteurs, dont on parlait tant, il ajouta :

— Ils sont pieux d'une façon spéciale. Pour eux, la religion revient à partager une expérience émotionnelle plutôt qu'une doctrine.

Et parfois, les émotions pouvaient être démesurées. Durant mon séjour à Nashville parut un livre intitulé *Sunshine and Shadow* (Soleil et Ombre), autobiographie d'une des chanteuses de l'émission Grand Ole Opry, qui s'appelait Jan Howard. Elle était sur le point de partir en tournée dans seize grandes villes américaines, dans le cadre d'une opération promotionnelle, et la rubrique Arts et Loisirs du journal de Nashville, *The Tennessean*, publiait une critique de son livre.

« Issue d'une famille de onze enfants, vivant dans une misère totale, au fin fond du Missouri, elle a été violée à l'âge de huit ans par un ami de son père. Elle s'est mariée à quinze ans. Elle a eu trois fils en quatre ans, puis elle est devenue une épouse battue qui a fini par s'effondrer, victime d'une dépression nerveuse.

« Lorsque son mari a tenté de la tuer, elle s'est enfuie avec dix dollars en poche, en emmenant ses fils. Elle a frappé aux portes d'inconnus pour leur demander un abri. Son second mari, un sergent de l'armée de l'air, s'est avéré être bigame. Les deux enfants qu'elle a eu de lui sont morts. »

Ensuite, la chance lui avait souri un certain temps. Elle avait rencontré en Californie un compositeur de chansons, l'avait épousé, était venue s'installer à Nashville et avait accédé au rang de vedette. Et puis son troisième mariage avait mal tourné, s'était terminé de façon sordide.

« Tandis qu'elle se remettait d'un divorce houleux, son fils aîné Jimmy fut tué au Viêt-nam. Peu après, un autre fils acteur et chanteur, David, se suicida sous l'effet de la drogue... »

On avait peine à croire que quiconque pût subir une telle succession d'épreuves et continuer à chanter, pourtant elle était là, sur la scène du Grand Ole Opry, silhouette élancée et menue, pomponnée et souriante, malgré cette affreuse histoire qui s'étalait sur plusieurs colonnes dans le journal du matin. Et le public, fonçant dans les allées, l'appareil au poing, la photographiait et la poussait à continuer de toute sa volonté, l'accompagnait de ses bons vœux.

« La musique de chez eux, celle qui fait chialer », c'était ainsi que Campbell l'avait décrite, mais ce n'était que le début. Le *soul music* des Blancs, le chanteur en tant que vedette et victime, représentant la communauté dans l'un et l'autre rôle ; et, imbriqué dans cette musique si simple, à travers les échos des vieilles danses et gigues écossaises et irlandaises, il exprimait un sentiment de mélancolie et de perte, la mélancolie d'un peuple déporté qui se souvenait vaguement, ou qui n'avait peut-être qu'une intuition communautaire, « d'anciennes choses, malheureuses et lointaines, et des batailles d'antan ». Inséparables de ces sentiments, il y avait les religions fondamentalistes de la « frontière », qui avaient préservé pour ces gens l'idée d'un univers complet à sa création et d'un code complet aussi, sanctionné par Dieu.

Jan Howard confiait au *Tennessean* combien elle avait éprouvé de difficultés pour écrire son autobiographie.

« Ça a été atroce pour moi de revivre certains des pires moments. Quelquefois, j'étais assise devant ma machine à écrire et je me mettais à trembler si fort que j'étais littéralement incapable d'actionner les touches. Ou bien je m'effrondrais en larmes. Et quelquefois je priais littéralement pour avoir la force de continuer. »

La musique et la communauté, les larmes, la foi : j'avais l'impression d'avoir accédé, par l'entremise du country, à la compréhension de toute une culture particulière, quelque chose dont je n'aurais jamais supposé l'existence aux Etats-Unis.

Le magazine que je trouvai dans ma chambre d'hôtel déclarait, avec un savoureux mélange de métaphores, que Nashville était « la boucle de la ceinture biblique ». Les églises remplissaient une bonne douzaine des pages jaunes de l'annuaire. *The Tennessean* avait un journaliste chargé de la rubrique « Actualité religieuse » et consacrait à cette actualité une page hebdomadaire, où figuraient de nombreuses annonces publicitaires vantant les mérites de diverses églises (surtout celles de la secte l'Eglise du Christ), accompagnées parfois d'une photographie du pasteur ou du prédicateur généralement très élégants. La plupart des protestants de Nashville appartenaient aux sectes fondamentalistes de la « frontière », la plus importante étant celle des baptistes du Sud.

Les églises les plus chics, presbytériennes et épiscopaliennes, observaient cette domination baptiste du haut de leur suprématie sociale, sans rancœur et sans esprit de compétition.

Le Dr. Tom Ward, pasteur épiscopalien de Christ Church, m'assura que les baptistes du Sud qui venaient parfois assister à ses offices les trouvaient trop calmes.

— « Vous ne prêchez pas, vous autres », me disent-ils. La morale baptiste est celle de la parole prêchée. C'est du reste la morale de l'Eglise chrétienne dans le Sud. Le prêche étant plutôt un discours émotionnel que l'essai érudit cher à l'Eglise d'Angleterre, il s'agit de prêcher la bonne parole et de compter le nombre d'âmes sauvées. Je dois préciser une chose, cependant. Dire : Je suis un baptiste du Sud, c'est une autre façon de dire : Je suis un Sudiste. J'entends par là que, religieusement parlant, c'est leur morale. Ce qui est enfoui au fond de leur psychisme, c'est la peur des flammes de l'enfer et de la damnation. Mon père a été éjecté de l'Eglise méthodiste unie à Meridian, dans le Mississippi, en 1930 (il avait alors dix-sept ans), pour s'être rendu à un bal. Elle est comme ça, l'Eglise méthodiste. Une bonne partie de la littérature du Ku Klux Klan est d'essence chrétienne. Pourquoi le revivalisme existe-t-il ? Pour ranimer l'esprit. Quel esprit ? Un pas de travers, beaucoup de pas de travers, et voilà le Ku Klux Klan.

Le pasteur presbytérien de Westminster, K.C. Ptomey, convenait que l'identité des baptistes du Sud était en partie celle du Sud tout entier.

— C'est tout à fait exact. Voyez-vous, un baptiste du Sud se distingue d'un baptiste américain. Ces derniers ont l'esprit beaucoup plus ouvert ; ils ne sont pas aussi rigoristes. Et j'ajouterai ceci, au sujet des baptistes du Sud : ils s'appuient sur le partage d'une interprétation littérale de la Bible, sur la morale. Par exemple, un baptiste du Sud ne boit pas une goutte d'alcool. La moralité, la danse, la boisson..., c'est une foi qui englobe toute l'existence.

Je l'interrogeai sur le revivalisme.

— L'état d'esprit du revivaliste est de « retourner à Dieu ». Ils utilisent souvent ces mots précis.

— Retourner ?

— « Perdu » est un autre mot dont ils se servent. Et qui veut dire en fait « damné ». Par conséquent, ils ont besoin d'être ramenés à la vie.

La seconde secte chrétienne de Nashville, par ordre d'importance, était l'Eglisc du Christ. Elle aussi était fondamentaliste et ses origines remontaient également à la « frontière ». Elle avait commencé (m'apprit K.C. Ptomey) à la suite du schisme de quelques presbytériens et, sous certains rapports, aspirait à une plus grande pureté que la foi baptiste.

— Ils se sont regroupés au sein d'une secte qui croit être la seule véritable secte chrétienne. Les baptistes ne diraient pas une chose pareille, mais les fidèles de l'Eglise du Christ n'hésiteraient pas à affirmer : « Vous n'êtes pas un chrétien. Il faut appartenir à l'Eglise du Christ, car c'est la seule véritable Eglise. »

Cette secte possédait davantage d'églises à Nashville que dans toute autre ville. Le révérend James Vandiver, qui appartenait à l'Eglise du Christ, m'expliqua pourquoi.

— Le centre du Sud est un endroit clef. Il est si proche du lieu des origines américaines ! Les gens sont venus ici depuis le littoral et c'est d'ici qu'ils sont partis vers le Texas, l'Oklahoma, les grandes prairies et tous les endroits où vous trouverez en force les fidèles de l'Eglise du Christ. D'un point de vue culturel et socio-économique, les gens de cette région possèdent un système de valeurs commun et, fondamentalement, une économie agraire. Or, en règle générale, les gens appartenant à ce genre de milieu ont tendance à être un peu plus religieux.

Le révérend Vandiver me consacra beaucoup de temps. Il était heureux de parler de son Eglise et désireux de m'aider à faire mon enquête. Je le trouvai parfaitement équitable. Je souhaitais rencontrer un membre de l'Eglise du Christ, qui aurait commencé à douter de sa foi. Il me promit d'organiser une entrevue et il tint parole. Par la suite, il me mit même en rapport avec une personne qui avait quitté l'Eglise.

Il était pasteur de l'église de Harpeth Hills, située assez loin au sud du centre-ville. En m'expliquant comment arriver jusque-là, au téléphone, il désigna son église par le terme « installation ». En débouchant sur un certain boulevard circulaire, je devrais tourner à gauche et à cent mètres, je verrais « l'installation » en question. Le mot me plut. C'était à la Grenade, en 1983, à l'époque de l'invasion américaine, que je l'avais entendu utiliser de façon analogue. Lors d'un briefing matinal, l'attaché de presse de l'armée avait appelé l'enceinte temporaire encerclée de barbelés où l'on devait parquer les prisonniers une installation.

L'installation, donc, de l'Eglise du Christ à Harpeth Hills était en brique rouge bien nette : le temple prospère d'une communauté qui ne l'était pas moins. Le révérend Vandiver était un homme d'âge mûr, entre quarante et cinquante ans, solidement charpenté et portant lunettes. Il me pria de l'appeler James ou Jim.

— Cette familiarité me convient et convient aussi à notre théologie. Nous nous efforçons de toutes les façons possibles de gommer les distinctions entre le clergé et les laïcs.

Il y avait de la musique dans son bureau.

— C'est une station de musique douce, dit Jim. J'avais branché la radio pendant que je travaillais cet après-midi : la nouvelle génération appellerait ça de la musique d'ascenseur.

Il sourit.

Il était en manches de chemise, mais portait une cravate.

Il s'était assis sur un canapé à trois places contre le mur lambrissé. Au-dessus de lui était accroché un tableau représentant une tonnelle ; d'un côté du canapé il y avait un ficus. Un mur entier disparaissait derrière une bibliothèque.

— Laissez-moi vous expliquer l'Eglise du Christ de la façon la plus simple, sur le plan historique, commença Jim. Nous cherchons à faire deux choses dans notre religion. D'une part à accepter la Bible comme unique règle de foi et de pratique. Nous croyons à l'infaillibilité des Saintes Ecritures. D'autre part, l'Eglise du Christ s'efforce de revenir à la foi chrétienne des tout premiers temps. Dès le troisième siècle après la fondation du christianisme, le romanisme a prédominé et ce jusqu'à Luther, Calvin et les grands réformateurs, ceux qui ont dit : Donnons la Bible à l'homme de la rue et réformons l'Eglise romaine. Renonçons aux abus, à la corruption qui ont pris cours.

» Il y a toujours un fil qui remonte aux Saintes Ecritures et qui dit : prenez ce modèle. Au début du XIXe siècle, ici même, avec l'expansion vers l'ouest, on a vu apparaître les hommes de la « frontière », ainsi que les gens de la côte, et je crois que l'esprit de la « frontière » y était pour beaucoup. Ces gens constituaient un vaste courant de protestantisme, avec surtout beaucoup de méthodistes, de baptistes. L'Eglise du Christ représentait un abandon du protestantisme, sans pour autant amorcer un retour vers Rome, mais vers les commencements de notre foi, puisqu'elle remontait carrément jusqu'à la Pentecôte, première date biblique de la culture chrétienne.

» C'était cela, l'esprit de la « frontière » : à présent, nous sommes à la frontière de la civilisation. Enterrons là nos différends. Soyons frères dans le Christ. Je ne veux pas faire le malin, mais je crois que l'Eglise dont je suis membre a été établie en l'an 30 de notre ère. Je vous déclare très simplement que le mouvement de restauration qui existe ici est la continuation historique de ce courant sur le sol américain.

— Qui remonte à quand ?

— Début ou milieu du XIXe siècle. C'est la période que nous désignons sous le nom de restauration américaine.

— De quoi avait-on besoin, à votre avis ?

— Chaque grand renouveau religieux a été déclenché par un retour aux Ecritures.

— Vous êtes si proches des baptistes et pourtant vous vous opposez à eux.

— Nous sommes proches des baptistes sous de nombreux rapports. La Bible, la Sainte-Trinité, une église, l'évangélisme, la conversion personnelle aux enseignements du Christ. Mais nous différons d'eux sur d'autres plans. Nous chantons sans musique d'accompagnement. Nous observons toutes les semaines la Cène du Seigneur. Nous enseignons que le baptême est *essentiel* au salut. Les baptistes n'y voient qu'une condition pour être admis au sein de l'Eglise. Et nous sommes autonomes. Chaque église est indépendante.

Toutefois, pour importante que fût la secte à Nashville, elle était sur le déclin. L'Eglise du Christ, qui avait satisfait aux besoins des hommes de la « frontière », convenait moins à ceux des citadins. Jim avait conscience de ces difficultés ; il était lucide et franc.

— Nous vivons une époque de grands changements et c'est un authentique défi pour nous. Quels changements ? D'une société agricole à une société d'affaires et d'industrie, d'une société rurale à une société urbaine, du col bleu au col blanc, des classes inférieures aux classes moyennes et supérieures.

J'avais lu dans *The Tennessean* un écho du « chef de la rubrique religieuse », selon lequel six églises du Christ de Nashville songeaient à fusionner, « afin de surmonter les obstacles que sont des frais généraux élevés... (et) un nombre décroissant de fidèles et de ranimer l'enthousiasme pour la fraternité et les missions ». Ces six églises regroupaient à elles toutes mille deux cents fidèles : six petites églises datant d'une époque plus ancienne, plus rurale.

Henry vint me voir dans le bureau de Jim. Il avait été convenu que Jim et moi parlerions seuls pendant un certain temps, puis que Henry se joindrait à nous. Il avait vingt-six ans. Il était de taille moyenne, avec des cheveux soigneusement brossés en arrière, un jean blanc et un polo bleu à manches courtes. Il n'avait encore rien fait d'autre que des études et bien que celles qui devaient le mener au doctorat en fussent à un stade peu concluant et restassent pour le moment en suspens, il n'avait pas renoncé à ses ambitions universitaires. Il revenait tout juste d'Ouganda où il était allé en tant que représentant de l'Eglise, afin de prospecter le pays pour un éventuel travail de mission. Momentanément, pour gagner de l'argent, il avait pris un emploi de menuisier et parvenait tout juste à joindre les deux bouts avec ses huit dollars de l'heure.

Je lui demandai ce qu'il pensait des chances qu'avait l'Eglise de s'implanter en Ouganda.

— Excellentes, me répondit-il, mais la situation pourrait bien être en train d'évoluer vers un climat mûr pour un nouveau coup d'Etat.

(Cela ne l'empêcha pas de laisser entendre, au bout de quelques minutes à peine, que ses idées concernant l'Afrique et le travail de mission n'étaient pas aussi simples.)

Dans le sud-est de l'Ouganda, il avait vu des choses épouvantables. Des centaines de gens ligotés, assis en cercles. Cela lui avait laissé une très vive impression, mais il ne semblait pas savoir que faire de ses connaissances et de cette expérience.

Je voulus connaître l'évolution de sa foi, la foi de ce jeune homme en jean et polo. Avait-il eu une espèce d'illumination spirituelle ? Avait-il fait une profession de foi ? On m'avait dit que c'était nécessaire.

— Il y a un hic, une ironie, me confia-t-il. Mes parents étaient tous deux des piliers de notre foi. Il y avait des liens très forts entre père, mère et enfant. Mais — ce que cela signifie — je savais quelles étaient les étapes nécessaires vers le salut dans le Christ. Dès l'âge de cinq ou six ans. Je savais quelles étaient ces étapes. Ce n'est d'ailleurs pas rare du tout.

— C'est comme une partie de votre identité.

— Bien sûr. J'ai suivi ces étapes de la foi à l'âge de huit ans. J'ai été baptisé, entièrement immergé dans l'eau à l'âge de huit ans. Mais pour en revenir à votre question sur l'expérience spirituelle, la réponse, très franchement, est non. Rétrospectivement, je me demande vraiment si ces actes accomplis à l'âge de huit ans avaient la moindre signification.

Il s'interrompit, puis reprit :

— En ce moment, je suis dans la tourmente. Je viens de connaître une rupture avec ma famille.

J'étais étonné. Jim avait promis de m'organiser une rencontre avec un fidèle nourrissant des doutes, mais je m'étais attendu à le voir un autre jour.

Jim prit la parole :

— Que je vous dise tout d'abord, en ma qualité de mentor, qu'à mon avis, Henry est un exemple type de quelqu'un qui grandit au sein d'un cadre religieux dans lequel il fait une profession de foi.

— En tant qu'étudiant poursuivant des études de doctorat, dit Henry, j'en suis venu à contester l'objectivité, le processus rationnel, que l'Eglise du Christ...

J'avais remarqué dès le départ sa façon de ne s'exprimer qu'avec des réserves. A présent, il paraissait avoir du mal à aller jusqu'au bout de ses pensées, tant un grand nombre de nouvelles réflexions venaient interrompre l'idée originale.

— Je me sens dans l'obligation de rejeter cela, reprit-il. Mon expérience africaine a renforcé le soupçon qui m'était venu qu'il y avait peut-être quelque chose qui clochait ; ce que je veux dire c'est que les processus mentaux d'un Occidental, ou la forme de sa pensée... je crois que je peux élargir la chose et y inclure non seulement l'Eglise du Christ, mais d'autres Eglises protestantes conservatrices, notre mauvais usage de la raison, l'intellect occidental, les évangélistes conservateurs...

Je remarquai qu'il portait une ceinture Yves Saint-Laurent.

— Je vous vois parti vers la réduction d'un grand nombre de concepts, remarqua Jim.

— Je suis arrivé en Afrique et j'ai trouvé repoussant ce que les missionnaires y avaient accompli. Au lieu d'apprendre aux Africains le christianisme du premier siècle, ils leur avaient appris un christianisme occidental, celui de l'homme blanc. Tenez, par exemple : beaucoup des jeunes ministres du culte africains estimaient qu'ils n'accomplissaient pas leur tâche de la façon la plus correcte s'ils ne portaient pas une veste de sport et une cravate, une tenue qui est on ne peut moins africaine.

Cela semblait faire un tout : les idées de l'Eglise du Christ se confondaient avec un rejet des singeries coloniales.

Henry poursuivit dans cet ordre d'idées :

— Le christianisme est né dans un cadre oriental...

Une pensée me vint que je n'exprimai pas : une religion orientale au Far-West ? L'Eglise du Christ avait-elle vraiment été présentée ainsi à ses premiers disciples ? Ou bien cet aspect oriental de la religion était-il une idée plus récente ?

— ... et nous avons besoin de savoir quand séparer la

véritable essence du christianisme de notre bagage intellectuel occidental.

Cela faisait un tout, mais Henry ajouta alors :

— La mentalité de mes parents est très exclusive, quand il s'agit de savoir qui ira au paradis. C'est aussi fondamental que de dire qui sont Vraiment (avec un V majuscule) les chrétiens. La véritable tension a commencé quand je suis allé à l'université. Cela ne leur plaisait pas du tout. Je me suis mis à contester certaines parties de la somme des connaissances de l'Eglise. Et ils semblent nourrir l'idée que si je n'ai pas le même ensemble de croyances qu'eux, je rejette la vraie croyance. Je me sens si désensibilisé envers ce qui se passe, conclut-il abruptement.

Il dit cela avec soulagement, comme heureux de renoncer à jongler avec tant d'idées nouvelles et sans rapports les unes avec les autres.

— C'est typique des membres d'Eglises conservatrices en proie au doute, déclara Jim.

— On m'a assuré que je devrais étudier à fond les Eglises du Sud, dis-je. Parce que dans quinze ans, tout cela va changer.

— C'est bien mon avis, fit Jim.

— Le mien aussi, renchérit Henry. C'est ce bloc que constitue le christianisme qui me pose des problèmes. A vrai dire, Jim, voilà ce qui se passe intellectuellement dans ma tête. Mais sur le plan émotionnel, je suis très fortement attaché à notre *fraternité*.

Une expérience africaine, le choc infligé par une guerre civile entre tribus ennemies, une nouvelle vision de l'œuvre missionnaire, tout cela menant à une contestation plus vaste : ce qui avait naguère été la foi intacte et satisfaisante d'un univers complet, clairement défini, fermé ne suffisait plus. Et Henry était « dans la tourmente ».

Ben, en revanche, que je rencontrai un autre après-midi dans le bureau de Jim, était serein. Il était issu d'une famille appartenant à l'Eglise du Christ. Ses grands-parents des deux côtés en faisaient déjà partie et son père exerçait une profession libérale. Ben avait dix-huit ans. Il ne venait pas de la campagne ; il était né à Nashville, mais sa foi était pure. Il avait prêché pour la première fois à l'âge de seize ans.

— Le chef des jeunes de notre église nous encourageait à apprendre à connaître Dieu..., me dit-il.

Comme je l'interrogeais sur ce chef, Jim intervint :

— C'est un membre du personnel à plein temps.

— Le chef des jeunes nous encourageait à apprendre à connaître Dieu, reprit Ben, et à le partager avec les autres. Il essayait de nous inculquer un zèle et une ferveur susceptibles de rayonner. Alors, bien sûr, à mesure que ma connaissance de Dieu s'est accrue, j'ai voulu la partager.

— Y avait-il des exercices qu'on vous faisait faire ?

— Pour le culte religieux, nous allions en classe pour étudier et avoir des interactions les uns avec les autres. Mais ensuite, en dehors de l'église, nous faisions des choses ensemble, nous organisions des dévotions chez quelqu'un et puis nous mangions ensemble. De toute façon, rien que de vous trouver avec des gens dont vous partagez la foi, vous vous sentez exalté. Pendant une grande partie du temps, nous parlions de ce qui se passait dans nos vies. Si vous ne vous entiendiez pas avec vos parents, par exemple, on s'asseyait pour en parler, à la fois en tant que problème personnel et en tant que question ou sujet d'ordre général.

Jim dit à Ben :

— Une leçon d'aide à son prochain, remarqua Jim ; puis se tournant vers moi, il ajouta : L'adolescent doit faire face à une très forte pression de la part de ses camarades. Nous croyons que les chrétiens vivent dans le monde réel et ne devraient pas s'en retirer.

— Parfois, nous sortions de la ville, raconta Ben, trente ou quarante d'entre nous, pour gagner une zone de camping où nous serions éloignés de la plupart des distractions, la télé et la radio, les influences extérieures, où nous pourrions être tous ensemble et nous répartir en groupes de cinq ou six. Avec des groupes plus petits, on peut toujours se montrer plus familier. Il est plus facile de partager les choses que quand on est une trentaine.

— Comme les premiers chrétiens partant dans le désert, dis-je.

— C'est comparable, reconnut Jim.

— Cette re-création de nos vies spirituelles, reprit Ben, c'est là où la comparaison avec les premiers chrétiens est valable.

— Combien de temps duraient ces camps ?

— Le vendredi après-midi, toute la journée du samedi et une grande partie du dimanche. Un week-end entier.

— C'était marrant ? Ou sérieux ?

— Non pas sérieux, répondit Ben. Instructif.

— Des événements joyeux ?

— Oui, joyeux. Une joie intérieure à l'idée de re-créer et de nous développer. Nous savions qu'en repartant, nous étions toujours plus forts, plus proches de Dieu et des personnes qui nous entouraient, et aussi proches de nous-mêmes. Or, cela c'est justement le but de ce genre de week-end.

— Combien de ces retraites avez-vous faites ?

— Huit.

— Deux fois par an, précisa Jim.

Je questionnai Ben sur sa connaissance de Dieu et comment elle lui était venue.

— Oh ! rien de miraculeux ! Ce n'est pas quelque chose qui m'est tombé dessus mercredi ou jeudi dernier. Mais toute la journée, j'ai un sentiment constant de sa présence et je sais qu'il est avec moi. Cela a vraiment pris de l'ampleur durant les deux dernières années, depuis que j'ai commencé à fouiller dans les Ecritures. On nous encourage à le faire, mais ce n'est pas une obligation. C'est une décision personnelle.

— Et à présent, comment envisagez-vous l'avenir ?

— J'espère devenir avocat. Je crois que ça coule de source. Le type de religion que nous pratiquons est une religion populaire. Et comme Mr. Vandiver peut influencer les gens depuis sa chaire, moi je peux tout aussi facilement, en tant qu'avocat, être une lumière dans ma communauté et être considéré par les autres comme un homme doué d'un bon cœur et d'un sens moral.

— Mais le nombre des fidèles de l'Eglise du Christ diminue.

— Nous décroissons peut-être sur le plan numérique, mais ceux qui resteront sur le carreau seront de toute façon les gens dont la foi était assez tiède.

Henry, malgré la tourmente qui faisait rage autour de lui, avait parlé — et Jim Vandiver me l'avait fait remarquer — de son attachement affectif pour la fraternité au sein de l'Eglise. Et Ben se délectait de cette idée de fraternité. Melvin, en revanche, qui avait un peu plus de quarante ans et s'était éloigné de l'Eglise du Christ au cours des cinq dernières années, fit la grimace lorsque j'abordai le sujet.

— *Non, non,* dit-il. La fraternité, moi, ça m'*agaçait.* Jamais je n'y ai pris plaisir, *jamais.*

Et il était en effet bien difficile d'imaginer un homme aussi élégant et cultivé s'appliquant à minimiser sa profession et sa propre compétence professionnelle, d'envisager un homme aussi raffiné puisant un soutien dans le genre de week-end que Ben m'avait décrit.

— C'est assommant, me dit-il.

Aussitôt, cette objection, si simple, parut irréfutable. Mais Melvin avait appartenu à l'Eglise pendant la majeure partie de sa vie. Il y avait une profonde connaissance derrière ce mot cinglant.

— Je ne crois pas que ça l'a toujours été. J'imagine qu'il y a soixante-quinze ans, c'était distrayant, cette fraternité, une forme de récréation. De nos jours, je suis enclin à convenir que c'est une extension du mouvement évangélique, qui vise à prolonger votre participation, à maintenir le nombre de membres.

» Le Sud était presque entièrement agricole. Les réunions sous la tente étaient pour la communauté une occasion de se retrouver presque au complet dans un même lieu, en plus des offices du dimanche. Vous vous apercevrez qu'elles ont joué un très grand rôle dans la croissance de l'Eglise du Christ jusqu'à il y a environ dix ans, et ce sont les expériences les *plus* ennuyeuses, les plus rasoir que l'on peut faire.

— En considérant l'Amérique comme une civilisation de l'amusement, dis-je.

— Exactement. La bataille est perdue d'avance. Or, c'est un facteur très important, la civilisation de l'amusement. La plupart des gens qui assistent à ces grands événements évangéliques sont des jeunes. Ils finissent par ne plus y retourner. Ils s'embêtent. Et ça, c'est dommage. L'Eglise ne devrait jamais tenter de distraire les gens ; elle fait toujours quelque chose d'ennuyeux qui ne stimule ni sur le plan émotionnel, ni sur le plan intellectuel. Quand on veut de la distraction, il suffit d'allumer sa télé.

» Je crois que je n'aurais aucune peine à défendre ce point de vue. Le mouvement évangélique américain tout entier a été fondé sur ces *shows*, ces numéros de cirque. Le meilleur exemple à présent, c'est Oral Roberts. Cette époque-là est révolue. Il y a le cinéma, la télé, les voyages. Mais dans le temps, quand on ne sortait pas de sa ferme, cela représentait un intermède dans votre existence.

» Elle va mourir complètement, l'Eglise. Ou disons en tout cas que d'ici vingt-cinq ans, elle n'existera plus telle que nous la connaissons actuellement. Si elle devait continuer à exister, il lui faudrait *retourner* à ses enseignements. Non, c'est faux. Je pense qu'il y a probablement eu erreur depuis le début. Pour la maintenir en vie, il faut qu'elle propose des réponses d'une nature rédemptrice. Je veux dire par là, qu'elle ne peut vraiment rien faire d'autre. Elle ne peut que répondre aux questions que se posent les gens sur la nature de la vie. Il faut qu'elle cesse de se poser en juge, en spectacle, en lieu de rencontre. Dans le temps, elle servait même d'hôtel de ville. Si vous aviez un problème, ce n'était pas un avocat que vous alliez trouver, c'était l'Eglise. L'Eglise du Christ vous affirmera aujourd'hui que vous ne devriez jamais intenter un procès à qui que ce soit, que vous devriez venir présenter votre problème à l'Eglise et la laisser jouer les arbitres. Dans une petite communauté rurale, c'était une façon très efficace de régler les problèmes. Très commode. Encore qu'en s'érigeant en juge et jury, l'Eglise imposait aux gens une culpabilité morale ; ils se sentaient condamnés par Dieu pour des infractions civiles.

Cet homme, en pleine ascension sur le plan professionnel (il exerçait une profession libérale), en était venu à rejeter l'intégrité de la culture de son enfance. La religion, la foi de la « frontière » avaient créé cette intégrité ; à présent, c'était un fardeau dont il pouvait se passer. Dans un monde nouveau, il souhaitait que la religion eût sa place, comme tout le reste. Pourtant, il savait qu'il rejetait une partie de son identité.

— L'Eglise du Christ fait de l'excellent travail en mêlant aux valeurs traditionnelles les principes chrétiens, les principes chrétiens universels. Résultat : quand on commence à mettre en doute les traditions, on est dans l'impossibilité de séparer ce doute de la croyance aux principes chrétiens. Et on finit par être très perturbé. Au point que c'en est parfois insupportable. Je comprends parfaitement pourquoi Henry a du mal à trouver les mots pour exprimer certaines choses. Il y a un sentiment de culpabilité et d'aliénation, vous avez l'impression de renoncer à votre héritage. J'ai traversé de nombreuses périodes de culpabilité. C'est ce qu'il y a de plus critique. L'Eglise du Christ inculque délibérément à ses fidèles le sentiment de la faute. Elle est extrêmement portée à juger. On est presque assiégé par le sentiment que si l'on s'en prend à certaines traditions, c'est un blasphème. Il me semble que je dois vous dire que je me considère comme quelqu'un qui a une vie spirituelle très intense. En fait, j'ai l'impression qu'elle l'est encore plus à présent qu'avant. Au sens littéral.

Et il y avait chez Melvin une espèce de chagrin face à la rupture nécessaire avec le Sud qu'il avait connu.

— Le Sud est en train de perdre son identité et ça, c'est déplorable. Etre du Sud, c'est un état d'esprit ; je sais que c'est une banalité. C'est une façon de considérer la place que vous occupez dans le monde, une place mieux définie que beaucoup d'autres. Vous êtes allé en Californie ? La Californie est tout ce que le Sud n'est pas. Et ce qu'il y a d'étrange là-dedans, c'est que de nombreuses idées commerciales sont nées en Californie. Le *fast-food,* les autoroutes inter-Etats, les styles vestimentaires. Pourquoi ? Parce que les gens doués de créativité sont étouffés dans le Sud. Alors ils quittent le Sud et d'autres régions pour la Californie. Ces gens-là ont besoin de fuir le Sud. Il faudra bien longtemps avant que cette mise sous éteignoir ne disparaisse. Ce seront les gens de ma génération qui briseront le maillon. Ce n'est pas une chose que je dis avec fierté. Ni honte, d'ailleurs. Et je ne porte aucun jugement. J'énonce un fait, voilà tout.

N'y avait-il pas la possibilité d'une nouvelle sorte de vie intellectuelle, d'une nouvelle espèce de force, grâce à cette rupture ?

Melvin refusa d'en convenir. Il en revint à sa thèse originale.

— Le maillon est brisé par les gens de ma génération, parce qu'ils ne veulent pas supporter l'inévitable ennui qui est à l'opposé de la quête spirituelle. Je n'ai pas besoin de ça, disent-ils. L'Eglise est sincèrement déroutée par ce qui se passe.

Et j'eus la confirmation de ce que Melvin m'avait dit de la part d'un autre homme distingué. Ce dernier me confia que ses voisins, des gens exerçant des professions libérales, des gens qui avaient réussi, originaires de petites villes où ils avaient adhéré à la foi baptiste ou à l'Eglise du Christ, étaient à présent tous presbytériens. L'une des raisons de cet état de choses (comme l'avait laissé entendre le révérend Ptomey) c'était que la religion presbytérienne était plus acceptable sur le plan social. L'autre qu'elle était plus coulante, moins exigeante, qu'elle s'immisçait moins, encadrait moins. La religion devait désormais avoir sa niche, presque sa place dans la société.

La « frontière » n'existait plus. Et les religions qu'elle avait engendrées commençaient à s'éteindre lentement. Dans le temps, quand des hommes, souvent bien peu instruits, n'avaient qu'à se bombarder ministres du culte, les gens avaient dû voir leur propre reflet dans les commentateurs de la parole sacrée. Cet aspect « fait maison » avait dû rendre les religions semblables aux créations d'une communauté donnée, personnelles, fermées, inviolables. A présent, on avait besoin d'une certaine distance.

Bob McDill est un des compositeurs de chansons country les plus cotés. Le Sud est son sujet de prédilection : l'apothéose des cous-rouges, avec en toile de fond les années pénibles qu'ont connues les hommes d'âge mûr et dont ils ont parlé à leurs enfants. Les meilleures chansons de McDill font penser à des mélodies folkloriques.

Du coton au bord de la route, et dans le fossé,
Nous ramassions tous le coton, mais sans nous enrichir
[jamais.

Il avait un bureau chez un éditeur de musique à Nashville et il était connu pour s'y rendre tous les jours ouvrables afin d'écrire ses chansons. Ce fut donc là que j'allai le voir. Sur sa table se trouvait un bloc de papier jaune rayé sur lequel figurait ce qui semblait être la bonne copie au crayon d'une chanson terminée. Il n'y avait pas d'autre papier en vue, mais j'aperçus en revanche de curieux ornements, des souvenirs de Londres : un autobus rouge à étage, un garde en bonnet à poil, un autre en costume de *beefeater* de la tour de Londres, un taxi londonien.

C'était un homme grand et mince de quarante-trois ans. Il aimait la vie de plein air et allait chasser le canard. (Ce qui était ici un sport chic, comme me l'avait précisé Campbell ; les vrais cous-rouges chassaient le gros gibier.) Il était né dans l'est du Texas et écrivait des chansons depuis qu'il avait quinze ou seize ans. Il s'était toujours intéressé à la poésie, à la musique, à la guitare, à la batterie, au banjo, au piano.

— Non que je joue de tous ces instruments, ni que j'en joue bien.

Il m'expliqua qu'il avait écrit ses premières chansons pour se faire plaisir.

— Je n'ai appris à écrire des morceaux commerciaux qu'aux abords de la trentaine.

Cette attitude professionnelle était nécessaire. Le compositeur écrit pour des chanteurs et a des rapports spéciaux avec eux.

Il s'était rendu à Memphis en 1967 et il y avait passé un an.

— A Memphis, j'ai essayé d'écrire des chansons pour des artistes noirs, des chanteurs noirs. Je faisais partie de l'équipe d'un éditeur, en tant que compositeur, et je travaillais aussi dans un studio d'enregistrement, en tant qu'ingénieur adjoint.

Cette tentative de composer des chansons noires n'avait pas abouti.

— J'aurais pu y parvenir si j'avais eu assez de temps pour apprendre cette mentalité noire, cette façon qu'ils ont d'aborder la musique. Je commençais à la connaître quand je suis parti. Il faut exprimer quelque chose que le chanteur a envie de dire et qui lui permet de s'identifier à ce qu'il dit. Quand je suis arrivé ici, ç'a été la même chose. Il a fallu que j'apprenne la façon de penser. J'ai assimilé cette sous-culture qui n'était pas la mienne. Le vocabulaire est très limité. Il faut apprendre à faire de grandes choses avec de petits mots. Tant dans la musique noire que dans le country, surtout dans le country.

C'était un art tellement particulier, la composition de chansons, si éloignée de mon expérience. Je voulais y être introduit jusqu'à un certain point et je lui demandai de parler des problèmes qu'il avait pu avoir avec une chanson.

Il choisit *Somebody's Always Saying Goodbye* (Il y a toujours quelqu'un qui dit adieu).

Les gares et les trains de minuit,
La solitude des aéroports sous la pluie,
Et quelqu'un reste là les larmes aux yeux.
C'est toujours la même scène que l'on joue.
Voilà ce qui cloche un peu partout.
Il y a toujours quelqu'un qui dit adieu.

Les taxis qui s'en vont dans la nuit,
Le feu arrière rouge d'un autocar qui luit.
Quelqu'un part et quelqu'un reste seul.
Je ne sais pas comment cela se fait,
Mais où que l'on regarde aujourd'hui,
Il y a toujours quelqu'un qui dit adieu.

Prends deux personnes comme toi et moi.
On n'a pas pu s'entendre. On a rompu trop tôt.
Ah, on aurait pu tout avoir, tous les deux,
Si seulement on avait bien voulu essayer.
Mais l'amour est ainsi fait, on dirait.
Juste au moment où tout va pour le mieux,
Il y a toujours quelqu'un qui dit adieu.

— Le passage — entre les images des deux premières strophes, le détachement et le côté personnel — ça m'a donné du fil à retordre, me confia Bob McDill. Jusqu'au moment où j'ai eu l'idée de la conversation. Comme ça, l'auditeur entre dedans en douceur. Il y avait un autre problème : je n'avais toujours pas défini la situation entre les deux personnages, celui qui aime et celui qui s'en va. Il fallait que je le fasse en quatre lignes. A présent, ça paraît évident, mais vous savez comme moi le temps qu'on peut passer à peiner sur ce qui va de soi. J'ai vu qu'il n'y avait pas besoin de porter un jugement sur le comportement de quiconque. « Il y a toujours quelqu'un qui part. » On a presque l'impression que ça pourrait être elle, la chanteuse. Mais quoi qu'il en soit, elle sait à présent que c'était une terrible erreur, qu'il a tourné le dos à quelque chose de merveilleux. Deux strophes d'images et puis en sept lignes il faut créer toute cette histoire personnelle.

» J'ai aussi eu des problèmes avec la musique. Deux longues phrases mélodiques formant un tout, une fois, deux fois. Il faut une rupture, alors j'ai eu l'idée de répéter simplement la seconde moitié de la phrase A.

En commençant à parler de la composition de ses chansons, il se leva et détourna les yeux.

— Quelquefois, on part sur une émotion, un sentiment sur un sujet quelconque. Quelquefois, c'est un titre, ou bien une ligne du texte. Mais c'est alors que ça devient difficile. On prend ce petit machin, ce petit bout d'idée, et on ajoute et on rajoute. Ça, c'est vraiment costaud. Le problème, c'est de ne pas tout gâter. Le texte est si réduit que chaque mot doit compter. Dès le tout premier mot, c'est pour arriver à cet élément central qu'on travaille.

» On écrit ligne par ligne. Les deux facteurs dont nous devons nous préoccuper et dont les poètes sérieux n'ont rien à faire, ce sont la tonalité et disons la « chantabilité », si vous voulez. Il ne faut surtout pas de choses complexes et qui soient difficiles à dire. Tout doit être facile à dire et à chanter. On doit avoir l'impression que les mots coulent de la bouche du chanteur.

Je lui demandai de me donner un exemple, de me citer une ligne qu'il avait fallu corriger. Il n'arriva pas à en trouver une seule dans ses propres œuvres.

— L'ordinateur qu'on a dans la tête n'arrête pas de rejeter. Il rejette tout ce qui est gauche, difficile à chanter.

En fin de compte, il n'y avait aucun moyen de définir ce qu'allait être une bonne chanson. C'était une question d'intuition.

— Si vous la sentez bien, si elle vous fait quelque chose, c'est qu'elle est bonne.

J'eus beau multiplier les questions et Bob McDill, qui ne demandait pas mieux que de parler, les explications, rien ne pouvait percer à jour cette magie : l'art d'évoquer et de reconnaître des impulsions qui, en surface, paraissaient toutes simples, mais qui, conjuguées à de la musique, enrichies d'un cœur, semblait pénétrer des zones indéfinies de la sensibilité et de la mémoire.

Maman a dit : Ne va pas au bord du fleuve,
N'approche pas du vieux John Poisson-Chat.
Mais le matin venu, j'étais toujours là-bas,
Suivant ses pas dans l'aube douce du Delta.

Bob McDill disait qu'il avait dû apprendre la sous-culture. Mais les images et paroles de ses meilleures chansons évoquant le Sud sont loin des motifs stylisés d'une bonne quantité de country. Et bien qu'il insiste sur le fait qu'il écrit ses œuvres dans un bureau, d'une façon prosaïque et quotidienne (et peut-être aussi parce qu'il en parle de façon terre à terre, puisque le mystère est impossible à décrire), il est probablement vrai de dire que, lorsqu'il est inspiré, il écrit avec cette partie la plus intime du moi dont Proust dit que c'est avec elle qu'écrivent les auteurs sérieux.

Selon lui, sa meilleure chanson était *Good Ole Boys Like Me* (Des braves petits gars comme moi) :

Quand j'étais petit, oncle Rémus me mettait au lit,
Avec une image de Stonewall Jackson au-dessus de ma tête.
Et puis Papa venait embrasser son petit homme,
L'haleine parfumée au gin, une bible à la main.
Il parlait de l'honneur, de tout ce que je devais savoir.
Puis il titubait un peu en passant la porte...
Sans doute qu'on devient tous ce qu'on doit devenir.
Alors, que faire des braves petits gars comme moi ?

Chaque détail avait été soupesé. Son but, expliqua-t-il, était d'incorporer dans ces quelques lignes le plus possible du Sud. La chanson était devenue très célèbre ; beaucoup de mes interlocuteurs s'y étaient référés ; son climat parlait pour eux. Un « brave petit gars » (comme j'avais cru le comprendre en écoutant Campbell, à Jackson), c'était un cou-rouge ; mais c'était aussi un terme plus général pour désigner un vieux Sudiste, quelqu'un formé selon les anciens principes. La chanson pourrait paraître ironique, puis élogieuse. Mais au-dessous de tout cela, c'est une élégie à la gloire du Sud, histoire ancienne et mythe, vieille communauté, croyance d'autrefois.

Le Congrès des baptistes du Sud, réuni une quinzaine de jours auparavant à St. Louis, avait adopté par son vote — malgré une forte opposition modérée — une position fondamentaliste extrémiste. Les séminaires baptistes devaient être purgés de quiconque ne croyait pas à une interprétation littérale de la Bible et les ouvrages utilisés dans les écoles du dimanche devaient refléter cette sévérité nouvelle.

Le révérend Tom Ward, pasteur de l'Eglise épiscopale du Christ, déclara :

— Plus la religion baptiste est menacée, plus elle devient fervente.

Le révérend Ptomey, presbytérien, estimait, quant à lui, que ces nouvelles décisions représentaient l'aspect négatif de la ferveur baptiste. Il me dit :

— Ils ont manipulé les processus politiques à l'intérieur de leur secte afin de nommer dans les conseils d'administration de leurs écoles des gens qui partagent leurs perspectives sur le littéralisme biblique.

Le révérend Will Campbell, plus étroitement impliqué dans l'événement que ses deux collègues, était scandalisé. Will Campbell était un célèbre pasteur ou conseiller baptiste de la région. Il n'était pas responsable d'une église. Il agissait de façon officieuse, depuis sa ferme de vingt hectares tout près de Nashville ; son côté décontracté faisait partie de sa réputation. Malgré le décor digne de Thoreau dans lequel il vivait et son style d'homme de la « frontière », il avait reçu une formation théologique tout à fait sérieuse, dont trois années à l'école de théologie de l'université de Yale. Il avait un peu plus de soixante ans.

Ayant assisté au congrès, il me déclara :

— Je ne parviens pas à analyser pourquoi je suis sorti de là dans un état de dépression presque pathologique. Je n'ai jamais été un pasteur animé par un esprit de clocher, j'ai renoncé à tout ce genre de choses il y a trente ans, mais historiquement parlant, la notion baptiste est splendide. Cette petite bande de gauchistes, d'authentiques radicaux, qui croyaient à la séparation de l'Eglise et de l'Etat. Personne n'y croit plus désormais. Ils refusaient de partir faire la guerre ; ils refusaient de prêter serment ou de siéger dans un jury ; ils refusaient de baptiser leurs bébés ; ils pratiquaient la communauté des biens. Plus rien de tout cela n'a cours aujourd'hui.

» Les modérés et les fondamentalistes — aucun de ces deux groupes ne fait partie des baptistes sur le plan historique. Ils prétendent croire littéralement à la Bible. Or, personne n'y croit littéralement. Demandez donc à l'homme qui vous dira que si : Et si on commençait par démolir le pénitencier ?

» Je ne sais pas trop si la véritable notion baptiste est vraiment parvenue à franchir l'océan Atlantique. L'esprit de la « frontière », sa culture dominaient à tel point la religion que l'on se trouvait en présence d'une religion civile, culturelle, d'une fusion au sein d'un tout.

— Mais qui convenait parfaitement aux besoins des gens, dis-je.

— Certes, mais qui trahissait la foi.

Will Campbell se faisait une idée spéciale de la foi.

— La religion ne devrait pas être fondée sur des préjugés. La grandiose Eglise du Christ a pris vie en ne tenant aucun compte de la vie du Christ. Ce que j'ai entendu à St. Louis, ce qui m'a déprimé, c'était la doctrine, la doctrine et sa défense. Je n'ai guère entendu parler de disciples. Les Eglises proposent une théologie de la certitude. Et c'est ce qui m'inquiète. Jérémie a dit : « Il n'est pas bon d'être trop sûr de Dieu. » Et le Christ lui-même, au moment d'être crucifié, s'est écrié dans un grand éclat de souffrance, laquelle a survécu dans la traduction : « Mon père, éloignez de moi ce calice. » Aucune grande religion ne saurait répondre complètement à tout. Jésus n'a pas dit aux gens ce qu'ils devaient penser. Il n'a prescrit nulle profession de foi. Il n'a proposé aucun credo, aucune théologie spéciale.

Ce qu'il paraissait vouloir dire, c'était que la foi devait être l'objet d'une quête perpétuelle, vers lequel on devait péniblement avancer. Quand je lui soumis cette thèse, il reconnut qu'elle était juste. Mais les idées de Will Campbell étaient difficiles et je n'étais pas certain qu'il ne répondît pas ainsi par politesse.

Je réfléchis par la suite que seul un homme extrêmement pieux et un homme élevé dans la foi des baptistes du Sud pouvait tant exiger des gens. Le décor dans lequel il évoluait, la ferme de vingt hectares, le bureau installé dans une cabane en rondins où il recevait ses visiteurs, représentait un certain aspect de l'homme. Il donnait une idée du pouvoir que détenait un prédicateur de la « frontière » et de la force de l'ancienne croyance.

Ce n'était pas uniquement pour cela, cependant, que Will Campbell était célèbre, qu'il était presque, comme me le dit quelqu'un, un des monuments du Sud. Il était aussi fameux pour les positions politiques que sa foi l'avait poussé à adopter. Il avait accompli des gestes courageux dans le mouvement en faveur des droits civils, mais il ne s'en était pas tenu là. La religion et un désir d'accepter une fois pour toutes l'histoire du Sud l'avaient entraîné au-delà de la cause noire jusqu'à celle des cous-rouges, qui haïssaient les Noirs. A ses yeux, ces deux populations du Sud étaient tragiques. Et un événement qui n'était pas sans rappeler une conversion religieuse (à l'intérieur de sa foi déjà pleine de ferveur) l'avait incité à offrir un secours spirituel aux membres du Ku Klux Klan.

Voici comment était survenue cette conversion. Quelqu'un avait demandé un jour, pour se moquer, quel était le message chrétien. Will Campbell avait répondu que c'était : « Nous sommes tous des salauds, mais de toute façon, Dieu nous aime. » (C'était une version de l'illumination qu'il avait eue à Yale — « Dieu compatit aux souffrances de son peuple » — qui l'avait entraîné au-delà du rigorisme de son éducation et l'avait précipité au sein du mouvement en faveur des droits civils). Quelque temps plus tard, un membre du Klan avait tiré sur un des amis de Will Campbell et l'avait tué. Le même moqueur avait alors demandé à Campbell qui, emporté par son chagrin, vitupérait contre les cous-rouges, les membres du Klan et les *crackers* *, ces culs-terreux : « Quel Salaud Dieu aime-t-il le plus ? » Le salaud qui avait été tué ou celui qui avait perpétré le meurtre et vivait encore ? Will Campbell n'avait eu aucun doute quant à la réponse à cette question : il avait aussi une mission auprès du membre du Klan, toujours en vie.

L'histoire de cette conversion est narrée dans l'autobiographie de Will Campbell, *Brother to a Dragonfly* (Frère de la libellule). Dans ce livre, tout n'est pas toujours très clair. Le récit principal est sans cesse interrompu par des histoires secondaires et il est parfois trop fragmentaire. Il semble, toutefois, que cette conversion apporta à Will Campbell une intelligence de l'histoire du Sud à la fois plus riche et spéciale.

Les pauvres Blancs, dont beaucoup étaient les descendants de domestiques liés par contrat et partageaient donc, dans une certaine mesure, un passé de servitude avec les Noirs, n'avaient absolument pas compté dans le Sud avant la guerre de Sécession. Alors, du fait qu'on avait besoin d'eux comme soldats, on les avait évangélisés et on leur avait donné une cause ; ensuite, en tant que cous-rouges et membres du Ku Klux Klan, toujours pauvres, éternelles victimes, on les avait tenus pour responsables de ce qui était en réalité le racisme de la société tout entière et on s'était moqué d'eux.

La religion du Klan, mélange de piété et de haine dérivé

---

* *Cracker*, nom donné en Géorgie à une population particulièrement déshéritée de pauvres Blancs de la campagne. (*N.d.T.*)

de cette guerre, Will Campbell la compare au judaïsme de l'Ancien Testament. Et il trouve une ressemblance avec le cent trente-septième psaume (« Si je t'oublie, ô Jérusalem ») dans une chanson du Klan aussi « vaillante » que :

Ecoutez bien, les nègres,
Je vais vous expliquer comment
Vous garder de la torture
Quand le Klan se met en chasse.
Restez chez vous la nuit,
Fermez vos portes à double tour.
Ne sortez pas, car vous trouveriez
Nos croix flamboyantes en train de brûler.

Et il explique la ressemblance avec « Si je t'oublie, ô Jérusalem » au moyen de la paraphrase ou transposition que voici : « Si je vous oublie, ô Atlanta, Vicksburg, Oxford, Donelson, rappelle-toi, ô Seigneur, les méfaits des Yankees la nuit où ils ont terrassé le vieux Dixie ! Quand Sherman a dit : “ Rasez le Sud, rasez-le, brûlez-le jusqu'à la dernière pierre ! ” Heureux celui qui prendra vos petits bébés yankees et les fracassera contre la Montagne de Pierre. »

Au cours de notre entretien, Will Campbell ne me parla pas du Klan. Il me remit une copie d'un article qu'il avait écrit, « L'univers du cou-rouge », qui exposait ses opinions et citait le texte et l'analyse de la chanson du Klan. Il ne me renvoya pas non plus à son livre, *Brother to a Dragonfly* ; je m'y intéressai de mon propre chef. Nous parlâmes de la religion et du Congrès des baptistes du Sud ; et aussi du « désert libéral » qu'il parcourait, me dit-il, depuis de nombreuses années. Nous parlâmes, par-dessus tout, de l'immense passé du Sud qu'il portait en lui (quoique né en 1924), et auquel son cadre quotidien, une cabane en rondins derrière la maison d'habitation de sa ferme, semblait rendre hommage.

Il était originaire du Mississippi.

— Je suis un Mississippien de la quatrième génération. Ma famille a reçu de l'Etat une exploitation à l'époque du peuplement du Mississippi, vers 1790. Dans l'histoire de la « frontière », le Mississippi était un territoire. Il avait été acheté en même temps que la Louisiane. Un territoire et non un Etat. Et les citoyens des Etats comme la Géorgie pouvaient aller s'y installer et revendiquer une parcelle de terrain s'ils avaient l'intention de s'y fixer pour de bon. La terre appartenait au gouvernement fédéral. Très vite, on y a planté du coton. Pendant longtemps, toute l'économie du Mississippi a été fondée entièrement sur le coton. Trois cent vingt hectares de terrain, c'est beaucoup pour une seule famille. Mais supposons que lâdite famille compte dix enfants. Il faut diviser. Trente hectares chacun. Notez qu'au XIXe siècle, une famille pouvait gagner sa vie là-dessus. Mais si l'on effectue un nouveau partage..., voilà pourquoi les familles se sont séparées et dispersées.

Tout en me parlant, Will Campbell mâchonnait une chique. C'était une de ses manies les plus connues ; et de temps à autre, il utilisait son crachoir. Jamais je n'avais vu quelqu'un se servir d'un tel ustensile. Dans plusieurs endroits du Sud, j'avais vu de grands panneaux publicitaires vantant les mérites d'un tabac à chiquer de première qualité, le Granger : « Venez à la rencontre d'une chique plus propre. » Ce slogan m'avait laissé perplexe jusqu'au jour où quelqu'un m'avait expliqué qu'il s'agissait en fait d'une expression cou-rouge : « venir à la rencontre » voulait dire « faire connaissance », « se lier d'amitié avec ». Je demandai à voir le tabac de Will. C'était du Beech Nut. au goût de réglisse. « Equilibré et meilleur, plus doux, plus moelleux. » Dans sa poche en papier d'aluminium souple, il était aromatique et bien tentant.

— Ma famille était une famille de propriétaires terriens de Géorgie. Un des fils s'était battu avec un ami dans la boutique d'un barbier et l'avait tué. Et le juge avait dit au père : « Votre seule chance est de partir pour l'un des territoires. » Alors ils avaient pris leurs cliques et leurs claques, toute la famille, et ils étaient partis à bord de chariots jusqu'à cet endroit particulier dans le sud-ouest du Mississippi. Peut-être avaient-ils songé à pousser encore plus loin vers l'ouest, mais le matin, au moment où leur convoi s'ébranlait, ils entendirent chanter un coq. Ils surent donc que d'autres immigrants étaient installés dans le coin. Ils allèrent leur parler, pour demander si les Indiens étaient hostiles et comment était le sol et si les hivers étaient rudes et ce qu'on pouvait faire pousser. Pour moi, le plus intéressant, c'est que l'endroit où ils se sont fixés était exactement pareil à celui qu'ils avaient quitté. Si vous fermez les yeux et que vous les rouvrez, vous ne pouvez pas savoir que vous n'êtes plus en Géorgie.

» Quand mes parents sont arrivés à l'âge adulte, il n'y avait plus de place pour nous sur ces terres. Mais ma famille avait ses racines dans cette communauté rurale ; si bien qu'il était illogique de la part de certaines personnes de dire, comme on l'a fait quand j'ai commencé à travailler pour le mouvement en faveur des droits civils, en tant qu'envoyé du Conseil national des Eglises, chargé de régler les problèmes, d'aucuns disaient chargé de les causer, que le fils de Mr. Lee Campbell, qui est si étroitement mêlé à cette sale affaire de nègres, est étranger à notre région. Ce qui dans un certain sens rendait la chose encore plus dangereuse. Je ne cherche pas à romancer l'affaire ; à cette époque, il n'en fallait pas beaucoup pour faire de vous un radical. La seule chose pire que d'être étranger à la région, c'est d'être un traître et on me considérait comme tel, traître à la famille Campbell-Webb-Parker-McMillan. Ma grand-mère était une demoiselle Webb. C'était la famille Webb qui était allée s'installer là-bas, sur une concession obtenue du gouvernement.

» Durant le passage entre la Géorgie et le territoire du Mississippi, quand l'argent était venu à manquer, ma grand-mère se rappelait avoir vu son père se présenter à un colon de l'Alabama en tant que franc-maçon. Ils avaient échangé la poignée de main maçonnique secrète, le mot de passe secret et le colon avait donné de l'argent. Dix dollars. Qui en valaient peut-être mille aujourd'hui. Ma grand-mère s'en est souvenue toute sa vie.

C'était une image superbe et touchante. Je le dis à Will Campbell.

Il poursuivit :

— Cette tradition orale a eu un effet sur la ténacité avec laquelle ils se sont cramponnés à toutes les anciennes façons de faire, ce qui englobait, entre autres choses, la ségrégation : « Will, tu n'as pas été élevé comme ça. » Ce qui, encore une fois, fait de vous un traître. Pour eux, la ségrégation était une façon chrétienne de vivre. Dieu avait créé les races. Et jamais je n'ai pu leur faire comprendre que ce n'était pas Dieu qui les avait créées. Dieu avait créé les hommes et certains étaient partis vers les pays nordiques et avaient perdu la pigmentation de leur peau, alors que d'autres étaient descendus vers les pays chauds où leur pigmentation s'était au contraire accentuée. Pour eux, Dieu avait créé les Blancs, Adam et Eve étaient blancs. Ensuite il avait maudit Ham et sa malédiction était d'être noir. Cela dit, c'étaient et ce sont des gens profondément pieux pour qui il était important d'avoir dans tous les domaines la sanction de la religion.

» Je vais vous confier quelque chose qui paraît aller à l'encontre de ce que je viens de dire. Quand je dis « ils », je fais allusion à la communauté dans son ensemble. Ma proche famille n'avait aucun intérêt personnel dans une société où régnait la ségrégation, parce qu'ils n'avaient pas d'esclaves. Ils étaient de simples fermiers. Et la vérité historique c'est que « mes ancêtres » sont eux aussi venus dans ce pays en qualité de domestiques liés par contrat. Un très grand nombre de fermiers sont venus ici dans les mêmes conditions. Et ensuite, nous avons eu les esclaves noirs.

» Je ne nie pas que j'ai eu, ni que j'ai grandi avec des préjugés racistes. Ce n'était pas quelque chose que l'on discutait ; les Noirs n'épousaient pas les Blancs et ne sortaient pas avec eux. Ils travaillaient ensemble dans les fermes. Dans les champs, ils étaient sur un pied d'égalité. Nous étions même compagnons de jeu. Quand nous étions petits, nous jouions avec les enfants noirs, mais à un moment donné, vous vous rendiez compte qu'ils étaient noirs, à l'âge de l'école. Et vous l'acceptiez.

Il me dit qu'il avait écrit une chanson à ce sujet. Il empoigna une guitare à côté de lui et se mit à chanter. Je ne m'attendais pas à cela. Il me prit par surprise et l'effet de son chant et de la guitare, remplissant la petite cabane, était hypnotique. Je me laissai emporter par l'émotion du chanteur et par l'intensité avec laquelle il s'était absorbé dans sa chanson.

Elle était longue, une ballade avec beaucoup de récitatifs. Il y était question d'un jeune Noir et d'un jeune Blanc qui grandissaient ensemble dans une ferme du Sud jusqu'à ce qu'ils fussent séparés, selon les coutumes raciales de l'endroit. Le père du Noir était employé par celui du Blanc. La famille noire habitait le fumoir, la blanche la maison d'habitation qui n'était guère plus vaste. Quand survint la grande crise, l'ouvrier noir fut congédié et partit pour Memphis avec sa famille. Et puis la famille blanche perdit sa ferme et dut à son tour partir pour Memphis. Et là, un jour, le jeune Blanc, devenu un homme, rencontra le Noir et ils redevinrent amis.

Certaines parties de sa chanson étaient véridiques, me dit Will Campbell, d'autres inventées. Sa famille n'avait pas perdu sa ferme et n'était pas partie s'installer à Memphis. Alors, ce qu'il y avait de sentimental, là-dedans ; ce qui en faisait une fable, avec une morale, c'était la partie inventée.

— Les hommes de ma famille n'étaient pas des racistes. Ils avaient des préjugés, mais ils n'étaient pas racistes. Je me rappelle un jour, à Campbelltown, ... tous les Campbell vivaient dans le même coin, à moins de deux kilomètres les uns des autres, voici ce qui s'est passé. Il y avait un vieillard noir, John Walker. Il vivait dans les environs et il venait d'être récemment libéré du pénitencier d'Etat où on l'avait enfermé pour avoir volé du maïs à son propriétaire. Il est arrivé le long de la route en terre battue. Et nous, nous étions en train de jouer dans la « zone ». Ce n'était pas la pelouse. Il y avait la maison, la cour, la clôture et au-delà de cette clôture, une étendue d'herbe, comme une prairie, et c'était ça qu'on appelait la zone. On n'y plantait aucune récolte et ce n'était même pas un pâturage ; c'était plutôt un terrain de jeux. A l'intérieur de la cour, il n'y avait pas d'herbe. On la nettoyait avec un balai de cornouiller. Ça faisait négligé d'avoir de l'herbe dans sa cour. Donc nous étions dans la zone et ce Noir est arrivé sur la route ; nous l'avons nargué : « Hé, le nègre ! Hé, le nègre ! » Il n'a pas répondu. Les mœurs locales ne l'autorisaient pas à répondre à des petits Blancs.

» Après coup, mon grand-père nous a tous appelés auprès de lui. Il était assis là, sur une souche d'arbre. Il nous appelait tous « chouchou ». Et il a dit : « Chouchous, il n'y a pas de nègres ici-bas. » Et nous nous sommes écriés : « Mais si, Grand-Papa. John Walker est un nègre. » Il n'avait pas encore tout à fait disparu le long de la route poussiéreuse. Et mon grand-père a repris : « Non, tous les nègres sont morts. A présent, il n'y a plus que des gens de couleur. » C'était sa façon à lui de nous expliquer que la guerre de Sécession était terminée.

(Dans *Brother to a Dragonfly*, il y avait une autre version de cette histoire. Le maïs qu'avait volé John Walker était « un sac d'épis de maïs à griller ». Et on ne l'avait pas incarcéré pour le punir de ce vol. Il avait été rossé par des Blancs et avait narré non sans humour sa correction, ce qui avait en partie encouragé les moqueries des jeunes enfants.

— Ouais, m'sieu'. Y m'ont mis aussi nu qu'un vé'. Et puis, y z'y sont allés à coups de ceintu'. Y m'ont fouetté si fo' que j'ai failli en chier.

L'histoire que m'avait racontée Will Campbell dans sa cabane, avec le Noir supportant silencieusement les affronts, correspondait mieux aux sensibilités contemporaines. La version du livre, dans laquelle le Noir tournait sa rossée en dérision, et peut-être aussi le vol, sonnait plus juste.

— Mon grand-père n'était guère allé plus loin que la neuvième à l'école, ajouta Will Campbell. Il savait écrire son nom et j'imagine qu'il savait lire. Mais quelle façon de manier la langue ! J'espérais toujours que le prédicateur ferait appel à lui pour nous diriger dans nos prières. Nous étions baptistes. Je me rappelle l'avoir entendu conclure une prière par ces mots : « Et quand enfin nous nous agenouillerons pour boire à la source amère de la vie... » Et par ces mots, « la source amère de la vie », il voulait dire la mort...

» Ainsi, voilà quelles étaient et quelles sont les influences dominantes dans la vie des Blancs du Sud rural — ce sens de l'endroit, issu du déplacement forcé, des domestiques sous contrat, des migrations, et la découverte de ce sens de l'endroit dans les fermes, les exploitations accordées par le gouvernement, la communauté. Ce sens de l'endroit, de votre place sur terre, était devenu sacré.

» Or, les changements raciaux qui étaient en cours semblaient menacer ce sentiment. Et c'était une *vraie* menace que de s'apercevoir brusquement que des choses qu'on croyait stationnaires et faites pour durer éternellement ne seraient plus jamais les mêmes.

» Et j'essayais toujours d'expliquer à mes collègues, les gars du mouvement qui n'étaient pas du Sud, que quand les Blancs disaient que la déségrégation dans les écoles causerait la ruine de ces écoles telles qu'ils les connaissaient, ils ne faisaient qu'énoncer une réalité. Je me servais de l'exemple d'Abraham et d'Isaac. Les gens me disaient : « Vous me demandez de sacrifier mes enfants sur l'autel de la déségrégation élevé par la Cour suprême. » Moi, je répondais et je réponds toujours : « Je vous demande simplement d'être fidèles au Dieu que vous professez. Pour nous autres, chrétiens, il y a un Dieu au-delà des idoles que nous avons créées, le lieu, la communauté, l'éducation publique, et que nous sommes en effet peut-être en train de sacrifier. Abraham était prêt à sacrifier son enfant. Nous mettons notre enfant sur l'autel de la déségrégation, nous plaçons au-dessous le petit bois de la justice. Mais l'enfant n'a pas été sacrifié ...par Abraham. Finalement, l'enfant a été sauvé. »

» Peut-être l'analogie n'est-elle plus valable, mais à l'époque, elle marchait bien pour moi, conclut Will Campbell.

Il se mit à me parler de son travail dans le mouvement en faveur des droits civils et il était possible de déceler les façons de penser qui devaient l'amener plus tard, en tant qu'homme d'Eglise, à résister à toute manipulation politique.

— Ce n'est pas la décision de la Cour suprême, en mai 1954, qui nous a dicté notre conduite. Elle avait une source beaucoup plus fondamentale. Les juges de la Cour suprême peuvent changer. Elle est déjà bien différente de nos jours. La devise du mouvement libéral, c'était la loi et l'ordre. Mais une fois que Mr. Nixon et d'autres ont eu découvert l'Amérique profonde, l'expression « la loi et l'ordre » est devenue synonyme de « nègre ». Et alors, c'est l'autre camp qui s'est mis à proclamer : « Nous voulons la loi et l'ordre. » Si bien que Martin Luther King Jr et les autres ont fait figure de perturbateurs et par conséquent de menace envers la loi et l'ordre.

Il évoqua les paradoxes et les ambiguïtés de la réussite du mouvement.

— Je crois qu'étant donné la façon dont j'ai grandi, mes chances de devenir libre et d'aborder la question raciale avec un esprit ouvert étaient beaucoup plus grandes que quand mes enfants ont grandi. Parce que quand j'étais gamin, on tenait certaines choses pour acquises et on n'en parlait jamais. On ne discutait pas pour savoir si les Noirs devaient siéger dans un jury ou aller à l'école avec nous ou vivre avec nous. En revanche, tous les enfants nés après mai 1954 ont entendu parler des Noirs de façon péjorative. Ce qui fait qu'on a aujourd'hui une génération de gens pleins de haine, qui sont en mesure de mettre leurs sentiments en application.

» Or, je crois sincèrement que c'est très dangereux parce qu'on n'aura jamais plus cette espèce de résistance non violente qu'on a vue sous l'égide du docteur King et d'autres.

» Dans le temps, quand on voyait cinq mille Noirs défiler autour d'un tribunal et qu'on leur demandait pourquoi, ils répondaient que c'était parce qu'ils n'étaient pas inscrits sur les listes électorales. Quand on voyait des Noirs manifester devant un restaurant, c'était parce qu'ils n'avaient pas le droit de manger dans les restaurants. A cette époque-là, la cause ne posait absolument aucun problème.

» Aujourd'hui, comment une résistance passive, non violente fonctionnerait-elle ? Les choses sont loin d'être aussi claires. Aujourd'hui, si on voyait cinq mille Noirs défiler, la seule chose qu'ils pourraient dire, c'est : « Nous défilons autour de ce tribunal parce que pour vous, nous sommes toujours des nègres. »

» Je me rappelle une chanson qu'on chantait dans nos tavernes : *Expédiez les nègres dans le Nord.*

Expédiez les nègres dans le Nord,
Expédiez les nègres dans le Nord,
Si nos habitudes du Sud ne leur plaisent pas,
Expédiez les nègres dans le Nord.

Ayant commencé par simplement dire les paroles, il ne tarda pas à céder au rythme entraînant et à les chanter à moitié.

A la fin, il me confia :

— Je me rappelle l'avoir entendue un jour dans le nord de l'Alabama, dans un troquet en bordure de route, où l'on venait récemment d'interdire la ségrégation ; je m'y étais arrêté avec un ami noir. La chanson passait au juke-box. Bien évidemment c'était nous qu'elle visait. Et quand nous sommes partis, mon ami a dit — ça l'avait blessé — il a dit : « Je suppose que la loi n'interdit pas de faire marcher un juke-box. » Et moi, j'ai répondu : « Pas encore. Et j'espère que ça n'arrivera jamais. »

Il me répéta la réponse qu'il avait faite à son ami noir. Je ne compris pas très bien où il cherchait à en venir avec cette histoire et ce ne fut que plus tard que j'appris, en lisant son article « L'univers du cou-rouge », qu'il s'agissait d'une chanson du Klan. Ce fut de cette façon assez vague qu'il introduisit le sujet du Klan et des Blancs défavorisés, la tragédie des cous-rouges, ainsi que ses propres années dans le « désert libéral ».

Il était assis sur un tabouret devant une haute table de travail, le crachoir à ses pieds. Un vieux fauteuil de barbier occupait un des coins de la cabane en rondins, près du climatiseur. Il y avait aussi un fauteuil à bascule ; un canapé contre un des murs ; un tapis par terre ; et une table basse dont le dessus était taillé dans un tronc d'arbre ciré ou verni.

Au mur était suspendu un banjo, à moins que ce ne fût un ukelele, ainsi que des photographies, des croquis et des originaux de dessins humoristiques. Sur une corniche, en hauteur, un vieux panneau publicitaire en fer-blanc : *Dites Goo-Goo. Un déjeuner nourrissant pour cinq* cents. *5 c.* Goo-Goo était le nom d'une friandise pour laquelle l'émission de radio Grand Ole Opry continuait à faire de la réclame. Ce fut ce vieux panneau en fer qui me permit de commencer à voir dans l'assemblage apparemment hétéroclite d'objets réunis dans la cabane une collection d'objets du peuple.

Will Campbell reprit :

— J'ai bouclé la boucle. J'ai grandi dans un milieu fondamentaliste, à l'époque on n'appelait pas ça comme ça. Tout le monde était baptiste. Dans cette façon d'envisager l'univers, être chrétien signifiait ne pas fumer, ne pas boire, ne pas faire de bêtises le samedi soir.

Mais il attendait davantage de sa religion et sa foi s'était développée à mesure qu'il poursuivait ses études.

— Je m'intéressais aux questions d'éthique, dit-il.

Dans le Sud, cela menait directement au problème racial, donc à sa participation au mouvement des droits civils.

— Je suis toujours contre les guerres, la ségrégation et les salaires de misère pour les ouvriers. Mais j'ai commencé à comprendre que j'avais troqué un code légal pour un autre. Le libéralisme que j'ai adopté au milieu de ma vie ne m'a pas mieux servi que le fondamentalisme de ma jeunesse. Selon le message chrétien, nous sommes créés libres et personne n'a le droit d'exiger de nous plus que ne l'a fait Jésus. Or Jésus n'avait ni credo, ni idéologie particulière. J'ai découvert que le credo social des libéraux était aussi doctrinaire que le credo religieux des fondamentalistes. Jésus nous a demandé de penser à celui qui était proche de nous.

Et celui-là, pour Will Campbell, c'était le cou-rouge, personnage méprisé, selon lui : le cou-rouge, son semblable. Il haïssait le mot et estimait qu'il ne devrait être utilisé que par des gens comme lui.

— La tragédie du cou-rouge, c'est qu'il n'a pas choisi le bon ennemi. Je connais une excellente chanson. *Cous-rouges, chaussettes blanches et bière Ruban Bleu.* Vous voulez l'entendre ? Je ne suis pas musicien, mais j'aime bien les chansons populaires.

Il quitta son haut tabouret, prit sa guitare et alla s'asseoir sur le canapé. Un chien noir au poil luisant était entré dans la cabane. Lorsque Will se mit à jouer de la guitare et à chanter, l'animal s'assit, immobile, fixant ses yeux étincelants sur la main qui grattait les cordes, écoutant la voix de son maître.

Non, nous n'allons pas avec ces gens à col blanc.
Nous sommes un peu trop turbulents, trop bruyants.
Mais je n'ai envie d'être nulle part ailleurs qu'ici,
Avec mon cou rouge, mes chaussettes blanches, ma bière
[*Ruban Bleu.*

— C'est une chanson qui parle d'aliénation, déclara Will Campbell. Elle dit beaucoup de choses. « Nous sommes un peu trop turbulents, un peu trop bruyants. »

— Qui l'a écrite ? demandai-je.

— Bob McDill. Si vous l'écoutez d'une oreille sélective, vous apprenez des tas de choses.

Et pourtant l'histoire qui préoccupait tant Will Campbell pouvait être contournée, tout comme dans certains milieux la vieille foi, trop exigeante, l'avait été.

A vingt-cinq minutes du centre de Nashville, dans la petite ville de Smyrna, se trouvait l'énorme usine de montage des camions et voitures Nissan. C'était en fait trois usines en une, sur un site de quatre cents hectares. Les bâtiments étaient bas et rectilignes, gris, presque sans relief sur le terrain plat. Vus de l'extérieur, ils ne défiguraient guère l'endroit, ni le paysage environnant. A l'intérieur, en revanche, c'était un monde à part : près de quatre cent mille mètres carrés de surface contiguë, sous un toit qui paraissait plus haut quand on se trouvait dessous que quand on l'observait contre le ciel. C'était une usine gérée selon les méthodes japonaises, avec une main-d'œuvre d'habitants du Sud, des Blancs, des Noirs et quelques Asiatiques, hommes et femmes, répartis en petites unités de style militaire, chacune possédant son chef, ses objectifs et ses loyautés.

A Spring Hill, à une quarantaine de kilomètres au sud de Nashville, un projet encore plus gigantesque était en cours : la création, sur un terrain de cinq cent cinquante hectares, de l'usine Saturne de la General Motors, une usine de fabrication (et non une usine de montage, comme celle de Nissan à Smyrna). Elle devait coûter trois milliards six cents millions de dollars et serait le plus vaste complexe industriel jamais construit aux Etats-Unis. En dépit de toutes ses machines automatiques et de tous ses robots, Saturne devait employer environ six mille personnes. Pourtant, on ne verrait rien de la route. La General Motors allait aménager le terrain, en remblayant une colline assez basse et peu visible, afin de cacher l'immense bâtiment. Le long de la route on ferait pousser des cultures sur des terres appartenant à la firme. Le simple passant aurait l'impression de voir une exploitation agricole. Mais l'usine Saturne, lorsqu'elle serait enfin là, transformerait la région, tant sur le plan physique que sur le plan culturel, à des kilomètres à la ronde. La General Motors estimait que « l'effet d'auréole » créerait entre quatorze et quinze mille nouveaux emplois dans le centre du Tennessee : de nouvelles habitations, de nouvelles installations, une nouvelle espèce de travailleurs.

Pour le moment, il n'y avait pas grand-chose à voir, mais la région était sur le point d'être bouleversée de fond en comble. Le prix des terrains était monté en flèche. J'avais entendu parler à Nashville de « l'avidité » de certains habitants du coin et de la promptitude avec laquelle des Sudistes de vieille souche, confrontés à la perspective de toucher beaucoup d'argent, avaient accepté de se défaire de fermes et de terres anciennes et de se couper d'un passé qui, jusqu'à une date très récente, leur était si sacré.

Toutefois Frank Bumstead, homme d'affaires de Nashville, qui connaissait bien la région et me la fit visiter en voiture, un matin, se montrait moins sévère. Frank avait passé depuis peu la quarantaine ; c'était un Texan d'origine géorgienne, qui s'était élevé à la force du poignet, ayant réussi à payer ses études universitaires grâce à une bourse de basketteur. Cet homme intéressé à de nombreuses affaires possédait un fonds inépuisable de savoir local et un esprit précis et analytique.

— La vérité, me dit-il, c'est que depuis 1985, un petit agriculteur *efficace* a de la chance si son exploitation lui rapporte de quoi couvrir ses divers frais : graines, fourrage, engrais, produits chimiques, essence, etc., main-d'œuvre. S'il s'est le moins du monde endetté pour acheter sa terre ou son équipement, il est en très mauvaise posture financière.

Les fermiers sont dans l'incapacité de payer leurs terres ou leur équipement. Tout au plus peuvent-ils espérer couvrir leurs frais. Cela étant, pourquoi les gens ne vendraient-ils pas ?

» En fait, un grand nombre des habitants du coin étaient pétrifiés, comme une grenouille éblouie par une lumière la nuit. Ils voyaient les prix monter en flèche et mouraient de peur à l'idée de vendre trop tôt ou à un prix trop bas. On peut voir dans cette attitude de l'avidité. On peut aussi y voir quelqu'un qui tremble à l'idée de ne pas vendre assez cher un bien qui lui tient énormément à cœur, car pour un fermier sa terre vient juste derrière sa femme et Dieu. Beaucoup des fermes qui ont été vendues étaient dans la famille du vendeur depuis plusieurs générations.

» Dans de nombreux cas, les sommes obtenues ont permis à ces gens de régler leurs dettes. Je connais un agriculteur qui possédait une exploitation d'environ soixante hectares. Elle ne jouxtait pas tout à fait le site ; elle était à environ cinq kilomètres. Il l'a vendue pour trois cent cinquante mille dollars. Il en a versé trois cent mille à la banque et après les honoraires des avocats, il a dû lui rester quelque chose comme vingt à vingt-cinq mille dollars.

Il s'attarda sur le prix des terrains.

— Le projet Saturne a été annoncé par la General Motors en 1985. Six mois avant, le prix des terrains agricoles dans le comté de Maury (quand on parvenait à vendre car il n'y avait pour ainsi dire pas de marché) oscillait entre quatre à cinq cents dollars l'hectare, au plus bas, et mille à mille cinq cents au plus haut, selon le type de terrain, les pâturages étant moins chers que les terres arables. Un mois après l'annonce du projet Saturne, une grande partie des terres dans le nord de Maury et le sud de Williamson (au nord) se vendait au plus bas à deux mille cinq cents dollars l'hectare. Certains terrains ont changé de main à des dix mille dollars l'hectare, pour de la terre exploitable « brute ». On a même parlé de transactions aux alentours de vingt à vingt-cinq mille dollars. En d'autres termes, c'était de la démence. Une partie importante de ces spéculations a été le fait d'acheteurs texans qui avaient fait l'expérience de la flambée des prix de la terre à Dallas et Houston et se trouvaient en plein milieu d'une baisse de ces marchés, le mot crise conviendrait peut-être mieux.

» Il y a donc eu des fortunes colossales nées du jour au

lendemain dans notre région. Je connais quelqu'un qui, après avoir vendu sa station de radio et ses parts dans un système très rémunérateur de télévision par câble, a acheté cent cinquante hectares à moins d'un kilomètre au sud de Franklin City, sur la Nationale 31. Une grande partie du terrain était en bordure de route. Il a payé en moyenne trois mille dollars l'hectare, huit ou neuf mois avant l'annonce du projet Saturne. Après coup, il a vendu ses terres dix-sept mille dollars l'hectare ; et il en avait été propriétaire pendant moins de dix-huit mois ! Il a reconnu qu'elles avaient beaucoup trop de valeur pour y faire l'élevage des chevaux. Il a dit qu'il avait gagné davantage d'argent avec la ferme qu'avec la station de radio. Pourtant, il avait acheté cette exploitation pour y prendre sa retraite. Comme quoi, cela rapporte plus d'avoir de la chance que d'être malin.

Ce fut aussi avec Frank qu'un autre matin, je m'en fus voir l'usine Nissan à Smyrna, passant du Tennessee verdoyant à de luxueux bureaux (pour commencer), dans les gris et les chromes, avec des moquettes remarquablement épaisses et douces. Beaucoup de gens étaient en uniforme, pantalon bleu foncé, chemise bleu pâle, avec le mot *NISSAN* brodé à la machine au-dessus de la poche gauche de la chemise et le nom de celui qui la portait au-dessus de la droite.

La chargée des relations publiques, qui nous accompagnait, annonça à un moment donné, dans un couloir :

— C'est le président que nous venons de croiser.

Lui aussi portait l'uniforme Nissan.

Dans un vaste bureau collectif, nous vîmes un chariot à courrier robotisé, qui se déplaçait le long d'une piste chimique incorporée à la moquette grise. Il faisait la tournée des bureaux et s'arrêtait à certains endroits, d'où il ne bougeait plus tant que l'on n'avait pas appuyé sur une languette au sommet. Si quelqu'un se trouvait sur sa route, le chariot faisait entendre un bip.

Le bâtiment, qui regroupait trois usines en une seule, avait la forme d'un E. La barre verticale s'étendait sur plus de seize cents mètres de long : un chemin, une route, plate et parfaitement droite, disparaissant de part et d'autre. Frank avait déjà vu des lieux aussi vastes et même plus immenses encore ; pas moi. Nous parcourûmes les énormes distances en voiture électrique, pilotée par la chargée des relations publiques, qui n'arrêtait pas de parler. On ne voyait nulle part de Japonais (il n'y en avait que onze sur les trois mille cinq cents membres du personnel) ; les personnes qui ressemblaient à des Japonais étaient des Américains d'origine chinoise ou orientale. Dans des zones dégagées, en divers points de l'usine, se trouvaient des paniers de basket-ball et des tables de ping-pong. L'idée de ces tables avait été rapportée du Japon par les travailleurs qui étaient allés y faire un stage de formation, avant que l'usine n'ouvrît ses portes. Dans de nombreux endroits, il y avait des écrans de télévision qui communiquaient des données constantes et des programmes concernant la production et aussi parfois d'importantes nouvelles nationales ou internationales. C'était un univers réel, complet. On éprouvait cependant un soulagement à en sortir et à voir, au loin, un vestige de l'ancien monde : un hangar en tôle ondulée, se découpant contre des arbres.

Durant mon enfance à Trinidad, je n'avais jamais voulu devenir un employé, j'avais toujours rêvé d'être indépendant. C'était en partie dû à mes antécédents de paysan indien et à la société coloniale agricole de l'île. Et, bien que cela n'eût pas été facile, au début, j'étais resté indépendant. Je n'avais de ce fait presque aucune expérience du monde du travail de notre siècle ; et je n'avais guère de moyens de comprendre comment les gens s'y adaptaient. Ici, dans cette usine Nissan, les gens étaient bien traités et bien rémunérés ; il y régnait une certaine espèce de liberté et aussi de dignité. Mais il me sembla que, pour avoir cela, ils vivaient dans un espace très limité.

Quelques jours plus tard, je priai Frank, en tant qu'homme d'affaires et homme du Sud, de me dire ce qu'il croyait avoir vu.

— La première chose qu'on voit là-dedans c'est la culture de l'entreprise Nissan, me dit-il. C'est une culture d'entreprise supérieure, qui met l'accent sur la participation du travailleur au processus industriel. Elle met aussi l'accent sur le bien-être du travailleur. La force ouvrière est en moyenne très instruite, extrêmement bien payée et non syndiquée. La conception japonaise de la gestion est de diviser toute l'usine en petits groupes de travail, à chacun desquels on confie une responsabilité spécifique. A l'intérieur de ce groupe, les membres élisent un chef, répartissent les responsabilités et ils sont constamment occupés à accroître leur efficacité et leur productivité. Un des aspects de cette culture est que le travailleur est encouragé à faire du lieu de travail un lieu meilleur, plus efficace, plus sûr et plus heureux. Vous avez vu les tables de ping-pong.

» Cette culture d'entreprise a été adoptée pour plusieurs raisons. Les salaires sont séduisants. L'usine est propre, moderne, bien entretenue et, en tant qu'installation industrielle, un endroit où il fait très bon travailler. Nissan fournit de nombreux avantages complémentaires. Le « bien-se-sentir » — par exemple ; c'est un mot nouveau dans notre vocabulaire pour désigner un processus qui permet d'être bien dans sa peau et de le rester. Et de profiter de diverses installations. Enfin il ne faut pas oublier l'esprit d'équipe qui est une des images de marque.

» Le président nous a croisés *en uniforme* avec son prénom brodé au-dessus de sa poche. Les uniformes sont facultatifs, mais la grande majorité de ces gens portaient le leur. Il faut que tout le monde sente qu'il fait partie de l'équipe. Et il y a des avantages importants incorporés à la culture d'entreprise Nissan pour ceux qui obtiennent les meilleurs résultats. Les primes de ce genre sont équitables, justement réparties à travers toute la force ouvrière et, ce qui compte encore plus, elles sont accessibles.

» Vous avez vu deux composantes de la culture d'entreprise qui méritent d'être mentionnées. Des gens qui n'ont jamais travaillé avec des robots auparavant se retrouvent pourtant en train de le faire. Ce sont des gens du Sud, des gens dont les racines sont terriennes et agricoles. Le second choc culturel est dû au fait que Nissan est une affaire bien organisée, très puissante et extrêmement vaste, qui fonctionne au milieu d'une culture jusque-là principalement rurale, peu organisée et très décontractée.

» Alors, ce que Nissan signifie pour moi, c'est comme le fil du rasoir d'un débat qui va faire rage dans les zones métropolitaines de moyenne importance du Sud, au cours des vingt années à venir, Nashville, Lexington, Kentucky, Raleigh-Durham en Caroline du Nord, Charlotte en Caroline du Nord également. Ce débat porte tout simplement sur l'industrialisation. Face à l'argent, il y a le sacrifice d'un certain mode de vie. Nous avons une qualité de vie très élevée dans le Sud et même si nous nous industrialisons de façon raisonnable, il y aura des sacrifices. Une circulation accrue et les tensions qui l'accompagneront ; une population plus nombreuse et, à nouveau, les tensions que cela entraîne. La criminalité. Et les pressions de plus en plus vives exercées sur les instances gouvernementales locales pour faire de la place à cette croissance.

» Trente-cinq pour cent des travailleurs de l'usine Nissan sont des travailleuses. Or, dans le Sud, les femmes ne travaillaient pas. Leur métier, c'était de vaquer aux tâches ménagères.

» Nissan n'a eu aucun effet sur le prix de la terre. Il y a eu beaucoup de spéculations et la plupart des gens ont perdu. Du fait que Nissan est une usine de montage, il n'y a pas d'effet d'auréole. Et Nissan emploie des autochtones, des gens qui se trouvaient déjà sur place. La plupart des travailleurs de la General Motors vont venir du nord du Middle-West. Ils auront besoin de se loger. Ce ne sont pas des gens du Sud. Nous savons que leur arrivée produira forcément un effet. Ils sont syndiqués. Là encore, il y aura des heurts. Le niveau de vie contre la qualité de la vie.

» Mon impression, à moi, c'est que la grande et la moyenne bourgeoisie ont tendance à résister à la croissance et au changement, surtout si leurs membres ont des emplois acceptables, de jolies maisons, de bonnes écoles. La grande bourgeoisie tirera profit de la croissance. Les très riches soutiennent la croissance, parce qu'elle est bonne pour les affaires. Les pauvres deviennent de simples pions à manipuler.

Nous arrivions à présent vers la fin de juillet. J'allai séjourner dans un domaine au nord-ouest de la Géorgie, région que je voyais désormais d'un œil différent de celui dont je l'avais contemplée, presque au début de mon périple.

A ce moment-là, j'étais remonté d'Atlanta et l'endroit m'avait fait l'effet d'une sorte de désert quasi indien. A présent, je descendais de Chattanooga, une ville industrielle en proie à un délabrement partiel. Ici, point de restaurants de *fast-food* sur les nationales, avec leurs hautes enseignes et leurs uniformes criards ; rien que des boutiques de prêteurs sur gages, les unes derrière les autres, des chiromanciens et des cartomanciens, des petits bureaux d'usuriers et des points de vente de caravanes parfois ornées d'oriflammes.

Tout autour de Chattanooga, je vis les caravanes, sales et débarrassées de leurs décorations, dans leur habitat ordinaire. Je vis les petites maisons ; les vieux bouts de métal que l'on récoltait précieusement dans certains jardins : la Géorgie des *crackers,* avec, de temps en temps, une petite silhouette noire déconcertante dans une cour, une silhouette qui avait bien l'air de ce qu'elle voulait être, un « nègre artificiel », élément décoratif du cru et rappel du passé.

Fort Oglethorpe était la ville la plus proche, baptisée d'après James Oglethorpe, fondateur de la Géorgie. Il y avait une nouvelle route menant à Fort Oglethorpe, par-dessus les collines. Il y avait une autre route qui traversait la ville de Lafayette (que l'on prononçait sur place : « Laf'ette »), puis le parc du champ de bataille de Chickamauga, présentant la guerre sous forme de monuments, de rhétorique et de difficile stratégie — Chikamauga était la dernière grande victoire du Sud sur le Nord.

Pour moi, le chemin le plus direct pour gagner Fort Oglethorpe passait par-dessus les collines ; il était plus rapide. Un jour, où je me rendais de là à Chattanooga, au volant de ma voiture, j'aperçus depuis le bidonville voisin du Rossville Boulevard — et j'eus tout d'abord du mal à en croire mes yeux — les dessins que formaient les pierres blanches du cimetière du champ de bataille : des arcs blancs en pointillés, ordonnés et réguliers, sur les collines peu élevées, au-delà des bidonvilles blanc et noir, à travers lesquels, en poursuivant ma route, je continuai à voir le cimetière. Je ne connaissais pas la région ; je ne m'attendais pas à y découvrir un cimetière, surtout de cette taille, avec ses alignements de pierres blanches. Chickamauga était à peine un nom pour moi, avant mon arrivée ici, et à présent l'endroit s'avérait beaucoup plus impressionnant que le cimetière de Canton dans le Mississippi — le deuxième jour de cette bataille étalée sur quarante-huit heures ayant peut-être été le plus sanglant de toute la guerre, comme je devais l'apprendre par la suite à Memphis, de la bouche de Shelby Foote, historien spécialiste de la guerre de Sécession. Une guerre importante, et nécessaire ; pourtant, maintenant elle paraissait révolue et morte, un gâchis.

Et en observant les Noirs pauvres et les pauvres Blancs (avec leurs casquettes de base-ball un peu canailles) dans la ville délabrée (« les pions à manipuler ») j'eus une vision fugitive du monde que voyait Will Campbell ; et je vis, de nouveau, l'histoire de ces lieux s'étaler en couches facilement perceptibles : la terre indienne, les Noirs (parfois artificiels), la guerre, l'industrie, le bidonville, avec très loin vers l'ouest, à Nashville, le début d'un nouvel ordre menant nul ne savait où.

7

CHAPEL HILL

FUMÉE

Il avait fait chaud depuis le début, c'est-à-dire depuis la mi-avril, quand j'étais descendu dans le Sud avec Howard pour voir l'endroit qu'il considérait comme « chez nous » ; et que j'avais été surpris par les couleurs du printemps en Caroline, par le vert tout neuf des arbres, les fleurs pourpres dans l'herbe qui bordait la route, les fleurs de cornouillers d'un blanc jaunâtre ; et plus surpris encore par la beauté, dans les tons de rouille, bois gris, vert passé et rouge indien, des hangars à tabac abandonnés et des fermes et granges désaffectées avec leurs toits de tôle ondulée, ces toits pointus qui s'étalaient.

Le degré de chaleur, ou pour le moins de tiédeur, dont je fis l'expérience au cours de ce week-end pascal n'était pas de ceux que j'associais, après plus de trente-cinq années en Angleterre, avec le printemps. Et il y eut un matin de la mi-mai, en Caroline du Sud (toujours ce printemps du Sud !), que j'eus du mal à supporter, un matin cuisant, étouffant d'humidité, dans le parc d'une grande demeure, sur la rive d'un fleuve boueux, sous un ciel blanc, l'air étant si chargé d'insectes agressifs qu'il suffisait d'ouvrir la portière de la voiture pour les voir s'y précipiter par douzaines.

Ensuite, cependant, après Tallahassee et Tuskegee, je m'étais acclimaté. Les systèmes modernes de climatisation — pas les unités individuelles des chambres d'hôtel, aussi débilitantes par leur bruit et leurs courants d'air froid que la chaleur qu'elles évacuaient — avaient rendu possible cette adaptation. L'été devint quelque chose avec lequel on avait appris à vivre. Jusqu'au jour où, dans le nord-ouest de la

Géorgie, une semaine environ après mon arrivée, survint, très brusquement, la canicule, avec des températures avoisinant les trente-huit degrés. Et, pendant près de trois semaines, la chaleur ne s'était pas relâchée.

Le premier jour, je ne me rendis pas compte que la canicule était arrivée. La climatisation de la maison, de la voiture et des magasins m'avait habitué aux contrastes de températures. Mais très vite, le sol s'était réchauffé et l'air aussi. Tout objet exposé au soleil était aussitôt gorgé de chaleur. Dès qu'on restait un instant dehors, on inhalait un air chaud et humide qui irritait les poumons.

La demeure où je résidais se trouvait à flanc de colline, au milieu de champs et de bois. Autour du domaine se dressaient de nombreuses petites maisons. Depuis la route, on aurait pu se croire en plein pays *cracker ;* mais depuis le domaine proprement dit, la vue (qui était panoramique) ne révélait aucune autre maison, ne montrait rien de médiocre, ni de dérangeant. Partant de la maison et des pins qui l'entouraient, la colline descendait doucement, à travers des prairies en friche non clôturées, jusqu'à un étang artificiel et à la rive parsemée de branches d'une rivière. Au-delà, entre des masses d'arbres, on apercevait d'autres champs et prairies ; et au loin des collines boisées, dont le bleu s'estompait jusqu'au gris, en rangées successives.

Les oiseaux avaient été rares dans le bois qui environnait la maison. A présent, avec la chaleur, il ne semblait plus y en avoir du tout. Les grillons, par contre, faisaient entendre comme d'habitude en fin d'après-midi, avant que la lumière n'eût commencé à baisser, leur stridulation régulière qui parfois, étrangement, s'éteignait presque tout à fait. Les prairies, celle qui s'étendait devant la maison et celles que l'on apercevait au loin, roussirent en l'espace de trois jours ; les arbres, proches et éloignés, semblaient d'autant plus verts et plus foncés. Et puis les feuilles de certains des grands arbres autour de la demeure jaunirent et se mirent à tomber en masses légères et virevoltantes pendant quelquefois plusieurs minutes d'affilée, comme si l'automne était venu.

Les chiens d'intérieur, qui auparavant importunaient les hommes, réclamant des promenades et de la compagnie, se firent désormais plus discrets durant la journée, soulevant la queue pour saluer et la laissant retomber, avant de gagner, recroquevillés sur eux-mêmes, la tête basse, la queue entre les jambes, les trous qu'ils s'étaient creusés dans la terre sous le plancher de la véranda ouverte. Dans une mare au bord de la route, en direction de Fort Oglethorpe, le bétail s'était enfoncé dans l'eau jusqu'au ventre. On se serait cru en Inde.

Le ciel s'assombrit en divers endroits, très loin, mais pendant bien des jours, on aurait dit qu'il n'y avait qu'ailleurs qu'il pleuvait. Un jour, cependant, la pluie fit son apparition, avec le vent. Je ne la vis d'abord qu'à la surface de la piscine. Partout ailleurs, sur le bord en béton du bassin, sur la terre sablonneuse et sur les bardeaux en bois du toit de la maison, elle séchait instantanément ou presque. Mais, de même que l'on voit souvent fondre les premiers flocons d'une chute de neige avant que celle-ci ne commence à tenir pour de bon, la pluie finit par inonder lentement les bardeaux du toit et commença à tomber trop drue sur le bord de la piscine pour pouvoir s'évaporer aussitôt. Progressivement, on vit apparaître les endroits mouillés.

J'ouvris la porte pour entendre la pluie et pour la humer. L'odeur de terre desséchée était bien là, cette odeur de première pluie qu'en Inde certains parfumeurs s'ingénient à reproduire, en utilisant une sorte d'argile sur une base à l'huile de santal, pour obtenir une senteur de mousson. A cela s'ajoutait une profonde odeur de pin, issue des rondins en pin de la maison, mouillés par la pluie et qui refroidissaient.

Après l'ondée, on vit les chiens s'activer dans tous les coins, courant parmi les jardins encombrés de détritus ou soigneusement entretenus des petites maisons et des caravanes, ou bien très affairés à trotter le long de la route, comme s'ils avaient besoin de sortir s'ébattre dans l'air plus frais, après leur longue réclusion et comme si partout ils avaient été attirés dehors par les odeurs de la terre, que la pluie avait libérées. Longtemps après l'averse, les routes goudronnées exhalèrent un nuage de vapeur.

Le thermomètre chuta de près de douze degrés en quelques heures. Ce ne fut pourtant qu'une infime rémission dans la canicule qui ne tarda pas à revenir : emprisonnant les gens, tant qu'elle dura, avec autant de rigueur qu'une période de très mauvais temps hivernal dans le Grand Nord. On avait peine à comprendre comment les hommes avaient survécu ici avant la climatisation et les moustiquaires. A l'époque où les voyages étaient une épreuve, une chaleur aussi écrasante avait dû obliger les gens à se replier sur eux-mêmes aussi implacablement que les hivers du Grand Nord poussent, dit-on, les Scandinaves à le faire. Et peut-être que ces six mois de climat estival, passant du chaud au torride, étaient un facteur dans la dégénérescence encore visible d'une section de la population blanche de l'endroit (ces sapiniers qu'avait observés Fanny Kemble avaient sans doute eu une postérité) ; un facteur aussi dans cette obsession, quasi indienne, du Sud pour la religion, l'idée d'une vie au-delà des sens.

A l'ouest se trouvait Nashville ou ses environs, attendant la métamorphose qu'allait apporter l'usine Saturne. A l'est, en Caroline du Nord, il y avait la zone connue sous le nom de Triangle de la Recherche, délimitée par les campus universitaires de Chapel Hill, Raleigh et Durham, où, au cours d'une période de presque trente ans, on avait créé un énorme parc industriel de trois mille sept cent cinquante hectares : trente mille nouveaux emplois là-bas, de pauvres pinèdes de Caroline du Nord réaménagées pour former le plus discret des jardins industriels, de nombreux noms de la technologie et de la pharmacologie modernes représentés par des bâtiments neufs, de longues et basses rangées de brique, béton et verre, donnant une impression d'espace, d'ordre et d'élégance ; le pays de la misère rurale refaçonné pour s'adapter à sa nouvelle fonction, le Sud aboli en ces lieux, comme il l'avait été dans la ville de Huntsville, en Alabama, consacrée à la recherche spatiale.

A Huntsville, l'homme d'affaires sudiste qui m'accompagnait m'avait indiqué un champ de coton ; c'était plus qu'une culture : un vestige du passé. Il s'étendait littéralement de l'autre côté de la route par rapport à un bâtiment ultramoderne. C'était du coton, m'avait dit mon guide, qui vous déchirait les mains et vous rompait les reins (parce que la plante était si basse et qu'il fallait resté plié en deux toute la journée pour la cueillir).

D'une façon un peu analogue, vers la fin du mois d'août, on me montra, aux confins du parc du Triangle de la Recherche, en Caroline du Nord, un petit champ de tabac, bien entretenu : le tabac représentait la célèbre vieille culture de la Caroline du Nord, au point que les noms mêmes de certaines villes d'ici étaient désormais mieux connus comme ceux de marques de cigarettes : Winston, Salem.

Quand j'avais accompagné Howard dans sa ville natale, à Pâques, j'avais vu planter les jeunes pousses de tabac. Je ne connaissais pas la plante, en revanche, et, bien que je l'eusse sûrement vue en de nombreux endroits par la suite, je n'avais pas su ce dont il s'agissait jusqu'à cet instant, où je fus frappé par la grande taille des feuilles. On m'avait dit que la canicule dont nous avions souffert de la fin juillet à la mi-août avait dû être excellente pour le coton et je pensais que cette chaleur — qui avait jauni les feuilles des arbres dans les forêts — avait roussi en outre les bords des feuilles de tabac plus au sud. Ces feuilles, cependant, n'étaient pas en train de mourir, mais de mûrir. Car c'était ainsi que le tabac mûrissait, de la tige jusqu'au bout des feuilles.

Celles-ci ne devaient être cueillies que lorsqu'elles étaient mûres, si bien qu'il fallait repasser de nombreuses fois le long de chaque rangée. Les feuilles basses des plantes que nous regardions avaient déjà été ramassées. Le tabac exigeait non seulement que l'on se courbât, mais aussi que l'on veillât à le récolter au moment le plus chaud. Les billons et les sillons de notre champ de tabac étaient aussi vides de toute verdure et aussi propres qu'une cour en terre bien balayée. Ce petit champ, devant lequel on aurait pu passer sans y regarder à deux fois, évoquait le tableau d'un labeur lent, minutieux, aussi épuisant que celui du coton.

L'homme qui me fit voir tout cela s'appelait James Applewhite. Il appartenait à une vieille famille de producteurs de tabac de l'est de la Caroline du Nord. Agé de cinquante-deux ans, il enseignait à la Duke University de Durham, établissement fondé et doté par une des grandes fortunes du tabac. C'était aussi un poète. Et bien qu'il ne fît plus partie de l'univers du tabac, bien qu'il en parlât comme d'une chose physiquement très éloignée (alors qu'elle était en fait assez proche, à deux heures de voiture), cette sous-culture de l'est de la Caroline du Nord figurait souvent dans ses poèmes, ainsi que toute cette ancienne vie de famille semi-rurale.

Quand je fis sa connaissance, j'ignorais tout de sa poésie, mais je commençai à prendre conscience de sa qualité humaine lorsqu'il s'arrêta pour me montrer le champ de tabac : il manifesta la sensibilité d'un poète et l'acharnement, le sérieux d'un fermier, le tout doublé d'un flegme très universitaire. C'était un homme mince, la taille étroite, soucieux de se maintenir en forme physique. Il prit toutes mes questions très au sérieux et me parla du fond du cœur, sans affectation, avec le solide bon sens d'un homme de la terre, m'offrant aussitôt, dès qu'il vit que j'étais réceptif, des pensées qu'il avait dû mûrir pendant longtemps.

Durham n'était pas son environnement naturel, m'expliqua-t-il ; ce n'était que tout récemment qu'il avait commencé à en faire le sujet de ses poèmes. Aucun environnement ne pouvait se comparer au premier qu'on avait connu. Il approfondit cette pensée et il ne pouvait savoir à quel point son discours me touchait directement (l'idée à peine supportable du commencement des choses n'existait plus désormais que dans mon cœur, n'existait plus concrètement dans Trinidad, île aujourd'hui ravagée, repeuplée). Je comprenais pleinement pourquoi le passé sur lequel il méditait, quoique si proche physiquement et existant encore dans le comté de Wilson, était dans son esprit tout à fait lointain.

Il m'emmena jusque chez lui par le chemin des écoliers. A un moment donné, après avoir vu un homme assis sur sa tondeuse dans le jardin d'une maison, il me parla du balayage des cours en terre battue dans le temps. Le sol était généralement sablonneux et on y passait des balais faits de jeunes branches de cornouiller.

— Et on laissait délibérément des marques sur le sol pour bien montrer qu'il avait été balayé et qu'il était propre.

Etait-ce un domestique qui accomplissait cette tâche ? Non.

— La maîtresse de maison s'y employait avec fierté, donnant ainsi la preuve de l'ordre qui régnait chez elle.

Cela fit vibrer en moi une corde sensible. Sur le moment, pourtant, la seule image qui me vint fut celle de huttes africaines et de leurs courettes bien propres d'un brun jaunâtre, sur les rives du Congo ou Zaïre, vues du pont d'un steamer douze ans auparavant. Les cours sont balayées ainsi, m'avait-on expliqué, pour écarter les serpents. Jim Applewhite pensait qu'il y avait peut-être du vrai là-dedans, même pour le sud des Etats-Unis. Et cela me fit penser à l'histoire de Will Campbell concernant la « zone » contiguë à la cour nue et propre de sa maison de famille, près de McComb dans le Mississippi.

Il y avait encore autre chose, cependant. Cela me revint plus tard : le souvenir, datant d'une période impossible à situer de mon enfance, des marques laissées dans un sable sombre par un balai en *cocoye*, c'est-à-dire un balai fait des tiges centrales très dures — rigides en haut, mais fines et souples vers le bas — des feuilles d'une branche de cocotier. Ces marques dans un coin de quelque cour indienne de Trinidad, qui me revenaient à présent en mémoire, étaient effectivement le symbole de l'ordre et de la propreté, presque de la piété, d'une maison, de son respect des louables coutumes d'autrefois. Quand j'étais petit, il y avait dans les familles indiennes ou hindoues de Trinidad, telles que la nôtre, un rituel concernant le balayage de la cour. Il devait être accompli le matin avant toute autre chose, car il faisait partie de la purification d'une demeure avant les prières. Et tout balayage après la tombée de la nuit était frappé d'une espèce d'interdit religieux (sans doute parce qu'on aurait risqué de balayer ainsi et de perdre des objets précieux). Peut-être, par ailleurs, une idée analogue touchant à la religion et à la piété se cachait-elle derrière le jardin bien ratissé des Japonais.

Le fermier, l'enfant et le poète étaient réunis dans le regard que posait Jim Applewhite sur les circonstances matérielles de son enfance et dans ses propos graves et généreux.

Sa maison se trouvait à la campagne, dans un cul-de-sac, avec quelques autres demeures situées parmi les bois. C'était d'ailleurs une maison en bois. Le mur du fond de son salon était fait de vieilles planches larges, disposées en diagonale. Derrière la maison, on avait construit une plate-forme ouverte qui donnait sur les bois. Ce style de vie, qui dans d'autres pays n'était accessibles qu'à une minorité, n'avait rien de rare, ici aux Etats-Unis.

Il me donna un exemplaire de son dernier livre, *Ode to a Chinaberry* (Ode à la baie d'un arbre à chapelets). Tandis qu'il préparait du thé, je parcourus *Une feuille de tabac* :

Est veinée de mains mulâtres.

Les veines étaient ensuite envisagées sous forme de ruisseaux, « un système hydrographique, irriguant tout un bassin », charriant tous les débris historiques du Sud. En même temps :

Parfumée, édulcorée par le rhum et la mélasse,
Roulée en cigarettes ou taillée en carotte,

Puis inhalée ou mâchée, cette histoire est comme un sirupeux
Alcool de contrebande distillé à travers un radiateur de
[voiture, dont les sels
Vous rendent aveugle. La salive naît dans le corps. Nous
[mourons pour cette feuille.

La plante qui exigeait tant de labeur, de la part d'esclaves ou d'hommes libres, qui donnait à la région un calendrier et une sous-culture bien à elle, était un narcotique, toxique pour les hommes. Sur le plan commercial, elle battait de l'aile : nouveau petit désastre pour le Sud. Jim Applewhite ne fumait pas, n'avait fumé que très brièvement, bien des années auparavant. Mais cette sous-culture était si proche de lui que dans son poème, presque malgré lui, le produit fini était paré de séduction. L'idée du rhum, de la mélasse et du tabac, du sucré et de l'amer, me faisait penser au tabac à chiquer Beech Nut aromatique, moelleux, parfumé à la réglisse, de Will Campbell, ainsi qu'aux carrés de tabac sous cellophane ou pellicule plastique, aussi sombres et riches qu'un cake aux fruits, que l'on trouvait à la caisse des supermarchés du Sud.

Il aimait le tabac en tant que véhicule culturel, à cause des rites qui accompagnaient sa production, sa préparation et sa vente. Et quand, plus tard ce soir-là, je lus ses poèmes dans ma chambre d'hôtel, je les trouvai enrichis par nos entretiens, par tout ce que j'avais vu, et ils me semblaient déjà à demi familiers.

Dans *Pour W.H. Applewhite,* il parlait de son grand-père. (Et, dans mon imagination, je voyais le champ de tabac qu'il m'avait montré, aux confins du parc du Triangle de la Recherche.)

Il creusait la marne grise près du marais, disposait
Le tabac à la main, brisait les drageons et les tiges
Avant qu'ils ne fleurissent, il en laissait aussi monter en
[graine.
Il ramassait les gros vers rouges, cassé en deux,
Le visage frappé par un air chaud, fétide, montant du sol
Arrosé par la pluie.

L'Art de rôtir un cochon, écrit pour célébrer un « repas de cochonnailles », à la fin de la récolte du tabac, chantait aussi le savoir-faire du rôtisseur, un dénommé

Dee Grimes qui était, qui est toujours, métayer ou locataire de la vieille ferme des Applewhite.

C'est une coutume de chez nous, du
Temps où on séchait le tabac au feu de bois, avec des épis
[de maïs
Cuits sous la cendre dans le conduit de cheminée.
Le cochon venait le dernier. La fête avait lieu
Dans la cabane de nouage quand toute la récolte était rentrée.
L'automne était dans son odeur,
Comme les feuilles rouges et l'argent comptant.

Les communautés agricoles sont conditionnées, selon un calendrier donné, par les plantes qu'elles cultivent et dont l'origine ou la raison d'être perdent toute importance : le riz à Java, le tabac en Caroline du Nord, la canne à sucre jadis à Trinidad. Les propos tenus dans ce poème célébrant la fin de la récolte, la dure cueillette, faite à l'origine par les esclaves, remua de très lointains souvenirs de quelque chose qu'on appelait « l'après-récolte » à Trinidad, quand toute la canne à sucre avait été coupée et que les cornes des kérabaus qui traînaient les charrettes bien remplies étaient décorées, tandis qu'une espèce de musique résonnait dans la rue principale du petit bourg de campagne où j'habitais, en bordure des plantations qui s'étalaient sur d'innombrables hectares et servaient de décor à un si pénible labeur. Ces souvenirs comme des instantanés remontaient à une date très ancienne, quand j'avais six ou sept ans, souvenirs étagés, semblait-il, sur une longue période, mais qui peut-être, en réalité, ne couvraient guère plus d'une semaine.

L'immensité du pays, les distances entre les divers endroits, voilà l'un des facteurs qui avaient dû séparer la compréhension qu'avait du monde Jim Applewhite enfant, de celle que je pouvais avoir, moi, à Trinidad. Est-ce que cette immensité n'avait pas été parfois, dans le temps, oppressante ou effrayante ? Les gens ne s'étaient-ils pas sentis perdus ? Je posai la question à Jim quelques jours plus tard, lorsqu'il vint me trouver à l'hôtel où je séjournais.

— Pour mon grand-père, le trajet en buggy jusqu'à Wilson, le chef-lieu du comté et centre de la vente du tabac, soit seize kilomètres aller et seize retour, prenait toute une journée, me répondit-il.

Cela aussi m'était déjà familier par le biais de ses poèmes :

Sa mémoire conservait une ère antérieure : un vapeur pour [la foire
De New York, sur lequel la suie avait gâté son chapeau.
Faire sa cour en buggy attelé, quand deux fois seize kilo- [mètres
Prenaient toute une journée

— Les automobiles ont fait leur apparition dans cette région dans les années vingt, ainsi que la lumière électrique. L'électrification avait tendance à suivre les routes. Au début de l'année, la mère de ma femme nous rappelait justement l'époque où la campagne avait été électrifiée. En effet, les gens se sentaient perdus ici. Le sentiment d'avoir besoin de former une vie qui eût ses propres règles, son rythme, son propre cérémonial, telle est une des raisons pour lesquelles la religion a pris la forme que nous lui connaissons. C'est pour cela que les rites de la culture du tabac étaient si importants.

Je le questionnai à propos du champ de tabac qu'il m'avait montré. Je l'avais vu alors que je venais tout juste d'arriver dans la région et me trouvais encore dans une brume géographique.

— Nous étions à la limite des comtés d'Orange et de Durham. Sur la vieille route de Durham à Chapel Hill. On cultivait aussi un peu de soja tout près. Ce qui se passe dans toute cette région, c'est que l'économie rurale agricole est en train d'être remplacée par une autre économie. Voilà ce que cette exploitation avait d'incongru. Elle était à huit ou dix kilomètres du campus universitaire de Duke.

Puis il parla des rites de la culture du tabac.

— Le tabac était associé à un ancien mode de vie. Associé pour moi à mon grand-père, à une espèce d'ordre temporel cyclique et ritualisé, où le cycle des saisons était marqué par les semailles en couches, la préparation du sol au printemps, la plantation au début de l'été, la récolte au milieu de l'été. En août, on achevait de traiter et de calibrer.

Calibrer ?

— Calibrer, c'était séparer les feuilles selon les différentes phases de la récolte. Et d'ailleurs selon les différentes phases du mûrissement. En sorte que les meilleures feuilles étaient mises toutes ensemble, roulées ensemble pour former ce qu'on appelait des « mains » et destinées à décrocher les prix les plus élevés à la vente aux enchères. Il pouvait y avoir trois ou quatre firmes, ou peut-être cinq, les années fastes, se disputant le tabac dont la qualité leur plaisait. Les acheteurs faisaient le tour des différents marchés. Les diverses ventes aux enchères se succédaient. Elles commençaient dans le sud et remontaient vers le nord, suivant grosso modo le schéma du mûrissement et de la récolte du tabac.

» Vu sous son meilleur jour, le tabac m'apparaît comme une espèce d'art populaire. Un art pratiqué par des gens qui y excellaient, mais qui pouvaient très bien ne savoir ni lire, ni écrire. Je me rappelle l'époque où d'autres pays comme le Canada et la Rhodésie cherchaient à se lancer dans la culture du tabac ; ils venaient en Caroline du Nord pour débaucher les experts en question, des gens qui n'étaient peut-être pas capables de signer leur nom, mais qui savaient récolter, sécher et calibrer le tabac.

» Tout l'art de la récolte, c'est de savoir quand le tabac doit être ramassé. Il ne séchera pas convenablement s'il est ramassé trop tôt ou trop tard. Certaines années, il est impossible d'obtenir une feuille parfaite. C'est pourquoi le tabac est millésimé, comme le vin.

— Vous êtes un expert ? demandai-je.

— Non, non. Je connais simplement les différentes opérations. J'ai vu ça tout autour de moi pendant toute ma jeunesse. Avant tout, je crois que j'étais frappé par l'aspect esthétique du rite du tabac. Il fallait planter juste au bon moment, à la main, plant par plant. Un mode de production agricole artisanal, si vous voulez. Aujourd'hui, c'est beaucoup plus mécanisé. Mais ce côté « fait main » du tabac reposait sur la main-d'œuvre bon marché du Sud à une époque où c'était une région défavorisée.

» La situation type se présentait ainsi : la terre était la possession de propriétaires qui ne vivaient plus exactement à la ferme. Comme mon grand-père. Il s'agissait de gens qui avaient quitté les maisons de la guerre de Sécession construites par leurs grands-parents ou arrière-grands-parents pour aller s'installer en ville ou dans de petits hameaux comme celui où je suis né. Dans la maison d'habitation de la ferme vivait désormais le métayer, possesseur d'un bail. Il pouvait être noir ou blanc. Pour autant que je sache, il était le plus souvent blanc. Il exploitait la terre moyennant un dédommagement. Le métayer recevait en effet la moitié de ce qu'avait rapporté la récolte. C'était le propriétaire qui fournissait les matières premières et le capital. En règle générale, il y avait sur les terres une ou plusieurs familles noires logées gratis dans des maisons plus petites. Elles n'étaient pas intéressées à la vente de la récolte, mais remplissaient les fonctions de domestiques à distance. Elles étaient rémunérées et leurs nombreux membres fournissaient toutes les mains nécessaires pour rentrer le tabac.

— Rentrer ?

— Tout le processus consistant à rapporter le tabac des champs jusqu'au hangar où on le séchait, puis à l'entrepôt où il était empaqueté et stocké jusqu'à son départ pour le marché. Il était important d'avoir un bon entrepôt bien clos, pas trop humide et surtout où il n'y avait pas de fuites ; on ne pouvait pas se permettre de laisser le tabac prendre l'eau une fois qu'il avait été séché. S'il y avait trop d'humidité, il risquait de « moisir » et de perdre aussitôt toute valeur.

» Pour rentrer le tabac, il fallait des équipes entières de gens occupant des rangs divers dans la hiérarchie et chargés de différentes responsabilités. Les ramasseurs, ceux qui cueillaient les feuilles, étaient, sur certains plans, les plus importants. Ils avaient deux tâches difficiles à accomplir. Un travail physique pénible et la responsabilité de décider quelles feuilles ramasser. En outre, ils devaient opérer très vite. Il y avait deux ou trois ou quatre d'entre eux occupés à parcourir le champ, en cueillant les feuilles. Le plus difficile, c'était quand ils ramassaient les feuilles vers le bas de la tige. Ils devaient travailler pliés en deux toute la journée dans des températures caniculaires.

La résine brune au bout des doigts,
Cristallisée aux commissures de lèvres de soixante-quinze ans,
Sur la véranda d'une cahute « fusil », tandis qu'elle regardait
[ses petits-fils
Ramasser des vers à genoux sous le soleil.

— Certains d'entre eux parcouraient les rangs sur les genoux pour éviter de se courber, mais ça aussi, c'est pénible. A la suite des ramasseurs venait un « chariot à tabac » tiré par des mules ou par un tracteur. Il s'agissait en fait de petits chariots entièrement en bois, même les roues. Ils avaient des piquets à chaque coin entre lesquels étaient tendus des morceaux de grosse toile pour retenir les feuilles.

Je lui racontai ce que m'avait dit Howard à propos de la résine que le tabac laissait sur ses mains et ce qu'avait ajouté sa mère, Hetty, concernant l'odeur du tabac qui lui soulevait le cœur.

— La plupart des ouvriers se plaignaient de la façon dont la résine collait à leurs mains et leurs bras. D'habitude la nicotine ne rendait personne malade, à moins que le tabac ne fût mouillé.

C'était le contraire de ce que m'avait dit Hetty. Elle m'avait expliqué que pour éviter l'odeur, son mari et elle allaient travailler dans ie champ de tabac au petit matin, quand les feuilles étaient encore couvertes de rosée.

— Les autres travailleurs d'une extrême importance étaient les « noueurs ». Ils travaillaient dans les hangars. Avec du retors de coton, ils attachaient les feuilles de tabac à des bâtons que l'on disposait alors horizontalement sur des grilles dans le hangar, de façon à laisser pendre les feuilles, le côté tige vers le haut. Là encore, il fallait travailler rapidement. Les noueurs étaient d'ailleurs toujours des noueuses, très souvent la femme du métayer. Et puis, il y avait les « manieurs ». C'étaient eux qui apportaient les feuilles de tabac des chariots aux noueuses.

» De nos jours, il y a des gens qui se servent du chariot à tabac, avec ses roues, pour en faire des tables roulantes. Un vrai chariot à l'ancienne était à peu près moitié moins grand qu'une table roulante. On les faisait petits exprès, pour qu'ils puissent passer entre les rangées. Peut-être aussi qu'un chariot dans lequel était entassé environ un mètre cinquante de feuilles de tabac était très lourd et qu'une seule personne ne pouvait pas tirer davantage. Avant d'être séché, le tabac pesait très lourd.

» La noueuse recevait, dans sa main gauche, cinq ou six feuilles de tabac à la fois, la queue tendue vers elle et il lui suffisait de quelques gestes rapides pour les rouler et fixer les queues ensemble. Puis d'une chiquenaude, elle retournait le paquet (il mima l'opération, mais ce qu'il décrivait n'était pas facile à suivre), de façon à lui faire chevaucher le bâton à tabac où il restait accroché. Le plus important, c'était de veiller à ce que les feuilles ne tombent pas des bâtons, parce que s'il en tombait plusieurs et qu'elles atterrissaient sur le conduit en acier galvanisé au-dessous d'elles, elles pouvaient être à l'origine d'un incendie et tout le hangar risquait d'être réduit en cendres en l'espace de quinze à vingt minutes.

— Cela arrivait souvent ?

— L'incendie d'un hangar à tabac n'était pas rare. On s'attendait à en voir brûler un ou deux durant la saison.

Il reprit son discours concernant les différentes spécialités des travailleurs. Puis il fit cette remarque :

— Il en résultait une stratification sociale. Les fils et filles des propriétaires formaient la jeunesse citadine. Ceux des métayers la jeunesse rurale. Nous allions à l'école tous ensemble. J'admirais beaucoup ces jeunes de la campagne parce qu'ils travaillaient bien plus dur que moi.

Je l'interrogeai sur les effets de la mécanisation. Sa réponse me surprit.

— Les innovations technologiques qui ont supprimé une grande partie du labeur le plus pénible ont également tué en partie la qualité du tabac. De nos jours, on n'attache plus les « mains ». On presse les feuilles toutes ensemble dans des hangars de gros et on les fait sécher.

Il épela « bulk » (« gros ») à mon intention, comme si le mot lui-même participait du côté fruste des méthodes modernes.

— Le tabac n'est plus calibré. On met les feuilles dans des sacs de toile et on les vend.

Une bonne partie des sentiments ambigus qu'il nourrissait envers le tabac se manifesta dans cette façon d'exprimer son peu de goût pour les nouvelles techniques, qui épargnaient les hommes, mais au détriment du produit fini. Je le lui fis remarquer. Il ne repoussa pas ma thèse.

— C'est un mystère et un paradoxe, dit-il. Pour moi, tout ce qui tourne autour du tabac éveille certaines résonances et semble proche du paradoxe de la civilisation elle-même. Le fait que cette substance essentiellement toxique ait formé la base d'un mode de vie qui possédait tant d'aspects séduisants : un cycle ritualisé, saisonnier, qui laissait la terre bien alignée en sillons réguliers une fois que les tiges avaient été coupées à l'automne. Qui offrait le spectacle du marché au tabac, avec ses tas dorés de feuilles aromatiques que l'on vendait pour des sommes vraiment considérables.

L'épouse de Jim Applewhite venait elle aussi d'une famille

de planteurs de tabac. Récemment, ils avaient parlé de la culture du tabac, me dit-il, et sa femme s'était rappelé que dans le temps, il était possible de savoir, rien qu'en regardant une « main » de feuilles, qui l'avait nouée, tant les styles des différentes noueuses étaient caractéristiques.

— Le tabac était un produit qui permettait au Sud, bien souvent très défavorisé sur le plan économique, de recevoir de l'argent liquide de tous les coins du pays et même de l'étranger. Aucune autre récolte ne rapportait autant à l'hectare, aucune n'était aussi lucrative pour la somme de travail fournie. Dans un certain sens, en tant que poète, ignorant encore qu'il serait poète, le fait que le produit fût le fruit d'un art populaire et ne remplît aucune fin utilitaire devait me séduire. Car la fin dernière du tabac était un geste purement social. Du producteur au consommateur, c'était un agent porteur de style. Mais la vie a changé. Je ne pense pas que le Sud ait absolument besoin de produire plus longtemps cette substance toxique.

Mais alors qu'adviendrait-il de tous ces rites liés à la culture ? Les hommes pouvaient-ils apprendre à s'en passer ? Pouvaient-ils en inventer de nouveaux ?

— Nous sommes capables de nouveaux rites, comme vous dites.

Mais il ne s'étendit pas tout de suite là-dessus.

— Le tabac évoque pour moi un aspect très « Ancien Testament » d'un mode de vie appartenant au passé, une espèce de monde traditionnel, conservateur et défunt, un monde marqué par le péché originel dont le tabac était un peu le symbole. Je ne crois pas qu'il y ait quoi que ce soit d'analogue en Occident, sauf l'alcool.

Je lui demandai si les membres de sa famille fumaient.

— Papa fumait un peu. Pas beaucoup. Cela fait partie du paradoxe. La plupart des ouvriers fumaient. Deux des métayers qui ont exploité la ferme de ma famille durant mon adolescence et ma vie adulte sont morts d'un cancer des poumons.

Ces décès le tracassaient. Il m'en avait parlé avec émotion lors de notre première entrevue, presque en même temps qu'il me montrait le champ de tabac mûrissant sur la vieille route de Chapel Hill. Mais, comme toujours dans ses propos, le poison possédait une autre face.

— On pourrait faire valoir que n'importe quelle économie agraire réussie réunit la plupart des aspects de la sous-culture du tabac. Ce qu'elle ne possède pas, en revanche, c'est cette qualité de produit « fait main », calibré, aromatique, vendu aux enchères, propre au tabac. Ce facteur de qualité, laquelle était déterminée par la couleur, le parfum et la saveur, était primordial pour le tabac. Le vin est doué de caractères régionaux et il en va de même dans un certain sens pour le tabac. Lui aussi possède ses particularités locales.

Il ajouta qu'il avait chez lui quelque chose qu'il désirait me montrer, mais qu'il avait oublié de le faire.

— Il y a dans mon salon les planches qui formaient le mur d'un hangar à tabac appartenant à ma famille. Et les poutres du plafond étaient des poteaux de ce même hangar.

J'avais remarqué de moi-même le mur du fond avec ses planches très larges, disposées en diagonale.

Il m'expliqua qu'elles étaient en pin et qu'au fil des ans le processus de séchage les avait rendues si dures qu'il avait été obligé de se servir d'une perceuse électrique pour y enfoncer des clous.

— Les besoins de l'industrie du tabac se sont modifiés avec l'arrivée des bouts-filtres. La cigarette classique était la Lucky Strike ou la Chesterfield ou l'Old Gold, sans filtre. C'était pour ces cigarettes-là que les grandes firmes voulaient le meilleur tabac, le plus beau, jaune citron, celui qu'on appelait « feuille d'or ». Quand les filtres ont fait leur apparition, on a recherché un type de tabac plus lourd, moins doré, d'une qualité inférieure. Alors l'intérêt qu'il y avait à faire pousser le, « feuille d'or » le plus éclatant a diminué.

» L'aspect intangible de l'industrie du tabac, c'est qu'on ne peut pas présenter en termes politiques l'espèce de mode de vie formel, esthétique, ritualisé qu'elle finançait. C'est de la poésie, pas de la politique. Mais à présent, il est moins facile de défendre la sous-culture du tabac pour un certain nombre de raisons. L'une est que le mode de production tout entier a été dégradé par différentes sortes de demandes et, de la façon la plus flagrante, par les nouvelles techniques agricoles. On utilise des produits chimiques pour empêcher la croissance des drageons et pour accroître artificiellement la masse, le poids de la feuille. C'est un produit qui s'appelle le MH 30. Il a été mis au point en Caroline du Nord. Et l'on constate un déclin dans l'intérêt que l'on porte à la qualité. Enfin, sous sa forme mécanisée, le tabac ne fait plus vivre autant de monde. Dans le temps, la culture du tabac employait des régions entières. C'était la principale ressource des descendants d'esclaves qui n'avaient pas émigré vers les villes, des fermiers blancs du Sud qui ne possédaient pas de terres et des propriétaires fonciers. Aujourd'hui, c'est simplement tant d'argent qui rentre en plus et l'importance du tabac est moindre. En outre, un autre facteur qui affecte l'attrait relatif de cette sous-culture est le regroupement de petites fermes spécialisées dans le tabac au sein de vastes exploitations, appartenant dans certains cas aux firmes.

Son passé avait été plus ou moins aboli, mais c'était ce passé qui lui permettait de porter ce regard sur le paysage où il vivait à présent, même si aucun environnement ne pouvait jamais se comparer au tout premier.

— Je suis capable maintenant d'écrire sur le paysage du comté de Durham, mais je me rends compte que cela est en partie possible parce que, pour mon imaginaire, il a été rendu historique par les traces que j'y discerne encore d'une économie agraire plus ancienne, avant que le sol ne fût de nouveau couvert d'arbres.

» Un champ du Sud, si vous n'y touchez pas, sera bientôt couvert d'ajoncs et, au bout de quelques années, on verra percer de jeunes pins, éparpillés à travers les ajoncs. Au bout de vingt ou trente ans, la terre est de nouveau boisée.

Ensuite des arbres en bois dur croissaient à l'abri des pins qu'ils finissaient d'ailleurs par tuer. Jim vivait au milieu des arbres de la repousse, vieux de quatre-vingts à cent ans.

— Mais par endroits, les vieilles rangées des fermes sont toujours là, comme de petites vagues dans une baie gelée par le temps. C'étaient les rangées de la dernière récolte plantée par un fermier, au siècle dernier ou peut-être au début du nôtre. Et au plus profond des arbres, on voit des cheminées éboulées, des zones où, au printemps, les jonquilles continuent à refleurir là où se trouvaient les jardins d'agrément. Ici et là, quelques vieilles tombes et des hêtres dans l'écorce desquels on peut encore lire les noms et les dates qui y ont été gravés, en 1908, 1911 ou 1914. C'est environ vers ces années-là qu'a commencé le changement dont nous venons de parler et qui a amené l'électrification, les routes, les automobiles.

Chaque étape de l'histoire jonchée de petites ruines, un paysage de petites ruines — telle avait été ma première impression du Sud, quand j'étais venu à Pâques avec Howard, pour voir ce qu'il appelait « chez nous », non loin d'ici.

Jim Applewhite ajouta :

— Le paysage de l'est de la Caroline du Nord a toujours été pour moi une espèce de paysage du passé. Il y avait une dichotomie dans ma propre vie entre mon père et mon grand-père. Ce dernier était né dans cette ferme qui datait de la guerre de Sécession et dans mon esprit, il était toujours associé à l'économie agraire. Mon père tenait une station-service et croyait au progrès ; pendant des années il a vendu des fournitures électriques. Il était toujours pressé. Mon grand-père jamais.

» C'était dans la maison de mon grand-père, juste en face de la nôtre, de l'autre côté de la route, que nous allions pour les cérémonies rituelles qui jalonnaient l'année d'un fermier. Mon grand-père représentait pour moi une sorte de permanence. Il avait un entrepôt ; c'était là que l'on préparait la viande, que l'on fumait les jambons et les épaules. On y faisait aussi des choses merveilleuses comme de faire fondre le saindoux et de confectionner les saucisses. Un travail très pénible. Mais exécuté selon les formes, parce que les gens étaient en contact avec la nécessité qui les obligeait à procéder comme ils le faisaient. Il fallait tuer les porcs par une journée d'hiver très froide. Sinon, la viande risquait d'être avariée. Il fallait mettre le maïs et les haricots en conserve quand ils étaient mûrs, sans quoi, ils ne dureraient pas.

Les conserves
Dans les cuisines, avec les marmites grandes comme des cuves,
Les tabliers et les peaux, fripés par la vapeur.
En décembre, les cochons étaient pendus à des solives.
Leur sang fumait comme des fantômes dans le froid.

— Ces traces du passé ont doté la région autour de Durham d'une dimension, presque d'un espace au-dessous de la surface, un espace temporel pourrait-on dire, qui fait qu'elle semble s'intégrer à cet univers prolongé que j'ai d'abord connu dans le paysage de l'est de la Caroline du Nord.

» La culture a changé si rapidement durant notre siècle, qu'il devient difficile pour les gens de croire à l'historicité, au contour temporel agrandi de leur existence. Ils ne croient pas au passé avec leurs sentiments, si vous voulez. Le passé menace de devenir une compilation d'images stéréotypées.

» On a cette vision romantique, mais quand on se penche dessus, ce n'est pas une fiction. Elle existe vraiment. A cinq cents mètres de la ferme de mon grand-père, il y a un cimetière et c'est là que sont enterrés les parents de mon grand-père, ainsi que d'autres personnes.

Le mot « tabac » est dérivé, pense-t-on, de Tobago, la dépendance ou île-sœur de Trinidad. En Angleterre, avant que le mot « Virginia » ne servît à désigner le tabac, on disait parfois du « Trinidado », d'après l'île de Trinidad qui faisait partie de l'Empire espagnol depuis qu'elle avait été découverte par Colomb en 1498. Le tabac était une culture des Indiens de l'île, mais après la découverte et le pillage du Mexique en 1519-1520 et ceux du Pérou quinze ans plus tard, les Espagnols ne s'intéressèrent plus qu'à l'or et à l'argent ; pas au tabac. C'étaient les Anglais, les Hollandais et les Français qui se rendaient à Trinidad pour y charger le tabac à bord de leurs navires. Aux XVIe et XVIIe siècles, il n'y eut presque jamais à Trinidad plus d'une cinquantaine d'Espagnols à la fois.

Le golfe de Paria, entre Trinidad et le Venezuela, mouillage aussi vaste que sûr, ne désemplissait quasiment jamais de bateaux étrangers. Un jour, un explorateur et diplomate anglais, Sir Thomas Roe (qui se rendit par la suite à la cour mogole, à Agra aux Indes, en qualité de représentant du roi Jacques Ier) fit escale dans le golfe de Paria et compta quinze bâtiments anglais, français et hollandais « occupés à charger de quoi fumer ». Un autre haut fonctionnaire anglais rapporta que le commerce du tabac pourrait bien, avec le temps, devenir plus lucratif que tout l'or et l'argent que les Espagnols avaient trouvés aux Amériques.

Ce commerce était illégal, cependant, même si on faisait pousser le tabac à Trinidad avec la complicité du gouverneur espagnol. Selon la loi espagnole, seule l'Espagne avait le droit de commercer avec ses propres colonies. De temps à autre, la marine espagnole lançait des opérations contre ces navires interlopes du golfe de Paria et les capitaines ou matelots qui se faisaient prendre risquaient d'être pendus séance tenante. Puis les champs de tabac des Indiens (une récolte qui demandait tant de soins assidus, comme je devais le constater en Caroline du Nord) furent rasés : cela faisait partie du processus par l'entremise duquel, en l'espace de trois cents ans, aussi bien la population indienne indigène que le tabac allaient être éliminés de Trinidad.

L'île que capturèrent les Britanniques (sans tirer un coup de feu) en 1797 était une colonie esclavagiste où l'on cultivait la canne à sucre. Et ce fut pour travailler dans les grandes plantations de canne que, une dizaine d'années après l'abolition de l'esclavage dans l'Empire britannique, en 1833, des Indiens furent amenés des Indes sous contrat. C'était la canne à sucre qui rythmait la vie des communautés rurales d'origine indienne. Le tabac n'était plus désormais une culture locale.

Enfant, j'aurais été incrédule, mais enchanté d'apprendre que Trinidad avait jadis été célèbre pour son tabac. Car à mes yeux, le tabac était un produit prestigieux, lointain, qui venait d'Angleterre (dans des boîtes en fer d'un luxe ridicule) ou d'Amérique (dans des paquets mous et odorants, enveloppés de cellophane) ; il sortait tout droit d'une réclame de *Life*.

Une broche à son nom était épinglée sur sa blouse : *Paula*, en lettres blanches sur fond de plastique noir, attirant l'attention et soulignant sa quasi totale absence de poitrine. Elle était serveuse dans un bar pour « gourmets », où l'on offrait des salades et des quiches ; un établissement relativement nouveau dans l'une des villes riches du Triangle de la Recherche.

— Vous désirez un cocktail ou un apéritif avant le déjeuner ? demanda-t-elle.

C'était une question de pure forme. Enoncée par elle, on n'y discernait pas la moindre trace d'invitation. Il semblait y avoir chez elle aussi peu de goût pour ce genre de raffinement qu'il en restait chez moi, après plusieurs mois passés dans les restaurants et les hôtels.

— Bon, alors je vous annonce nos plats du jour.

Elle récita la liste comme un perroquet.

Au début de mon voyage, durant tout le premier mois environ, je souriais pendant ces récitations, elles me paraissaient ironiques, une espèce de plaisanterie entre serveur et client. Mais elles étaient toujours exécutées avec le plus grand sérieux. Les serveurs faisaient, souvent avec obstination, ce qu'on leur avait dit de faire.

Paula alla jusqu'au bout de ce qu'elle avait à dire. Après

quoi, de façon tout à fait inattendue, sa voix s'anima. Elle annonça :

— Je m'en vais aujourd'hui.

— Vous quittez le restaurant ?

— Après ce service. Je m'en vais d'ici. De la ville. Je pars pour Wilmington. Demain.

— Vous avez fait vos bagages ? Il ne vous reste plus beaucoup de temps.

— Je n'aurai qu'à tout flanquer dans la Chevrolet. C'est un de ces petits modèles compacts. Comme une Pinto.

— Vous ne prenez pas un camion de déménagement ?

— Ça fait bien un mois que je jette des affaires. Mais on a beau jeter, jeter, jeter, on s'aperçoit qu'il reste encore des choses qu'on n'a pas envie de garder.

— Et vous croyez vraiment que tout tiendra dans la Chevrolet ?

C'était devenu une de mes petites hantises de voyageur abonné à la vie d'hôtel : téléphoner au veilleur de nuit, sortir les objets précieux du coffre-fort, charger la voiture, me demander si tout était bien là, s'il y aurait un portier à l'autre bout pour m'aider avec tous mes paquets ; j'avais à présent tant de livres, de papiers, de dossiers, de carnets, tant de petits bagages et de sacs.

— Ecoutez, répondit-elle. Figurez-vous que mon mari et moi avons eu comme une dispute, il y a environ un mois. Il a emporté la moitié des affaires et moi, j'avais, comme qui dirait, l'autre moitié. Mais Dieu m'a donné la force de régler le problème.

— Qu'est-ce que vous allez faire à Wilmington ?

— Peter est là-bas. Je vais le rejoindre.

— Votre mari ?

— Dieu a accompli un miracle. Je vous apporte votre salade.

Quand elle revint avec la salade, je repris :

— Il y a une firme de déménagements ici. Je l'ai vue hier.

— Nous avons beaucoup de factures à payer. Je veux d'abord régler ce que nous devons. Tout tiendra dans la Chevrolet.

— Des factures. Je connais ça.

— C'était un de nos sujets de dispute. Il en payait certaines. Et puis il y en avait d'autres qu'il refusait catégoriquement de régler.

— Pourquoi donc ?

— Il a dit qu'il était sauvé. Comme moi.

— Vous êtes sauvée, vous ?

Sa voix trembla.

— Oh, oui ! Mais lui n'a pas, si vous voulez, grandi. Grandi avec Jésus, comme on dit.

Cette dernière phrase et le ton dont elle la prononça laissaient entendre qu'elle se moquait légèrement de ce dont elle parlait ou bien qu'elle gardait une certaine distance par rapport à ce phénomène. Pourtant, comme pour les plats du jour, elle parlait très sérieusement.

Elle portait un jean bon marché, d'un bleu agressif, qui arrivait tout droit de l'usine. Sous la lourde toile, son corps était maigre. Sur son visage, un de ces épais maquillages du Sud : des joues roses, sous de grandes lunettes noires et au-dessus d'un cou blanc décharné. Une petite femme usée, avec un accent du terroir : toute la faiblesse et la virulence, toute la volonté de survivre contenues dans ce petit corps.

Elle m'apporta la quiche, rassise, molle et comme cadavérique d'être restée si longtemps exposée.

Elle dit :

— On était tout le temps à se disputer. Tous les jours, une bagarre. On s'attrapait et il voulait partir, mais je le suppliais de ne pas me laisser.

— Ça faisait longtemps que vous étiez mariés ?

— Trois ans.

— Vous n'espériez pas trouver quelqu'un d'autre ?

— J'avais peur d'être toute seule. Mais cette fois, Dieu m'a donné la force. Je ne lui ai pas demandé de rester. Je l'ai laissé partir. Et alors, Dieu a accompli son miracle dans nos deux cœurs.

— Comment avez-vous été sauvée ?

— Je l'ai été, voilà tout.

— Vous aviez un pasteur ? Vous suiviez un prédicateur ?

— Non, rien de tout ça. Ça faisait plusieurs années que j'avais l'impression de devoir faire quelque chose. Je sentais que si je ne faisais rien...

— Vous vous en voudriez ?

— Je m'en voudrais encore *plus*. Mais je pensais que le Dieu de la terre ou de l'univers ou ce que vous voudrez ne pouvait pas s'intéresser à quelqu'un d'aussi insignifiant que moi. Alors, je ne faisais rien.

— Personne ne vous conseillait ?

Beaucoup des mots qu'elle utilisait semblaient avoir été mis dans sa bouche par quelqu'un qui s'y connaissait en matière de salut des âmes.

— Il y avait un ministre du culte.

Elle cita le nom d'une église protestante fondamentaliste.

— Et un jour, je ne sais pas ce qui m'a prise — je me suis retrouvée en train de m'avancer vers l'autel, au milieu d'un service, et j'ai dit quelque chose, je ne sais pas quoi ; alors j'ai su que j'étais sauvée. J'ai bel et bien senti alors l'amour du Seigneur au-dedans de moi. C'est ensuite que j'ai rencontré Peter.

— Il était déjà sauvé ?

— Il a été sauvé après moi. Quand je lui ai raconté. Mais Satan me tentait, avec un ancien petit ami.

— Après votre mariage ?

— Après, oui. C'est à ce moment-là que Peter a cessé de payer les factures et s'est mis à faire des histoires au sujet de la dîme due à l'église. A faire des histoires en général. Et nous avons eu toutes ces disputes.

— Avez-vous succombé quand Satan vous a tentée ?

— Seulement en pensée.

— Vous êtes allée trouver votre ancien petit ami ?

— Non, jamais. Il ne s'intéressait pas à moi. Il n'avait jamais voulu de moi. C'était ça, le problème.

— Qu'y avait-il donc de si séduisant chez ce garçon ?

— Je ne peux pas vous dire. Je n'en sais rien. C'était comme ça, voilà tout. La tentation de Satan.

— Je comprends que votre mari en ait été malheureux.

— Oh ! je ne lui en veux pas ! Mais la dîme et les factures, surtout la dîme, ça n'avait rien à voir avec tout ça. Alors, le mois dernier, quand il est parti, Dieu m'a donné la force. Je ne me suis pas écroulée devant lui pour me cramponner à ses genoux et le supplier de ne pas partir. J'ai eu la force de résister. Je ne savais pas ce que j'allais faire, ce que j'allais devenir. J'ai simplement senti la force que Dieu m'a donnée. Et à présent, tout s'arrange.

— Vous priez souvent ?

— Tous les matins. Pendant une vingtaine de minutes.

— Vous parlez à Dieu dans votre tête ? Vous éprouvez le besoin de faire un geste physique ? De vous agenouiller ?

— Quelquefois, je parle à Dieu dans ma tête. Quelquefois, je lui parle tout haut.

— C'est agréable ?

— Très agréable. Et les prières sont exaucées. Puisque nous nous sommes raccommodés, Peter et moi. C'est grâce aux prières. C'est grâce à Dieu. Mais il ne répond aux prières que si elles sont conformes à ses désirs.

— Comment savez-vous si elles le sont ?

— Je priais pour avoir mon ancien petit ami. Mais ce n'était pas conforme aux désirs du bon Dieu.

— Quand faisiez-vous ces prières pour avoir votre ancien petit ami ? Après avoir été sauvée ?

— Oui, après.

Elle sourit de son audace.

— Et maintenant, vous aimez votre mari ?

— C'est pour ça que je vais le retrouver. Je l'aime. Je l'aime. Dieu a accompli son miracle dans nos deux cœurs.

— Et votre ancien petit ami ?

— Je ne lui en veux plus.

Ou peut-être dit-elle qu'elle n'en voulait plus.

Satan et Dieu luttaient pour l'âme de Paula, Paula elle-même n'étant pas responsable de ses mouvements de passion, car elle était sans défense, capable tout au plus de choisir le salut et de demander à Dieu de révéler sa volonté : une idée médiévale du chaos, de la solitude et de l'impuissance des hommes, de la nécessité de trouver le salut. Tout cela, cependant, n'avait pas pour décor l'univers médiéval de la peste, de la maladie et de la misère, de l'arbitraire du souverain et de l'humilité des pauvres. Nous étions dans une ville du Triangle de la Recherche et la dominante de la culture ambiante était l'abondance et le choix, ainsi que l'importance suprême de l'individu (ne fût-ce qu'en tant que consommateur), la beauté, le luxe et les satisfactions des sens étant ici des possibilités imminentes pour chacun.

Il n'y avait pas jusqu'à ce petit restaurant où l'accent ne fût mis sur l'abondance et le choix, puisqu'on voyait sur le mur des photographies de miches de pain, d'épis de blé et de verres étincelants pleins d'un vin rouge translucide et que, même pour son dernier jour de travail, Paula récitait consciencieusement la liste des plats du jour.

— Quel âge avez-vous ?

— Trente-deux ans.

— Je vous croyais beaucoup plus jeune.

Et c'était vrai. Le fil orange qui descendait en zigzaguant le long de l'entrejambe de son blue-jean se remarquait non pas en tant que petit truc érotique, mais plutôt comme la première tentative d'élégance d'une néophyte, le signal de la fragilité inexpérimentée du corps qu'il couvrait, ce corps qui n'était autre que le capital et le passif de cette femme de trente-deux ans. Les grosses lunettes noires lui masquaient les yeux ; au-dessous, le maquillage du Sud, épais et criard, cachait ses joues. Elle paraissait travestie.

Elle dit, à la façon des gens du Sud :

— *Merci !* Merci. Au moment où tout allait mal, j'avais l'air beaucoup plus vieille. Je ne ressemblais plus à rien.

J'avais demandé à Jim Applewhite si, dans le temps, les gens de la campagne ne s'étaient pas sentis perdus. Il avait répondu : « En effet, les gens se sentaient perdus ici. Le sentiment d'avoir besoin de former une vie qui eût ses propres régularités, son propre cérémonial, c'est une des raisons pour lesquelles la religion a pris la forme que nous lui connaissons. »

Vers l'est s'étendait un paysage de petites fermes, qui n'était jamais la campagne à l'état pur, mais où il n'y avait pas de grandes villes. Dans les champs, le maïs était haut et brun. Les grandes et épaisses feuilles de tabac, qui mûrissaient très vite à présent, avaient une teinte vert-jaune ; j'avais l'impression, maintenant que je connaissais un peu la culture de cette plante, d'avoir appris à voir sa beauté : vert-jaune éclatant, le « feuille d'or » tranchant sur le brun et le vert des autres champs, le vert des pommes de terre et du soja, des plantes au ras du sol, constellées de fleurs blanches et violettes dont Jim Applewhite me confia ensuite qu'il s'agissait probablement de liserons.

Il y avait partout des hangars à tabac, bâtiments hauts, carrés, hermétiques, avec parfois une couche de feutre vert bitumé sur les murs extérieurs ; ce feutre (destiné à l'origine à isoler le hangar au maximum, mais aujourd'hui en lambeaux) était maintenu en place par des lattes verticales assez rapprochées. Ces dernières et le feutre en loques faisaient parfois penser, de loin, à une vieille grange dont il ne serait plus resté que la charpente. Des mauvaises herbes et des arbustes poussaient jusqu'au pied des murs de maisons et de fermes abandonnées ; les cheminées étaient couvertes de vigne ; le myrte marquait l'emplacement des allées et des anciens jardins.

Avec ses petits champs, ses petites maisons, ses petites

ruines, ses églises, ses petites villes, ses autoroutes au centre de l'Etat cédant la place à des routes à deux voies bondées et dangereuses, la contrée évoquait la nature de ses habitants, petits fermiers indépendants, conservateurs ou fondamentalistes dans leur religion et conservateurs aussi sur le plan politique.

On m'avait dit que la politique de la région était une « politique du tabac », celle du petit fermier, dans le cadre de laquelle la promesse de prolonger les subventions accordées aux cultivateurs de tabac pouvait aussi, Dieu sait comment, être interprétée comme une promesse de maintenir les Noirs à leur place.

Toutefois, le révérend James Abrahamson, pasteur de l'église biblique de Chapel Hill, estimait que cette façon de tourner en ridicule et de sous-estimer le conservatisme qui régnait dans l'est de la Caroline du Nord était absurde.

— L'impulsion politique fondamentaliste a toujours existé, dit-il. Depuis les années trente, elle a été réprimée en grande partie parce qu'elle n'avait pas le soutien des universités. Sur le plan idéologique, ces dernières ont pris leurs cliques et leurs claques et sont parties dans un autre camp ; elles sont passées d'une vision de l'univers qui englobait un Dieu chrétien à un lieu où la seule réalité reconnue était matérielle, pouvait être mesurée, définie scientifiquement. S'ils reparaissent, les fondamentalistes, c'est en grande partie parce qu'ils ont vu ou senti la pression de la société séculière.

» Les conservateurs de l'est de la Caroline du Nord sont considérés par beaucoup comme des cous-rouges et des culs-bénis. Irresponsables et presque fanatiques, des obscurantistes, privés de ce que j'appelle les trois I — l'intelligence, l'information et l'intégrité. Cela dit, ils disposent d'un argument plus puissant. Il est facile de se moquer d'eux et ils ne seront jamais populaires. Peut-être notre culture se détruira-t-elle elle-même avant qu'ils n'aient l'occasion de formuler clairement le bon sens qu'ils représentent, leur préférence pour une culture fondée sur autre chose que le moi et le matérialisme.

Jim Abrahamson — c'était ainsi qu'il se présentait au téléphone — était originaire du Mid-West. Il était lui-même fondamentaliste et il avait le sentiment que son église biblique comblait un besoin à Chapel Hill. Sa congrégation comptait plusieurs titulaires de doctorats de philosophie et ne cessait de s'accroître. Lorsque je lui rendis visite, d'importants travaux d'agrandissement étaient en cours. La société américaine, me dit-il, avait été édifiée sur des bases religieuses. Elle ne pouvait dériver librement. Un récent sondage avait révélé qu'un Américain sur trois était un chrétien « régénéré ».

— Ça fait beaucoup de monde, remarquai-je.

Il était, toutefois, en désaccord avec les fondamentalistes de Caroline du Nord.

— Je pense qu'il existe des principes puissants, légitimes et presque éternels qui reviendront encore et toujours. Seulement, les gens qui militent en leur faveur ne sont pas capables de les formuler de façon acceptable. La droite religieuse ne paraît pas comprendre la vision du monde qu'adoptent la gauche ou les membres de l'intelligentsia séculière. Elle a tendance à ne voir en eux que des ennemis de Dieu ou des infidèles. Et elle éprouve en outre de sérieuses difficultés à transformer ses idéaux religieux en doctrine politique.

C'était d'ailleurs aussi le problème de l'Islam (du fait que l'Etat islamique n'avait jamais été défini par son fondateur), et c'était ce qui, dans de nombreux pays, incitait les gens à adhérer au fondamentalisme, dans l'espoir de connaître la vérité et de préserver leur âme en période de profonds bouleversements.

Etrange de constater que dans un petit coin rétrograde des Etats-Unis — qui étaient peut-être le moteur universel du changement — la même question surgissait, le même besoin de sécurité.

Personne, cependant, n'était plus sûr de sa foi et de ses convictions politiques que Barry McCarty. C'étaient la politique et la foi qui faisaient de lui un tout. Il n'avait que trente-trois ans, mais il avait déjà produit une certaine impression et quiconque suivait de près les affaires politiques de l'Etat de Caroline du Nord le considérait comme un des leaders de la génération montante de la Nouvelle Droite, quelqu'un dont l'heure viendrait dans dix ou quinze ans.

Il avait fait des études de théologie et de rhétorique. (C'était aussi la formation de nombreux leaders fondamentalistes dans les pays musulmans ; on retrouvait, encore une fois, cette curieuse convergence de deux cultures opposées.) Il avait obtenu une licence d'études bibliques au Roanoke Bible College, en 1975 ; une maîtrise de rhétorique à l'Abilene Christian University, en 1977 ; et enfin un doctorat de rhétorique et de dialectique à l'université de Pittsburgh, en 1980. Depuis cette date, il était professeur de rhétorique et de dialectique à son ancienne école, Roanoke Bible College.

Cette dernière était une des institutions de l'Eglise du Christ. Elle se trouvait à Elizabeth City, une petite ville située assez loin vers l'est, sur la côte, à plus de trois cents kilomètres de Raleigh et des pinèdes aménagées du Triangle de la Recherche.

Une fois qu'on avait passé la Chowan River, le terrain, déjà dépourvu de collines ou d'accent, devenait totalement plat, un pays de delta, avec un ciel vertigineux. Le détroit d'Albemarle (dont j'avais tout ignoré, même le nom, jusqu'à cet instant) donnait une impression vive, continentale de la côte de Caroline du Nord, me faisant à demi regretter de ne pas l'avoir connue plus tôt et m'inspirant l'envie de revenir passer une journée dans ces vastes espaces. C'était un de ces endroits où il était facile d'imaginer la surexcitation des premiers explorateurs se retrouvant dans ce qui était véritablement un nouveau monde.

Le bureau de Barry McCarty était une petite pièce au dernier étage d'un bâtiment en bois datant du tournant du siècle. Au mur, des photographies en couleurs encadrées et dédicacées du président Reagan et du sénateur Jesse Helms. Au-dessous, encadrés eux aussi, les divers laissez-passer de Barry McCarty en qualité de délégué à la convention républicaine de Dallas en 1984. Les trésors d'un jeune politicien. Il attira également mon attention sur un drapeau tendu à plat contre un autre mur : il avait deux raies rouges et une raie blanche, ainsi que sept étoiles formant un cercle sur fond bleu. Il me demanda si je le connaissais. Les sept étoiles, expliqua-t-il, fournissaient un indice. Je ne connaissais pas ce drapeau. Il s'agissait, m'apprit-il, du « Stars and Bars » (Etoiles et Rayures), le premier drapeau des Confédérés.

C'était un petit homme trapu, détaché, sûr de lui, le teint rose, portant lunettes. Il était tiré à quatre épingles, en col et cravate, aussi immaculé que son bureau, ses étagères, ses photographies, ses dossiers. Il avait l'air d'un bourgeois, exerçant une profession libérale dans une petite ville, pas d'un politicien, ni d'un homme désireux de se distinguer.

Jesse Helms était son idole. Au téléphone, pour essayer de me persuader de franchir les trois cents kilomètres qui me séparaient d'Elizabeth City, il avait dit (comme si cette seule nouvelle devait me combler) :

— On est des Jesse-crates par ici.

Je lui demandai à présent ce que c'était qu'un Jesse-crate.

— Ce terme s'applique, me dit-il, à un démocrate conservateur de Caroline du Nord, qui vote pour Jesse Helms et ses semblables. Ils représentent les valeurs conservatrices du vieux Sud. Ils croient en Dieu. Ils veulent un gouvernement limité. Ils défendent la libre entreprise. La liberté et la responsabilité individuelles, voici deux idées indissociables.

Ces principes contenaient toutes ses convictions politiques, le programme conservateur dans son entier. Il me montra le texte — dactylographié ou imprimé en majuscules, avec des corrections manuscrites, d'un discours qu'il avait prononcé en hommage à Jesse Helms lors d'un dîner en l'honneur du sénateur. Il commençait par ces mots : « C'est l'un des plus grands honneurs de ma courte vie que d'avoir été prié de vous présenter l'un des plus grands Américains vivants. » Et presque aussitôt, tout en faisant l'éloge du sénateur et la critique de ses adversaires, le discours traçait les grandes lignes du programme conservateur sur les impôts, la sécurité sociale, les dépenses du gouvernement, l'éducation, le communisme, insérant le tout dans un cadre de liberté et de religion.

Le discours comportait une anecdote se rapportant au sénateur. « J'étais avec lui un jour où il est descendu dans un hôtel pour y passer la nuit. La dame de la réception lui a demandé s'il avait une carte de crédit pour régler le prix de sa chambre. Se tournant vers elle, il a lancé : " Mademoiselle, j'aimerais autant me promener avec un serpent à sonnettes dans ma poche. " Et il a payé comptant. »

L'histoire du sénateur et des cartes de crédit était-elle toujours vraie ?

Barry McCarty sourit.

— Il en a une à présent. Mais c'est quand même la façon de penser d'un homme prudent sur le plan financier.

En 1985, le gouverneur de Caroline du Nord avait nommé Barry McCarty président de la Commission des services sociaux de l'Etat pour une période de quatre ans.

— Nous nous sommes efforcés d'introduire l'idée du « travail social » plutôt que la sécurité sociale. L'idée fondamentale de ce système, c'est que les bénéficiaires de la sécurité sociale capables de travailler doivent le faire pour pouvoir continuer à toucher leurs allocations. Cela fait partie de l'éthique du travail dans le Sud.

» N'oubliez surtout pas que la majorité des pères fondateurs de notre pays étaient des hommes du Sud. La première colonie anglophone de nos côtes a été établie en 1584 par Sir Walter Raleigh, sur Roanoke Island, à moins de cent kilomètres de l'endroit où nous sommes. On l'appelle « la colonie perdue », parce qu'après sa fondation, la première fois qu'un navire est revenu pour l'approvisionner, les colons avaient disparu.

Toutefois, Sir Walter Raleigh avait aussi eu d'autres projets à l'époque. Il s'était intéressé à l'idée d'un Eldorado. En 1595, il fit un raid sur l'île de Trinidad avec de nombreux soldats. Il acheva la petite garnison espagnole déjà à demi morte de faim et fit prisonnier le gouverneur, un vieux soldat illuminé qui avait dépensé sa fortune à rechercher l'Eldorado. Raleigh voulait faire de Trinidad son point d'attache durant cette quête de l'Eldorado, avec le gouverneur espagnol pour guide ; et il voulait que les Indiens de Trinidad et de Guyane, dans le delta de l'Orénoque, devinssent ses alliés. Il ramena des Indiens en Angleterre pour apporter la preuve de son périple ; la même année, 1595, il écrivit un livre intitulé *la Découverte du vaste, riche et splendide empire de Guyane,* dans lequel il laissait entendre qu'il avait découvert l'Eldorado et ses mines d'or, sans toutefois l'affirmer précisément. Il parlait d'un empire anglo-indien en Amérique du Sud, Raleana. Mais rien ne se réalisa. Il avait soulevé les indigènes indiens contre les Espagnols, mais il ne pouvait rien pour eux et ils furent massacrés par les Espagnols. En 1617, devenu aussi fou que le gouverneur qu'il avait dépossédé vingt-deux ans auparavant, il fut libéré de la tour de Londres pour partir à la recherche des mines d'or de Guyane dont il avait parlé mais qu'il n'avait jamais vues et qui n'existaient pas. Son fils mourut durant cette quête mensongère ; Raleigh imputa ce désastre à un très ancien ami qu'il accula au suicide. C'est une histoire sordide. Pourtant, Raleigh, parce qu'on le connaît aujourd'hui principalement à travers ses écrits, demeure un personnage romantique en costume d'époque. On peut voir d'ailleurs une exquise tapisserie le représentant ainsi accrochée au mur de la Carolina Inn à Chapel Hill.

— Le pays a bel et bien commencé ici, dans le Sud, reprit

Barry McCarty. Et si vous considérez les penseurs qui ont inspiré les gouvernements constitutionnels en Amérique, vous vous apercevrez qu'un très grand nombre d'entre eux étaient sudistes, Jefferson, Washington, Patrick Henry, Randolph, les Madison.

» L'esclavage n'était pas la vraie raison de la guerre entre les Etats. Ce qui était en jeu, c'était le pouvoir du gouvernement fédéral sur les Etats. Ce sont cette même méfiance envers un pouvoir central, ce même soin jaloux des droits individuels qui ont incité les pères fondateurs à exiger les amendements de 1791, c'est ce même esprit qui a en fait poussé les Etats du Sud à résister à ceux du Nord sur les questions qui ont entraîné la guerre entre les Etats.

Cela était-il encore important aujourd'hui ?

— Voici un homme, Jesse Helms, qui croit que les pouvoirs du gouvernement fédéral devraient être strictement limités. Pour le citoyen, le gouvernement le plus important devrait être le plus proche de lui. Plus un gouvernement devient éloigné, moins il devrait avoir à voir avec la vie du citoyen.

— D'où tenez-vous cette passion pour la politique ? Vient-elle de votre père, de votre famille ?

— Il se peut que la première influence ait été religieuse. La Bible enseigne que les gouvernements sont nécessaires de façon à établir l'ordre et la justice dans la société humaine.

— La Bible enseigne cela ?

— Epître aux Romains, chapitre XIII. Là où l'apôtre Paul déclare que les gouvernements tiennent leur autorité de Dieu.

Plus tard, de retour à l'hôtel, je lus ce chapitre dans la nouvelle version internationale de la Bible. Il me parut plein de répétitions et d'angoisse, l'œuvre d'un homme qui avait une fort bonne idée du pouvoir de l'Empire romain et ne voulait pas voir son petit groupe écrasé. Il ne s'agissait pas seulement de « rendre à César ce qui est à César » ; Paul paraissait fabriquer une théologie adaptée à ses besoins.

« Chacun doit se soumettre aux autorités qui gouvernent, car il n'y a pas d'autorité hormis celle que Dieu lui-même a établie. Les autorités existantes ont été établies par Dieu. En conséquence, quiconque se rebelle contre l'autorité se dresse aussi contre ce que Dieu a institué, et ceux qui le font attireront sur eux le jugement divin. Car les souverains n'inspirent aucune terreur à ceux qui agissent bien, mais à ceux qui agissent mal. Voulez-vous être libérés de la peur de celui qui détient l'autorité ? Alors, faites le bien et il vous félicitera. Car il est le serviteur de Dieu pour votre bien. Mais si vous faites le mal, tremblez, car ce n'est pas pour rien qu'il porte le glaive. Il est le serviteur de Dieu, un agent de son courroux pour châtier le malfaiteur. Donc, il est nécessaire de se soumettre aux autorités, non seulement en raison d'un possible châtiment, mais aussi pour des raisons de conscience. C'est aussi pourquoi vous devez payer des impôts... »

L'épître pouvait servir à défendre tout et n'importe quoi. L'interprétation de Barry McCarty, qui paraissait la retourner comme un gant (« les gouvernements sont nécessaires afin d'établir l'ordre et la justice »), était celle d'un croyant. Encore que cette injonction en faveur des impôts parût aller à l'encontre de certaines de ses convictions politiques Jesse-crates. En fait, on aurait pu faire valoir que la totalité de ce chapitre était contraire à ses idées concernant le gouvernement. Mais ma lecture n'eut lieu qu'a *posteriori*. Sur le moment, je ne fus pas en mesure de soulever ces objections auprès de Barry McCarty.

Il reprit, poursuivant sa pensée sur le treizième chapitre de l'épître aux Romains :

— Cet enseignement laisse entendre que la première fonction du gouvernement est d'établir l'ordre, de punir quiconque enfreint la loi. Mais nulle part dans la Bible il n'est écrit que les gouvernements doivent pratiquer des vertus telles que la charité. Alors qu'elles figurent sans équivoque parmi les devoirs des individus. Jamais parmi ceux du gouvernement. Je suis donc personnellement obligé de nourrir, loger et habiller les pauvres.

— Vous ?

— Oui. Les pauvres qu'il est en mon pouvoir d'aider. Il y a un autre enseignement biblique qui me permet de formuler ma préférence passionnée pour un gouvernement strictement constitutionnel. La Bible nous apprend que nous sommes des créatures déchues, que les hommes sont naturellement souillés par le péché. La façon dont le gouvernement constitutionnel remédie à cet état de choses est en instituant un moyen de contrôler et d'équilibrer le pouvoir collectif des hommes. Je crois que la différence fondamentale entre les libéraux et les conservateurs est que les premiers croient en la perfectibilité de l'homme et pas les seconds. Pour les conservateurs, les êtres humains sont des créatures déchues dont le pouvoir collectif doit être contrôlé et équilibré. Regardez les dépenses sociales dans notre pays. Les libéraux sont convaincus que si l'on donne à qui de droit suffisamment d'argent, on finira par éliminer la pauvreté. Or, je ne crois pas que cela arrivera jamais. Ce qui arrivera, c'est que les gens qui auront tout le pouvoir et l'argent deviendront rois et parce qu'ils sont humains, et, par certains aspects, souillés par le péché, ils trouveront moyen d'abuser de leur argent et de leur pouvoir.

» Je conteste la moralité même du système d'assurance sociale fédéral. Si vous aviez faim et que je vous ramenais chez moi pour vous donner à manger, ce serait de la bienveillance, parce que j'aurais choisi de vous manifester ma charité. Mais lorsque le gouvernement fédéral me pille légalement par le biais de la taxation afin de vous nourrir, je trouve la chose immorale.

Jusque-là, il n'avait pas paru disposé à répondre à des questions sur lui-même. Il n'avait donné le moindre tour personnel à aucune de ses idées. Je n'avais donc pas eu l'occasion de comprendre sa ferveur politique sur le plan humain. Je revins à la charge. Je savais qu'il n'était pas né en Caroline du Nord, mais qu'il venait d'Atlanta. Je l'interrogeai sur son passé.

Il ne répondit pas directement. Il dit qu'il avait un résumé biographique à jour dans son ordinateur. Et après avoir remarqué, en souriant et en secouant la tête, qu'il était bien étrange de voir quelqu'un comme lui se servir d'un ordinateur, il s'assit devant l'appareil, appuya sur diverses touches et, au bout d'un instant, me remit un texte imprimé, d'une sécheresse officielle, un simple compte rendu de ses études et de son expérience professionnelle, de sa vie politique et de sa carrière en tant que ministre de l'Eglise du Christ.

Je joignis ce document à d'autres qu'il m'avait déjà remis et lui demandai quelle était la profession de son père.

— Mon père était pompier. Il avait servi dans la marine américaine durant la Seconde Guerre mondiale et pendant les onze premières années de ma vie, il a travaillé comme pompier à East Point, en Géorgie ; c'est une banlieue d'Atlanta. Puis jusqu'en 1981, l'année de sa mort, il a été chargé de la sécurité pour une compagnie d'assurances.

» J'avais deux semaines la première fois que je suis entré dans une église. J'ai grandi dans l'Eglise du Christ. Il se trouve que j'appartiens à une des branches dont le service a lieu en musique. Nos fidèles n'éprouvent pas la conviction calviniste qu'il faut voir quelque signe miraculeux pour devenir chrétien. Notre approche de la religion est plus rationnelle.

— Vous alliez camper au week-end ?

— Enfant, j'ai participé à des camps de l'Eglise du Christ.

— Quelqu'un m'a dit qu'il trouvait ce genre de camps assommants.

— Quelques-uns des plus heureux souvenirs, des plus belles amitiés de mon enfance sont liés à mon expérience de ces camps chrétiens.

Il avait quitté Atlanta pour le Roanoke Bible College à l'âge de dix-huit ans. Il était la première personne dans l'histoire de sa famille à avoir fait des études supérieures.

— J'ai obtenu ma licence dans cet établissement. Mon doctorat, je l'ai décroché à l'université de Pittsburgh. C'était un doctorat de rhétorique et dialectique. Je me suis aperçu que j'étais attiré par le maniement fondamental de la pensée et de la parole. Ce sont les deux clefs permettant d'accéder à n'importe quelle entreprise dans la vie.

Je lui rapportai ce que j'avais vu de l'Eglise du Christ à Nashville. Avait-il, lui aussi, connu le doute, comme deux des hommes que j'avais rencontrés ?

— Je me suis aperçu qu'à chaque occasion où je me suis interrogé sur ma foi, j'ai toujours été en mesure de constater que les preuves existantes confirmaient mes croyances plutôt qu'elles ne les infirmaient. Je ne crois pas en être jamais arrivé à un point où j'ai dû traverser une véritable crise. Tout au long de ma vie, je n'ai cessé de mûrir. A mesure que j'apprenais à mieux connaître la science, j'ai trouvé que le monde était un phénomène de plus en plus intrinsèquement complexe, ce qui renforce ma foi.

Avait-il le sentiment que l'Eglise était trop exigeante vis-à-vis des fidèles ?

— Nous vivons dans une société séculière et tout véritable engagement envers le christianisme devient de plus en plus difficile. Néanmoins, je ne crois pas que l'on puisse se servir de cette observation pour décider si le christianisme est vrai.

Je l'interrogeai sur le nombre des fidèles de l'Eglise du Christ dans la région.

— Le mouvement a commencé au début du XIXe siècle, grâce aux efforts d'un prédicateur presbytérien écossais, Alexander Campbell. Il a dit qu'il voulait simplement être un chrétien. Il vivait en Virginie-Occidentale. De là, le mouvement s'est répandu vers l'ouest et vers le sud.

Il était donc relativement nouveau en Caroline du Nord. L'université de l'Eglise du Christ avait été fondée à Elizabeth City en 1948.

— Afin de fournir des ministres du culte et des leaders chrétiens sur la côte est, ajouta-t-il.

C'était un impressionnant ensemble d'édifices, occupant deux pâtés de maisons, dans ce qui était, selon Barry McCarty, le quartier le plus agréable de la ville. La plupart des bâtiments étaient des maisons en bois, datant du tournant du siècle. L'université avait également acheté neuf hectares de l'autre côté de la route, sur les bords du Pasquotank. Le mot était indien, m'avait signalé McCarty, et signifiait « là où le courant se sépare ». La façon dont il prononça ces paroles me donna l'impression qu'il éprouvait un attachement romantique pour le passé indien de cette superbe côte. Mais il n'en était rien ; il avait trouvé ce renseignement sur le Pasquotank dans le *Manuel de Caroline du Nord.* Deux dortoirs, en brique, avaient récemment été érigés sur le terrain du Pasquotank. Il y avait actuellement cent soixante étudiants inscrits à l'université. On espérait que d'ici cinq ans, leur nombre serait monté à deux cents.

Barry McCarty avait passé toute sa vie professionnelle à s'occuper de religion et d'affaires s'y rapportant et il ne l'avait jamais trouvée monotone.

— Pour moi, la vie chrétienne est une aventure. Connaître Dieu et contribuer à le faire connaître aux autres est la plus grande mission qu'un être humain puisse se fixer. Il me semble que mes opinions sont plus strictes que celles de la plupart des gens. Je le reconnais volontiers.

Je lui demandai de décrire les habitants de la région.

— La plupart des gens d'ici sont très traditionalistes et conservateurs. Ils sont de souche européenne.

— Ecossaise, le plus souvent ? C'est ce que je me suis laissé dire.

— Non, pas écossaise. Les souvenirs de la plupart ne remontent pas jusque-là. Ils sont très américains. Sudistes. Une phrase que vous risquez d'entendre souvent, ou de lire sur un tract collé au pare-chocs d'une voiture, c'est : « Américain de naissance, Sudiste par la grâce de Dieu. » Les gens de la région sont fiers d'être l'un et l'autre. Ce sont de petits agriculteurs, la plupart possèdent cinquante ou cent hectares. Certains sont pêcheurs. D'autres travaillent dans l'industrie touristique. Il n'y a guère d'industrie lourde. Les gens d'ici sont plus attachés à la terre que ceux de Raleigh ou de Charlotte. J'aime l'atmosphère typique des petites villes. La banlieue où j'ai grandi en était tout imprégnée ; on connaissait ses voisins et ils vous connaissaient.

— Quelle est, selon vous, la différence entre les gens d'ici et les gens des villes ?

— Pour ma part, titulaire d'un doctorat d'une des grandes universités américaines, je pourrais probablement entrer dans la catégorie des jeunes loups aux dents longues, mais j'ai un grand respect pour les anciennes valeurs de la culture du Sud. Gagner de l'argent n'est pas ce qu'il y a de plus important dans ma vie. Les gens d'ici préfèrent la fidélité à leurs principes plutôt que l'appât du gain. La différence fondamentale avec les gens des villes, c'est le matérialisme. Les citadins sont davantage obnubilés par les objets que par les idées. Les gens d'ici admirent un homme d'Etat, un homme à principes.

— Mais ils apprécient quand même ceux qui défendent leurs intérêts économiques ?

— Helms se préoccupe du droit que possède le citoyen de chez nous de gagner sa vie. Le petit agriculteur, la petite entreprise.

Mais comment les petites exploitations pouvaient-elles durer ? Le tabac était sur le déclin.

Il en convint. Personnellement, il n'aimait guère l'idée d'une subvention pour le tabac et il pensait que la majorité des agriculteurs acceptaient le fait que le tabac était en voie d'extinction.

— Je connais beaucoup de gens, ici même, en Caroline du Nord, qui ne gagnent pas leur vie uniquement avec l'agriculture. Vous trouverez des gens qui sont à la fois fermier et charpentier, fermier et mécanicien, ou fermier et autre chose. Ou bien ils cumuleront l'agriculture et l'exploitation du bois. Aujourd'hui, je n'ai plus de fourneau à bois, mais avant, j'achetais mon bois à un gars qui était agriculteur l'été et bûcheron l'hiver. Dans l'est de la Caroline du Nord, ou plutôt « ici, dans l'est » pour reprendre l'expression consacrée du coin, le citoyen moyen n'est pas riche. Nous faisons partie de la classe ouvrière.

Que leur réservait l'avenir ?

— Je ne suis pas en mesure de prévoir l'avenir de la petite exploitation agricole. Mais je peux néanmoins faire deux observations. La première est on ne peut plus simple : voilà des siècles que les honnêtes gens travaillent et parviennent à joindre les deux bouts sur notre continent, ici, aux Amériques. Je considère la plupart des habitants de l'est de la Caroline du Nord comme les fils des pionniers. Les hommes qui ont taillé notre pays dans le désert l'ont fait par leur labeur simple et honnête et il n'y avait pas de gigantesque système fédéral pour prendre tout le monde en charge, les gens de Roanoke Island et plus tard ceux de Jamestown.

» Ma seconde observation, c'est que les gens simples et honnêtes qui travaillent dur par ici ne sont pas aussi en retard sur leur temps qu'il pourrait y paraître. Ils regardent les mêmes émissions de télévision que les habitants de Chicago, New York ou Atlanta. Et beaucoup d'entre eux envoient leurs gosses à l'école à Chapel Hill ou Vanderbilt ou Raleigh. Ce que je veux dire, c'est que si l'on adhère au conservatisme et à certaines valeurs, c'est parce qu'on choisit de le faire et non pas parce qu'on ignore ce que le monde moderne pourrait offrir. Ce sont des valeurs intemporelles, durables. Ici, dans l'est, quand vous parlez de l'avenir, vous parlez de quelque chose dont Dieu seul est certain. Et les gens d'ici connaissent bien Dieu.

— Comment décririez-vous vos adversaires ?

— Des gens qui croient que le gouvernement détient toutes les solutions.

— Et au niveau local ?

— Pas facile de trouver une grande gueule de libéral dans le coin.

— Parlez-moi de la région.

— C'est l'un des lieux où les vieilles valeurs du Sud règnent encore en maîtresses. C'est un pays superbe, verdoyant, beaucoup d'eau. C'est un endroit où les gens vivent près de la terre, même ceux qui n'habitent pas à la ferme. Et beaucoup de gens adorent l'eau. On pêche, on chasse. C'est une région où la terre est généreuse.

La beauté du pays, la vie de plein air, j'avais déjà entendu cette chanson, dans toutes sortes de bouches.

Barry McCarty était un chasseur. Il chassait le canard ;

il attendait avec impatience l'ouverture de la chasse à la palombe. Sans allusion de ma part, il exprima son ressentiment contre les lois fédérales concernant les armes à feu. On retrouvait chez lui l'idéologie conservatrice au grand complet, y compris cet aspect particulièrement déroutant, le droit de posséder des armes à feu.

— Pour la première fois depuis que je vous parle, je me sens presque soucieux à l'idée de vous exposer notre attitude concernant les armes à feu, m'avoua-t-il.

Son « presque soucieux » me plut : peut-être était-ce un effet de sa formation de rhéteur. Il continua :

— Souvent, on dépeint les gens du Sud comme des cous-rouges brandissant leur fusil, des racistes, et l'on dit qu'un Sudiste qui tient vraiment à défendre son droit de posséder un fusil est en réalité un membre du Ku Klux Klan. Or, tout ça se rattache à notre discussion un peu plus tôt concernant les amendements de 1791. Selon l'article 2, il ne faut pas empiéter sur le droit qu'ont les citoyens de porter des armes. Je crois que vous vous apercevrez plutôt que les gens du Sud tiennent jalousement à tous leurs droits constitutionnels, y compris celui de posséder et de porter des armes.

» Je veux vivre en paix avec mes voisins. Mais je n'hésiterai pas à me protéger, ainsi que ma femme et ma famille, contre un maraudeur. Et, dans ces conditions, une arme à feu est le dernier moyen de défense de l'homme civilisé contre celui qui ne l'est pas.

Je dis qu'on m'avait expliqué dans le Mississippi que les terrains de chasse du citoyen ordinaire se rétrécissaient comme une peau de chagrin. En était-il de même ici ?

— Pas encore. Le monde est en constante métamorphose. Nous devons nous adapter. Il faut être prêt à défendre son mode de vie. Certaines valeurs ne changent jamais.

— Mais le monde physique se transforme.

— Certes. Dans le temps, j'écrivais au stylo. A présent, j'utilise un ordinateur et le traitement de texte.

Comment défendait-il son mode de vie ?

Il allait payer l'éducation de ses enfants dans une école religieuse privée. Ça lui coûterait cent dollars par mois pour chacun de ses fils. Comme il en avait trois, ce serait onéreux.

— Mais nous y arriverons, conclut-il.

Et cela l'amena à soulever un autre point.

— Une taxation excessive menace mon mode de vie.

Je fus ému par sa passion et sa franchise et je lui lus ce que Jim Abrahamson, de l'Eglise biblique de Chapel Hill, m'avait dit concernant le droit religieux. Il y avait des gens, m'avait-il dit, qu'il était facile de tourner en ridicule ; mais ils incarnaient un indispensable bon sens.

Les yeux de Barry McCarty s'adoucirent derrière les verres de ses lunettes ; il était surpris et content de ce que je venais de lire ; il ne s'était pas attendu à être aussi bien compris. Il se mit à philosopher.

— Jusqu'au XVIIe siècle, la civilisation occidentale était fondamentalement chrétienne. A l'intérieur de cette vision du monde, l'univers et tout ce qu'il contenait, y compris les êtres humains, avaient un sens et un but. Selon la vision moderne du monde, l'univers n'est plus qu'une succession de foutus événements. C'est une vision *horrible.* Une vision avec laquelle les hommes finiront par ne plus pouvoir vivre. Elle ne peut pas durer. Elle se détruira elle-même.

» Quand vous regardez les tableaux des maîtres hollandais et d'autres artistes, dont les œuvres étaient inspirées par la réforme religieuse dans le nord de l'Europe, la vision du monde est celle d'un univers créé et contrôlé par Dieu. Un univers dans lequel chaque individu possédait la liberté et la dignité parce qu'il était fait à l'image de Dieu. C'est pour cela que Rembrandt se donnait la peine de peindre le portrait d'une femme en train de nettoyer un poisson ou de couper une miche de pain. Parce que cette femme avait pour Dieu une valeur infinie ; elle était faite à son image.

Faciles à tourner en ridicule, les conservateurs de sa trempe ? Mais lui avait fréquenté une des grandes universités, avait étudié la philosophie, connaissait le monde moderne. Les gens savaient qui il était.

— C'est pour cela qu'ils ont le sentiment que cet homme, l'homme qui a observé le monde moderne et n'en a pas voulu, est un homme à craindre, remarqua-t-il.

Le regard, qui s'était radouci un instant auparavant, se durcit à nouveau. Et je sentis brusquement qu'à l'intérieur de lui, sous la correction de sa tenue vestimentaire et de ses manières, couvait un feu.

Quand nous nous étions entretenus au téléphone pour fixer notre rendez-vous, je lui avais demandé de songer à ce qu'il pourrait me montrer à Elizabeth City, qui fût susceptible de m'instruire ou de m'éclairer. Il n'avait pas oublié.

A la fin de notre entrevue, il m'emmena voir le monument à la mémoire des Confédérés, sur la place du Palais-de-Justice. Il avait été érigé en 1911, par le chapitre local des Filles de la Confédération, chapitre qui n'existait peut-être plus, me confia-t-il. Il me montra le pilier (qui semblait fabriqué en série) et le soldat qui le surmontait. Il n'en dit pas plus et garda le silence tandis que je regardais. Après quoi, il fut temps de le raccompagner jusqu'au Bible College.

Je l'interrogeai sur les Noirs d'Elizabeth City. Il m'en parla avec perplexité et chagrin. La plupart d'entre eux adhéraient à la morale du travail propre au Sud, me dit-il ; la plupart étaient des conservateurs, dans leurs valeurs et leur vie quotidienne. Pourtant, ils ne votaient pas conservateur ; ils votaient pour les candidats noirs.

La journée avait été longue et le chemin du retour me parut interminable. A environ quatre-vingts kilomètres d'Elizabeth City, sur la route étroite et bondée, un accident apparemment fort grave avait eu lieu : une voiture en bouillie, une autre couchée sur le toit, des gens courant vers le lieu du drame, puis la sirène d'une ambulance qui se rapprochait.

Mes pensées restèrent un long moment fixées sur ce spectacle. Et ce ne fut qu'un jour ou deux plus tard que je m'aperçus que Barry McCarty avait commencé notre entretien en me montrant le drapeau confédéré dans son bureau et l'avait conclu en m'emmenant voir le monument à la mémoire des Confédérés.

Ainsi se révélait le passé transformé, élevé au-dessus de l'histoire proprement dite et paré d'un symbolisme presque religieux : fusion de la foi politique et de la foi religieuse. On m'avait expliqué que les conservateurs de Caroline du Nord parlaient en code. Celui-ci pouvait parfois être transparent : « Le tabac est un mode de vie » n'était pour le petit agriculteur qu'une façon de réclamer de l'argent au gouvernement. Pourtant, dans ce plat pays de petits champs et de petites ruines, il y avait aussi des émotions trop profondes pour être exprimées par les mots.

Jim Applewhite m'emmena un jour voir la ferme de sa famille, dans le comté de Wilson ; c'était, me dit-il, au cœur du pays du tabac, dans l'est de la Caroline du Nord. Nous nous rendîmes d'abord à Wilson, le chef-lieu du comté. La ville se trouvait à une quinzaine de kilomètres de la ferme, comme je l'avais appris par les poèmes de Jim et par tout ce qu'il m'avait dit.

C'était une ville plus importante que je ne m'y attendais. Le quartier résidentiel que nous traversâmes paraissait riche et solidement établi, avec de grandes demeures au fond de jardins pleins d'arbres. Dans le temps, l'argent venait principalement du marché du tabac. De l'autre côté de la ville, dans le quartier industriel (que nous traversâmes en repartant, l'après-midi), se trouvaient les entrepôts de tabac.

— C'est ici, au tribunal, que l'on garde les registres d'état civil, me dit-il. Pour nous, Wilson était la « grande ville ». C'était là que nous allions pour voir un film et si nous voulions nager dans une piscine entièrement cimentée. La nôtre avait un fond en terre. Nous l'appelions le tas de sable. C'était mon oncle qui nous amenait ici. Il venait passer l'été chez nous. Il était célibataire. Je pense qu'il a été le premier à exercer sur moi une influence littéraire. Il racontait des histoires dont je me suis aperçu ultérieurement qu'elles étaient tirées de l'*Odyssée*.

Nous nous arrêtâmes dans un supermarché, afin d'acheter des noix et des fruits pour le déjeuner. Devant moi, à la caisse, il y avait un jeune Noir ivre, avec des boîtes de bière. Son élocution déjà lente de Sudiste était encore freinée par l'alcool et on avait l'impression qu'il éructait plutôt qu'il ne parlait. La caissière, une jeune fille blanche, resta correcte, feignant de ne rien remarquer, et prononça la formule de remerciements de rigueur dans l'établissement une fois qu'elle eut encaissé l'argent et rendu la monnaie. Lorsque nous ressortîmes sur l'aire de stationnement, l'endroit me parut moins agréable, encombré de chariots de supermarché, de détritus, de Noirs qui traînaient. Ce n'était pas l'endroit rêvé pour grignoter dans sa voiture.

— Allons à la ferme, proposa Jim.

Nous franchîmes la voie ferrée. Elle avait jadis séparé la ville blanche de la noire. Il y avait encore une gare de la compagnie ferroviaire Amtrak ; et aussi, dans ce qui avait dû être la partie blanche de la ville, un vieil hôtel. On aurait dit un décor monté pour un film très simple : la gare, les rails, le petit hôtel.

— Les voyageurs de commerce descendaient là, me dit Jim.

— Quelle vie !

— Certains devaient aimer ça.

Au-delà de la voie ferrée, dans ce qui était encore la ville noire, on voyait des maisons « fusils », aussi étroites que des caravanes, construites tout près les unes des autres, côte à côte. Déjà, le Wilson des grandes demeures semblait bien loin.

Les quinze kilomètres jusqu'à la ferme furent franchis très rapidement. Partout, je voyais de vieux hangars à tabac, quelquefois trois ou quatre dans un même champ. Alors que je ne m'y attendais pas, nous quittâmes la route pour nous garer dans un espace libre entre une vieille maison en bois à un étage et tout un ensemble de bâtiments agricoles en tôle galvanisée. Il y avait dans la cour deux voitures anciennes, qui s'harmonisaient parfaitement au décor en partie métallique. De l'autre côté de la route s'étendaient des champs rattachés à la ferme.

Jim m'avait déjà parlé de la maison et de la ferme de famille, du départ des siens pour la petite ville voisine de Stantonsburg, de la famille du métayer et des ouvriers agricoles noirs, mais je n'avais pas vraiment enregistré. Je mélangeais tout ce que j'avais entendu ; si bien que lorsque nous vînmes nous arrêter dans la cour, je ne sus pas tout à fait où nous étions. Je croyais que c'était la famille de Jim qui habitait la vieille maison en bois ; je prenais le métayer pour une espèce d'employé.

Lorsque Jim sortit de l'automobile et entra dans la maison, j'ouvris ma boîte de noix et me versai un peu de jus d'orange dans un gobelet en carton. Les noix dans une main, le jus d'orange dans l'autre, maintenant du coude le carton de jus pour l'empêcher de se renverser — telle était ma position, lorsqu'un homme massif, au teint rose et blanc, proche de la cinquantaine, portant un pantalon bleu foncé et une chemise à carreaux, le nez chaussé de lunettes, s'approcha de la voiture en souriant.

Il annonça avec une certaine assurance :

— Je m'appelle Dee Grimes.

Je connaissais bien le nom. C'était l'homme qu'avait célébré Jim dans son poème *l'Art de rôtir un cochon*. Sa façon de parler, sa vie consacrée au tabac avaient été transformées en poésie.

Il attendit que je sortisse de la voiture ; Jim lui avait annoncé ma venue. Seulement, j'avais les mains encombrées. J'étais dans l'incapacité d'ouvrir aussitôt ma portière et je n'arrivais pas à trouver les mots pour m'expliquer. Il parut gêné, dit quelque chose que je ne compris pas à propos de « Monsieur Jim », puis il fit un pas en arrière.

Je parvins enfin à dire que j'avais lu le poème sur lui. Cela lui fit plaisir. Il m'expliqua qu'une autre personne qui avait lu le poème lui avait demandé de lui cuisiner quelque chose.

Et ce ne fut qu'au bout d'un certain temps que je compris (alors qu'on me l'avait déjà dit) que Dee Grimes, le métayer, habitait l'ancienne maison de famille des Applewhite, l'un des lieux sacro-saints de Jim.

Elle se dresse aujourd'hui, galerie garnie de barreaux
Devant d'étroites fenêtres, leurs vitres anciennes
Et droites, ouvertes sur les sillons bien nets.
A travers leurs carreaux soufflés à la main, on voit impar-
[faitement les lignes,
Comme si une chaleur de mirage depuis la guerre de Sécession
Y avait imprimé des rides

Entre la maison principale et la cuisine, logée dans un bâtiment séparé, s'ouvrait un large passage, un « piège à brise », dont les parois étaient en treillis de fil de fer. (Dans le temps, le treillis n'existait pas, me précisa Jim.) Ce fut là que nous finîmes par nous asseoir, malgré Dee Grimes qui aurait préféré nous voir nous installer à l'intérieur, afin de profiter de la climatisation.

Ses propos — que j'avais du mal à suivre, car il était assis de l'autre côté d'une table et assez loin d'elle — portèrent sur la sécheresse. Il n'y avait pas eu de pluie, pas la moindre goutte. Il avait essayé de creuser un puits, mais n'avait pas trouvé d'eau. Il fut aussi question de Dan, un de ses voisins. Ce dernier possédait un système d'irrigation ; cet été, il avait arrosé trois fois. Dan était en outre l'heureux propriétaire d'une ramasseuse de tabac mécanique ; il lui en avait coûté trente-cinq mille dollars plusieurs années auparavant. Aujourd'hui même, Dan était en train de « rentrer » son tabac, en se servant de sa machine pour cueillir les feuilles arrivées à maturité, puis en faisant appel à ses ouvriers pour « rentrer » le résultat de la cueillette dans les hangars à sécher.

Il nous parla de la maison ; on lui avait dit que je voudrais peut-être aussi la visiter. Il expliqua que l'une de ses caractéristiques les plus remarquables était qu'elle avait été en très grande partie assemblée au moyen de « chevilles » de bois, y compris les chevrons du passage couvert. Il nous accompagna à l'intérieur. La demeure était plus spacieuse qu'on aurait pu le croire du dehors. Le plancher dégageait une impression de solidité, nulle partie de cette maison en bois ne sonnait creux, ne résonnait. Les pièces de devant étaient superbement proportionnées, presque carrées, cinq mètres soixante sur six mètres, et très hautes de plafond. Lorsque nous fûmes ressortis, nous contemplâmes les cheminées en brique sur les côtés de l'édifice et les deux vérandas ouvertes surélevées, garnies de balustrades, faisant face à la route et aux champs de l'autre côté.

— C'est une ravissante vieille maison, dit Jim. Pleine de noblesse, dans un style simple et typique du pays. J'aime tout spécialement les hautes fenêtres. Bien que je n'aie jamais effectivement contemplé les champs du haut de la véranda, on sent vraiment qu'on doit tout dominer de là.

Les hangars où l'on faisait sécher le tabac étaient de l'autre côté de la cour. Il y en avait trois ou quatre côte à côte, qui ressemblaient à de petites caravanes. A l'intérieur, il régnait une chaleur maintenue électriquement et tout autour des bâtiments, l'air sentait la feuille verte chauffée. Lorsque Dee ouvrit la porte d'un des hangars, il en sortit une bouffée d'air très chaud, chargé d'effluves presque écœurants. Sur les grilles, les feuilles les plus proches du bord déjà brunies, étaient déchiquetées. Dee expliqua que c'était à force d'être exposées à l'air plus froid à chaque fois qu'il ouvrait la porte pour regarder ; les feuilles situées plus à l'intérieur seraient en meilleure condition.

Dans l'entrepôt — où l'on stockait le tabac séché une fois qu'il avait été « mis en ordre », c'est-à-dire humidifié, afin d'empêcher les feuilles de devenir cassantes et de s'émietter — nous vîmes la piteuse récolte de l'année. Dans le vaste espace, il n'y avait que quelques tas de feuilles dorées dans des sacs. Il régnait un parfum chaud et riche et le plancher luisait, verni par des années de résine. Sans qu'il fût besoin de le lui demander, Dee prépara une ou deux « mains » ; il prit une demi-douzaine de feuilles, qu'il tint la tête en bas pour les attacher bien serré par les queues (selon un principe qui tenait d'abord de la ceinture roulée, puis du pagne), en repliant une feuille de bonne qualité deux ou trois fois.

La femme de Dee (qui était allée quelque part et revenait tout juste) entra dans l'entrepôt. Elle se tint à nos côtés, silencieuse, regardant son mari nouer les mains de tabac.

Le vieux hangar à mules était encore entier, formant une des structures métalliques qui bordaient la cour : il évoquait un des autres travaux du passé. A présent, il n'y avait plus de mules à soigner, mais certains détails témoignaient encore de leur présence : dans les stalles, les planches du haut jadis mâchonnées présentaient un bord dentelé.

Au fond de la cour se dressait un engin stupéfiant. C'était une moissonneuse à tabac, surmontée d'un dais. Elle comportait quatre sièges bas, en métal, pour autant de cueilleurs ; le principe était le suivant : la machine devait être tirée par un tracteur, ce qui permettait aux cueilleurs assis de ramasser les feuilles mûres sur les tiges sans être obligés de rester courbés en deux ni d'avancer sur les genoux. Toutefois, si l'on ajoutait les « manieurs » et les autres personnes nécessaires pour transférer la récolte de feuilles dans les presses, il fallait onze personnes pour faire fonctionner la machine. Tel était le travail, le travail au milieu de l'été, et à quelque distance de là se trouvait la maison de plain-pied où avaient dû vivre les ouvriers noirs et dont on ne discernait que le toit et le haut des murs.

La ferme, les hangars, anciens et nouveaux, la maison des ouvriers, dans le fond, cette disposition, de même que celle de la gare, de la voie ferrée et du petit hôtel de Wilson, était caractérisée par sa profonde simplicité. Mais le regard d'un poète s'était longuement attardé sur cette cour et, pour lui, tout ce qui s'y trouvait était imprégné d'une authentique splendeur. Je m'en aperçus juste avant notre départ, lorsque Dee et sa femme se mirent à évoquer le risque de voir tomber certaines branches des grands chênes proches de la maison.

Les Grimes auraient voulu faire élaguer les arbres. Jim parut contrarié : il ne voulait pas qu'on les taillât trop, au point de modifier leur apparence. Ils restèrent donc un moment à discuter, chacun défendant sa position.

Les chênes sont énormes,
Deux d'entre eux ont le faîte abîmé par la foudre d'août.
Leurs racines déforment la cour, nue, sablonneuse,
Près d'un treillis de maçonnerie...

Nous partîmes enfin pour continuer jusqu'à la petite ville de Stantonsburg. C'était là qu'était allé s'installer le grand-père de Jim Applewhite après avoir quitté la ferme de famille, là aussi que Jim était né. Ce n'était pas très loin.

— Les Applewhite sont venus d'Angleterre, du Suffolk, me dit Jim. Ils ont atterri, semble-t-il, à la Barbade. On a gardé trace de dénommés Applewhite ou Applethwhaite, dans les registres de l'île. Ensuite, on passe en Virginie, au XVIIIe siècle, puis en Caroline du Nord. Ma famille se trouvait probablement à Stantonsburg avant que la ville ne soit dotée d'un conseil municipal, en 1818.

» On m'a raconté qu'il fut un temps où les Applewhite possédaient les terres des deux côtés de la route entre Stantonsburg et Saratoga, la prochaine petite ville.

Toujours la même rengaine, ce leitmotiv qu'on retrouvait partout dans le Sud concernant les grandes richesses d'antan (toute l'île de Trinidad, un tiers d'un comté d'Angleterre, un coffre d'or qui dégageait un nuage de poussière d'or lorsqu'on déversait son contenu par terre). Toutefois, la présente hypothèse n'était sans doute pas sans fondements, car les Applewhite étaient propriétaires du grand bazar de Stantonsburg, en plus de la scierie.

La ville ressemblait à Wilson en miniature. Il y avait même une voie ferrée séparant la ville blanche de la noire, les maisons « fusils » des Noirs, côte à côte, et de vieilles demeures en bois, au milieu de leur pelouse.

Nous passâmes devant l'ancien bazar des Applewhite. C'était un bâtiment bas, en bois peint en blanc, avec un auvent au-dessus du trottoir. Il paraissait vide.

— On y trouvait tout ce dont on avait besoin pour rentrer une récolte ou mener sa vie de tous les jours, m'expliqua Jim. Dans le temps, ce magasin était essentiellement un magasin général. C'est-à-dire que les fermiers y prenaient tout ce qu'il leur fallait à crédit et réglaient leur facture une fois qu'ils avaient vendu leur récolte. A l'époque où mon grand-père possédait beaucoup de terres, les fermiers qui les lui louaient venaient s'approvisionner ici et le remboursaient ensuite.

L'idée me vint à ce moment précis, en passant devant le magasin désormais vide, que, sans intention délibérée de ma part, mon voyage se terminait presque comme il avait commencé. Je m'étais rendu dans la ville de Bowen, à Pâques, avec Howard, et j'avais vu son quartier natal, de l'autre côté de la voie ferrée, en quelque sorte. (J'avais gardé un souvenir très vif de la bizarre impression ressentie le dimanche matin, en route pour l'église, lorsque trois Blancs s'étaient arrêtés dans leur voiture pour demander le chemin du country-club). Cette ville-ci ressemblait à Bowen par sa taille et son aspect ; et les Applewhite (comme je devais l'apprendre, mais pas de la bouche de Jim) avaient possédé des esclaves, quarante d'entre eux à un moment donné. Il était bien étrange aussi de se dire que dès que l'on commençait à vivre avec cette idée d'esclavage, on acquérait cette autre façon d'évaluer la fortune : on comptait en esclaves.

Hetty, fille d'un métayer noir, m'avait emmené voir Mr. Bowen, pour lui présenter mes respects. Elle m'avait ensuite montré le cimetière noir, où son père était enterré. Elle m'avait fait visiter la ferme, désormais en ruine, entourée d'arbustes et de vignes qui poussaient jusqu'au pied des murs, où son père avait vécu en qualité de métayer. Elle avait sa propre façon de voir les choses : son refrain, tandis que nous roulions à travers la campagne, nous avait bercé : « Des Noirs, des Noirs, des Blancs, des Noirs. De ce côté-ci, rien que des Blancs, de celui-là, rien que des Noirs. » Elle avait ajouté, mais tout à fait sur le tard, ne voulant pas s'enfoncer dans les ténèbres du passé, que le tabac (qu'elle avait cultivé aussi bien avec son père qu'avec son mari) la faisait pleurer.

A Bowen, au printemps, les fleurs dans l'herbe qui bordait la route avaient été violettes. Aujourd'hui, à Stantonsburg, presque à la fin de l'été, elles étaient jaunes, des petites marguerites toutes jaunes. Et à présent, avec Jim Applewhite, je considérais un autre genre de passé : un passé où l'enfant avait vu une plénitude, jusque dans le stock, réservé aux métayers, du bazar de son grand-père : des colliers de mule, du retors pour le tabac, des clous à dix sous (« en fait on en avait probablement dix pour un sou »), des chapeaux de dame, des souliers pour les enfants.

— J'avais vraiment le sentiment qu'il y avait une espèce d'univers complet là-dedans, me confia Jim. Un peu parce que les maisons d'ici étaient construites sans architectes et sans même l'aide de professionnels du bâtiment ; j'en étais donc venu à penser que ce qui permettait d'édifier ces maisons se trouvait dans les articles du magasin.

La maison des Applewhite était située dans une rue résidentielle, avec deux ou trois églises. Devant l'église baptiste travaillaient quelques hommes noirs et un Blanc. La rue était pleine d'enfants, dont beaucoup étaient noirs, et pour une raison quelconque, ils tenaient tous de grands cornets de glace.

Le vieux Mr. Applewhite se trouvait dans son séjour, occupé à regarder un match de football américain sur son grand téléviseur. Il avait quatre-vingts ans et n'était pas peu fier de son âge. Il était beaucoup plus petit que son fils et plus corpulent, son aspect laissant penser qu'il avait dû être doué d'une grande force physique. Il m'expliqua pourquoi tous les enfants avaient des glaces. Un magasin tout proche fêtait son soixante-quinzième anniversaire et vendait les glaces cinq *cents*, c'était leur prix en 1912.

Sur la table de la salle à manger, on avait disposé quelques victuailles pour notre visite. Il y avait aussi un magazine que le vieux monsieur avait sorti pour moi, *le Cultivateur de tabac séché à l'air chaud,* ainsi qu'un fascicule destiné aux cultivateurs de tabac, *Comment le faire pousser jusqu'à maturité.*

Jim se mit à manger. Je bavardai avec son père.

— Mon métayer vous a-t-il montré du beau tabac ? me demanda-t-il. C'est la récolte la plus tristounette que l'on ait vue depuis trente-cinq ans. Ça fait treize semaines qu'il n'est pas tombé une goutte de pluie.

Il me précisa que la ferme avait entre cent cinquante et cent soixante-quinze ans et il me fit voir un certificat encadré déclarant qu'elle figurait sur le registre des lieux historiques. Il estimait que Dee aurait dû persévérer avec son puits et creuser encore six ou sept mètres ; il connaissait quelqu'un qui avait trouvé de l'eau à cinquante mètres de profondeur.

Puis ses propos prirent un tour philosophique et religieux :

— Nous ne pouvons pas nous plaindre. La ferme a très bien marché, jusqu'à cette année. Si vous traitez correctement votre prochain, tout ira bien. Mon père avait les finances les plus saines de toute la région. Et il faisait à peu près ce que fait aujourd'hui la sécurité sociale. C'était un saint homme.

Plus tard, dans la pièce de derrière, d'où l'on voyait la pelouse ombragée et la maison voisine à travers une porte en treillis métallique, Jim et moi nous assîmes pour parler et je notai ses paroles.

Dès le début, il s'était exprimé comme un homme, coupé

de son passé, qui a fait un long voyage. Pourtant ce passé était toujours là, à deux heures de voiture de Durham — ou, disons, qu'il restait de son passé autant qu'un homme de cinquante-deux ans peut raisonnablement s'attendre à en retrouver. Toutefois, un voyage avait été fait ; il y avait eu rupture.

— Quand j'avais six ans, j'ai dû rester alité avec ce qu'on appelait à l'époque une fièvre rhumatismale. Ma mère m'a lu la totalité de *Huckleberry Finn.* Je suis resté couché pendant un an. Pendant quelques années, j'ai été plus dorloté que mes petits camarades. Cela me distinguait du lot. Il arrive toujours quelque chose de ce genre à ceux qui seront écrivains.

» Je crois avoir une conscience permanente du fait que je n'appartiens pas réellement au monde que je viens de vous montrer. Je n'ai jamais travaillé dans le tabac. Dee Grimes, lui, appartient réellement à cet univers, c'est un authentique spécialiste du tabac. Un vrai homme de tabac, comme dit l'expression consacrée. Formé à l'école des coups durs, rompu par l'expérience. Quand je suis avec lui, j'éprouve à la fois une sorte de parenté et une sorte de séparation.

— De séparation ?

— Sans doute tout a-t-il comencé avec cette séparation durant mon enfance, quand j'ai été distingué de tous ceux qui jouaient leur rôle sans se poser de questions dans ce monde de l'est de la Caroline du Nord, qui est un monde d'action, pas de réflexion. Les gens d'ici s'occupent surtout de rentrer leur tabac ou de le vendre ou de gagner leur vie en tenant un magasin de meubles ou une scierie ou en plaçant des assurances. C'est un monde qui a ses rites sociaux et ses pratiques culturelles, mais personne n'a conscience du fait qu'il s'agit de rites ou de cérémonies, comme le marché du tabac, par exemple, ou un événement sportif, ou un barbecue communautaire pour les Kiwanis.

» Je me rappelle être revenu ici en visite en certaines occasions, durant mes premières années à l'université, et avoir de nouveau ressenti ce que j'ai aujourd'hui presque oublié, la sensation d'être si totalement chez moi quelque part, d'en faire si étroitement partie que j'ai l'impression d'être une extension de l'endroit.

Le nom d'Applewhite ne figurait plus sur les vitres du

bazar. Il avait été écrit en lettres d'or et pour Jim, ces lettres existaient encore « d'une façon spectrale ».

— D'un autre côté, il y a un sentiment de séparation du fait qu'une partie de moi-même est comme un observateur étranger dans mon propre pays natal. A tel point que parfois, j'étais fasciné par l'idée d'une pré-existence de l'âme. Fasciné tout spécialement par le livre original d'Edgar Rice Burroughs, *Tarzan, seigneur de la jungle,* le premier et le meilleur de tous les Tarzan. Parce que, dans ce livre, le futur Tarzan atterrissait dans la jungle à la suite de la chute de l'avion où se trouvaient ses parents. Il y avait quelque chose dans cette idée — un être appartenant à une culture différente et tombant du ciel dans un environnement tropical — qui me fascinait.

C'était extraordinaire. Je m'apercevais non seulement (comme cela m'était arrivé plusieurs fois) que Jim Applewhite, en me parlant, exprimait des choses que j'avais ressenties enfant et adolescent à Trinidad. Mais en outre, bien qu'il vînt de l'autre côté de la voie ferrée, il tenait les mêmes propos que Howard, le fils de Hetty. A New York, à l'aéroport, Howard m'avait dit, parlant de l'endroit qu'il considérait comme « chez nous » :

— Quand j'étais gamin, je détestais le patelin à cause de la continuité.

Je m'étais interrogé sur ce mot de « continuité ». Il était censé désigner les vieilles choses, les vieux bâtiments (hangars à tabac et fermes) encore debout, qui maintenaient un lieu dans un état de torpeur physique. Il désignait aussi, cependant, comme je m'en aperçus plus tard, la persistance des mœurs d'antan. Quand nous étions rentrés à New York, après notre week-end dans le Sud, Howard avait déclaré :

— Je suis différent. Au lycée, déjà, je me sentais différent. C'est ce que vous pensez, ce que vous ressentez, qui vous rend différent. Je me suis toujours senti différent. Ce qui m'amène à croire que je suis né là où il ne fallait pas. Comme tant d'autres.

Pour sa part, Jim Applewhite poursuivit :

— Mon sentiment de dualité à cette époque venait du fait que je me trouvais physiquement dans le monde auquel je m'identifiais, mais qui, par ailleurs, omettait entièrement toute une autre facette de mon psychisme ou de mon âme. Il y avait encore, ici même, une transmission culturelle (issue de quelque chose de tout à fait différent), par le biais des églises, des cantiques, des paroles et de la musique, de la poésie des psaumes dans la Bible du roi Jacques, et par le biais des livres. Comme je vous l'ai dit, quand j'avais six ans, mon oncle me racontait des histoires empruntées à Homère.

» Jeune homme, j'ai étudié le piano. J'avais entendu le concerto pour piano nº 2 de Rachmaninov (dans un film dont j'ai désormais tout oublié), et je m'étais complètement entiché de cette musique. Dieu sait comment, j'ai réussi à pianoter l'air à mon professeur qui a reconnu l'œuvre !

» Enfant et jeune homme, j'ai été conscient de ce double univers qui n'a sans doute rien d'unique pour une personne douée de tendances artistiques, mais qui était chargé d'une tension exceptionnelle par l'intensité avec laquelle tant de gens dans notre univers de petite ville défiaient les valeurs qui leur étaient étrangères, ou s'y opposaient ; je parle des valeurs culturelles transmises de très loin. Le Sud dégage une impression d'autarcie ; on sent qu'il est tel qu'il est, qu'il se connaît bien et n'a besoin de rien d'autre. Lorsqu'il a le sentiment que cette autarcie est menacée, il peut faire sa tête de cochon, prendre fait et cause pour l'ignorance, pour ce qui est déraisonnable, déraisonnant.

» En outre, j'avais soif d'explications sur tout. Je me revois la tête levée vers les constellations sans connaître leurs noms. Je me souviens que je ne savais pas les noms des arbres. A présent, j'ai mon télescope, que je n'avais pas alors.

» En fin de compte, ce qu'on voulait, c'était avoir conscience des choses, le droit d'être au courant, ou de nommer grâce au langage, à un langage harmonieux, ou à la musique, de nommer les choses, ou même simplement de donner des noms. L'art est une espèce de divine inutilité. C'est une des raisons pour lesquelles je suis aussi attiré par le tabac. Il n'a aucun but pratique. Il ne sert à rien de bon.

Nous avions beaucoup entendu parler, par Dee Grimes et par le père de Jim, du voisin Dan, l'heureux propriétaire du système d'irrigation et de la ramasseuse mécanique, qui ce jour-là « rentrait » son tabac. En quittant Stantonsburg, nous passâmes le voir.

C'était un homme d'âge mûr, amical, en bonne forme physique ; il portait des lunettes, des vêtements brun clair et une casquette de base-ball brun foncé (« Orgueil du tabac »), bien qu'il ne fumât point lui-même. Ses mains étaient noires de graisse et du goudron qui coulait des feuilles de tabac que l'on « rentrait », ce goudron des feuilles vertes dont Howard avait été le premier à me parler.

Sa ramasseuse, avec un Noir aux commandes, était au travail, chevauchant de nombreuses rangées. Elle était fascinante à observer, cette grande machine, gauche d'aspect, mais délicate, qui avait supprimé tout le labeur abrutissant de la récolte du tabac. Les roues de l'engin et le siège du conducteur se déplaçaient le long des sillons ; de chaque côté deux longs rouleaux de caoutchouc, séparés par un petit espace, saisissaient les tiges de tabac et arrachaient doucement les feuilles jusqu'à une certaine hauteur. Celles-ci tombaient dans des boîtes, puis remontaient le long de bandes, qui défilaient à toute vitesse, jusqu'au panier à feuilles. Les tiges de tabac, portant toujours leurs feuilles du haut, reprenaient leur position normale et, à la fin, seule une ou deux feuilles jaune-vert sur le sol indiquaient que la ramasseuse venait de passer par là.

Dans la cabane, juste à côté des hangars de gros de Dan, quatre Noirs, deux hommes et deux femmes (des travailleurs temporaires, à en juger par leurs vêtements d'assez bonne qualité : pas de bleus de travail), sortaient les feuilles du panier et les fixaient dans des presses en métal qu'ils faisaient ensuite glisser le long des étagères dans les hangars. « Rentrer » dans un de ces hangars était plus facile que dans les vieux hangars hauts de plafond, où un ouvrier était obligé de grimper sur une échelle pour suspendre les bâtons aux étagères supérieures. Il y avait quelques années, me dit Jim, Dee Grimes était tombé d'une des étagères du haut et s'était cassé la main. Les feuilles mises à sécher dans les hangars de gros ressemblaient à de gigantesques salades vertes.

Oui, c'était plus facile avec les nouveaux hangars, mais certains des rites d'antan, que le jeune garçon avait étudiés à la ferme des Applewhite, avaient disparu, eux aussi :

Rentrer le tabac mettait tout le monde
A contribution : de grandes Noires nouaient les mains
De feuilles aux bâtons à suspendre. Des hangars en rondins
Chauffés pour le séchage avec le bois coupé l'hiver
Etaient surveillés toute la nuit, le maïs grillé

Sous la cendre ou un cochon rôti près de l'abri
Où l'on liait le tabac...

Le champ où se trouvait le vieux cimetière de la famille Applewhite ne leur appartenait plus, mais il y a toujours un droit de passage vers un cimetière et un sentier herbu y menait depuis la route. C'était un petit enclos, d'environ dix mètres sur sept. Les clôtures en fer disparaissaient sous les mauvaises herbes et le jasmin de Virginie orange. La pierre la plus ancienne, pratiquement indéchiffrable, datait de 1849. Des dalles plus petites couvraient les tombes d'enfants. Deux sépultures étaient marquées par des morceaux de bois.

— C'est peut-être du cœur de pin, me dit Jim. Ce qu'on appelle « du bois résineux ». Peut-être s'agit-il d'une tombe d'esclave, elles étaient parfois signalées par des plaques de bois.

Le bois en question paraissait roussi. Je pensais que c'était de vieillesse, mais Jim me dit qu'il y avait peut-être eu un incendie dans ce champ. Le bois plus tendre s'était usé autour des lattes de bois dur.

De l'autre côté du sentier herbu s'étendait un champ de tabac, dont les feuilles veinées, élastiques, aux faux airs de parapluies, baissaient un peu le nez après tant de semaines de sécheresse. Ces petits champs et ces vieux hangars à tabac rouillés, si pittoresques la première fois où je les avais vus, évoquaient désormais un immense et minutieux labeur. Et dans ce cimetière, au milieu d'un champ, il n'était pas difficile d'imaginer combien l'existence avait dû paraître restreinte jadis, avant les routes, les automobiles, l'électricité, à l'époque où le petit bourg rustique de Wilson, à une quinzaine de kilomètres, était à une journée de voyage.

... Enfermé par des kilomètres
Que les routes sablonneuses, les landes à pins, les marécages
[posaient
Comme limites à la curiosité. La lueur des étoiles,
La Bible du roi Jacques et les cantiques de Wesley,
Parcouraient, imperturbables, des distances équivalentes.

A présent, toutefois, une route facile menait jusqu'à Durham.

A partir de cette contemplation intense de l'univers physique de son enfance — un acte par lequel je me sentais proche de lui, bien que son monde n'eût pas ressemblé du tout au mien — et à partir de la séparation qui l'avait coupé de son premier univers, Jim Applewhite s'était élevé au-delà de la foi religieuse de son père et de son grand-père pour arriver au sentiment du « caractère sacré des moindres petits gestes ».

C'était une résolution pleine d'imagination, de poésie, tout à fait différente par son calme, son positivisme et sa portée de l'attachement à la beauté d'une vie simple dont témoignait Barry McCarty, en tant que politicien et ministre du culte de l'Eglise du Christ ; chez lui ce sentiment paraissait aussi lié à l'idée d'un monde qui risquait d'échapper à tout contrôle.

Deux hommes si différents et qui, pourtant, avaient en commun certaines choses importantes. Ils étaient le fruit de la même histoire. Et c'était ce sentiment d'un passé spécial, du passé ressenti comme une blessure, qui me manqua presque dès mon départ pour le nord, vers la Virginie et Charlottesville.

Ces lieux certes regorgeaient d'histoire, Jefferson, Monticello, l'université de Virginie. Mais c'était de l'histoire qui célébrait ses faits et gestes, l'histoire des lieux mêmes, une histoire à cause de laquelle les projets de lotissement se multipliaient en Virginie et qui menaçaient même la chasse au renard (là où les chiens étaient déjà dressés à chasser le renard, et rien d'autre, dans des enceintes à renards spécialement louées, avec des clôtures enterrées très profondément ; et le chasseur savait où se trouvaient tous les renards de sa « contrée » et vaccinait tous les renardeaux contre la rage).

J'avais vécu, jusque-là — et c'était peut-être ce qui m'avait rendu les habitants du Sud ou Sud-Est si sympathiques — avec des gens qui apprenaient à s'accommoder d'une variété plus désespérée de l'histoire du Nouveau Monde, ainsi que d'une terre plus pauvre reflétant cette histoire : l'histoire que Jim Applewhite, dans son poème *Voix du Sud,* décrit comme une *défaite,* mettant le mot en italique, la défaite qu'il entend dans l'accent du Sud :

Ce ton incolore, comme de la farine
Frottée sur les joues, est la poudre des pauvres Blancs
Pour déguiser les syllabes de ménestrels plus bas
Dans notre registre, issues d'un fleuve à face brune.

Avril à décembre 1987.

TABLE DES MATIERES

Achevé d'imprimer
sur les Presses Bretoliennes
27160 Breteuil-sur-Iton

N° d'édition : 878
N° d'impression : 822
Dépôt légal : avril 1989.